KB216590

붓다의 입멸 에피소드 연구

민족사 학술총서 75

붓다의 입멸 에피소드 연구

— 초기불교에서 대승불교까지 —

명오 지음

민족사

추천사

　무엇보다도 먼저 명오 스님의 학위논문 발간 소식에 반가움이 앞선다. 지난번 스님의 『대승기신론열망소』에 이어 두 번째 저서이다. 이번 저서는 박사학위 논문을 보완한 책으로 불교학 연구자와 일반 불자들에게도 큰 도움을 줄 것임이 틀림없다. 이 책이 더 가치가 있는 것은 저자 명오 스님이 병마에 굴복하지 않고, 부처님의 입멸에 관한 학문적인 불사(佛事)를 완성하였다는 점이다.

　부처님의 입멸을 다루고 있는 열반경은 크게 두 종류가 있다: 초기불교 열반경과 대승불교의 열반경. 초기불교의 열반경은 역사적인 관점에서 부처님의 입멸과 교단의 존속 문제를 담고 있다. 반면에 대승불교의 열반경은 똑같이 부처님의 입멸을 다루고 있지만, 초역사적인 관점에서 부처님의 입멸과 부처님의 본질, 그리고 불성사상 등 여러 가지 주제를 다루고 있다. 명오 스님은 시기를 달리하는 두 종류의 열반경과 그리고 관련 문헌들을 면밀하게 조사하여 통시적으로 입멸의 주제를 다루고 있다.

　「붓다의 입멸 에피소드 연구」는 불타관(佛陀觀)의 변천을 보여 준다. 부처님의 입멸은 정각과 함께 양대 산맥을 이루는 주요한 사건이다.

특히 부처님의 입멸은 부처님의 본질에 대하여, 그리고 사후 존속 여부에 대한 질문을 불가피하게 제기하게 된다. 붓다의 입멸을 지켜본 초기불교도의 견해는 600년이 지난 대승불교도의 견해와 같지 않다. 역사적인 관점에서 초역사적인 관점으로 전환되어 부처님의 입멸을 바라보게 되는 것이다.

부처님의 입멸은 교단의 존속과 밀접한 관련이 있다. 부처님의 입멸을 계기로 어떻게 교단을 유지하고 발전시킬 수 있을 것인가 하는 문제는 부처님의 제자들이 고민할 수밖에 없었던 주제이다. 지금까지 불교 교단이 유지되고 존속되고 있는 것은 부처님의 교단 유지에 대한 가르침이 실천되고 있기 때문에 가능한 것이다. 부처님의 입멸과 교단 존속에 관한 초기불교의 노력과 활동은 대승불교의 교단 유지 방법과 다를 수밖에 없다. 시간과 공간을 달리하기 때문에 다를 수밖에 없는 것이다. 이러한 차이를 본 연구서는 잘 보여 주고 있다

아울러 본 연구서는 붓다의 입멸에 관한 후속 연구를 하려는 후학들에게 기초적인 자료를 제공하고 있다는 점에서 문헌학적 가치를 가지고 있다. 초기불교 열반경과 대승불교의 열반경 그리고 기타 입멸과 관련된 다양한 문헌들을 소개하고 분석하고 있다.

다시 한번 명오 스님에게 축하드리고 싶다. 서적 발간에 즈음하여 추천사를 쓰면서, 기쁜 마음을 여기에 담을 수 있어 감사하기도 하다.

2022년 4월 8일
남산 죽림원에서 안양규 합장

머리말

— 서론을 겸하여 —

인간은 영원을 꿈꾼다. 영원에는 죽음이 없고 고통이 없으며, 항상 즐겁고 깨끗할 것이라고 믿는다. 이러한 영원의 세계를 불교에서는 열반(涅槃, nirvāṇa)이라고 한다. 불사(不死)의 열반을 성취한 붓다는 불교도에게 영원한 존재이다.

그러나 붓다는 80세를 일기로 입멸(入滅)했다. 붓다의 입멸은 불교도에게 가장 충격적인 사건이었다. 붓다의 본질로서의 열반과 붓다의 죽음에 대한 딜레마(dilemma)는 불자로서 해결해야 할 문제가 된 것이다.

필자는 붓다의 입멸에 대하여 두 가지 문제에 주목하였다. 붓다의 입멸을 어떻게 이해해야 하는가? 불멸 후 교단 유지는 어떻게 해야 하는가? 붓다의 입멸에 관한 에피소드를 연구하게 된 계기는 이러한 문제의식에서 출발하게 되었다.

초기불전 가운데 붓다의 입멸에 관하여 가장 상세하게 서술하고 있는 경전은 『마하빠리닙바나 숫따(Mahāparinibbāṇa Sutta, 대반열반경)』이다. 이 빠알리(pāli) 『대반열반경』은 붓다의 입멸 전후 에피소드(episode)의 전거(典據)가 되는 가장 중요한 경전이다. 한역(漢譯)에는

『유행경』을 비롯한 『장아함경』의 경전들이 있다. 특히, 대승불교에서도 『대반열반경(大般涅槃經)』을 성립시켰는데, 초기불전과 대승불전 가운데 유일하게 경명(經名)이 똑같은 경전이다. 『대반열반경』은 『장아함경』에도 있지만, 빠알리 본(本)과 구별하여, 『대승열반경』이라고 한다. 『마하빠리닙바나 숫따』의 성립 의도는 붓다의 입멸 사실을 알리기 위한 목적에 있지 않다. 붓다의 입멸을 통하여, 붓다의 본질과 가르침을 전하고자 한 것이다.

그러나 『마하빠리닙바나 숫따』의 성립은 불타관과 열반관과 관련한 논쟁의 도화선이 되었다. 『마하빠리닙바나 숫따』는 붓다의 교설과 입멸의 사실은 자세히 전하고 있지만, 불사(不死)의 열반에 대해서는 해명하지 않았다. 영원해야 할 붓다가 죽었다는 역사적 사실은 당시 불교도들은 물론, 그 후에도 계속 논의될 수밖에 없었다. 붓다의 생신(生身)에 주목한 초기불교의 견해에 만족하지 못했던 대승불교도들은 똑같은 경명의 경전을 찬술하여 그 한계를 초월하고자 한 것이다. 『대승열반경』은 법신(法身) 사상으로써 붓다의 본질과 입멸의 진의를 나타낸다. 이것은 초기 불교도들이 기대했던 붓다의 죽음에 대한 해명이며, 『마하빠리닙바나 숫따』에서 밝히지 못한 불타관과 열반관일지도 모르겠다.

본서는 붓다의 마지막 공양·수명·입멸·사후 존속·교단 유훈에 주목하였다. 초기불교·부파불교·대승불교의 견해에서 불타관(佛陀觀)과 열반관(涅槃觀)의 변화과정이 나타난다. 초기불교는 역사적 불타관을 표방함으로써, 붓다의 생신(生身)을 벗어나지 못한다. 부파불교는 초기불전에서 제기된 논쟁거리를 교학적으로 해명하고, 법신(法身)이 대두되었다. 대승불교는 초역사적 법신상주(法身常住)·불입열반(不

入涅槃)·상락아정(常樂我淨)의 불타관과 열반관으로써, 초기불교에서 제기된 논쟁의 소지 자체를 없애 버린다. 특히, 일체중생실유불성(一切衆生悉有佛性) 사상으로써 붓다의 사후 존속, 붓다의 본질과 소재를 논증하였다. 모든 중생에게 불성(佛性)이 있고, 붓다의 소재는 바로 중생 안에 있다는 것이다.

위와 같이, 이 책은 붓다의 입멸에 관한 초기불교·부파불교·대승불교의 견해를 통시적(通時的, diachronic)으로 조망한 연구서이다. 제1장은 붓다의 입멸에 관한 초기불교·부파불교·대승불교의 문헌 고찰이다. 제2·3·4·5장의 논의를 위한 텍스트 분석으로서, 붓다의 입멸을 다룬 삼장(三藏)이 파악될 것이다. 제2장은 붓다의 마지막 공양, 제3장은 붓다의 수명, 제4장은 붓다의 입멸과 사후 존속, 제5장은 붓다의 교단 유훈으로 구성되어 있다.

붓다의 입멸을 둘러싼 문제를 초기불교에서 대승불교까지 통시적으로 다룬 연구서는 필자의 2021년 동국대학교 박사학위 논문, 「붓다의 입멸 에피소드에 관한 통시적 연구」가 처음이라고 본다. 이 책은 본인의 박사학위 논문을 보완하여 출판한 것이다.

필자는 7년 전, 암(癌) 진단을 받았다. 투병하는 과정에서 박사논문을 썼다. 붓다의 입멸을 주제로 한, 이 논문에서 어쩌면 병고를 극복하는 힘을 얻었는지도 모르겠다. 우리는 경전을 통하여, 죽음이 전제된 무상한 현실에서 영원불멸한 열반의 세계를 엿볼 수 있고, 부처님과 대면하는 시간을 가질 수 있다. 부처님께 귀의하여 승가(僧伽)의 일원으로서 불법(佛法)을 공부한다는 것이 너무나 감사하고 행복했다. 그리고 내가 마주한 역경계(逆境界)에서, 사마천(司馬遷)『사기(史記)』「열전(列傳)」의 문구도 늘 용기가 되었다. 춘추전국 시대 좌구명(左丘

明)은 실명(失明)한 후 국어(國語)를 저술했고, 손빈(孫臏)은 다리가 잘리는 형을 받고 병법(兵法)을 편찬했다는 이야기가 필자에게는 큰 반향과 울림이었다.

이 지면을 통하여 감사할 분들이 많다. 우선, 지도교수이신 안양규 교수님의 변함없는 지도와 격려가 없었더라면 논문을 쓸 수 없었을 것이다. 『마하빠리닙바나 숫따』의 권위자이신 교수님의 학문에 대한 진솔함과 높은 안목에 늘 감탄했고, 더욱 정진하게 하는 채찍이 되었다. 교수님께 존경과 감사의 마음을 전한다.

병고 속에서도 수행과 여법함을 몸소 보여 주시는 은사스님, 전강(傳講) 스승이신 요산지안 큰스님의 은혜에 깊이 감사드린다. 언제나 최선을 다할 수 있도록 후원해 주신 경심 사숙님, 일상의 수행을 놓치지 않게 죽비가 되어 주시는 부모님과 형님들께 감사드린다. 그동안 병마를 이기도록 축원해 주신 선·후배·도반스님들과 불자님들, 필자의 군말에 공감해 준 능윤 스님과 민재 스님께도 고마움을 전한다.

특히, 건강을 회복하고 정진할 수 있도록 치료해 주신 용담 김평용 선생님께 깊이 감사드린다. 그리고 부족한 논문을 출판해 주신 민족사 윤창화 사장님, 세심한 교정으로 도움 주신 사기순 주간님께 진심으로 감사드린다. 필자는 앞으로도 부처님 말씀을 실천하고 불법(佛法)의 안목을 기르는 데 게을리하지 않을 것이다.

2022년 4월 30일
제주도 아란야에서
명오 합장

목 차

〈표 목차〉

제1장
붓다의 입멸에 관한 문헌

1. 초기불교 문헌

붓다의 입멸(入滅)[1]에 관한 초기불전은 빠알리(Pāli)와 한역(漢譯)『열반경(涅槃經)』과 율장(律藏)이 있다. 우선, 빠알리본『열반경』은『디가 니까야(Dīgha Nikāya)』에 있는『마하빠리닙바나 숫따(Mahāparinibbāna Sutta)』[2]이다. 이 경전의 내용과 부분적으로 일치하는 경(經)들은 5부(部) 니까야(Nikāya)에 다양하게 수록되어 있다. 빠알리 율장,『위나야(Vinaya)』는『마하왁가(Mahāvagga, 大品)』와『쭐라왁가(Cullavagga, 小品)』에서『마하빠리닙바나 숫따』와 일치하는 경문들을 볼 수 있다. 그러나 붓다의 입멸에 관련된 내용은『쭐라왁가』에만 나타난다.

『마하빠리닙바나 숫따』에 상응하는 한역본(漢譯本)은『장아함경(長阿含經)』에 수록된『유행경(遊行經)』이다. 이역본(異譯本)으로『장아함경』의『불반니원경(佛般泥洹經)』·『반니원경(般泥洹經)』·『대반열반경(大般涅槃經)』이 있다. 그리고『열반경』계통 경전들은『잡아함경(雜阿含經)』·『별역잡아함경(別譯雜阿含經)』·『증일아함경(增一阿含經)』에 다양한 형태로 존재한다. 붓다의 입멸에 관한 한역 율장은『마하승기율(摩訶僧祇律)』·『사분율(四分律)』·『십송율(十誦律)』·『근본설일체유부비나야잡사

---

1) 입멸(入滅)은 입열반(入涅槃)을 말하는 것이다. 붓다는 세상에 머물 수명은 다했지만 재생하지 않기 때문에, 죽음이라는 표현이 온당하다고 할 수 없다. 붓다의 본질은 열반에 있다. 한글대장경의 불교사전[https://abc.dongguk.edu/ebti/c3/sub1.jsp]에서는 두 가지 뜻으로 입멸을 설명한다. 첫째는 생사의 고계(苦界)를 벗어나 열반의 증과(證果)에 드는 것, 둘째는 증과(證果)에 들어간 사람의 죽음이다.
2) DN. II, 16, p.72ff.

(根本說一切有部毘奈耶雜事)』 등이다.

　여기서는, 붓다의 입멸에 관한 초기불교 문헌[3]을 자세하게 탐색할 것이다. 『마하빠리닙바나 숫따』와 『쭐라왁가』, 『유행경』과 이역본(異譯本), 한역 율장에 주목할 것이다. 특히, 『마하빠리닙바나 숫따』의 원형과 성립 의도, 초기불전 안에서의 불타관 변화를 파악하고자 한다.

1) 『마하빠리닙바나 숫따(*Mahāparinibbāna Sutta*)』

　『마하빠리닙바나 숫따(*Mahāparinibbāna Sutta*)』[4]는 상좌부(上座部, Theravāda) 전승 『디가 니까야』의 제16경이다. 빠알리 경장(經藏)에서 분량이 가장 많고, 중요시되는 경전이다.[5] 경의 제목이 암시하듯이, 『마하빠리닙바나 숫따』는 붓다의 마지막 여정과 입멸에 관련하여 가장 상세하게 서술하고 있는 문헌이다.

　『마하빠리닙바나 숫따』는 산스끄리뜨(Sanskrit) 본(本)과 티베트(Tibet) 본이 현존한다. 『마하빠리닙바나 숫따』의 티베트본은 산스끄리뜨본과 한역본을 각각 번역한 것이다.[6] 산스끄리뜨본은 중앙아시

---

3) 시모다 마사히로는 전통 부파의 전승에 의한 『열반경』을 비대승 『열반경』이라고 하였다. 下田正弘(1997), 『涅槃經の研究: 大乘經典の硏究方法試論』, 東京: 春秋社, p.60.
4) DN. Ⅱ, 16, pp.72~168.
5) An, Yang Gu(2001), "The date and the origin of the Mahāparinibbāna suttanta", *Buddhist Studies(Bukkyō-Kenkyū* Vol.30, Tokyo: International Buddhist Association(Kokusai-Bukkyō-To-Kyōkai), p.45.
6) Rockhill, William Woodville(1885), *The Life of Buddha: Derived from Tibetan Works in the Bkah-hgyur and Bstan-Hg*, London: Kegan Paul International, Dulva xif 535b-625b, Mdo viii, pp.231, 231-234. Tōyō-bunko Library에 소장되어 있는 Tokyo Manuscripts(Kawaguchi Ekai

아 투르판(Turfan)에서 독일 탐험대에 의해 발견되었고,[7] 언스트 발트
슈미트(Ernst Waldschmidt)가 회수·복원하여 편집·번역·분석[8]하였
다.[9] 간다리어(Gāndhārī) 판본은 단편적으로 발견되었다. 간다리본은
1990년대 초 아프가니스탄(Afghanistan) 바미안(Bāmyān) 계곡의 한
동굴에서 발견되었고, 스코옌 컬렉션(The Schøyen Collection)에 포함
되어 있다. 이것을 옌스 브라빅(Jens Braarvig)이 2000년에 출판하였
다.[10] 마크 알론(Mark Allon)과 리처드 살로몬(Richard Salomon)은 브
라빅(Braarvig)의 출판본에서 『열반경』을 발췌하였다.[11] 리처드 살로
몬과 마츠다 카즈노부(松田和信)는 간다리(Gāndhārī)본이 어떤 판본과
도 일치하지 않는 『열반경』이라고 하였다.[12] 현존하는 사본의 연대가

Collection)은 MPS의 티베트역이다.

7) Bongard-Levin, G. M.(1981), "New Buddhist Sanskrit Texts from Central Asia: An Unknown fragment of the Mahayana Mahdparinirvdnasutra", *The journal of the International Association of Buddhist Studies*, Vol. 4(2), p.7.

8) Waldschmidt, Ernst(1950~1), *Das Mahāparinirvāṇasūtra, Taxt in Sanskritund Tibetische, Verglichen mit dem Pāli nebst einer Übersetzung der Chinesischen Entsprichung im Vinaya der Mūlasarvastivādins*, Teil 1~3, Berlin: Akademie-Verlag.

9) Burrow, T.(1952), "Das Mahāparinirvāṇasūtra: Text in Sanskrit und Tibetische, verglichen mit dem Pali, nebst einer Übersetzung der Chinesischen Entsprechung … herausgege ben und bearbeitet von Ernst Waldschmidt. Berlin, 1950–1951(Abhandlungen der Deutschen Akademie der Wissenschaften zu Berlin)", *Journal of the Royal Asiatic Society* Vol.84, Issue 3~4, p.166.

10) Braarvig, Jens(ed, 2000), *Manuscripts in the Schøyen Collection: Buddhist Manuscripts* Vol. 1, Oslo: Hermes Publishing.

11) Allon, Mark & Salomon, Richard(2000), "Kharoṣṭhī Fragments of a Gāndhārī Version of the Mahāparinirvāṇasūtra,"(In: Jens Braarvig) *Buddhist Manuscripts* 1, pp.243~273.

12) 이재형(2010. 12. 1.), 법보신문 1074호.

가장 앞선 간다리본의 연구가 주목되는 이유이다.[13]

여기서는 이 경전의 원형과 성립 의도에 관한 논의, 경의 구성과 중심 내용에 관하여 고찰하고자 한다.

(1)『마하빠리닙바나 숫따』의 원형과 성립 의도에 관한 논의

『마하빠리닙바나 숫따』는 산스끄리뜨·한역본보다 먼저 성립되었다는 점에서 그 중요성이 강조되어 왔다. 특히, 산스끄리뜨본·한역본 등 이역(異譯)들과의 비교·분석은 빠알리본과 한역『열반경』연구를 선도하였다.[14] 대표적으로 장 프르질루스키(Jean Przyluski)[15], 모리츠 빈테르니츠(Maurice Winternitz)[16], 언스트 발트슈미트(Ernst Waldschmidt)[17],

---

13) 현존하는 빠알리 불전의 카피(copy)연대는 스리랑카의 경우 18~19세기, 태국은 16세기, 미얀마는 12세기로 파악되고 있다. Geiger, Wilhelm L.(1916), Ghosh, Batakrishna(tr, 1943, 2005), *A Pāli Grammar*, Oxford: PTS. p.XXV.
그러나 발견된 간다라 불교 문헌의 연대는 기원전 1~서기 3세기에 해당한다. 파키스탄과 아프카니스탄의 카로슈티(Kharoṣṭhī) 문자로 기록된 가장 오래된 인도 불전으로 판명된다. "Gandhāran Buddhist texts" https://en.wikipedia.org/wiki/Gandh%C4%81ran_Buddhist_texts
14) 대표적인 선행연구서는 독일어 또는 불어로 되어 있으며, 한국에 소개되지 않았다.
15) Przyluski, Jean(1920), "Le Parinirvāṇa et les funérailles du buddha", *Extrait du Journal Asiatique* Vol.1(1918~1920), Paris.
~~~~ (1926), *Le concile de Rājagṛha; introduction l'histoire des canans et des sectes bouddhiques*, Paris.
16) Winternitz, Maurice(1933), V. Srinivasa Sarma(tr, 1983), *A History of Indian Literature* Vol.2, Delhi: Motilal Banarsidass.
17) Waldschmidt, Ernst(1939), *Beiträe zur Textgeschichte des Mahāparinirvāṇasūtra*, Göttingen: Vandenhoeck und Ruprecht, S.55~94.
────── (1944), *Die Üerlieferung vom Lebensende des Buddha: Eine vergleichende Analyse des Mahāparinirvāṇasūtra und seiner*

앙드레 바로(André Bareau)[18] 등이다.

프르질루스키(Przyluski)는 최초로 빠알리본과 한역본을 비교하여
『마하빠리닙바나 숫따』의 원형을 논의한 선구적인 연구자로 평가된
다.[19] 본 경전의 성립에 대하여, 존 페이스풀 플리트(John. F. Fleet)는
기원전 375년 이전에 성립되었다고 주장했다.[20]

빈테르니츠(Winternitz)는 『마하빠리닙바나 숫따』의 마지막 편집은
상당히 후대에 이루어졌다고 유추했다.[21] 그는 이 경전의 성립을 5단
계로 추정했다. 붓다의 '반열반의 경(Sutta of the complete Nirvāṇa of
Buddha)'으로서 최초기의 형태가 존재했다는 것이다. 그 원형에 내
용이 점점 부가되어 현존하는 '반열반의 대경(the Great Sutta of the
complete Nirvāṇa)'으로 성립되었다는 것이다. 그리고 경전의 핵심은
벨루와가마(Beluagāma)에서 붓다의 병고[22], 깊은 슬픔에 빠진 아난

extentsprechungen, Erster Teil, Göttingen: Vandenhoeck & Ruprecht.
——— (1948), *Die Überlieferung vom Lebensende des Buddha:
Eine vergleichende Analyse des Mahāparinirvāṇasūtra und seiner
Textentsprechungen*, Zweiter Teil, Göttingen: Vandenhoeck & Ruprecht.
——— (1950~1), *Das Mahāparinirvāṇasūtra, Text in Sanskrit und
Tibetische, Verglichen mit dem Pāli nebst einer Übersetzung der
Chinesischen Entsprichung im Vinaya der Mūlasarvastivādins*, Teil
1~3, Berlin.

18) Bareau, André(1979), "La composition et les étapes de la formation
progressive du *Mahāparinirvāṇasūtra* ancien", *Bulletin de l'Ecole
francaise d'Extréme-Orient*, Tome 66, Paris.

19) 下田正弘(1997), 『涅槃經の研究: 大乘經典の研究方法試論』, 東京: 春秋社,
p.486, 각주 2.

20) Fleet, J. F.(1906; 2011), "The Trandition about the Corporeal Relics of
Buddha," *Journal of the Royal Asiatic Society* Vol.38, pp.979~992.

21) Winternitz, Maurice(1933; tr. 1983), 앞의 논문, p.41.

22) 『마하빠리닙바나 숫따』, 2.23의 내용

다와 위로하는 붓다에 대한 서술[23], 흩어져 있는 게송(偈頌)들이라고 명시했다. 반면, 붓다의 사리 수습과 사리탑 건립 등 결론 부분은 후대에 첨가된 내용이라고 주장하였다.[24]

발트슈미트(Waldschmidt)의 기념비적 업적은 최초로 투루판 출토의 산스끄리뜨 사본을 수집·복원하여 출판한 것이다.[25] 산스끄리뜨본과 빠알리본, 산스끄리뜨본의 티베트 번역본과 한역의 독어 번역본 순서로 함께 수록하여 비교했다.[26] 이로써, 산스끄리뜨본을 텍스트로 한 본격적인 연구가 가능하게 되었다. 발트슈미트는 경전의 내용을 대략적으로 넷으로 분류하고, 51개의 에피소드로 정리하였다.[27] 그는 붓다의 최후 설법이 포함된 첫 번째 분류의 에피소드를 가장 오래된 『마하빠리닙바나 숫따』의 원형으로 보았다.[28]

앙드레 바로(André Bareau)는 한역본과의 면밀한 검토로써『마하빠리닙바나 숫따』의 형성과정에 대한 가장 상세한 연구 업적을 남겼

23) 『마하빠리닙바나 숫따』, 5.13~14의 내용
24) Winternitz, Maurice(1933; tr. 1983), *A History of Indian Literature* Vol.2, Delhi: Motilal Banarsidass Publishing House, pp.37~40.
25) Waldschmidt, Ernst(1950~1), *Das Mahāparinirvāṇasūtra, Text in Sanskrit und Tibetische, Verglichen mit dem Pāli nebst einer Übersetzung der Chinesischen Ent sprichung im Vinaya der Mūlasarvastivādins*, Teil 1~3, Berlin: Akademie~Verlag.
26) Etienne Lamotte(1958), (tr.)Sara Webb~Boin(1988), *History of Indian Buddhism: From the Origins to the Śaka Era*, Louvain: Institut Orientaliste, p.587.
27) 발트슈미트의 4분류: ① 실질적으로 같은 방식으로 재현된 에피소드, ② 대부분의 이본(異本)들에서 다른 방식으로 재현된 에피소드, ③ 단지 소수의 이본들에서만 입증된 에피소드, ④ 한 이본에서만 입증된 에피소드. 원혜영(2007), 「초기불교의 공동체 연구:「열반경」에 나타난 에피소드를 중심으로」, 연세대학교 대학원 박사논문, p.24.
28) Piya, Tan(2004), *SD 9: Mahā Parinibbāna*, Singapore: Pali House, p.8.

다.[29] 그는 『쌍윳따 니까야(*Saṃyutta Nikāya*)』와 『잡아함경』에 수록된 『열반경』들을 『마하빠리닙바나 숫따』와 비교하여, 경의 구성 단계를 고찰했다. 특히, 9분류법으로써 경의 원형을 파악하였다. 그는 역사적 사실에 의지해 꾸시나라에서의 최후의 시간을 핵심으로 보았다.

〈표1-1〉 앙드레 바로의 분류와 붓다의 이동 경로 16

No	Bareau의 분류	장	붓다의 이동 경로
1	라자가하 주변에서	①	라자가하(Rājāgāha) 영취산
2	라자가하에서 빠딸리가마로		암발랏티까(Ambalaṭṭhikā)
			날란다 빠와리까 망고숲
3	빠딸리가마(Pāṭaligāma)에서		빠딸리가마(Pāṭaligāma)
4	빠딸리가마에서 웨살리(Vesāli)로	②	꼬띠가마(Koṭigāma)[30]
			나디까(Nādikā)[31]
5	웨살리에서		암바빨리(Ambapālī)숲
			〃 벨루와가마(Beluvagāma)
6	웨살리의 주변에서	③	〃 짜빨라(Cāpāla) 탑묘
			〃 중각강당

---

29) 시모다 마사히로(下田正弘)는 Bareau의 문헌 연구에 절대적 지지를 보냈다. 즉, 초기불교 문헌에 등장하는 붓다의 전기에 관한 자료로는 Bareau(1970~1)를 능가할 만한 것이 없다는 것이다. 또한, 비대승 『열반경』의 형성과정에 관해 상세히 논한 것으로는 Bareau(1979)의 연구가 가장 뛰어나다고 평하였다. 下田正弘(1997), 『涅槃經の研究: 大乘經典の研究方法試論』, 東京: 春秋社, p.62.

30) 꼬띠가마는 갠지스(Gaṅgā)강 인근에 위치한 왓지국의 마을이었다.
Malalasekera, G. P.(1973), http://www.aimwell.org/DPPN/kotigama.html

31) 나디까(Nādika)는 꼬띠가마(Kotigāma, 꼬띠마을)와 웨살리(Vesāli) 사이에 위치한 왓지(Vajji)국의 마을이었다.
Malalasekera, G. P.(1973), http://www.aimwell.org/DPPN/natika.html

			반다가마(Bhaṇḍagāma)[32]
7	웨살리에서 꾸시나라(Kusinārā)로	④	보가나가라(Bhoganagara)[33]
			빠와(Pāvā)
			꾸시나라 가는 도중 나무 아래
			꾸시나라(Kusinārā) 망고숲
8	꾸시나라에서: 붓다의 생애 최후 시간	⑤	꾸시나라 살라(sāla)숲
9	꾸시나라에서: 붓다의 다비식	⑥	

앙드레 바로는 9분류에서 『마하빠리닙바나 숫따』를 1~5번, 6~9번으로 구분하여 경의 성립 순서를 분석했다. 경의 초본을 구성했던 6~9번이 먼저 기술된 후, 1~5번이 추가되었다고 주장하였다.[34] 그는 빠알리와 한역 텍스트를 분석하여 다음과 같이 추론하였다.[35]

① 『쌍윳따 니까야(Saṃyutta Nikāya)』[36]: 붓다의 마지막 유훈, 반열반
② 『잡아함경』[37]: 꾸시나라에 도착, 쑤밧다(Subhadda, Subhadra)의 방문·수계

32) 반다가마는 웨살리와 핫티가마(Hatthigāma) 사이에 위치한 왓지국의 마을이었다. Malalasekera, G. P.(1973), http://www.aimwell.org/DPPN/bhandagamma. html
33) 보가나가라는 웨살리와 빠와 사이에 위치한 왓지국의 도시였다. Malalasekera, G. P.(1973), http://www.aimwell.org/DPPN/bhoganagara. html
34) Bareau, André(1979), "La composition et les étapes de la formation progressive du *Mahāparinirvāṇasūtra* ancien", *Bulletin de l'Ecole francaise d'Extréme-Orient*, Tome 66, Paris, p.49.
35) Bareau, André(1979), 위의 논문, p.57.
36) 『쌍윳따 니까야(Saṃyutta-nikāya)』I, 6. Brahma saṃyutta, 2) Pacaka vagga, (5) Parinibbānapp, pp.157~159에 있다. 앙드레 바로는 'pp.157~160'으로 잘못 표기하였다. Bareau, André(1979), 위의 논문, p.57.
37) 『잡아함경』제35권 97~99, T.2, No.99, pp.253c~254c.

③『잡아함경』[38)]: 꾸시나라에 도착, 쑤밧다의 방문, 쑤밧다의 수계, 반열반의 다양한 반응, 다비

④『잡아함경』[39)]: 꾸시나라 도착, 반열반의 여러 반응, 붓다의 다비

⑤ 경전[40)]: 꾸시나라에 도착, 말라족에 설법, 붓다의 다비식 규정에 관한 설법

⑥『증일아함경』[41)]: 말라족에 설법, 반열반에 든 비구니, 꾸시나라 도착, 붓다의 경이로움에 관한 아난다의 질문, 다른 경이로움들, 아난다를 위로, 아난다의 뛰어난 자질에 관한 설법, 여성에 대한 비구의 행동에 관한 설법, 비구들에게 붓다의 마지막 유훈 1, 꾸시나라 말라족의 붓다 친견, 쑤밧다의 방문, 쑤밧다의 수계, 비구들에게 붓다의 마지막 유훈 2

앙드레 바로는 꾸시나라에서 붓다의 열반이라는 역사적 사실을 근거로 하면서, 텍스트의 비교를 통하여 중복된 내용에 주목하였다. 특히, 꾸시나라에서의 최후의 시간에 의미를 부여하였다. 그는 8번이 경의 핵심이며 원형이라고 주장하였다. 또한, 『마하빠리닙바나 숫따』의 성립은 8에서 9, 6, 7, 5, 1, 3, 4, 2의 순서로 부가되었다고 결론지었다.[42)]

---

38) 『별역잡아함경』을 말한다. 제6권 110, T.2 No.100, pp.413a27~414a16.

39) 『잡아함경』 제44권 1197, T.2, No.99, pp.325b2~325c9.

40) 대정신수대장경에서 『증일아함경』단본(單本)으로 분류되어 있는 『불설역사이산경』을 말한다. T.2. No.135, p.857c18ff.

41) 앙드레 바로는 『증일아함경』 T.2 No.125, pp.750c~752c로 원전의 근거를 표기하였다. 그러나 그의 요약은 제36권~제37권 「8난품(難品)」 42:1~2에 해당되는 pp.748c24~752c23의 내용이다.

42) ⑤와 ⑥은 『마하빠리닙바나 숫따』 형성 이후에 늦게 유통되었다고 앙드레 바로는 주장하였다. 왜냐하면, 말라족에 설법·반열반에 든 비구니·붓다의 경이로움에 관한 아난다의 질문 등의 내용은 『마하빠리닙바나 숫따』에 언급되지 않은 에피소드라는 것이다. Bareau, André(1979), "La composition et les étapes de

시모다 마사히로(下田正弘)는 앙드레 바로의 연구를 기본적으로 수용하였다. 1~6까지의 내용은 열반과는 직접적으로 아무런 관계가 없고, 1~5는『마하빠리닙바나 숫따』를 비롯한「열반경」에만 등장한다고 주장하였다. 특히, 8과 9의 내용이 열반을 주제로 다룰 때 가장 적합한 내용으로서,『마하빠리닙바나 숫따』의 핵심을 이루고 있다는 견해이다. 즉, 꾸시나라에서의 붓다의 마지막 행적과 다비식, 사리탑 건립 등의 에피소드가『마하빠리닙바나 숫따』의 원형이라는 주장이다.[43] 그러나 그는 이본(異本)과의 비교로써, 경의 원형을 상정한 앙드레 바로의 연구에 대한 문제점을 지적하였다. 공통된 기술은 오래된 것이라는 논리가 불교 연구에 무조건 적용되어서는 안 된다고 주장하였다.[44]

위와 같이,『마하빠리닙바나 숫따』원형에 대한 연구는 역사적 사실에 주목한 경향이 강하다. 본서는 앙드레 바로와 시모다 마사히로의 주장에 대한 견해로써, 이 경전의 성립 의도를 파악하고자 한다. 우선, 붓다의 마지막 유훈과 9차제정(九次第定)을 통한 붓다의 입멸 과정 등 일련의 에피소드가『마하빠리닙바나 숫따』의 원형이라는 데 동의한다. 그러나 붓다의 입멸을 주제로 한 경전이므로 붓다의 최후의 시

---

la formation progressive du *Mahāparinirvāṇasūtra* ancien", *Bulletin de l'Ecole francaise d'Extréme-Orient,* Tome 66, Paris, p.58.

43) 下田正弘(1997),『涅槃經の研究: 大乘經典の研究方法試論』, 東京: 春秋社, pp.63~64.

44) 전승은 모순이 없는 방향으로 정정되면서 계승되어 가는 것이 진상인데, 서사와 구전, 어느 것에 의하는가에 따라 완전히 다른 양상을 보이게 된다. 그러므로 서사가 시작되었어도 구전이 병행되었다는 점에 주목해야 한다는 것이 시모다 마사히로의 주장이다. 공통된 기술이 오래되었다는 점에 관한 의심은 곰브리치(R. Gombrich)의 견해에 가깝다. 下田正弘(1997), 위의 책, pp.26~27.

간 또는, 다비식이 포함된 역사적 내용만이 경의 원형이라는 데는 동의하지 않는다. 왜냐하면, 『마하빠리닙바나 숫따』의 성립은 붓다의 죽음이라는 역사적 사실을 알리기 위한 목적에 있지 않다고 본다. 위대한 붓다의 입멸을 통하여, 전하고자 한 핵심은 정각과 열반을 아우른 붓다의 본질과 가르침에 있을 것이다. 이것이 경전의 원형이며 성립 이유라고 본다. 그러므로 붓다의 열반과 무관한 에피소드는 무조건 후대에 첨가된 내용이라고 단정할 수만은 없다.

『마하빠리닙바나 숫따』는 웨살리에서 꾸시나라에 이르기까지 붓다의 행적에 가장 많은 지면을 할애하였다. 벨루와가마에서의 마지막 안거 중 붓다의 병고와 회복, 짜빨라에서 입멸의 전조와 암시, 붓다의 입멸 선언과 수명 포기 등은 불타관의 중요한 에피소드이다. 특히, 붓다의 수명과 연관된 능력을 묘사하는 데 주목하였다. 『마하빠리닙바나 숫따』는 이러한 초인간적인 불타관(佛陀觀)으로써, 역사적 붓다를 초월한 진정한 붓다를 설하고자 하였다. 또한, 경전 서두에서 강조된 '비구의 7불퇴법'도 이 경전의 성립 배경에 해당한다고 본다. 불멸 후 교단 유지를 염두에 둔 경의 구성으로서, 편집자의 의도가 명백하게 반영된 것이다.

(2) 『마하빠리닙바나 숫따』의 구성과 내용

『마하빠리닙바나 숫따』에서 붓다의 여로는 라자가하(Rājāgāha, 왕사성)에서 시작되어, 꾸시나라(Kusinārā)로 귀결된다. 붓다가 체류한 장소와 설법 에피소드로 이루어진 경전의 구성과 중심 내용을 정리하였다.

장(章)	장소	중심 내용
1 (1-34)	라자가하	아자따삿뚜왕이 와삿까라 대신을 보내 붓다께 조언을 구함-국가·비구 7불퇴법
	암발랏티까	계→정→혜→해탈
	날란다	사리뿟따와의 대화
	빠딸리가마	파계자의 위험, 지계자의 공덕
		빠딸리뿟따의 건설
2 (1-26)	꼬띠가마	4성제
	나디까	법의 거울
	웨살리 암바빨리숲	암바빨리와 리차위족
	〃 벨루와가마	벨루와가마-마지막 안거·병고·회복
		자신·법을 섬·귀의처로 삼아라
3 (1-51)	〃 짜빨라 탑묘	짜빨라에서 입멸의 전조와 암시
		마라의 간청
		수명을 포기
		대지가 진동하는 8가지 이유
		8회중(會衆), 8승처(勝處), 8해탈
		아난다의 허물, 붓다의 열반 선언
	〃 중각강당	무상법문, 게으르지 말고 정진하라
4 (1-43)	반다가마	윤회 초월하는 4교 – 계·정·혜·해탈
	보가나가라	4대 지표 – 경·율을 지표로 삼아라
	빠와	쭌다의 공양: 붓다의 발병
	꾸시나라 가는 도중 나무 아래[45]	붓다의 피로와 갈증 – 아난다 물 떠옴
		뿍꾸사 말라뿟따의 귀의
	꾸시나라 망고숲	쭌다를 위로하라 당부: 이종시식 평등공양
5 (1-30)	꾸시나라 살라(sāla)숲	우빠와나 장로
		붓다의 4대 성지
		붓다의 장례법, 탑을 조성해 기릴 만한 사람

---

45) 붓다는 꾸시나라로 가는 도중에 어떤 나무 아래 앉아 머물렀다. 꾸시나라 교외에
위치한 까꿋타(Kakuttha)강에서 목욕하고 망고숲으로 가서 머문 뒤 열반 장소인
살라숲으로 향한다. DN.Ⅱ, 16, pp.128~130.

		아난다의 4가지 경이로운 자질
		과거 꾸시나라 전륜성왕 마하수닷사나
		말라족의 예배, 쑤밧다의 귀의
6 (1-28)		마지막 유훈: 법·율 스승 삼아라, 무상 법문, 게으르지 말고 정진해 수행 완성하라
		붓다의 반열반
		말라족의 예배와 공양
		장례식 다비와 마하깟사빠 장로 일화
		사리의 분배, 8개 사리탑·병탑·탄탑 건립

『마하빠리닙바나 숫따』는 6바나와라(bhāṇavāra, 章)46)로 구성되어 있다. 각 에피소드에서 붓다가 머문 장소는 모두 16군데이다.47)

2) 『마하빠리닙바나 숫따』와 상응하는 빠알리(Pāli) 경전

『마하빠리닙바나 숫따』와 상응하는 내용은 5부(部) 니까야(Nikāya)에서도 확인할 수 있다. 『디가 니까야(*Dīgha Nikāya*, DN)』· 『맛지마 니까야(*Majjhima Nikāya*, MN)』· 『쌍윳따 니까야(*Saṃyutta Nikāya*, SN)』· 『앙굿따라 니까야(*Aṅguttara Nikāya*, AN)』· 『쿳다까 니까야(*Khuddaka*

---

46) 바나와라(bhāṇavāra)는 암송의 전환점으로 쉬지 않고 계속해서 외울 수 있는 만큼의 분량을 뜻한다. 장(章)에 해당한다.

47) 경문에서 언급된 핫티가마(Hatthigāma)·암바가마(Ambagāma)·잠부가마(Jambugāma) 3곳은 제외하였다. 왜냐하면, 이 지역들은 반다가마에서 보가나가라로 가는 도중에 위치한 마을로서, 붓다의 일행이 머물렀다는 언급은 없다. 붓다는 반다가마에서 "아난다야, 이제 핫티가마로, 암바가마로, 잠부가마로, 보가나가라로 가자."고 말한다. "Āyām Ānanda yena Hatthigāmo ... pe ... Ambagāmo ... Jambugāmo ... yena Bhoganagaraṃ ten upasaṃkamissāmāti." DN. II, 16, p.123.

Nikāya, KN)』의 『우다나(*Udāna*, UD)』와 『테라가타(*Theragāthā*, Th)』에 다양한 형식으로 존재한다.

『마하빠리닙바나 숫따』와 상응하는 빠알리 불전에 대해서는 리즈 데이비스(T.W. & C.A.F. Rhys Davids)가 파악했다.[48] 그러나 이 리스트에는 표기상의 작은 오류를 비롯한 첨삭(添削)의 필요성이 요구되는 부분들이 적지 않다. 여기에, 피야 탄(Piya Tan)은 『마하빠리닙바나 숫따』와 상응하는 내용의 문헌 7부분을 보충했다.[49] 그러나 그의 분류에도 문제가 있었다.[50] 이 책에서는 『마하빠리닙바나 숫따』와 상응하는 빠알리 불전들을 자세하게 재검토하여 표로 작성하였다.

(1) 5부(部) 니까야(Nikāya)의 경전

『마하빠리닙바나 숫따(MPS)』의 경문은 부분적으로 5부 니까야 (Nikāya)에 다양하게 포함되어 있다.

---

48) T.W. & C.A.F. Rhys Davids(1910; 1951), *Dialogues of the Buddha* Ⅱ, Oxford University Press, p.72.
49) Piya Tan(2004), *SD 9: Mahā Parinibbāna*, Singapore: Pali House, p.9.
50) 리즈 데이비스의 분류에 피야 탄이 7부분을 보충하였다. MPS의 내용으로 하면 1.6~9, 4.30, 5.4, 5.8, 6.1, 6.28이다. 그러나 5.4, 6.1, 6.28과는 경전이 일치하지 않았다. 본고에 작성된 표는 이러한 오류를 없애고, MPS의 1.20~34, 3.24~33, 5.26과 일치하는 내용과 경전을 새롭게 추가하였다. 그리고 리즈 데이비스의 분류표에서 오류 부분인 MPS의 1.26, 5.15, 6.17은 삭제하였다. 리즈 데이비스의 분류표에서 수정이 요구된 사항은 4.7~22→4.7~11, 5.28→5.28~9, 6.5→6.5~6, 6.9→6.8~9이다.

⟨표1-3⟩ MPS와 상응하는 니까야(Nikāya)의 경전

MPS	내용	5 Nikāya의 경전
1.1~5	경 서두-국가의 7불퇴법①	AN.4, 7:20(Vajjī vagga), pp.17~21
1.4.	국가의 7불퇴법 ②	AN.4, 7:19　　〃　　, pp.16~7[51]
1.6	비구의 7불퇴법 ①	AN.4, 7:21　　〃　　, pp.21~2
1.7	비구의 7불퇴법 ②	AN.4, 7:22　　〃　　, p.22
1.8	비구의 7불퇴법 ③	AN.4, 7:23　　〃　　, pp.22~3[52]
1.9	비구의 7불퇴법 ④	AN.4, 7:24　　〃　　, p.23
	〃	DN.3, 33:2.3(Saṅgīti Sutta), pp.251~2
1.10	비구의 7불퇴법 ⑤	AN.4, 7:25　　〃　　, p.24
	〃	DN.3, 33:2.3(Saṅgīti Sutta), p.251.
1.16~7	사리뿟따와의 대화	SN.5, 47:12(Nālandam), pp.159~161
		DN.3, 28(Sampasādanīya Sutta), 1~2[53]
1.20~34	빠딸리뿟따, 파계-손실, 지계-이득	UD.8.6(Pāṭaligāmiyavagga), pp.85~91
1.21~2	붓다와 비구 일행 공회당으로 초대	DN.3,33(Saṅgītisutta).3~4, pp.208~9[54]
		MN.1, 53(Sekhasutta), p.354[55]
		SN.4, 202:6(Avassutta).5~6, p.183[56]
2.2~3	사성제 설법	SN.5, 56:21(Vijja 1), pp.431~2

---

51) 『마하빠리닙바나 숫따』와의 차이점은 붓다가 웨살리의 사란다다(Sārandada) 탑묘(cetiya)에서 리차위(Licchavī) 사람들에게 설한 것이다.

52) 『상기띠 숫따(Saṅgīti Sutta)』, DN III, 33:2.3에서는 '일곱 가지 성스러운 재산(dhana)으로 믿음, 계, 부끄러움, 수치심, 배움, 베풂, 지혜'가 설명되고 있다.

53) 『삼빠사다니야 숫따(Sampasādanīya Sutta)』, DN. III, pp.99~102.

54) 『마하빠리닙바나 숫따』와는 장소와 대화자(對話者)가 다르다. 『마하빠리닙바나 숫따』는 빠딸리뿟따에 도착한 붓다 일행을 그곳의 우바새들이 공회당으로 초대하는 반면, 『상기띠 숫따』에는 빠와의 말라족 사람들이 초대한다.

55) 『마하빠리닙바나 숫따』와 비교하여 붓다 일행을 공회당으로 초청하는 인물과 공회당이 위치한 지역이 다르다. 『세카 숫따(Sekha Sutta)』는 사끼야(Sakya)국의 까삘라왓뚜(Kāpilavattu)에 있는 니그로다(Nigrodhā) 승원에 머물 때, 사끼야족이 새로 지은 공회당을 붓다 일행이 사용하도록 한다.

56) 경전 전체의 내용은 『세카 숫따』와 다르지만, 이 부분은 대화자와 장소, 내용이 모두 일치한다.

2.6~9	불자가 태어날 곳	SN.5, 55:8~10(Giñjakāvasatha), pp.356~360
2.12~3	정념(sato)·정지 (sampajano), 4념처	SN.5, 47:2(Sato).5, p.142
		SN.4, 36:7(gilanasala).3~4, p.211[57]
2.22~6	안거 중 질병·회복[58]	SN.5, 47:9(Gilāno), pp.152~4
2.26	자주(自洲) 자귀의, 법주(法洲) 법귀의	SN.3, 22:43(1. Attadīpa).3, p.42[59]
		SN.5:47(Celam), p.164[60]
3.1~10	수명 연장 암시·포기, 마라 간청-열반 선언	SN.5, 51:10(Cetiya), pp.259~263
		UD.6.1(Jaccandhavagga), pp.62~4
3.1~20	〃 대지 진동 원인	AN.4, 8:70(Bhūmicālavagga), pp.308~13
3.21~3	8회중(會衆)	AN.4, 8:69[61] 〃 , pp.307~8
		MN.1,12(Mahāsīhanādasutta), pp.72~7[62]
3.24~32	8승처(勝處)	AN.4, 8:65(Bhūmicālavagga), pp.305~6
		AN4. 8:93(Sativagga), pp.348~9[63]

---

57) 『마하빠리닙바나 숫따』와 달리, 붓다가 웨살리 마하와나(Mahāvana)에 있는 꾸따가라쌀라(Kutagarasala)에 머물 때, 병실이 있는 곳을 찾아가서 비구들에게 설하고 있다.

58) 벨루와가마에서 안거 도중 치명적인 질병에 걸리고 회복한 일화, 그런 후에 아난다에게 남긴 설법을 말한다. 즉, 붓다의 열반 시에 후계자를 지목하지 않는다는 것, 무상법문, 자신과 법을 귀의처로 삼으라는 등의 유명한 유훈들이다.

59) 붓다가 사왓티(Sāvatthi)의 제따와나에 있는 아나타삔디까 승원에서 비구들에게 설한 법문의 서두의 한 구절이다. 『마하빠리닙바나 숫따』와 일치하는 대목으로 유명한 붓다의 유훈이다. 즉, "비구들이여, 자신을 섬으로 하고 자신을 귀의처로 하며 다른 것을 귀의처로 하지 말라. 가르침을 섬으로 하고 가르침을 귀의처로 하며 다른 것을 귀의처로 하지 말라."이다.

60) 장소와 등장인물은 『마하빠리닙바나 숫따』와 차이가 있다.

61) 리즈 데이비스는 MPS 3.21~23과 『앙굿따라 니까야』 4.30이 일치하고, 『맛지마 니까야』 1.72가 거의 비슷하다고 잘못 파악하였다. Rhys Davids, T. W. & C. A.F.(1951), *Dialogues of the Buddha II*, Oxford: Oxford University Press, p.72.

62) 『마하시하나다 숫따(*Mahāsīhanāda sutta*)』는 8회중을 각각 붓다가 만난 내용은 『마하빠리닙바나 숫따』와 유사하지만, 정형구와 대화자가 완전히 다르다. 즉, 붓다가 사리뿟따에게 여래 십력(十力)에 관해 설하는 가운데, 과거 8회중 각각을 만나 토론했던 기억을 서술하고 있다.

63) 8승처(勝處)의 중심 내용이 대략적으로는 『마하빠리닙바나 숫따』와 같지만, 서술이 전부 동일하지는 않다. 8가지 중에서 4번째까지는 두 경전이 일치한다. 5번째

3.24-33	8승처·8해탈	MN.2,77(Mahāsakuludāyisutta), pp.13~4[64]
3.33	8해탈(解脫)	AN.4, 8:66(Bhūmicālavagga), p.306
		AN.4, 8:94(Sativagga), p.349
		DN.2, 15(Mahānidānasutta), pp.70~1
4.2~3	계·정·혜·해탈[65] 불각으로 윤회	AN.2, 4:1(Bhaṇḍagāmavagga), pp.1~2
		AN.4, 7:62(Mahāvagga).11, pp.105~6[66]
4.7-11	사대교법(四大敎法)	AN.2, 4:180(Sañsetaniyavagga), pp.167~70
4.13-25	최후 공양-발병, 갈증	UD.8.5(Pāṭaligāmiyavagga), pp.81~4[67]
4.39-43	쭌다까 장로	UD.8.5 〃 , pp.84~85[68]

에서 8번째까지는 청·황·적·백의 대상으로 설명함에 있어서 『앙굿따라 니까야』
에서는 비유를 생략하고 개념에 대한 해설만 있다.

64) 『마하빠리닙바나 숫따』와 비교하여 장소, 내용의 배치 순서, 등장인물의 차이가
있다. 『마하사꿀루다이 숫따(Mahāsakuludāyi Sutta)』는 붓다가 라자가하 모라니
와빠(Moranivapā)에서 사문 우다이(Udāyi)에게 8해탈에 대하여 먼저 설명한 후,
8승처를 설하고 있다.

65) 『마하빠리닙바나 숫따』에서 계·정·혜·해탈 수행에 대한 붓다의 법문은 장소를
이동할 때마다 정형구로 언급된다. 경에서 서술된 부분은 1.12, 1.14, 1.18, 2.4,
2.10, 2.20, 4.4, 4.12 등 모두 8번이다. DN. III, 33, 1.11(25)에서는 Dhamma-
kkhandha(法蘊)으로, DN. III, 34, 1.6(10)에서는 해탈지견을 더해서 5법온으로
정의되고 있다.

66) 『마하빠리닙바나 숫따』는 반다가마에서 붓다 자신과 비구들이 윤회한 이유로
계·삼매·통찰지·해탈, 이 4가지를 각각 하나씩 나열해서 설명하고 있다. 반면,
AN. IV, 7:62(Mahāvagga), p.11에는 붓다가 웨살리 암바빨리숲에 머물 때, 비구
들에게 수넷따(Sunetta)라는 교주에 대하여 설하는 가운데 본 내용이 언급된다.
수넷따가 장수했지만, 생로병사와 고통으로부터 해탈하지 못한 이유는 이 4가지
를 깨달아 통찰하지 못했기 때문이라고 서술되어 있다.

67) 『우다나(Udāna)』의 "Pāṭaligāmiya vagga 5"의 에피소드 사이에 두 가지 에피소
드가 『마하빠리닙바나 숫따』에 서술되어 있다. 즉, 말라(Malla)로 가는 대로에서
뿍꾸사 말라뿟따와 붓다의 일화, 황금색 옷을 입은 붓다의 몸에서 빛나는 경이
로운 모습 등 까꿋타 강으로 출발하기 전의 장면이다. 『마하빠리닙바나 숫따』에
는 쭌다의 공양(붓다의 마지막 공양), 붓다의 갈증으로 인한 에피소드에 이어서 『우
다나』에 없는 두 에피소드가 삽입되어 있다. 그리고 까꿋타 강변에 도착하는 장
면으로 이어진다.

68) 리즈 데이비스가 『마하빠리닙바나 숫따』의 내용과 일치하는 『우다나』의 섹션을
『우다나』8.6으로 파악한 것은 오류로 보인다.

5.8	성지순례지 4곳	AN.2, 4:118(Kesivagga), pp.120~1.[69]
5.11	붓다의 유체	DN.2,17(Mahāsudassanasutta).2 .169[70]
5.12	탑 조성할 만한 4부류	AN.2, 4:245(Āpattivagga), p.245[71]
5.16	아난다 4종 경이,	AN.2, 4:129(Bhayavagga), p.132[72]
	전륜성왕 4종 경이	AN.2, 4:130(Bhayavagga), p.133[73]
5.17~8	마하수닷사나	DN.2, 17(Mahāsudassanasutta), pp.169~70
5.26	6사외도에 관한 질문	MN.1, 30(Cūlasāropamasutta), p.198[74]
5.28~9	쑤밧다 출가 · 구족계	DN.1, 8(Kassapasīhanāda Sutta),[75]p.176
	수지, 외도 출가 · 구족계	SN.2, 12:17(3), p.21[76]

---

69) 『마하빠리닙바나 숫따』와의 차이점은 붓다의 4대 성지를 아난다가 아닌 비구들에게 설한 단경(短經)이다. 4대 성지를 한 차례 더 반복하면서, 이곳으로 순례를 가는 청정한 믿음을 가진 자는 죽으면 천상계에 태어날 것이라고 『마하빠리닙바나 숫따』에서 설한 단락은 없다.

70) 세존께 청정한 믿음을 가진 많은 끄샤뜨리야 부호들과 바라문 부호들과 장자 부호들이 여래의 존체를 잘 수습할 것이라는 내용은 『마하빠리닙바나 숫따』와 동일하다. 반면, 아난다의 질문에 붓다가 답하는 형식이 아니라, 아난다가 설한다.

71) 『마하빠리닙바나 숫따』와 달리, 비구들에게 탑을 조성할 만한 4부류의 사람만 언급하고, 각각에 대하여 정형구와 함께 부연한 내용은 없다.

72) 아난다의 경이로운 법 4가지에 관해서만 서술되어 있다.

73) 『마하빠리닙바나 숫따』는 아난다의 경이로운 법 4가지와 전륜성왕에게 있는 4가지 경이로운 법을 각각 서술한 다음, 간략히 아난다의 경이로운 법 4가지를 다시 강조한다. 반면, AN. Ⅱ, "Bhaya-vagga(130)"는 전륜성왕에게 있는 4가지 경이로운 법, 아난다의 경이로운 법 4가지 순서로 설해져 있다.

74) 『마하빠리닙바나 숫따』의 장소는 꾸시나라 살라숲이고, 질문자는 외도 쑤밧다(Subhadda)이다. 반면, 『쫄라사로빠마 숫따(Cūlasāropama Sutta)』에서의 질문자는 바라문 삥갈라꼿차(Piṅgalakocca)이고, 장소는 사왓티(Sāvatthi) 제따와나(Jetavana)의 아나타삔디까(Anāthapiṇḍika, 기원정사)이다. 교단의 창시자로 유명한 육사외도(六師外道)가 자신들이 자처하는 것과 같이 최상의 지혜를 얻었는지 아닌지에 대해 질문한다. 붓다가 바라문의 말을 끊고, 잘 듣기를 바라며 설법을 시작하는 내용이다.

75) 『깟사빠시하나다 숫따(Kassapasīhanāda Sutta)』의 이 부분은 『마하빠리닙바나 숫따』의 중심 내용과 일치하지만, 장소와 화자(話者)가 다르다. 『깟사빠시하나다 숫따』는 라자가하에서 외도였던 깟사빠(Kassapa)가 붓다에게 출가와 구족계 수지의 허락을 구하는 내용이다.

76) 『깟사빠시하나다 숫따』와 마찬가지로 라자가하에서 붓다와 깟사빠(Kassapa)의

	견습: 4달, 쑤밧다	MN.1, 2:57(Kukkuravatikasutta),[77]p.391
	4년 견습 자청	MN.1, 3:73(Mahāvacchagottasutta),[78]p.494
6.5~6	마지막 질문 권유	AN.2, 4:76(Apaṇṇakavagga), pp.79~80
6.7~10	붓다의 반열반, 게송	SN.1, 6:2(5), Parinibbāṇa, pp.157~9
6.8~9	붓다의 입멸 과정	AN.4, 9:31~3(Mahāvagga), pp.409~10[79]
6.10	아누룻다의 게송	AN.1, 3:89(Samaṇavagga).2, p.236
		Tha. Vīsati-Nipāto.905~6, p.83
	아난다의 게송	Tha. Tiṃsa-Nipāto.1046, p.93

『마하빠리닙바나 숫따』의 경문은 부분적으로 5부(部) 니까야의 53 경전과 상응한다. 이 경전들은『마하빠리닙바나 숫따』와 같은 광경(廣 經)의 형태가 아니다. 단경(短經)이거나 경전 가운데 삽입된 형태로 나 타난다.『마하빠리닙바나 숫따』와 완벽하게 일치하거나, 약간의 차이 를 보이는 경전들을 다수 확인할 수 있다.[80]

붓다의 입멸은『마하빠리닙바나 숫따』의 핵심이다. 그러나 니까야 경전 가운데, 오직『쌍윳따 니까야』에서 한 번 언급되었다. 이것은 초 기불교에서 붓다의 입멸 사실에 대한 기록은 중요시되지 않았다는 반 증이다. 그들은 불사(不死)의 열반을 성취한 붓다의 가르침에 주목한

대화이다.
77) 『꾹꾸라와띠까 숫따(*Kukkuravatika sutta*)』는『마하빠리닙바나 숫따』와 달리, 꼴 리야(Koliyā)의 할릿다와싸나(Haliddavasana)에서의 붓다와 외도 뿐나(Puṇṇa)의 대화이다.
78) 『마하빠리닙바나 숫따』와의 차이점은『마하왓차곳따 숫따(*Mahāvacchagotta Sutta*)』는 라자가하에서 붓다와 이교도 왓차곳따의 대화라는 것이다.
79) 『마하빠리닙바나 숫따』는 붓다의 열반 과정을 9차제정으로 묘사한다.『앙굿따라 니까야』4, 9;32에서 붓다는 비구들에게 구차제주(九次第住)를 간략히 설명하고 있다.
80) 중심 내용은 동일하면서도 대화자와 경이 설해진 장소가 다른 경우가 적지 않다. 이러한 점은『마하빠리닙바나 숫따』의 단계적 성립설과 연관해 논의할 수 있다.

것이다. 『마하빠리닙바나 숫따』의 편집 의도도 붓다의 입멸 이면에 위대한 붓다의 본질과 불멸 후 교단 유지와 연관된 가르침을 전하는 데 있다.

3) 『위나야(*Vinaya*)』의 『쭐라왁가(*Cullavagga*)』

『위나야(*Vinaya*)』는 스리랑카 상좌부에 속하는 율장(律藏)으로서 인도에서는 사용되지 않았다고 추정된다.[81] 『마하빠리닙바나 숫따』와 일치하는 내용은 『위나야』 1의 『마하왁가(*Mahāvagga*)』와 『위나야』 2의 『쭐라왁가(*Cullavagga*)』에도 있다. 특히, 붓다의 열반에 관한 내용은 『쭐라왁가』에 나타난다.

(1) 『쭐라왁가』의 붓다의 입멸에 관한 내용

『쭐라왁가』는 12 칸다까(Khandhakaṃ, 犍度)[82]로 구성되어 있다. 붓다의 입멸에 관한 내용은 제11 빤짜사띠까 칸다까(Pañcasatikak-khandhaka, 五百結集犍度)[83]의 서두, '결집의 인연(Saṃgitinidāna)'[84]

---

81) 에띠엔 라모뜨, 호진 역(2006), 『인도불교사』1, 서울: 시공사, p.331.
82) 건도(犍度)는 같은 종류의 법을 모아서 한 묶씩 묶어 놓는 것을 말한다. 경론(經論) 중의 부문을 가리키는 명칭으로서, 편장(篇章)에 해당한다. 계 받는 일을 밝힌 부문, 수계장(受戒章) 또는 수계편(受戒篇)을 수계건도라 하는 것과 같다. 한글대장경, 불교사전, http://abc.dongguk.edu/ebti/c3/sub1.jsp
83) Vin. II, pp.284~293.
84) Vin. II, pp.284~285.

에 있다. 라자가하(Rājagaha, 王舍城)에서의 제1차 결집 기사로 등장한다. 우선, 『마하빠리닙바나 숫따(MPS)』와 동일한 『마하왁가(Mv)』와 『쫄라왁가(Cv)』의 내용을 정리하면 아래와 같다.

〈표1-4〉 MPS와 상응하는 Mv와 Cv

MPS	내용	Vinaya
1.20~34	빠딸리뿟따, 파계자 위험, 지계자 이득	Mv.6.28(4~13), pp.227~30
2.2~3	사성제 설법	Mv.6.29, pp.230~1
2.14~9	암바빨리 기녀	Mv.6.30, pp.231~3
4.30	뿍꾸사-아뚜마 탈곡장에서	Mv.6.37, pp.249
5.28	외도 쑤밧다 출가·구족계	Cv.1.38:1~11, pp.69~71
6.19~20	마하 깟사빠 일화-쑤밧다 망언	Cv.11.1, pp.284~5

『마하빠리닙바나 숫따』의 2.14~9, 4.30, 5.28, 6.19~20는 빠알리 불전에서 유일하게 『마하왁가』와 『쫄라왁가』에만 중복되어 있다. 특히, 『마하빠리닙바나 숫따』의 6.19~20은 붓다의 입멸 사실에 관한 내용으로, 『쫄라왁가』와 동일하다. 붓다의 열반 소식에 비구 대중들은 비탄에 잠겨 있는데, 늦깎이 쑤밧다(Subhadda)만은 불멸을 기뻐하며 망언하는 장면이다. 붓다의 입멸지, 꾸시나라로 향하는 마하 깟사빠(Mahākassapa, 대가섭) 일행이 꾸시나라에서 오고 있는 아지와까(Ājīvaka, 死命外道)를 만나 붓다의 열반 소식을 듣는다. 애착이 남은 비구들은 비탄에 잠겨 울부짖고, 애착을 여읜 비구들은 무상의 이치를 알고 알아차림(sati)한다. 그러나 쑤밧다는 평소에 비구들의 언행을 간섭했던 대사문으로부터 완전히 해방되었으니 슬퍼하지 말라고 한

다.[85] 이러한 쑤밧다의 망언은 대가섭이 결집을 결심한 동기가 되었다.

『마하빠리닙바나 숫따』와 『쭐라왁가』는 쑤밧다의 에피소드가 일치한다. 그러나 쑤밧다 망언 이후의 내용은 두 문헌이 차이를 나타낸다. 『마하빠리닙바나 숫따』는 대가섭이 붓다의 열반에 비탄에 잠긴 비구 대중들을 위로하며 붓다의 고(苦)와 무상(無常)의 교설을 상기시키면서 마무리된다. 그리고 붓다의 다비장으로 장면이 바뀐다. 붓다의 다비 장작더미에 불이 붙지 않았지만, 마하 깟사빠가 도착하여 예를 갖추자 장작불이 타올랐다는 내용이다. 반면, 『쭐라왁가』에서 마하 깟사빠는 즉시 비구들로부터 법·율의 결집 동의로 제1차 결집을 단행하였다.[86] 이러한 두 문헌상의 내용 일치와 차이는 원형에 관한 연구로 이어졌다.

(2) 『마하빠리닙바나 숫따』와 『쭐라왁가』에 관한 연구

마하 깟사빠와 쑤밧다의 망언 에피소드는 『마하빠리닙바나 숫따』와 『쭐라왁가』가운데, 어느 쪽이 원형인가의 논제가 되었다. 이에 관한 대표적인 연구를 안양규 교수는 3그룹으로 나누어 분석하였다.[87] 첫째, 『마하빠리닙바나 숫따』와 『쭐라왁가』 11은 원래 같은 작품의 일부였다고 주장한 그룹이다. 대표 학자는 루이스 피놋(Louis Finot)과

---

85) 전재성(2014), 『쭐라박가-율장소품』, 서울: 한국빠알리성전협회, pp.1060~1062.
86) 전재성(2014), 앞의 책, p.1062.
87) An, Yang-Gyu(2001), "The date and the origin of the Mahāparinibbānasuttanta", *Buddhist Studies(Bukkyō-Kenkyū)* Vol.30, Tokyo: International Buddhist Association (Kokusai-Bukkyō-To-Kyōkai), pp.47~73.

40 붓다의 입멸 에피소드 연구

에리히 프라우발너(Erich Frauwallner)이다.[88]

① 『마하빠리닙바나 숫따』는 경장으로 옮겨지고 『쭐라왁가』 11은 율
　장으로 옮겨지는 등, 2가지 다른 범주로 나누어졌다.
② 『마하빠리닙바나 숫따』는 경장과 율장으로 분리되기 전, 이미 연
　대기[Chronicle]라 부르고[피놋], 구 경장[Old Skandhaka]이라고
　부르는[프라우발너] 고대 작품의 구성요소로 존재하였다.

　피놋(Finot)은 역사적 기록의 현재 입장은 훗날의 영향의 결과라는
점에 기인한다는 관점에서 접근하였다. 그는 『위나야』 연구에 있어 인
위적으로 첨가된 부분이 있을 것이라는 가설을 세웠다. 앞부분에 붓
다의 최후 열반, 뒷부분에 장례와 사리 분배 에피소드로 구성되었다
는 것이다. 그래서 이 고대 연대기는 『마하빠리닙바나 숫따』에 삽입되
었고, 뒷부분은 『위나야』의 「건도부」 끝에 첨가되었을 것으로 추정하
였다.[89] 그는 『마하빠리닙바나 숫따』와 『쭐라왁가』 11이 원래 하나의
전체에서 일부를 구성한다는 결론을 처음으로 도출했다.[90]
　둘째, 『마하빠리닙바나 숫따』와 『쭐라왁가』 11은 처음부터 다른 작
품에 속한다고 주장한 그룹이다. 대표 학자는 헤르만 올덴베르크
(Hermann Oldenberg)와 오토 프랭크(Otto R. Frank)이다.

---

88) 피놋의 이론은 프라우발너의 *The Earliest Vinaya and the Beginnings of
　Buddhist Literatuure*(1956)에서 더욱 확실한 근거로써 재검토되면서 상세하게
　설명되었다. 에띠엔 라모뜨, 호진 역(2006), 『인도불교사』 1, 서울: 시공사, p.348.
89) 에띠엔 라모뜨, 호진 역(2006), 호진 역(2006), 위의 책, p.347.
90) Finot, Louis(1932), "Mahāparinibbāna-sutta and Cullavagga," *Indian
　Historical Quarterly* VIII: 2, p.242.

① 『쭐라왁가』 11이 『마하빠리닙바나 숫따』의 영향을 받았다.

② 『마하빠리닙바나 숫따』는 『쭐라왁가』 11보다 오래되었다.

③ 『쭐라왁가』 11은 대가섭에게 결집을 개최할 수 있는 근거를 제공하기 위해 쑤밧다의 이야기를 꺼냈다.

올덴베르크는 『마하빠리닙바나 숫따』와 『쭐라왁가』의 차이를 후자에 완전하게 묘사된 제1차 결집이 전자에서 완전히 간과된 것으로 파악했다.[91] 상좌부는 동일하게 묘사한 역사적 기록을 『마하빠리닙바나 숫따』에 포함시키지 않았다는 것이다. 이에, 안양규 교수는 쑤밧다 사건이 결집을 소집하는 명분으로 사용되었음을 대부분 당연하게 여긴다고 설명하였다. 그러나 그는 모든 『마하빠리닙바나 숫따』본(本)은 그 사건과 결집 이벤트 간의 연관성에 대해 증언하지 않았다는 점을 지적하였다.[92]

셋째, 『마하빠리닙바나 숫따』와 『쭐라왁가』 11은 상호 간의 영향이 없었다고 주장한 이는 리즈 데이비스(Rhys Davids)이다. 그는 쑤밧다 에피소드에 대한 재고를 주장하였다. 그는 올덴베르크의 결론에 동의하면서, 자코비(Jacobi)가 올덴베르크의 이론에 대한 비판[93]을 반박했다.[94] 그러나 『쭐라왁가』 11이 『마하빠리닙바나 숫따』에서 직접 차용

---

91) Finot, Louis(1932), 앞의 논문, p.242.

92) An, Yang-Gyu(2001), "The date and the origin of the Mahāparinibbāna suttanta", *Buddhist Studies(Bukkyō-Kenkyū)* Vol.30, Tokyo: International Buddhist Association (Kokusai-Bukkyō-To-Kyōkai), p.72.

93) 『마하빠리닙바나 숫따』의 편집자는 제1차 결집에 대해 몰라서 생략한 것이 아니다. 공동체의 규범에 관한 역사가 아닌, 부처의 열반에 대한 그의 작품과 직접적인 연관성이 없는 사건을 언급할 필요가 없다고 생각했기 때문이다. An, Yang-Gyu(2001), 위의 논문, p.69

94) 리즈 데이비스는 두 가지 점에서 반박하였다. 첫째, 쑤밧다 사건에 관한 『마하빠리

된 것임을 인정하려고 하지 않았다. 다만, 『디가 니까야』와 『위나야』가 동시에 합쳐졌을 가능성이 매우 크다고 주장하였다.[95]

『마하빠리닙바나 숫따』와 『쭐라왁가』 11의 성립연대에 관한 대표적인 견해가 있다. 첫째, 리즈 데이비스는 『마하빠리닙바나 숫따』가 『쭐라왁가』 11에서 설명되고 있는 제1차 결집에 앞서 성립되었다는 주장이다. 『쭐라왁가』 11의 제작 시기는 제2차 결집(B.C 250)과 같이, 후대라는 것이다.[96] 둘째, 올덴베르크는 『쭐라왁가』 11의 제작 연대를 제2차 결집 이전으로 보았다. 반면, 『마하빠리닙바나 숫따』의 성립은 기원전 4세기보다 훨씬 늦을 것이라고 추론하였다.[97] 셋째, 안양규는 『마하빠리닙바나 숫따』 성립에 대한 추론 가능한 견해를 아래와 같이 다양하게 제시하였다.[98]

① 원시 『마하빠리닙바나 숫따』는 불멸(佛滅) 직후 암송되었다.
② 시의 적절하게, 원시 『마하빠리닙바나 숫따』는 나중의 전통에 의해 요구된 새로운 요소들을 받아들이게 되었다.
③ 중간 『마하빠리닙바나 숫따』는 점점 커져서 불멸 후, 1백 년이 되

닙바나 숫따』의 내용이 그 시대 승가에서 받아들여졌다면, 편집자는 쑤밧다 사건에 대한 설명을 거의 하지 않았을 것이다. 둘째, 『대반열반경』은 범천의 탄식으로 끝나기 때문에, 『마하빠리닙바나 숫따』는 불멸에 대한 슬픔의 탄식으로 마무리되었을 것이다. 그러나, 『마하빠리닙바나 숫따』 편집자는 계속해서 다비, 사리 분배 및 공양에 대해서 묘사한다. 만약, 저자가 그 사건을 알았다면, 불교계에 아주 중요한 결집에 대해 계속 설명했어야 한다. An, Yang-Gyu(2001), 위의 논문, pp.69~70.

95) An, Yang-Gyu(2001), "The date and the origin of the Mahāparinibbāna suttanta", *Buddhist Studies(Bukkyō-Kenkyū)* Vol.30, Tokyo: International Buddhist Association (Kokusai-Bukkyō-To-Kyōkai), pp.70~71.
96) An, Yang-Gyu(2001), 위의 논문, p.71.
97) An, Yang-Gyu(2001), 위의 논문, pp.71~72.
98) An, Yang-Gyu(2001), 위의 논문, p.73.

기 전에 현재 버전에 가까워졌다.

④ 현재와 같은 최종 『마하빠리닙바나 숫따』 개정판은 제3차 결집
   시기만큼 늦게 제작되었다.

다만, 이는 잠정적인 추측이며, 모든 『마하빠리닙바나 숫따』 버전의
비교, 『마하빠리닙바나 숫따』 경문의 날짜 등이 추가로 조사되어야 한
다고 안양규 교수는 전제하였다.

4) 한역 『열반경(涅槃經)』

붓다의 입멸에 관한 초기불교 한역 경전은 대정신수대장경(大正新
修大藏經)[99]의 아함부(阿含部)에 있다. 그리고 아함부 『열반경』의 궐본
(闕本)과 위경(僞經)도 파악할 수 있다.

---

[99] 대정신수대장경(大正新修大藏經)은 다카쿠스 준지로(高楠順次郎)·와타나베 가이
교쿠(渡邊海旭)·오노 겐묘(小野玄妙) 등이 주도하여, 1924년(대정 13년)부터 1929
년(소화 9)에 완성된 일본의 대정일체경간행회에서 간행한 대장경이다. 총 100권
중 앞의 32권은 인도 찬술부이며, 이것이 본래의 대장경이다. 아함·본연·반야·
법화·화엄·보적·열반·대집·경집·밀교·율·석경론·비담·중관·유가·논집 등
16부로 구성되어 있다. 이 가운데 밀교부까지는 경, 그리고 율, 석경론 이하 논을
합해 삼장을 형성한다. 경장 부분은 본래 소승경과 대승경으로 되어 있는데, 대
승전은 반야부에서 밀교부까지, 제5에서 제21권까지 총 1201경이다. 고려대장
경을 저본으로 하고 여러 간행본과 사본 등을 대조하여 차이점을 각 페이지 하단
에 주기(註記)하고, 빠알리어와 산스끄리뜨를 일부 병기(倂記)하였다. 여러 텍스
트를 아함부부터 역사적 순서로 배열하여 총 100권으로 되어 있다. 1권에서 55
권까지는 인도·중국 찬술부이고, 56권에서 84권까지는 일본 찬술부, 85권은 돈
황 사본, 86권에서 97권까지는 도상부(圖像部), 나머지 3권은 목록이다. 지관 편저
(2001), 『가산불교대사림』 Vol.4, 서울: 가산불교문화연구원, p.645.; 곽철환(2003),
『시공 불교사전』, 서울: 시공사.; https://terms.naver.com/entry.naver?docId=
898253&cid=50763&categoryId=50784

(1) 아함부(阿含部)의 『열반경(涅槃經)』 제본(諸本)

아함부 『열반경(涅槃經)』을 분류하면 다음의 표와 같다.[100]

〈표1-5〉 아함부 『열반경』 계통의 경전

No	문헌	시대	번역자
1	유행경(遊行經) 3권[101]	후진	불타야사 · 축불념
2	불반니원경 2권[102]	서진	백법조
3	반니원경 2권[103]		번역자 미상
4	대반열반경 3권[104]	동진	법현
5	잡아함경 제35권, No.97~9[105]	유송	구나발타라
6	잡아함경 제44권, No.1197[106]		
7	별역잡아함경 제6권, 110[107]		번역자 미상
8	증일아함경 제36권, 8난품 제42~1[108]	동진	승가제바
9	증일아함경 단본 불설역사이산경[109]	서진	축법호
10	〃 불설대애도반니원경[110]	〃	백법조
11	〃 불모반니원경[111]	유송	혜간

---

100) 여기서는 시모다 마사히로의 분류에서 간과된 경전들을 상세하게 탐색하여 보충하였다. 下田正弘(1997), 『涅槃經の硏究: 大乘經典の硏究方法試論』, 東京: 春秋社, pp.62~63.

101) T.1, No.1, p.11a4ff.

102) T.1, No.5, p.160b5ff.

103) T.1, No.6, p.176a2ff.

104) T.1, No.7, p.191b2ff.

105) T.2, No.99, pp.253c24~254c1.

106) T.2, No.99, pp.325b2~325c9.

107) T.2, No.100, pp.413a27~414a16.

108) T.2, No.125, p.750b12ff.

109) T.2, No.135, p.857c18ff.

110) T.2, No.144, p.867a20ff.

111) T.2, No.145, p.869b10ff.

표의 1번에서 4번,『유행경』·『불반니원경』·『반니원경』·『대반열반경』은『장아함경(長阿含經)』[112]에 수록되어 있다.『유행경』은『마하빠리닙바나 숫따』에 상응하는 한역본이다.『불반니원경』·『반니원경』·『대반열반경』은『유행경』의 이역본이다. 5번에서 8번까지는 경의 명칭 없이 단경(短經)으로 수록되어 있다. 붓다의 입멸과는 무관하지만, 경명이『열반경』인 경우도 있다. 즉,『중아함경(中阿含經)』「습상응품(習相應品)」의 제55경, '열반경 14'이다.[113]

(2) 아함부『열반경』의 궐본(闕本)과 위경(僞經)

후한(後漢) 안세고(安世高) 번역의『소반니원경(小般泥洹經)』1권을 아함부『열반경』의 궐본(闕本)[114]으로『개원석교록(開元釋教錄)』[115]은 분류했다.[116]『소반니원경』은『불열반후제비구경(佛涅槃後諸比丘經)』·『니원후제비구경(泥洹後諸比丘經)』을 비롯한 여러 이명(異名)이 있다.『소반

---

112) 『장아함경』은 법장부(法藏部) 전승이라고 하지만, 월운 스님은 설일체유부의 전승이라고 강조하였다. 월운(2006),『장아함경』1, 서울: 동국역경원, 〈해제〉.
113) 이 경은 열반의 발생 원인에 관한 설법이다. T.1, No.26, pp.490b29~491a13.
114) 궐본(闕本)은 결본(缺本)이라고도 한다. 이미 번역된 경전이 전해지는 과정에서 없어진 것을 말한다.
115) 『개원석교록』은 730년(개원 18) 중국 당(唐)의 지승(智昇, 658~740)이 저술한 20권의 경전목록이다.『개원록』·『지승록』이라고도 한다. 후한시대부터 당나라 현종 때까지 664년간 176명의 삼장이 한역한 대·소승의 경·율·론·성현집전(聖賢集傳) 및 실역(失譯)과 결본 등 2,275부 7,046권의 목록을 기록하고 있다. 이후의 경전목록이『개원록』을 본보기로 하면서도 이를 넘어설 수 없을 만큼 형식면에서 어느 정도 완벽하다. 그러나 내용면에서『역대삼보기』의 기재에 있어서 비판과 검토가 충분하지 않은 점이 결함이다. 지관 편저(1998),『가산불교대사림』Vol.1, 서울: 가산불교문화연구원, p.408.
116) 『개원석교록』, T.55, No.2154, pp.480c10~11.

니원경』의 다른 이름은 『역대삼보기(歷代三寶記)』[117]와 『출삼장기집(出三藏記集)』[118]에 잘 나타나 있다.[119]

아함부 『열반경』의 위경(僞經)[120]은 『소반니원경』과 『반니원후제비구경』으로 분류되었다. 이것은 『개원석교록』, 『법경록』·『언종록』 등 『중경목록(衆經目錄)』[121]의 견해이다.[122] 『소반니원경』을 『언종록』은 『법멸진

---

117) 『역대삼보기』는 수(隋) 비장방(費長房, 597)의 저술로, 『장방록』이라고도 한다. 중국에 불교가 전래된 이후 수나라까지 불법이 전해지는 과정과 역경·저작 등에 관해 기록한 15권으로 된 문헌이다. 별도로 불가전기(佛家傳記)가 붙어 있다. 특히, 북조(北朝)의 경전들을 상세하게 수록하고 있으며 수대(隋代) 불교 연구의 중요한 자료로 간주된다. 지관 편저(2015), 『가산불교대사림』 Vol.1, 서울: 가산불교문화연구원, p.215

118) 『출삼장기집』은 양(梁, 502~557)의 승우(僧祐)가 편찬하여, 『승우록』이라고도 한다. 한역한 경·논의 연기(緣起)·목록(目錄)·서문(序文)·발문(跋文), 번역자의 전기 등을 수록하여 역경사 연구에 많은 자료를 제공한다. 도안(道安)의 『종리중경목록(綜理衆經目錄)』이 현존하지 않아, 이것이 경론의 목록으로 가장 권위 있다. 특히, 남조(南朝)의 경전들이 상세하게 수록되어 있다. 한글대장경, 불교사전, http://abc.dongguk.edu/ebti/c3/sub1.jsp

119) 『역대삼보기』는 『불열반후제비구경(佛涅槃後諸比丘經)』·『니원후제비구경(泥洹後諸比丘經)』·『니원후변이경(泥洹後變異經)』·『니원후비구세변경(泥洹後比丘世變經)』이라고 하였다. T.49, No.2034, pp.93c2~3.; 『출삼장기집』에서는 『니원후변기경(泥洹後變記經)』·『불반니원후비구세변경(佛般泥洹後比丘世變經)』이라고 하였다. T.55, No.2145, pp.24a21~2.

120) 위경(僞經)은 범본(梵本) 경전의 권위에 가탁하여 동아시아에서 찬술된 경전 또는, 그렇다고 의심되는 경전을 말한다. 범본으로부터 한역된 경전, 정경(正經)이나 진경(眞經)의 상대어이다. 경전목록에서는 위작이 확실한 경전을 위경이라 하고, 한역의 경위가 의심스러운 것을 의경(疑經)으로 구분하는 경우도 있다. 위진시대 이후 불전의 한역이 급증하면서 불설의 권위에 의탁한 위경이 대량으로 출현하였으나 경전목록 편찬자들의 검증을 통해 별도의 목록으로 분류되었다. 374년 도안(道安)의 『종리중경목록』에서 처음으로 작성되었다. 지관 편저(2015), 『가산불교대사림』 Vol.16, 서울: 가산불교문화연구원, p.1543.

121) 『중경목록』은 3종이 있다. 수대(隋代) 법경(法經) 등 20인이 칙명으로 정리하여 기록한 7권본(이하, 『법경록』), 언종 등이 만든 5권본(이하, 『언종록』), 당(唐) 정태의 5권본(이하, 『정태록』)이다. 『법경록』은 594년 법경 등이 후한(後漢)부터 수대까지 번역된 불전을 총 7권으로 편찬한 목록이다. 『언종록』은 602년 언종 등이 후한

경(法滅盡經)」, 『개원석교록』과 『언종록』은 『대법멸진경(大法滅盡經)』이라고도 하였다.[123] 위경으로 지목된 이 경전은 현존하지 않는 안세고역출의 『소반니원경』과 동명(同名)이다. 이에, 『개원석교록』은 경을 보고 결정지을 수도 없어서 두 곳에 다 기재하여 둔다[124]고 설명하였다. 그 당시에도 안세고 번역 『소반니원경』의 소재를 파악할 수 없었다는 것을 알 수 있다.

(3) 『유행경(遊行經)』의 구성과 내용

『유행경』은 『장아함경』의 두 번째 경전으로서, 제2권~제4권에 해당한다. 우선, 『유행경』의 구성과 내용을 붓다의 이동 경로를 중심으로 요약하면 아래의 표와 같다.

〈표1-6〉 『유행경』에 나타난 붓다의 이동 경로와 중심 내용

장소	중심 내용 또는 핵심어
-장아함경 제2권- 왕사성 기사굴산(영취산)	아사세왕이 대신[125]을 보내 밧지국 정벌의 조언 구함-국가와 비구 7·6불퇴법

에서 수대까지 번역된 불전 이름과 번역자를 기록했다. 『정태록』은 663년 정태가 『언종록』을 증보하여 총 2,219종 6,994권을 기록한 것이다. 한글대장경, 『불교사전』, http://abc.dongguk.edu/ebti/c3/sub1.jsp

122) T.55, No.2146, pp.126c29~127a1.; T.55, No.2147, pp.173c1~2.
123) T.55, No.2146, p.127a1.; T.55, No.2147, p.173c2.
124) T.55, No.2154, pp.675c15~18 "般泥洹後諸比丘經一卷(按僧祐錄即小般泥洹異名)小般泥洹經一卷(一名大法滅盡經) 右按安世高譯處有小般泥洹經 此既名同復無本可定 且二處俱載."
125) 빠알리어는 Vassakāra, 한역은 우사(雨舍)로 쓴다. 불교기록문화유산 아카이브, http://kabc.dongguk.edu/Home/Contents?ccode=01&tcode=02&nav

// 죽림정사	3학 설법
파릉불성(빠딸리뿟따)	우바새-3귀의·5계, 범계 5손실, 지계 5공덕
구리촌(꼬띠가마)	4종 깊은 법: 계·정·혜·해탈
나타촌(나디까)[126]	법의 거울-불괴의 믿음을 얻는 것, 법신구족승
비사리(웨살리) 나무 아래	암바빨리 음녀-5계, 붓다 일행 공양청
// 암바빨리 동산[127]	예차(리차위)족-암바빨리에게 공양청 양보 요청 4념처, 비구 위의 구족-섭심(攝心)·불란(不亂) 5난득(難得), 암바빨리 동산 보시-4성제, 5계
왕사성 죽림정사	비사타야 바라문-작복(作福)의 과보→생천월지(왓지)국에서 안거 권유, 발병-수명 연장, 불멸 후 자귀의·법귀의, 4념처 수행 당부
웨살리 차바라(짜빨라)탑	등병을 보임, 1겁 수명 연장 암시-아난다 침묵, 마라 간청-열반 선언, 수명 포기, 대지 진동 8인연
-제3권- //	8회중(會衆)
웨살리 향탑[중각강당][128]	37조도품·4선·경전 수지 당부-3개월 후 입멸 무상법문, 불반니원경(佛般泥洹經)·비구계 구족 정각 후 입열반하지 않은 이유, 아난의 간청
암바라 마을	계→정→혜→등해탈→해탈지→생사 다함→범행 확립→후유(後有)를 받지 않음

---

ikey=1

126) 긴기가정사(緊耆迦精舍, Gijakvasatha)라고 한다. 이곳은 전와당(磚瓦堂), 휴식 장소로 쓰기 위해 벽돌로 조성한 건축물을 의미한다. 불교기록문화유산 아카이브, http://kabc.dongguk.edu/Home/Contents?ccode=01&tcode=02&navikey=1

127) 여래는 자리에 앉아 계셨다. 빛나는 모습이 독보적으로 뚜렷해 모든 대중을 가려, 마치 가을 달과 같았다. 또한, 천지가 청명하고 깨끗하여 먼지가 없고, 해가 허공에 있어 그 광명이 홀로 비추는 것과 같았다. T.1, No.1, pp.14a7~9, "如來在座 光相獨顯 蔽諸大衆 譬如秋月 又如天地淸明 淨無塵翳 日在虛空 光明獨照."

128) 빠알리본에는 중각강당(重閣講堂, kūṭāgāra sālā)으로 되어 있다. 이는 본래는 보통명사지만, 여기에서는 특별히 비사리성(毗舍離城)의 미후지(獼猴池) 근처 숲에 있던 강당을 지칭한다. 불교기록문화유산 아카이브, http://kabc.dongguk.edu/Home/Contents?ccode=01&tcode=02&navikey=1

부미성[129] 시사파숲	4대 교법
파바(빠와)성 사두원	주나(쭌다)의 공양, 4종 사문, 붓다의 등병, 2종 시식 평등공덕
파바 →구이성(꾸시나라)	복귀(뿍꾸사)의 일화·4성제·삼귀의·5계 수지 광채 나는 여래의 몸 2종 인연, 갈증-물 떠옴
구손강→구이성 가는 도중	쭌다의 반열반, 붓다의 장례법-청신사 담당· 전륜성왕과 동일·향탕에 관불·사리탑 건립, 탑을 세워 공양할 만한 4종 사람
사라쌍수 가던 도중	파바성으로 가던 범지 3번 아침 공양청-거절
구이성 사라쌍수	북으로 머리 두고 옆구리로 누움, 범마나(우빠와나), 대선견(마하수닷사나)왕에 대하여
-제4권 - 구이성 사라쌍수	말라족의 친견, 수발(쑤밧다)-출가·구족계·아라한 증득·반열반, 유학 아난 슬픔·4종 기특한 법, 불멸 후 수계 당부, 천이백 제자 득도 기별최후 유훈-불방일, 반열반-9차제정, 대가섭 일 화-발란 타 망언, 곽시쌍부, 사라수신-소화, 말라족 사리 분배 거부-향성 바라문 중재, 치아 사리-아사세, 8사리탑·병탑·탄탑, 2월 8일 열반

『유행경』에 나타난 붓다의 이동 경로와 내용은『마하빠리닙바나 숫
따』와 차이가 크다. 첫째는 죽림정사가 두 번씩이나 등장한다. 라자가
하[영취산] → 죽림정사 → 빠딸리뿟따 [생략] 웨살리 암바빨리 동산 →
죽림정사 → 웨살리 짜빨라 탑으로 두 번씩이나 죽림정사를 방문하였
다. 둘째는 빠와에서 사라쌍수로 가는 각각 다른 노상(路上)에서의 에
피소드가 몇 번이나 등장하였다.

---

129) 첨바(瞻婆) 마을·건다(揵茶) 마을·바리바(婆梨婆) 마을을 경유해서 부미(負彌)
성으로 향한다. T.1, No.1, pp.17b26~27, "當詣瞻婆村 揵茶村 婆梨婆村及詣
負彌城."

내용 면에서는 삼귀의·5계가 언급되고, 법신[130]·대승[131]의 표현이
나타난다. 특히, 대승·법신과 같은 용어를 언급함으로써 초기불전 내
에서 대승불교의 맹아를 확인할 수 있다. 이것은 곧 초기불교 문헌에
서 이미 불신관 논의와 변화가 시작된 것을 의미한다.

5) 한역 율장(律藏)

붓다의 입멸에 관한 내용을 수록하고 있는 한역 율장은 대정신수
대장경 율부(律部)에 있다.『마하승기율(摩訶僧祇律)』·『사분율(四分律)』
·『십송율(十誦律)』·『근본설일체유부비나야잡사(根本說一切有部毘奈耶
雜事)』이다. 특징적으로, 앞의 3종 율장은 제1차 결집의 연기(緣起)로써
붓다의 입멸을 언급하였다. 반면,『근본설일체유부비나야잡사(根本說
一切有部毘奈耶雜事)』는『마하빠리닙바나 숫따』·『유행경』과 유사하다.
물론, 세부적인 내용에서는 차이가 있다.

---

130) 나디까[나타촌]에서 '법의 거울'에 관한 설법 가운데, "환희심으로, 서로 잘 화합
　　하고, 행동이 정직하며, 아첨이 없고, 도·과를 성취하며, 상·하로 화합하고, 법신
　　을 구족한 스님들을 믿는 것이다."라고 하였다. T.1, No.1, pp.13b8~10, "歡喜信
　　僧 善共和同 所行質直 無有諛諂 道果成就 上下和順 法身具足."
131) 팔을 굽혔다 펴는 순간에 빠딸리뿟따[파릉불성]에서 꼬띠가마[구리촌]으로 강
　　을 건너 온 붓다의 게송에 나온다. 즉, "부처님은 바다의 사공이요, 법의 다리
　　는 나루를 건너 주네, 대승도의 수레는 일체 천상·인간을 건져 주네." No.1,
　　pp.12c27~28, "佛為海船師 法橋渡河津 大乘道之輿 一切渡天人."

(1) 『십송율』·『사분율』·『마하승기율』

『십송율(十誦律, Daśādhyāya)』은 설일체유부(說一切有部, Sarvāstivāda)[132] 전승의 율장이다. 5대 광율(廣律) 가운데 가장 먼저 역출되었다.[133] 구마라집(鳩摩羅什)이 불야다라(弗若多羅, Puṇyatrāta)와 담마유지(曇摩流支,

---

132) 설일체유부(說一切有部, Sarvāstivāda)는 부파불교에서 가장 유력한 부파로서, 일체법은 과거·현재·미래 어디서나 존재한다고 주장하였다.『삼론현의』에는 불멸 후 대가섭은 아난에게 경장, 부루나에게 논장, 우바리에게 율장을 부촉하였다. 경장은 가섭-아난-말전지-사나바사-우파굴다-부루나-매자가-가전연니자 등으로 부촉되었다. 가섭에서 매자가에 이르는 2백 년 동안 다른 부파는 없었다. 3백 년 초, 가전연니자(Kātyāyani-putra, 『발지론』의 저자)가 입적하자 상좌부는 상좌제자부(설산부)와 설일체유부로 분열되었다. 설산부는 오직 경을 홍포하였지만 율장과 논장을 버리지 않았다. 그러나 설일체유부는 아비달마를 최승이라고 하여 아비달마에 치우쳐 홍포하였다. 대가섭에서 우파굴다까지는 경전을 중시했지만, 부루나부터 아비달마를 중시하기 시작해 가전연니자에 와서는 아비달마가 대흥하였다. 상좌제자부는 본말이 전도된 것을 보고 개종하기를 원했지만, 설일체유부는 바꾸지 않았다. 상좌제자부는 그들을 피해 설산으로 이주했기 때문에 설산부(설산주부)라고 한다. 불멸 후 3백 년 중반 설일체유부에서 독자부가 나왔다.『삼론현의』, T.45, No.1852, pp.9b14~c2, "次上座弟子部者 佛滅度後 迦葉以三藏付三師 以修多羅付阿難 以毘曇付富樓那 以律付優婆離 阿難去世 以修多羅付末田地 末田地付舍那婆斯 舍那婆斯付優婆掘多 優婆掘多付富樓那 富樓那付寐者柯 寐者柯付迦旃延尼子 從迦葉至寐者柯二百年已來無異部 至三百年初 迦旃延尼子去世 便分成兩部 一上座弟子部 二薩婆多部 所以分成二部者 上座弟子但弘經 以經為正 律開遮不定 毘曇但釋經 或過本 或減本 故不正弘之 亦不棄捨二藏也 而薩婆多謂毘曇最勝 故偏弘之 從迦葉至掘多 正弘經 從富樓那稍棄本弘末 故正弘毘曇 至迦旃延大興毘曇 上座弟子部見其棄本弘末 四過宣令遣其改宗 遂守宗不改 而上座弟子部移往雪山避之 因名雪山住部 三百年從薩婆多出一部 名可住子弟子部 即是舊犢子部也."
133) 5대 광율(廣律)은 빠알리 율장 ·『십송율』·『사분율』·『마하승기율』·『오분율』을 말한다. 그러나 한역(漢譯) 5대 광율은 빠알리 율장 대신『근본설일체유부율』이 포함된다. 히라카와 아키라는 역출 순서를『십송율』404~409년→『사분율』 410~412년→『마하승기율』416~418년→『오분율』423~424년→『근본설일체유부율』703~713년으로 설명하였다. 히라카와 아키라, 박용길 역(1995),『율장 연구』, 서울: 토방, p.171.

Dharmaruci)의 협력으로, 404년에 전 58권으로 한역하였다. 409년 비마라차(卑摩羅叉, Vimalākṣa)[134]가 발문(跋文)과 3권을 추가하여 현재의 전 61권이 되었다. 산스끄리뜨 원본은 단편으로만 전해진다.[135]

『사분율』은 전 60권으로 구성된 법장부(法藏部, Dharmagupta) 전승의 율장이다. 요진(姚秦)시대 불타야사(佛陀耶舍)와 축불념(竺佛念)의 공역(410~412년)이다.

『마하승기율』은 대중부(大衆部, Mahāsāṃghikas) 전승의 율장으로, 전 40권이다. 법현이 빠딸리뿌뜨라(Pāṭaliiputra, 華氏城)에서 발견한 원본에 의거하여 416년 동진시대 불타발타라(Buddhabhadra)와 법현이 공역했다. 바미안(Bāmyān) 동굴에서 이 율장의 단편(斷片)들이 나왔고, 실벵 레비(S. Lévi)가 1932년 『주르날 아지야띠끄(Journal Asiatique)』에 발표하였다.[136]

붓다의 입멸에 관한 내용은 『십송율』 제60권 「오백비구결집삼장법품(五百比丘結集三藏法品)」에 서술되어 있다.[137] 『마하승기율』은 제32권 「명잡송발거법(明雜誦跋渠法)」 ⑩에 나온다.[138] 『사분율』은 제54권 「집법비니오백인(集法毘尼五百人)」의 전반부에 수록되어 있다.[139] 이러한 3종 광율에서는 제1차 결집의 연기(緣起)를 중심으로 다비식까지 묘

---

134) 『고승전』 제2권에는 비마라차(卑摩羅叉)가 번역했다고 되어 있다. 즉, "구마라집이 번역한 『십송률』은 58권이다. [중략] 비마라차는 그것을 석간사에 가지고 가서 61권으로 개작하였다. "羅什所譯十誦本五十八卷 [중략] 又後齋往石澗開爲六十一卷"으로 되어 있다. T.50, No.2059, pp.333b29~333c3.

135) 에띠엔 라모뜨, 호진 역(2006), 『인도불교사』 2, 서울: 시공사, p.332.

136) 에띠엔 라모뜨, 호진 역(2006), 위의 책, p.335.

137) T.23, No.1435, pp.445c10~447a11.

138) T.22, No.1425, pp.489c26~490b21.

139) T.22, No.1428, pp.966a14~966c11.

사하였다. 즉, 불멸 후 7일 대가섭[마하 깟사빠]이 결집을 단행하게 된 붓다의 입멸에 대한 망언 비구의 에피소드이다. 이 3종 광율에 나타난 붓다의 입멸에 관한 내용을 간략히 비교해 보자.

〈표 1-7〉 3종 율장의 내용 비교

주제	마하승기율	사분율	십송율
가섭의 불멸 인식	정수삼매·천안통으로	니건자	도중에 만난 바라문
다비식 주관	가섭	말라족	역사, 가섭이 지시
불멸 망언 비구	마하라	발난타	불선한 노비구
다비 점화 제재	천신	천신	가섭이 지시[140)
곽시쌍부			천신이 개관·탈의
붓다의 존체		사리[141)	보체
가섭의 위치	상수		4번째 상수 상좌[142)
다비 주관	가섭		
다비 결과			속옷과 겉옷
사리 수습			가섭
사리 공양	재가자-국왕·장자 등		역사-사리 분배 거부
사리 분쟁 중재			성연 바라문
사리탑 건립			8사리탑, 병탑, 탄탑

3종 율장의 공통점은 제1차 결집의 기사(記事)로서, 붓다의 입멸 사실과 다비식을 언급한 것이다. 특히, 『마하승기율』과 『십송율』에서는

---

140) 대가섭이 "제가 지금 도착했으니 다비장의 땔감에 불을 붙이지 마십시오. 제가 부처님의 전신에 예배드리고 싶습니다."라고 하였다. T.23, No.1435, pp.446a13~14, "我正爾當到 莫燃佛積 我欲禮佛全身."

141) T.22, No.1428, p.966a20, "諸末羅子洗佛舍利已"

142) 염부제에서는 장로 아야 교진여가 첫째 상좌, 장로 균타가 둘째 상좌, 장로 십력가섭과 아난 화상이 세 번째 상좌, 장로 대가섭이 네 번째 상좌였다. T.23, No.1435, pp.446a3~6, "爾時閻浮提中 長老阿若憍陳如第一上座 長老均陀第二上座 長老十力迦葉阿難和上第三上座 長老摩訶迦葉第四上座."

가섭의 위신력 또는 위상을 강조함으로써 『마하빠리닙바나 숫따』와 『유행경』과 차이를 보인다. 이러한 내용은 『근본설일체유부비나야잡사』와도 일치한다.

(2) 『근본설일체유부비나야잡사(根本說一切有部毘奈耶雜事)』

『근본설일체유부비나야잡사』(이하, 『비나야잡사』)[143]는 근본설일체유부(Mūlasarvāstivāda)의 〈광율〉 가운데 17사(事)의 하나이다. 다른 여러 율장의 「잡건도」에 해당하며, 다른 율전(律典)에 없는 세세한 계목들을 열거하고 있다. 그러한 계율 조목들이 나오게 된 계기와 그것을 잘 지킨 불제자들에 관한 이야기들을 다양하게 들고 있는 것이 특징적이다. 당(唐)의 의정(義淨, 635~713)이 710년에 전 40권으로 역출하였다.

『비나야잡사』에서 붓다의 입멸에 관한 내용은 제36권[144]·제37권[145]·제38권[146]·제39권[147]에 있다. 언급된 에피소드의 전개는 『마하빠리닙바나 숫따』·『유행경』과 일치한다. 다만, 세부적인 내용에서는 차이를 나타낸다. 간략히 비교하면, 다음과 같다.

---

143) 『개원석교록』은 『비나야잡사』에서 『불반열반행우대신고왕경(佛般涅槃行雨大臣告王經)』 1권과 『불장입열반도선현경(佛將入涅槃度善賢經)』 2권이 나왔다고 한다. 반면, 『정원신정석교목록(貞元新定釋敎目錄)』에는 두 경전이 소승율에서 별생(別生)으로 분류된 것으로 되어 있다. 『개원석교록』 제16권, T.55, No.2154, pp.660a14~16.; 『정원신정석교목록(貞元新定釋敎目錄)』 제26권, T.55, No.2157, pp.997c9~11.

144) T.24, No.1451, p.385c24ff.

145) T.24, No.1451, p.390b5ff.

146) T.24, No.1451, p.396a6ff

147) T.24, No.1451, p.402a20~402c4.

〈표 1-8〉『비나야잡사』와『유행경』의 비교

권	『유행경』의 에피소드	『비나야잡사』
36	기녀 암바빨리의 공양	암바빨리숲 승가에 보시한 내용 없음
37	순타[쭌다]의 마지막 공양	죄악비구 발우 훔침, 4종비구, 발병 없음
	공양 후의 쭌다	쭌다의 힐난·자책감에 대한 언급 없음
	아난다의 경이로운 자질	아라한 수기 없고, 아난 위해 법요 설함
	아난다의 질문	불멸 후 어떻게 여래의 법신을 공양해야?
	장사(壯士)들의 붓다 친견	장사 - 3보 귀의·5계 수지
38	순례해야 할 4장소	붓다의 일생 동안 거주한 8장소[148]
	최후의 가르침	제행무상
	붓다의 반열반	왕사성 죽림원에서 가섭이 불멸을 앎
	대가섭 일행과 만난 외도	존체를 유신사리(有身舍利)로 표현
	불멸에 대한 비구의 망언	천신이 소리를 가려 가섭만 들음
	대가섭 일행 다비장 도착	구시성 사람들 대가섭에 절하며 영접 곽시쌍부 없음, 4대성문(大聲聞)[149]
39	사리탑 건립	불사리의 양·4개의 치아 사리,[150] 아소까왕의 8만4천 불탑 건립,[151] 1차 결집

---

148) 부처님 일생 50여 년 동안 거처한 장소로는 8곳이 있다. 본생처, 성도처, 전법륜처, 취봉산(鷲峯山), 광엄성(廣嚴城), 하늘로부터 내려오신 곳, 기수원(祇樹園), 쌍림열반처(雙林涅槃處)이다. 넷은 정해진 장소이고 나머지는 정해진 장소가 아니다. T.24, No.1451, pp.399a15~16, "親見如來一代五十餘年居止之處 有其八所 一本生處 二成道處 三轉法輪處 四鷲峯山處 五廣嚴城處 六從天下處 七祇樹園處 八雙林涅槃處 四是定處 餘皆不定."

149) 여기에 오직 네 큰 노덕 성문이 있으니, 아야교진여·난타와 십력가섭·대가섭이다. 그런데 대가섭은 큰 복덕이 있어서 많은 이양을 얻으니, 가사·발우·약이 매사에 여유가 있었다. T.24, No.1451, pp.401b12~15, "於此時中唯有四大耆宿聲聞 謂具壽阿若憍陳如 具壽難陀 具壽十力迦攝波 具壽摩訶迦攝波 然摩訶迦攝 波有大福德多獲利養 衣鉢藥直觸事有餘."

150) 여래의 사리 총 1석(碩) 6두(斗)를 8등분 하였다. 그 7분은 남섬부주에 있고, 그 제4분인 아라마처에 있던 것은 용궁으로 옮겨 공양하였다. 또, 붓다의 4개의 치아 사리는 제석천·건타라국·갈능가국·아라마읍 바다 용왕국에 있으며, 각각 탑을 세워 공양하였다. T.24, No.1451, pp.402b24~29, "如來舍利 總有一碩六斗分為八分 七分在贍部洲 其第四分阿羅摩處所得之者 在龍宮供養 又佛有四牙舍利 一在天帝釋處 一在健陀羅國 一在羯陵伽國 一在阿羅摩邑海龍王宮 各起塔供養."

151) 파타리읍의 무왕[아소까왕]이 일곱 탑을 열고 그 사리로써 남섬부주에 8만4천

『비나야잡사』에 나타난 에피소드 전개는 『마하빠리닙바나 숫따』·
『유행경』과 유사하다. 앞에서 살펴본 3부 율장에서 결집 기사로서 붓
다의 입멸을 언급한 것과는 대조적이다.

『비나야잡사』와 『유행경』의 내용 비교에서 주목할 사항을 세 가지
로 요약할 수 있다. 첫째, 불타관의 변화이다. 즉, 쭌다의 공양 이후 붓
다의 발병을 언급하지 않음으로써, 붓다의 입멸 원인이 마지막 공양이
아님을 암시하였다. 특히, '여래 법신'의 표현이 나온다. 아난다는 불멸
후 여래 법신을 어떻게 공경·공양해야 하는지를 붓다에게 질문한 것
이다.[152] 붓다의 몸을 법으로 인식하기 시작한 것이다. 『비나야잡사』에
서 이미 대승불교적 성향이 나타난다.

둘째, 대가섭의 위상 변화이다. 대가섭은 왕사성에서 이미 붓다의
열반을 알았다는 것이다. 이러한 견해는 『마하승기율』과 일치한다. 그
리고 불멸에 대한 비구의 망언을 대가섭만이 듣는 등의 신력과 그에
대한 대중들의 예우는 『십송율』과 일치한다. 가장 엄격한 수행을 한
대가섭을 사실상 붓다의 후계자로 추대했다고 할 수 있다.

셋째, 아소까(Aśoka)왕[153]의 8만4천 불탑 건립과 사무량심(四無量

불탑을 건립해 두루 공양하게 하였다. T.24, No.1451, pp.402b29~402c2, "時
波吒離邑無憂王 便開七塔取其舍利 於贍部洲廣興靈塔八萬四千周遍供養."
152) T.24, No.1451, pp.394c19~20, "時具壽阿難陀而白佛言 大德世尊般涅槃後
我 當云何恭敬供養如來法身."
153) 아소까(Aśoka, ?~기원전 232?)는 고대 인도 마우리아(Maurya)왕조의 제3대 왕이
다. 아육왕(阿育王)이라고도 하며, 무우왕(無憂王)이라고 한역한다. 기원전 268
년에 즉위하였으며, 빠딸리뿌뜨라(Pātaliputra, 華氏城)를 도읍으로 정하고, 남
부를 제외한 전 인도를 통일하여 세력이 시리아와 이집트에까지 미쳤다. 우빠굽
따(Upagupta, 優波笈多)를 스승으로 모시고 불교 신도가 된 후, 불교 정신에 입
각한 정치를 행하였다. 당시 만들어진 석주(石柱)에 새겨진 조칙을 통해 이 같은
사실을 확인할 수 있다. 수많은 탑을 건립하고, 사절을 인도 전역에 파견하여 불

心)[154]이 언급되었다. 『마하빠리닙빠나 숫따』에서 건립된 불탑은 10기(基)이다. 8만4천 불탑은 후대에 첨가된 것으로 볼 수 있다. 사무량심은 대승불교의 교설이다.

결론적으로, 『비나야잡사』에 법신·사무량심 등 대승불교 용어가 나타난다. 불타관의 변화와 대승의 인식, 불탑 신앙에 관한 재해석이 초기불교에서부터 시작되었다는 것을 알 수 있다.

6) 요약 및 논의

붓다의 입멸에 관한 초기불교 문헌 고찰에서 주목한 점을 다섯 가

교를 전파하였다. 남전불교에서는 왕 재세 시에 제3차 결집이 행해졌다고 전한다. 왕의 스승을 목건련자제수(目犍連子帝須, Moggaliputta-Tissa)라고 기록하고 있다. 왕을 달마아육왕(達磨阿育王)이라 칭하여 불멸 후 100년경에 출현한 난다(難陀, Nanda) 왕조의 가라아육왕(迦羅阿育王, Kālāśoka)과 구별한다. 지관 편저 (2014), 『가산불교대사림』 Vol.15, 서울: 가산불교문화연구원, pp.822~823.

154) 『대지도론』에는 "사무량심은 자·비·희·사 등이다. '자'는 중생을 사랑스럽게 생각하며 항상 편안하고 즐거운 일을 구함으로써 널리 이롭게 하는 마음을 가리킨다. '비'는 오도에 태어나 갖가지 몸의 고통과 마음의 고통에 시달리는 중생을 불쌍하게 생각하는 마음을 말한다. '희'는 중생들이 즐거움으로부터 환희를 얻게 하려는 마음을 가리킨다. '사'는 위의 세 가지 마음을 버리고 다만, 중생을 생각하되 미워하지도 사랑하지도 않는 마음을 말한다. 자심을 닦는 것은 중생의 마음에서 진각(瞋覺)을 제거하기 위한 것이고, 비심을 닦는 목적은 중생의 마음에서 뇌각(惱覺)을 제거하기 위한 것이며, 희심을 닦는 이유는 중생의 마음에서 불열락(不悅樂)을 제거하기 위한 것이고, 사심을 닦는 목적은 중생의 마음에서 애증을 제거하기 위한 것이다."라고 하였다. T.25, No.1509, pp.208c9~15, "四無量心者 慈 悲 喜 捨 慈 名愛念衆生 常 求安隱樂事以饒益之 悲 名愍念衆生 受五道中種種身苦 心苦 喜 名欲令衆生從樂得歡喜捨 名捨三種心 但念衆生 不憎不愛 修慈心 為除衆生中瞋覺故 修悲心 為除衆生中惱覺故 修喜心 為除 不悅 樂故 修捨心為除衆生中愛憎故."

지로 요약할 수 있다. 첫째는 『마하빠리닙바나 숫따』의 성립 의도이다. 5부 니까야(Nikāya)에서 붓다의 입멸 전후의 에피소드를 상세하게 서사하고 있는 유일한 경전이다. 붓다의 죽음을 알리기 위한 목적으로 이 경전이 성립된 것이 아니다. 붓다의 입멸이라는 충격적인 현실에 당면하여, 『마하빠리닙바나 숫따』는 붓다의 본질과 열반의 의미, 불멸 후 교단 유지의 문제에 대해 직시하고 있다. 『마하빠리닙바나 숫따』의 성립을 통하여, 위대한 붓다와 그 가르침·불교의 수행체계를 알리고자 한 것이다.

둘째, 『마하빠리닙바나 숫따』의 성립은 불타관과 열반관 전개에 도화선이 되었다. 붓다의 입멸에 관한 『마하빠리닙바나 숫따』의 견해가 불교도들의 공감을 얻지 못하여, 초기불교에서부터 재해석되기 시작한 것이다. 붓다의 입멸을 둘러싼 이견은 결국 붓다의 본질·열반에 관한 문제이다. 대승불교에서 확립된 불타관과 열반관의 근거는 초기불전에 있다는 것을 알 수 있다.

셋째, 초기불전은 대가섭을 붓다의 후계자와 같은 위상과 권위를 부여하였다. 대가섭이 오지 않아 붓다의 다비 점화가 되지 않았다는 등의 에피소드는 대가섭을 주인공으로 하고 있다. 사실상 그를 붓다의 후계자로 추대한 것이다.

넷째, 『비나야잡사』를 제외한 율장들은 제1차 결집의 기사(記事)로서, 붓다의 입멸 사실을 언급했을 뿐이다.

다섯째, 『유행경』의 법신·대승, 『비나야잡사』의 여래법신·사무량심 등 대승불교 용어도 이미 초기불교에서 나타났다.

2. 부파불교 문헌

붓다의 입멸에 관한 부파불교 문헌은 빠알리본과 한역본이 있다. 빠알리본은 『아와다나샤따까(Avadānaśataka)』·『밀린다팡하(Milindapañhā)』·『수망갈라윌라시니(Sumaṅgalavilāsinī)』·『사만따빠사디까(Samantapāsādikā)』 등이다. 『아와다나샤따까』는 『찬집백연경(撰集百緣經)』, 『사만따빠사디까』는 『선견율비바사(善見律毘婆娑)』, 『밀린다팡하』는 『미란타왕문경(彌蘭陀王問經)』으로 각각 한역(漢譯)되었다. 『미란타왕문경(彌蘭陀王問經)』은 『나선비구경(那先比丘經)』이라고도 하며, 『밀린다팡하』의 구성과 내용과는 차이가 크다. 한역본과 빠알리어본의 첫 부분, 서론에 두 주인공의 전생과 현생 이야기가 있다. 한역본에서는 나선 비구의 이야기가 중심이 되어 『나선비구경』으로 하였고, 빠알리어본은 밀린다왕이 중심이 되어 팡하(pañha, 물음)라는 이름이 주어졌다.[155] 『아비달마대비바사론(阿毘達磨大毘婆沙論)』과 『비니모론(毗尼母論)』은 한역본만 현존한다.

---

155) 『나선비구경(那先比丘經)』은 2권본과 3권본의 두 한역본이 있고, 빠알리어본 『밀린다팡하』는 7권으로 구성되어 있다. 뽈 드미에빌(Puul Demiéville)dl 1924년에 한역 양 본을 대조하면서 자세한 주석과 함께 불어로 번역하여 Les Versions chinoises du Milindapañha(『밀린다팡하의 한역본』)으로 출판했다. 반면, 호진 스님은 빠알리본 제4권에서 제7권까지는 한역본과 빠알리어본의 첫 3권이 성립된 후, 증가된 내용이 추가되었다는 나카무라 하지메의 견해를 수용하였다. 그러나 양 본의 동일한 부분일지라도 서로 내용이 매우 다르기 때문에 『나선비구경』의 최고층으로서 최초의 형태로 볼 수는 없다고 강조하였다. 호진(2015), 『무아·윤회 문제의 연구』, 서울: 불광출판사, pp.208~212.

반면, 『넷띱빠까라나(Nettippakaraṇa, 指導論)』와 『까타왓투(Kathāvatthu, 論事·論事論)』에서 『마하빠리닙바나 숫따』와 상응하는 경문이 발견된다. 이와 관련해서는 『마하빠리닙바나 숫따』의 성립의 도와 연관하여 간략히 언급할 것이다.

본 장의 텍스트는 빠알리본 『밀린다팡하』·『수망갈라윌라시니』, 한역본 『비니모경』·『선견율비바사』·『찬집백연경』·『아비달마대비바사론』이다. 초기불전에 나타난 붓다의 입멸에 관한 견해가 부파불교에서 어떻게 재해석되었는지 파악해야 할 문헌이다. 다만, 본 장은 제2·3·4·5장의 선행연구로서, 붓다의 마지막 공양·수명·사후 존속·교단 유훈에 관한 자세한 논의는 생략될 것이다.

1) 『마하빠리닙바나 숫따』와 상응하는 부파불교 문헌

『마하빠리닙바나 숫따』의 경문과 상응하는 경문은 『넷띱빠까라나(Nettippakaraṇa)』와 『까타왓투(Kathāvatthu)』에서 발견된다. 내용을 정리하면, 아래와 같다.

〈표 1-9〉 MPS와 상응하는 부파불교 문헌

MPS	내 용	일치하는 문헌
2.2-3	4성제	Nettippakaraṇa, p.166
3.1-10	수명 연장 암시, 마라 간청, 열반 선언	〃 , p.60
3.43	라자가하, 웨바라, 녹야원 경탄[156]	Kathāvatthu, 18.1, p.559

---

156) 라자가하, 독수리봉, 니그로다숲, 도둑의 낭떠러지, 웨바라 산비탈의 칠엽굴, 이

| 4.2-3 | 계·삼매·통찰지·해탈 불각→윤회 | // | , 1.5, p.115 |
| 5.27 | 법·율에 8성도 있어야 사문이 있다 | // | , 22.5, p.601 |

『마하빠리닙바나 숫따』의 2장에서 5장까지 언급된 내용이 부파불교 문헌에 나타난 것이다. 『넷띱빠까라나(指導論)』는 마하 깟짜야나(Mahā Kaccāyana, 가전연)를 설주(說主)로 한 논서이다. 『까타왓투(論事)』는 목갈리뿟따 띳싸(Moggaliputta-tissa) 장로의 저술로 전해진다. 성립연대는 기원전 264년경에서 기원전 2세기 말로 추정된다. 23장으로 구성되어 있고, 무작위로 219종의 논란에 대해 분별상좌부의 입장에서 다른 모든 부파의 주장을 논파하는 형식이다.[157]

『넷띱빠까라나』와 『까타왓투』는 『마하빠리닙바나 숫따』의 붓다의 수명과 열반 선언, 정각과 초전법륜, 제1차 결집이 이루어진 장소, 사성제(四聖諦)·삼학(三學)·팔성도(八聖道) 등 교설에 주목하였다. 불타관과 열반관, 불멸 후 교단 유지를 위한 유훈과 연관되는 내용이다. 이러한 점을 통하여, 붓다의 존재와 입멸을 둘러싼 외도들의 비난, 『마하빠리닙바나 숫따』의 원형과 성립 의도를 파악할 수 있다.

앞에서 언급했듯이, 앙드레 바로와 시모다 마사히로는 꾸시나라[열반지] 이전의 내용은 후대에 『마하빠리닙바나 숫따』로 부가된 것이라고 주장하였다. 그러나 『마하빠리닙바나 숫따』의 원형에서 경전의 성립 목적은 최우선으로 고려되었을 것이다. 『열반경』에서 중요하게 전

시길리 산비탈의 검은 바위, 차가운숲에 있는 뱀 못의 비탈, 따뽀다 원림, 웰루오나의 다람쥐 보호구역, 지와까의 망고숲, 맛다꿋치의 녹야원이 아름답다고 붓다는 아난다에게 말한다. 각묵 옮김(2007), 『부처님의 마지막 발자취: 대반열반경』, 울산: 초기불전연구원, p.102.
157) 지관 편저(2000), 『가산불교대사림』 Vol.3, 서울: 가산불교문화연구원, p.571

하고자 한 것은 붓다의 죽음이라는 역사적 사실이 아니다. 붓다의 본질은 무엇이고 붓다의 가르침이 어떤 것인지를 널리 알려 전승하는 데 있다. 부파불교 논사들은 그 점을 더욱 강조한 것이다.

2) 『밀린다팡하(*Milindapañhā*)』

『밀린다팡하(*Milindapañhā*)』는 작자 미상으로서, 밀린다(Milinda, 메난드로스)왕[158]과 비구 나가세나(Nāgasena)와의 대화 기록이다. 미얀마에서는 『쿳다까 니까야』에 포함시켜 경전으로서의 권위를 인정하고 있다. 나가세나는 『밀린다팡하』와 『나선비구경』을 제외하면, 어디에서도 언급되지 않는다. 두 본에 나타난 생애도 동일하지 않다. 나카무라 하지메·에띠엔 라모뜨·호진 스님 등 대부분 학자들은 나가세나가 역사적 인물이 아니라는 견해이다.[159] 기원전 2세기 인도의 서북방, 그리스 왕국의 통치자였던 밀린다왕이 불교에 대한 의문과 모순점에 대하여 질문하면, 나가세나 장로가 답변하는 형식이다. 이 문헌은 「대론(對論)」·「딜레마(dilemma)」·「비유에 대한 문답」으로 구성되어, 150여 편의 문답을 수록하고 있다.

---

158) 메난드로스의 즉위연대는 기원전 2세기 중엽일 것이라는 데 대부분 학자들이 동의한다. 에띠엔 라모뜨는 기원전 163~150년이라는 견해이다. 뉴델리 국립박물관이 소장한 빅토리아 코인[동전]에 밀린다왕을 기원전 150년에서 110년으로 묘사하고 있다. Bhikkhu Pesala(2001), *The Debate of King Milinda*, Middlesex: Association for Insight Meditation, p.20.; 호진(2015), 『무아·윤회 문제의 연구』, 서울: 불광출판사, pp.225~227.
159) 호진(2015), 『무아·윤회 문제의 연구』, 서울: 불광출판사, pp.218~223.

『밀린다팡하』빠알리본은 트렌크너(V. Trenckner)에 의해 로마어본, *The Milindapañhā*로 편집·출판되었다.[160] 그리고 토머스 윌리엄 리즈 데이비스(T. W. Rhys Davids)가 최초로 영역하였다.[161] 『밀린다팡하』는 인도 산문의 걸작으로서 이 분야에서 가장 훌륭하고, 문학적인 관점에서도 당시 각국에서 제작되었을 문헌이라고 그는 강조했다.[162] 또한, 찬술 연대는 메난드로스의 사후로부터 붓다고사(Buddhaghosa) 이전이며,[163] 현존하는 내용의 상당수는 개작된 것으로 판단하였다.[164] 반면, 기원전 1세기에 성립되어 박테리안 그릭어[Bactarian-Greek]로 쓰여진 것을 훗날, 빠알리어와 산스끄리뜨어로 번역되었다는 견해도 있다.[165]

『밀린다팡하』의 유일한 주석서, 『밀린다띠까(*Milindatika*)』는 빠드마나브흐 자이니(Padmanabh S. Jaini)가 번역·출판했다.[166] 14세기 찬

---

160) 스리랑카 문자로 쓰인 본문의 사본은 7개가 있다. 2개는 코펜하겐 대학교 도서관, 2개는 비블리오테크(Bibliotheek) 국립 도서관, 1개는 케임브리지 대학교 도서관, 2개는 인도 사무 도서관에 소장되어 있다. 이 가운데, 3개는 1880년 트렌크너가 사용했고, 캠브리지 트리니티 칼리지(Trinity College) 도서관에는 샴-빠알리(Siamese-Pāli)본이다. 이 외, 많은 파편들이 존재한다. 미얀마 빠알리본은 Bhikkhu Pesala가 1988년에 처음 영역했다. Rhys Davids, T. W.(1890), *The Questions of King Milinda* I, Oxford: PTS, p.xxii.

161) 18세기, 승려 스망갈라(Sumangala)가 쓴 『사드다르마다사야(*Saddharmadasaya*)』라는 싱할리어(Singhalese)본이다. Rhys Davids, T. W.(1890), 위의 책, p.xii.

162) Rhys Davids, T. W.(1894), *The Questions of King Milinda* II, Oxford: PTS, p.xlvi.

163) Rhys Davids, T. W.(1890), 위의 책, p.xxv.

164) 붓다고사의 『암바타경(*Ambattha Sutta*)』 주석에서 인용한 『밀린다팡하』의 내용과 트렌크너의 빠알리어본의 해당 본문과 판이하게 다르기 때문이다. Rhys Davids, T. W.(1890), 위의 책, pp.xi-xxvi.

165) Hammalawa Saddhātissa의 추론이다. Bhikkhu Pesala(2001), *The Debate of King Milinda*, Middlesex: Association for Insight Meditation, p.8.

166) *Questions of King Milinda: Milindatika*이다. 이에 대하여, 전체 패엽 188개

술로 보이는 이 빠알리 문헌은 캄보디아에서 발견되어, 덴마크 왕립박물관(Royal Danish Library)에 소장되어 있다.[167]

『밀린다팡하』는 정통 상좌부 견해를 대변하는 문헌으로서, 경전만큼이나 중요시되어 왔다. 붓다고사가 주석서에서 수차례 인용한 것만으로도 알 수 있다.[168] 무아·윤회·영혼·시간·감각·해탈·붓다·열반 등 핵심적 논제들과 관련된 상좌부의 견해를 파악할 수 있다.

『밀린다팡하』에 나타난 붓다의 입멸에 관한 내용은 「딜레마」[169] 장

중 44개로 구성된 첫 부분만 해설한 번역이라는 점에서 다소 실망스러운 작업이라는 평가를 받기도 했다. De Jong, J. W.(1962), "Padmanabh S. Jaini(ed.): Milindaṭīkā. xvi, 76 pp. London: Luzac & Co., Ltd. for the Pali Text Society, 1961", *Bulletin of the School of Oriental and African Studies*, Vol.25, Issue 2. p.375.

167) Deegalle Mahinda(2006), *Buddhism, Conflict and Violence in Modern Sri Lanka*, London & New York: Routledge, p.88.

168) 『암바타경』의 주석과 『슈망갈라윌라시니』 등에서 『밀린다팡하』를 인용하였다. Rhys Davids, T. W.(1890), *The Questions of King Milinda* I, Oxford: PTS, p.xi.

169) 딜레마(Dilemma, horn)는 양도(兩刀) 논법이라고도 하며, 일반적으로 사용될 때는 진퇴양난에 빠졌다는 뜻이다. 두 개의 판단 사이에 끼어 어느 쪽도 결정할 수 없는 상태에 빠진 것을 말한다. 논리학상에서는 일종의 삼단논법이다. 삼단논법은 2개 또는 그 이상의 가언(假言) 판단을 대전제로 하고, 선언 판단을 소전제로 하여, 결론을 얻는 논법이다. 그리고 소전제에서 긍정 또는 부정되는 선언 사항을 이론의 뿔(角, horn)이라고 한다. 딜레마에는 그 구조상 4개의 형식이 있다. 『밀린다팡하』는 복잡구성적 형식에 속한다.
(1) 간단구성적: A라면 C, B라면 C(대전제), A이든가 아니면 B이다(소전제). 따라서 C이다.
(2) 간단파괴적: A라면 C, A라면 D(대전제), C가 아니든지 D가 아니다(소전제). 따라서 A는 아니다. 이것은 대전제의 후건(後件)을 소전제가 선언적으로 부정하고, 결론은 정언판단이다.
(3) 복잡구성적: A라면 C, B라면 D(대전제), A이든가 아니면 B이다(소전제). 따라서 C이든지 아니면 D이다. 이것은 대전제의 전건을 소전제가 선언적으로 긍정하고, 결론이 선언적인 것이다.
(4) 복잡파괴적: A라면 C, B라면 D(대전제), C가 아니든지 아니면 D가 아니다(소

(章)에 3개월 후 입열반 선언·붓다의 마지막 공양·사리 공양의 내용
이 있다. 붓다의 사후 존속과 열반에 관한 문답도 이 문헌에서 확인할
수 있다. 특히, 『밀린다팡하』에서는 법신(法身)의 불타관(佛陀觀)이 제
기되었다.

3) 『슈망갈라윌라시니(Sumaṅgalavilāsinī)』

『슈망갈라윌라시니』[170]는 『디가 니까야』의 유일한 주석서이다. 상
좌부의 논사(論師)이자 빠알리 삼장(三藏)의 대 주석가, 붓다고사
(Buddhaghosa, 4세기 말~5세기)의 저술이다. 이 문헌 가운데, 『마하
빠리닙바나 숫따』의 주석을 동국대학교 안양규 교수가 옥스퍼드

전제). 따라서 A가 아니든지, B가 아니다. 이것은 대전제의 후건을 소전제가 선
언적으로 부정하고, 결론이 선언적인 것이다.
이 논법은 다음과 같은 점을 주의하지 않으면, 궤변이 된다.
(1) 소전제가 올바른 선언(選言)일 것.
(2) 대전제에서 전건과 후건이 필연적 관계에 있을 것.
(3) 소전제는 가언판단의 전건을 긍정하든가, 후건을 부정하든가, 그 어느 쪽
이어야 한다. 철학사전 편찬위원회(1987: 2012), 『철학사전』, 서울: 중원문화,
pp.241~242.
170) 『슈망갈라윌라시니(Sumaṅgalaviāsinī)』는 4종의 빠알리본이 있다.
(1) PTS판: ed. W. Stede, Vol.2, London, 1971, pp.516~615.
(2) Nava Nālandā Mahāvihāra판: ed. Mahesh Tiwary, Vol.2, Nālandā,
1975, pp.215~331.
(3) Chaṭṭha Saṅgāyana Tipiṭaka CD-ROM(Igatpuri, India: Vipassana
Research Institute, 1997).
(4) BUDSIR on CD-ROM(Bangkok: Mahidol University, 1994).; An, Yang
Gyu(2003), *The Buddha's Last Days: Buddhaghosa's Commentary on
the Mahāparinibbāna Sutta*, Oxford: PTS, p.viii.

(OXford) 대학교 박사 논문에서 처음 번역하였다.[171] 그리고 *The Buddha's Last Days: Buddhaghosa's Commentary on the Mahāparinibbāna Sutta*로 Pali Text Society(PTS, 2003)에서 출판 되었다.

『슈망갈라윌라시니』에 설명된 붓다의 입멸에 관한 내용은 제 2·3·4·5장에서 자세하게 고찰하였다. 특히, 붓다의 마지막 안거·수 명 연장 능력·열반, 마지막 공양 제자 쭌다·붓다의 마지막 음식 수까 라맛다와(sūkaramaddava), 사대 교법·4대 성지 순례·사리 공양 등에 주목하였다. 위빠사나 선정 수행에 의한 붓다의 10개월 수명 연장, 입 멸을 불사(不死)의 대열반의 도시로 들어가 제불(諸佛)과 반갑게 포옹 해 만나는 것에 비유하는 등 붓다고사의 불타관과 열반관 특징이 나 타난다.

4) 『찬집백연경(撰集百緣經)』

산스끄리뜨본 『아와다나샤따까(*Avadānaśataka*)』는 근본설일체유부 에서 찬술되었다.[172] 전 10권 10품으로 구성된 이 문헌은 지겸(支謙)이

---

171) An, Yang-Gyu(1998), "Buddhology in the Mahaparinibbana-Suttanta and its commentary: with an annotated translation of Buddhaghosa's commentary.", PhD dissertation, University of Oxford.

172) Schopen, Gregory(2004), *Buddhist monks and business matters: still more papers on monastic Buddhism in India*, University of Hawaii Press, p.125.

3세기경(223~253) 『찬집백연경(撰集百緣經)』으로 역출하였다.[173] 각 권이 1품을 이루어 10종(種)의 붓다에 귀의한 인연담(因緣談)을 담고 있어, 모두 백 개의 이야기를 수록한 경전이다.

『찬집백연경』에서 붓다의 입멸에 관한 내용은 제4권 「출생보살품(出生菩薩品)」, 불수반열반도오백역사연(佛垂般涅槃度五百力士緣)[174]에 나온다. 붓다의 입멸 직전, 붓다의 마지막 제자 수발타라[쑤밧디]가 5백 명의 역사(力士)들과 함께 열반회상에 와서 출가하고 득도(得道)하게 된 이야기이다.

『찬집백연경』의 5백 역사와 그들이 도를 얻은 내용은 『마하빠리닙바나 숫따』와 『유행경』에는 없다. 그러나 『대승열반경』에는 나타난다. 붓다의 입멸 시기를 3개월 후라고 선언한 이유 가운데 언급된다.[175] 부파불교의 견해가 『대승열반경』에 전승된 예로 볼 수 있다.

5) 『아비달마대비바사론(阿毘達磨大毘婆沙論)』

『아비달마대비바사론(Abhidharma-mahāvibhāsā-śāstra)』은 인도 쿠샨(Kushan)왕조 까니슈까(Kanishka, 73~103)왕 이후에서 용수(龍樹) 이전, 서기 100년에서 150년경 까슈미르(Kashmir)에서 편찬되었

---

173) T.4, No.200, p.203a2ff.
174) T.4, No.200, pp.220c15~221b13.
175) 『북본』: T.12, No.374, pp.514b14~b18, 『남본』: T.12, No.375, pp.758b18~22, "亦見香山須跋陀羅竟安居已 當至我所 是故 我告魔王波旬 却後三月當般涅槃 善男子 有諸力士 其數五百 終竟三月 亦當得發阿耨多羅三藐三菩提心, 我爲是故告波旬 言却後三月當般涅槃."

다.[176] 설일체유부『아비달마발지론(阿毘達磨發智論)』[177]의 주석서로
서, 총 30만 송(頌) 960만 언(言)에 달하는 설일체유부의 근본 성전을
집대성한 것이다.[178] 이 산스끄리뜨본은 당(唐) 현장(玄奘)이『아비달마
대비바사론(阿毘達磨大毘婆沙論)』(이하,『대비바사론』)[179] 200권으로 역출
하였다. 현재는 이 한역본만 남아 있다. 이역본으로는 5세기 중엽 북
량(北涼)의 인도승 부타발마(浮陀跋摩)와 도태(道泰)가 공역한『아비담
비바사론(阿毘曇毘婆沙論)』60권이 있다.[180]

『대비바사론』은 붓다의 입멸과 마지막 유훈에 관한 내용은 제126
권·제131권·제191권·제192권에 걸쳐 자세하게 나타난다. 제126권에
는 붓다의 수명 연장[留命行]과 포기[捨壽行],[181] 제131권[182]은 이종시

---

176) 아비달마대비바사론(阿毘達磨大毘婆沙論)은 까니슈까왕의 후원으로 빠르슈와
(Pārśva, 협)를 상수로 세우(世友, Vasumitra) 등 5백 아라한이 12년 동안 제4차
결집을 단행한 결과물로 알려져 왔다. 그러나 까니슈까왕 시대 성립된 것도, 세
우 등이 참여한 것도 아니라는 견해가 사전적으로 수용되었다. 지관 편저(2001),
『가산불교대사림』Vol.4, 서울: 가산불교문화연구원. p.291.

177) T.26, No.1544, 918a2ff.『아비달마발지론』은 설일체유부의 교리를 확립시킨 문
헌으로, 〈아비달마육족론〉과 합하여 〈근본아비달마칠론〉이라고 한다. 기원전
1~2세기경 가다연니자(迦多衍尼子, Kātyāyanīputra)가 저술하였고, 현장이 20권
으로 한역하였다. 발지론은 글의 뜻이 모두 갖추어져 있기 때문에 몸에 비유하
여 신론(身論)이라고 한다. 그 외 6론은 발지론을 보충하는 부분적인 글이므로
발에 비유하여 족론(足論)이라고 한다. 이역본은 승가제바와 축불념의 공역『아
비담팔건도론(阿毘曇八犍度論)』이다. 지관 편저(2014),『가산불교대사림』Vol.12,
서울: 가산불교문화연구원, p.778.

178) 지관 편저(2014),『가산불교대사림』vol.15, 서울: 가산불교문화연구원, p.777.

179) T.27, No.1545, p.1a3ff.『아비담비바사론』은 원래 100권이었지만, 전쟁으로 인
하여 40권은 소실되었다. 지관 편저(2001),『가산불교대사림』Vol.4, 서울: 가산
불교문화연구원, p.291.

180) T.28, No.1546, p.1b19ff.

181) T.27, No.1545, pp.656a07~658a2.

182) T.27, No.1545, pp.679a13~680b23.

식(二種施食) 과무차별(果無差別)에 주목하였다. 제191권은 붓다의 입
멸 과정을 비롯한 일련의 사항이 세밀하게 주석되어 있다. 192권은 불
멸 직후의 다비식에 관한 내용을 다루고 있다.

　이 책에서는 이종시식 과무차별(果無差別)은 제2장, 붓다의 수명 연
장과 포기에 관해서는 제3장, 붓다의 입멸과 다비에 관한 견해는 제4
장, 붓다의 마지막 유훈은 제5장에서 논의될 것이다.

6)『선견율비바사(善見律毘婆沙)』

『선견율비바사(善見律毘婆娑)』는 빠알리본『사만따빠사디까
(Samantapāsādikā)』의 한역이다. 스리랑카 상좌부에 전승된 율장의
빠알리 주석서로서, 붓다고사(Buddhaghosa)의 저술이다. 7권으로 된
『사만따빠사디까』는 489년 남제(南齊)의 승가발타라(僧伽跋陀羅)가『선
견율비바사(善見律毘婆娑)』 18권으로 한역하였다. 원본과는 일치하지
않는 부분이 많아, 빠알리본의 초역본(抄譯本)이라고 평가한다.[183]

　『선견율비바사』에서 붓다의 입멸에 관한 내용은 율(律)의 전승을 밝
히고 있는 제1권「서품」에 있다.[184] 제1차 결집의 연기로서, 불멸 7일
후 대가섭의 에피소드이다. 우선,『선견율비바사』에 나타난 붓다의 입
멸에 관한 내용을 요약하면 다음의 표와 같다.

---

183) 지관 편저(2011),『가산불교대사림』Vol.13, 서울: 가산불교문화연구원, p.900.
184) T.24, No.1462, pp.673b20~c19.

<표 1-10> 『선견율비바사』의 붓다의 입멸에 관한 내용

주제	내용
붓다의 열반 일시	2월 15일 해 뜰 무렵[185]
마지막 제자	수발타라
도중에 만난 사람-불멸 소식	도사(道士)
불멸에 망언-결집의 계기	수발타라마하라(須跋陀羅摩訶羅) 비구
결집의 필요성	악법 생기기 전 법장 결집, 정법 유익

위 표에서 주목할 점은 붓다의 열반 일시(日時)이다. 『선견율비바사』는 2월 15일 해 뜰 무렵으로 주장하였다. 이것은 초기불전과 부파불교 문헌과도 다른 점이다. 『유행경』은 2월 8일,[186] 『불반니원경』[187]과 『반니원경』은 4월 8일,[188] 『대비바사론』은 9월 8일[189]로 되어 있다.[190] 설일체유부는 늦가을 10월~11월 8일이라는 견해가 명확하다고 주장

---

185) T.24, No.1462, pp.673b24~25, "二月十五日平旦時入無餘涅槃."

186) 『유행경』에는 "八日入泥洹城, 八日取涅槃"으로 되어 있다. T.1, No.1, pp.30a23, 27. 문맥상 2月 8일이다. 『고려대장경』은 '8日'로 했었지만, 송·원·명 3본에 의거해 '2月'로 고쳤다. 불교기록문화유산아카이브, 『유행경』, http://kabc.dongguk.edu/Home/Contents?ccode=01&tcode=02&navikey=1

187) 『불반니원경』은 붓다의 출생, 출가, 성도, 열반일을 모두 4月 8일, 별이 나올 때로 명시하고 있다. T.1, No.5, pp.175c16~18, "佛以四月八日生 八日棄國 八日得道 八日滅度 以佛星時 去家學道 以佛星時得道 以佛星時般泥曰."

188) 『반니원경』은 붓다의 출생, 출가, 성도, 열반일을 모두 4月 8일, 별이 나올 때로 명시하였다. T.1, No.6, pp.190c4~6, "佛從四月八日生 四月八日捨家出 四月八日得佛道 四月八日般泥洹 皆以佛星出時."

189) T.27, No.1545, pp.957b8~9, "謂佛於迦栗底迦月白半八日中夜而般涅槃." 여기서, 가율저가월(迦栗底迦月)은 가리제가월(迦唎底迦月)이라고도 하며, 범어 'kārttikā'의 음역이다. 인도력의 8월로서, 음력 8월 16일부터 9월 15일까지를 말한다. 지관 편저(1998), 『가산불교대사림』 Vol.1, 서울: 가산불교문화연구원, p.52, p.120.

190) 안양규는 현재 남방불교의 안거[Āsālhā, 6월~7월]를 참고하여, 붓다의 입멸 시기를 12월 또는 1월로 추정했다. 안양규(2009), 『붓다의 입멸에 관한 연구』, 서울: 민족사, p.279.

하는 플리트(Fleet)의 견해는 재고되어야 한다.[191] 그리고 『대승열반경』은 『선견율비바사』와 같이 2월 15일이다.[192] 붓다의 입멸 시간도 대부분 밤중이다. 그러나 『선견율비바사』와 『대승열반경』은 새벽으로 묘사하고 있다.[193] 『대승열반경』이 『선견율비바사』를 전승한 것으로 볼 수 있다.

오늘날, 한·중·일 등 대승불교 문화권에서는 『선견율비바사』와 『대승열반경』의 음력 2월 15일을 붓다의 입멸일로 한다. 반면, 스리랑카·미얀마·태국 등 상좌부 계통의 동남아시아 불교권에서는 음력 4월 15일을 붓다의 탄생·정각·입멸한 날[웨삭데이(Vaisakha day)]로 경축하고 있다.

『선견율비바사』에서 붓다의 입멸에 관한 내용은 제1차 결집의 연기이다. 다만, 붓다의 입멸에 절망하는 대가섭의 인간적인 모습을 특징적으로 묘사하고 있다.[194] 불멸 후 스승으로서 법과 율을 강조하고,[195] 법과 율의 수호자로서, 붓다의 정법을 가섭에게 부촉했음을 암

---

191) Fleet, J. F.(1909), "The Day on which Buddha Died", *Journal of the Royal Asiatic Society of Great Britain and Ireland* Vol.1, p.14, 18.

192) 『북본』, T.12, No.374, pp.365c8~9.; 『남본』, T.12, No.375, pp.605a9~10, "二月十五日臨涅槃時."

193) 『북본』, T.12, No.374, pp.365c14.; 『남본』, T.12, No.375, p.605a15, "爾時世尊於晨朝時."

194) 가섭과 대비구들은 붓다가 이미 열반하셨다는 소식을 듣고 몸을 구부리고 통곡하다가 기절해 땅에 쓰러졌다. T.24, No.1462, pp.673b29~c1, "迦葉與大比丘聞佛已涅槃 宛轉涕哭悶絕躄地."

195) 붓다는 세상에 계실 때 아난에게 "내가 열반한 후, 법과 계율이 곧 너희들의 큰 스승이다. 그러므로 내가 지금 법을 연설한다."라고 하셨다. T.24, No.1462, pp.673c7~8, "佛在世時語阿難 我涅槃後 所說法戒即汝大師 是故我今 當演此法.

시하였다.[196)]

　결론적으로, 『선견율비바사』 성립 당시 붓다의 입멸 시기와 후계자에 관한 논쟁 또는, 외도들의 비난 여론을 예상할 수 있다. 그리고 『선견율비바사』의 불멸 일시와 대가섭의 정법 부촉에 관한 견해는 『대승열반경』에 그대로 전승된 것이다.

7) 『비니모론(毘尼母論)』

　『비니모론(*Vinaya Mātrikā Sastra*)』은 『비니모경(毘尼母經, *Vinaya Mātrikā Sutra*)[197)]이라고도 한다. 비니모(Vinaya Mātrikā)는 율의 논모(論母, mātrikā)[198)]라는 뜻이다. 설일체유부의 『십송율』과 법장부(法藏部)의 『사분율』 중 어느 쪽의 주석서인지 불분명하다. 전 8권의 한역

---

196) 여래가 세상에 계실 때에 가사납의를 나에게 주셨다. 부처님은 비구들에게 "내가 제1선정에 들면 가섭도 정에 든다."라고 하셨다. 여래는 "거룩한 이익이 만족하여 부처님과 다름이 없다."라고, 나를 칭찬하셨다. 이는 여래의 위덕이 나에게 가피한 것이다. [중략] 여래는 당신이 멸도하신 뒤, 내가 정법을 보호할 줄 아셨기 때문에 여래의 옷을 나에게 주셨다. T.24, No.1462, pp.673c8~14, "如來在世時 以袈裟納衣施我 佛語比丘 我入第一禪定 迦葉亦入定 如來如是讚嘆我 聖利滿足與佛無異 此是如來威德加我[중략]我滅度後迦葉當護正法 是故如來施衣與我."

197) T.24, No.1463, pp.801a3ff.

198) 논모(論母, mātrikā, mātikā)는 경·율·논의 핵심을 기억하기 좋도록 법수(法數)나 주제[相應]별로 요약한 것으로 주석 또는 해석의 기초가 되는 것을 가리킨다. 아비달마에서 중요한 것은 분별, 법의 해석과 해석해야 할 주제를 가려내는 것이었다. 이 중에서 해석해야 할 주제를 논모라고 불렀다. 이 논모를 암기하고 수지하는 사람을 지법사(持法師) 및 지율사(持律師)와는 별개로 지논모사(持論母師, Mātikā-dhara)라고 하였다. 지관 편저(2000), 『가산불교대사림』, Vol.3, 서울: 가산불교문화연구원, pp.565~568.

본의 번역인은 미상이다.[199] 『개원석교록』은 서진(西秦) 350년에서 431년 사이, 역출된 문헌으로 분류하였다.[200]

『비니모론』의 선행연구는 소속 부파에 대한 파악에 집중되었다. 처음에는 『비니모론』이 설일체유부 『십송율』의 주석서로 되어 있었다. 그러나 사카이노 고요(境野黃洋)가 『비니모론』의 문장이 『사분율』과 근사하다는 주장으로써, 『사분율』의 문헌이라는 지지를 받게 되었다. 대표적으로, 우에다 텐즈이(上田天瑞), 니시모토 타츠야마(西本龍山)의 『仏書解説大辞典』, 아카누마 토모요시(赤沼智善)의 『仏教経典史論』 등 사전적 해설로 수용되었다. 이노우에 히로후미(井上博文)도 이에 동의하였다.[201]

카나쿠라 엔쇼(金倉圓照)는 설산부(雪山部)[202]설을 제기했다. 이 주장은 시모다 마사히로(下田正弘)도 찬성했다.[203] 그러나 이노우에 히로후미[204]는 『비니모론』의 결집기사가 『사분율』과 같은 계통이라고 밝힘으로써, 설산부(雪山部) 소속을 부정하였다. 설산부의 율은 현존하지 않는다. 그러므로 설산부가 『사분율』과 같은 율(律)을 사용했다는 점

---

199) 지관 편저(2009), 『가산불교대사림』 Vol.11, 서울: 가산불교문화연구원, p.948.
200) 『개원석교록』 제4권, T.55, No.2154, pp.518c24~519a5.
201) 井上博文(2007), 「『毘尼母経』結集記事について」, 『印度学仏教学』 55巻 2号, 印度学仏教学会, p.881.
202) 설산부(Haimavatā)는 불멸 후 300년 무렵 상좌부의 첫 번째 분열 때, 상좌부 본래의 교의를 견지했던 부파[근본상좌부]이다. 대중부의 영향을 받아 상좌부 본의를 개선하면서 분파된 것이 설일체유부이다. 지관(2011), 『가산불교대사림』 Vol.13, 서울: 가산불교문화연구원, p.1177.
203) 下田正弘(1997), 『涅槃經の硏究: 大乘經典の硏究方法試論』, 東京: 春秋社, p.407.
204) 『비니모론』과 같은 성격을 가진 설일체유부 『십송율』의 주석서 『살바다부비니마득륵가(薩婆多部毘尼摩得勒伽)』와 『십송율』을 비교하여, 각 부파의 특징을 고찰했다. 井上博文(2007), 위의 논문, pp.887~881.

이 인정되지 않는 한, 이 견해는 부정될 수밖에 없다는 것이다.[205]

　이 책은『비니모론』이『사분율』의 주석서라는 견해에 동의한다. 이에 대한 근거는 두 문헌에 나타난 붓다의 입멸에 관한 내용상의 일치에 있다.『비니모론』에서 불멸의 내용은 왕사성 결집 연기의 에피소드에 언급된다.[206] 그 에피소드를 간략히 정리하면 다음과 같다.

> ① 역사 5백 명이 붓다의 존체를 안치하고 다비식 준비
> ② 대가섭이 여래 존체 친견하도록 모든 천신이 다비 점화 방해
> ③ 대가섭과 5백 제자가 구시성으로 가는 도중 아발 외도를 만나 붓다가 입멸한 지 7일이 지난 사실을 알게 됨
> ④ 발난타 비구 망언: 근심할 필요 없다. 우리 마음대로 하면 됨
> ⑤ 대가섭-붓다의 법륜으로 일체 외도를 굴복시킬 것
> ⑥ 대가섭이 붓다의 존체를 친견하고자 했지만, 다비식 준비를 마친 상황이라 불가능하다고 아난이 설명
> ⑦ 붓다의 곽시쌍부-쌍족 출현
> ⑧ 붓다의 발에 때가 묻어 있음-여자들이 불멸 시에 슬퍼하며 발에 절해서 더러움이 묻은 것이라고 아난이 설명
> ⑨ 붓다의 두 발은 본래대로, 가섭이 관을 7번 돌고 찬탄하자, 저절로 점화되어 다비 종료

『비니모론』에 나타난 붓다의 입멸에 관한 내용은 제1차 결집(結集)의 연기에 해당한다. 붓다의 입멸 후 쌍족 출현은『유행경』을 전승하였다.『비니모론』에 언급된 내용과 일치하는 율장을 살펴보도록 하자.

---

205)　井上博文(2007), 앞의 논문, p.881,
206)　T.24, No.1463, pp.817b26~818a4.

<표 1-11> 『비니모론』 내용과 일치하는 율장

세부내용	비니모론	일치하는 율장
다비식 준비	역사	십송율
도중에 만난 사람	아발 외도	십송율·바라문
다비 점화 제재	천신	사분율
불멸에 대한 망언	발난타 비구	사분율
존체 친견 불가	아난	사분율
붓다의 발에 때 묻은 이유	여인이 슬퍼하며 절할 때	사분율
다비식의 마지막 내용	저절로 점화·다비 완료	사분율

표에 나타난 바와 같이, 『비니모론』의 내용 대부분이 『사분율』과 상응한다. 반면, 두 문헌의 차이점도 있다. 첫째, 다비식 준비를 『사분율』에서는 말라족(末羅族), 『비니모론』에서는 역사(力士)가 맡았다. 『십송율』에서는 가섭의 지시 하에 역사의 역할로 나타난다. 그러나 꾸시나라의 말라족을 역사라고 부르기도 하였다.[207] 둘째, 대가섭과 대중들이 붓다의 열반지로 가던 도중에 만난 사람이 『비니모론』에는 아발 외도(阿跋外道)[208], 『사분율』에는 니건자(尼揵子)이다.[209] 『십송율』에서는

---

207) 『장아함경』의 『대반열반경』에는 "이때 부처님께서 아난에게 말씀하셨다. 나는 지금 꾸시나라성의 역사들이 사는 희련하(Hiraṇyavatī) 옆 사라쌍수 사이에 가려고 한다."고 되어 있다. T1. No.199, pp.199a2~4, "爾時 世尊告阿難言 我今欲進鳩尸那城力士生地熙連河側娑羅雙樹間."

208) 아발(阿跋)은 빠알리어 Ambaṭṭha의 음역으로서 바라문의 이름이다. 경서(經書)와 성수(星宿) 등에 정통한 왓지국(Vajji, 越祇國)의 바라문 비가사(費迦沙, Pokkharasdi)의 제자 5백 명 중 가장 뛰어난 제자였다. 재가자의 5계(五戒)와 비구의 250계 등에 대한 붓다의 설법을 듣고 불교에 귀의하였다. 지관 편저(2014), 『가산불교대사림』 Vol.15, 서울: 가산불교문화연구원, p.760.

209) 니건자(尼揵子)는 자이나교의 교조이다. 산스끄리뜨어 Nirgrantha-putra, 빠알리어 Nigaṇṭha-putta를 니건타야제자(尼揵咤若提子) 또는, 니건자(尼揵子·尼楗子·尼犍子·尼乾子)로 음사한 것으로, 니건타 파(派)의 신도라는 뜻이다. 니건타란 붓다 재세시의 고행자들을 일컫는 말이다. 그들은 불로 살을 태우거나 한쪽 발로만 서 있는 등 극심한 고행을 통해 열반에 이를 수 있다고 주장하였다. 자이

바라문이다. 셋째, 붓다의 발에 때가 묻은 이유에 대하여 『사분율』은 『비니모론』보다 더 자세하게 묘사하였다. 즉, "여인들이 붓다의 존체에 예배할 때, 슬퍼하며 눈물을 흘리고 손으로 만져 더럽혔다."[210]는 것이다.

결론적으로, 『비니모론』에 나타난 내용이 『사분율』과 가장 일치한다는 점은 『비니모론』이 『사분율』의 주석서라고 할 수 있는 근거이다.

8) 요약 및 논의

본론에서는 붓다의 입멸 에피소드에 관한 실질적인 논의를 다음 장으로 미루었기 때문에, 텍스트만 간략히 살펴보았을 뿐이다. 그러나 관련된 부파불교 문헌의 특징을 두 가지로 요약할 수 있다. 첫째, 부파불교의 견해가 『대승열반경』으로 전승되었다. 『선견율비바사』의 붓다의 입멸 일시는 2월 15일 새벽, 붓다의 정법을 대가섭에게 부촉한다는 견해이다. 그리고 『찬집백연경』에 나오는 5백 역사들이 불멸 직전 도를 얻었다는 내용도 『대승열반경』에 나타난다.

둘째, 불타관과 열반관의 변화이다. 특히, 불신과 열반의 실재에 관한 견해가 대두되었다. 이러한 논의는 대승불교의 법신상주·열반상주사상 확립에 영향을 미친다.

나교 교주 와르다마나(Vardhamāna)가 이 파로 출가하여 깨달음을 얻은 후 크게 세력을 확장하여 고행주의자를 대표하게 되었다. 따라서, 자이나교를 가리켜 니건타라 부르기도 하였다. 지관 편저(2000), 『가산불교대사림』 Vol.3, 서울: 가산불교문화연구원, p.725.

210) T.22, No.1428, pp.966c7~8, "女人心軟 前禮佛時泣淚墮上 手捉污世尊足."

결론적으로, 부파불교 논사들은 교리적으로 초기불전을 재해석함으로써 불타관과 열반관의 변화와 발전을 도모하였다. 부파불교가 초기불교와 대승불교의 가교(架橋) 역할을 한 것이다.

3. 대승불교 문헌

붓다의 입멸에 관한 대승불교 문헌은 불전(佛傳) 문학과『대승열반
경』계통 경전들이 대표적이다. 붓다의 전기 문헌은 산스끄리뜨본『붓
다차리타(Buddhacarita)』[211], 한역본『불소행찬(佛所行讚)』과『불본행경
(佛本行經)』이다.[212] 현존하는 산스끄리뜨『붓다차리타』원전(原典)은 완
본의 상태가 아니므로,[213] 붓다의 입멸에 관한 내용은『붓다차리타』의

---

211)『붓다차리타(Buddhacarita)』는 마명(馬鳴, Aśvaghoṣa) 보살이 2세기 초반에 찬
　　술한 붓다의 일대기이다. 붓다의 출생에서 입멸에 이르기까지, 붓다의 생애를
　　5언(言) 운문으로 쓴 궁정서사시(宮廷敍事詩)이다. 불전 문학의 백미로 알려져
　　있다. Cowell, Edward B.(1894: Kindle Edition~2018), The Buddha Carita:
　　the Life of the Buddha, Oxford: Clarendon Press, p.ix.; Willemen,
　　Charles(2009), Buddhacarita: In Praise of Buddha's Acts, Berkeley:
　　Numata Center for Buddhist Translati on and Research, p.XIII.
212) 후대에 편찬된 대표적인 석가모니의 전기 문헌으로는 미얀마의『마하붓다왕사
　　(Mahā Buddhavaṃsa)』, 중국의『석가보(釋迦譜)』와『석씨보(釋氏譜)』, 한국의『석
　　보상절(釋譜詳節)』등이 있다.
213)『붓다차리타』산스끄리뜨본은 현재 14장까지만 남아 있다. 붓다의 탄생부터 성
　　도 후 본국을 방문하여 대비구가 될 제자들의 출가하는 내용까지이다. 이 판본
　　은 에드워드 바이스 코웰(Edward Byles Cowell)이 편집·출판하였고(1893), 영
　　역·출간하였다(1894). 코웰(Cowell)은 14장 32송(頌)까지만 마명 저작의 원형이
　　고, 제17장까지는 1830년에 네팔 사본을 서사한 아미르타난다(Amṛtānanda)
　　의 보필이라고 주장하였다. 에드워드 존스턴(E. H. Johnston, 1936)이 네팔 고사
　　본(古寫本)에 의거하여 편집한 산스끄리뜨본도 제14장 제31 게송(Cowell본 제32
　　게송)까지이다. Cowell, Edward B.(ed, 1893), The Sanskrit Text of Buddha
　　Carita by Aśvaghoṣa, Oxford: Oxford University Press.; Cowell,
　　Edward B.(1894: Kindle Edition~2018), 위의 책, pp.x-xi, p.5.; Johnston, E.
　　H.(1936: 2015), The Buddhacarita or Acts of the Buddha, Delhi: Motilal
　　Banarsidass Publishers.
　　에드워드 존스턴의 산스끄리뜨 편집본은 제1장의 처음 7 게송·제18 게송·제24

한역과 티베트역[214)]에 있다. 『붓다차리타』의 한역본은 『불소행찬』이고, 『불본행경』은 이역본(異譯本)이다.

『대승열반경』의 원명(原名)은 『대반열반경』이다. 『마하빠리닙바나 숫따』 또는, 초기 『열반경』과 구분하여 『대승열반경』으로 칭하며, 3대본(大本)이 있다. 붓다의 입멸과 다비식에 관한 내용은 『대반열반경후분』에 있다. 이 외, 대정신수대장경 열반부에 다수의 경전들이 수록되어 있다. 『대승열반경』의 산스끄리뜨 원본은 현재까지 단편(斷片)으로만 발견되었다. 한역본과 티베트본이 현존하며, 한역본은 원전(原典)의 위상을 가진다.

우선, 『불소행찬』과 『불본행경』의 역출, 구성과 내용을 살펴볼 것이다. 그리고 『대승열반경』의 성립, 판본의 현황, 현존하는 대승 열반부 경전, 『대승열반경』 3대본과 『대반열반경후분』의 구성과 내용, 궐본과 위경, 주석서도 함께 파악하고자 한다.

게송·40 게송이 생략된 것이라고 한다. 정태혁 역(1998), 『부처님, 이렇게 오셔서, 이렇게 사시다, 이렇게 가셨네』, 서울: 여시아문, p.377.

214) 티베트본의 연대에 관하여, 대표적인 견해가 있다. 코웰은 7~8세기, 찰스 윌먼(Charles Willemen)은 1260~1280년이라고 주장하였다. 정태혁은 14세기 전반에 사왕장포(Sa-dβanhZan-po)와 로쩨짤포(βlo Gros Rgyal-po) 두 사람에 의해서 역출되었다는 견해를 제시하였다. 그는 이 문헌은 북경판, 델케판, 나르당판, 쵸네판 등에 수록되어 있다고 설명하였다. 코웰은 티베트본이 산스끄리뜨 원전보다 한역에 가깝다는 견해를 처음으로 주장하였다. Cowell, Edward B.(1894), *The Buddha Carita: the Life of the Buddha*, Oxford: Clarendon Press, p.x.; Willemen, Charles(2009), *Buddhacarita: In Praise of Buddha's Acts,* Berkeley: Numata Center for Buddhist Translation and Research, p.XIII.; 『東北目錄』, 제4156호, 영인, 북경판, 제5656호.; 정태혁(1998), 377.

1) 『불소행찬(佛所行讚)』과 『불본행경(佛本行經)』

『불소행찬(佛所行讚)』[215]은 아슈바고샤(Aśvaghoṣa, 馬鳴)[216]『붓다차리타』의 한역이다. 『불본행경(佛本行經)』[217]은 작자 미상의 이본(異本)이다.

(1) 『불소행찬』과 『불본행경』의 역출에 관한 연구

『불소행찬』과 『불본행경』은 『대정신수대장경』 본연부(本緣部)에 수록되어 있다. 대장경과 경전목록 문헌에서는 『불소행찬』을 『불본행경』으로 칭하기도 하였다. 대장경에는 마명(馬鳴)이 편찬한 『불소행찬』은 북량(北涼)의 담무참(曇無讖),[218] 『불본행경』은 유송(劉宋)시대 보운(寶雲)[219]이 번역했다고 명시되어 있다. 그러나 이에 대한 이견이 『개원석교록』과 3종 『중경목록(衆經目錄)』에서 발견된다.

〈표1-12〉『불소행찬』·『불본행경』 역경인에 대한 이견

문헌	불소행찬	불본행경
대정신수대장경	담무참[북량]	보운[유송]
역대삼보기	축법란[후한 명제]	

---

215) T.4, No.192, p.1a1ff.
216) 아슈바고샤는 인도 까니슈까(Kanishka)왕과 동시대 인물로서, 생존 연대는 1세기 후반에서 2세기 초반으로 추정된다. Willemen, Charles(2009), 앞의 책, p.XIII.
217) T.4, No.193, p.54c11ff.
218) T.4, No.192, pp.1a3~6, "佛所行讚(亦云佛本行經) 馬鳴菩薩造 北涼天竺三藏 曇無讖譯."
219) 『불본행경』 T.4, No.193, pp.54c12~4. "佛本行經(一名佛本行讚傳) 宋涼州沙門 釋寶雲譯."

출삼장기집	보운[유송 효무제]	보운[유송 효무제]
개원석교록	담무참[북량]	보운[유송 문제]
법경록	보운[동진]	
언종록	보운[동진]	보운[유송 문제]
정태록	보운[동진]	보운[유송 문제]

　대정신수대장경의 견해와 일치하는 문헌은『개원석교록(開元釋
教錄)』이 유일하다.[220]『출삼장기집(出三藏記集)』[221]·『언종록(彦琮
錄)』[222]·『정태록(靜泰錄)』[223]은 모두 보운(寶雲)이『불소행찬』과『불본
행경』을 역출(譯出)했다고 명시하였다. 사전적으로도 이에 동의하였
다.[224]『역대삼보기』[225]에서 밝힌 후한(後漢)의 축법란(竺法蘭)이 역출

---

220) 『개원석교록』제13권, T.55, No.2154, pp.621c28~622a1, "佛所行讚經傳五卷
　　(馬鳴菩薩撰亦云佛本行經) 北涼天竺三藏曇無讖譯.";『개원석교록』제5권, T.55,
　　No.2154, pp.525c5~19, "沙門釋寶雲 涼州人也 [중략] 以元嘉年中譯佛本行經
　　等四部."
221) 마명 보살의 저술,『불소행찬』5권과『불본행경』7권은 모두 유송 효무제
　　(454~464) 때 사문 석보운이 육합산사에서 역출하였다. T.55, No.2145,
　　pp.12a25~ 27, "佛所行讚五卷(一名馬鳴菩薩 讚或云佛本行讚 六合山寺出) 凡七卷
　　宋孝武皇帝時 沙門釋寶雲 於六合山寺譯出."
222) 『언종록』에서는 유송 원가(元嘉, 424~453)년에 보운이『불본행경』7권을 번역
　　하고,『불소행찬』5권은 진대(晉代)에 보운이 번역했다고 명시하였다, T.55,
　　No.2147, pp.161c14~15, "佛本行讚經傳七卷 宋元嘉年寶雲譯 佛所行讚經傳
　　五卷(一名馬鳴讚) 晉世寶雲譯." 원가는 문제(文帝)의 연호이고, 진(晉)은 동진(東
　　晉)이다. 여기서, 보운은 동일인이다. 그는 동진의 양주(涼州) 출신으로서 서역으
　　로 구법(求法)한 이후, 유송시대 도량사(道場寺)와 육합산사(六合山寺)에서 역경
　　하였다.『고승전』제3권, T.50, No.2059, pp.339c18~340a14.
223) 『정태록』제2권, T.55, No.2148, p.195c20, "佛本行經七卷(一百一十四紙) 宋元
　　嘉年寶雲譯 佛所行讚經傳五卷(一名馬鳴讚九十紙) [중략] 晉世寶雲譯."
224) 지관 편저(2008),『가산불교대사림』Vol.10, 서울: 가산불교문화연구원, p.150.
225) 『역대삼보기』제2권, T.49, No.2034, p.32a23. "明帝莊(光武第四子立十八年
　　號永平元 [중략] (戊辰)十一(竺法蘭出佛本行經五卷)."；『언종록』T.55, No.2147,
　　p.177b14, "佛本行經五卷 後漢世竺法蘭譯.

한 『불본행경』 5권은 『불소행찬』으로 보이며, 궐본(闕本)이다.[226]

『법경록』을 비롯한 여러 문헌을 통하여, 『불소행찬』의 번역자는 보운이라는 점을 알 수 있다.[227] 이 견해는 사전적으로도 받아들여졌고,[228] 오미나미 루쇼(大南龍昇)[229], 찰스 윌먼(Charles Willemen)[230], 후나야마 도루(船山徹)[231] 등이 동의하였다. 윌먼은 담무참이 40권본

226) 『출삼장기집』 제4권, T.55, No.2145, pp.21b17~c12, "新集續撰失譯雜經錄 [중략] 佛本行經五卷.";『법경록』 제1권, T.55, No.2146, pp.120b5~19, "衆經失譯 [중략] 佛本行經五卷 後漢世竺法蘭譯.";『정태록』 제5권, T.55, No.2148, pp.213a5~215a15, "闕本(舊錄有目而無經本) [중략] 佛本行經五卷後漢世竺法蘭譯."

227) T.55, No.2146, p.146a11, "佛所行讚經傳五卷(一名馬鳴讚 晉世寶雲譯)."

228) 『가산불교대사림』에서도 보운의 한역설이 유력하다고 평하였다. 지관 편저 (2009), 『가산불교대사림』 Vol.11, 서울: 가산불교문화연구원, p.517.

229) 오미나미 루쇼(大南龍昇)는 모든 기존 연구와 경전 목록을 검토한 후, 승우 『출삼장기집』의 정보가 맞지 않다고 주장하였다. 『불소행찬』의 저자는 인도인 담무참이 아닌, 중국 승려 보운(376~449)이라고 결론지었다. 이러한 견해에 윌먼은 동의하였다. 오미나미 루쇼(大南龍昇, Ōminami, R., 2002), 『太子瑞応本起經. 仏所行讚: Taishizuiō hongikyō . Busshogyōsan』, Tōkyō: 大蔵出版 (Daizō Shuppan), pp.125~426.; Willemen, Charles(2009), *Buddhacarita: In Praise of Buddha's Acts*, Berkeley: Numata Center for Buddhist Translation and Research, p.xiv.

230) 윌먼(Willemen)은 "전설이나 교훈에 열의를 보인 반면, 문학에 관한 소양은 거의 없었다. 보운은 원문의 세부 사항은 생략하고 전체적인 뜻을 전달하는 데 만족했다"는 존스턴(E. H. Johnston)의 견해에 동의했다. 산스끄리뜨 원문은 세계 문학 작품으로 분류되지만, 한역은 원문만큼 시적이거나 서정적이지 않다는 것이다. 한역은 토착적인 설명이 더 많고, 산스끄리뜨본의 아름답고 생동감 있게 묘사한 내용을 대부분 생략했다. 힌두 신화는 중국인이 더 쉽게 이해할 수 있도록 간략화된 것을 지적하였다. 또한, 붓다의 탄생 상황은 신화적이기보다 더 현실적으로 묘사되었고, 여성의 역할은 겸양어로 간략화했다고 주장하였다. 특히, 윌먼은 중국 신화와 역사에 관한 보운의 지식이 확실하게 드러나는 구절을 예로 들어 설명했다. 예시는 제10품의 18번째 게송, 제11품의 31번째 게송이다. Willemen, Charles(2009), 위의 책, pp.xvi~xvii.

231) 船山徹(2013), 『佛典(ぶってん)はどう漢譯(かんやく)されたのか: ス-トラが經典(きょうてん)になるとき』. 東京: 岩波書店.

『대반열반경』을 역출한 421년, 유송(劉宋) 영초(永初) 2년에 보운이 『불소행찬』을 역출했다고 논증하였다. 『불소행찬』의 제5권은 『열반경』 내용에 해당하고, 담무참의 이름은 여러 이유로 『불소행찬』에 추가되었다는 것이다.[232]

보운은 산스끄리뜨어를 자유롭게 구사할 수 있었던 한인(漢人)이었다. 『대반열반경』 6권본을 법현과 각현(覺賢, 구나발타라)이 공역할 때도 보운(寶雲)이 받아썼다고 한다.[233] 이를 근거로, 『불소행찬』의 번역자는 의심의 여지 없이 보운이라고 주장할 수 있다.[234]

보운(376~449)이 『불소행찬』을 역출한 연대는 월먼의 421년설을 비롯하여, 420년[235]·414년에서 426년[236] 등 다양한 견해가 있다. 앞의 표에 나타난 근거를 통하여, 유송(劉宋, 420~479)의 건국 이전, 420년 이전 동진(東晉) 시대라고 할 수 있다. 『불본행경』은 보운이 유송의 문제(文帝) 원가(元嘉, 424~453)년 역출로 볼 수 있다.

(2) 『불소행찬』과 『불본행경』의 구성

『불본행경』은 『불소행찬』의 이역본[237]으로서, 별경(別經)이다. 두 문

---

232) Willemen, Charles(2009), 앞의 책, p. x v.
233) 『개원석교록』 제3권, T.55, No.2154, pp.507b3~4.; 『출삼장기집』 제2권, T.55, No.2145, pp.12c20~13a8에는 "구나발타라(394~468)가 유송 효무제에게 『승만경』을 비롯해 17부 73권의 경전을 번역해 선양했는데, 보운과 그의 제자 보리법용(菩提法勇)이 전역(傳譯)했다"라고 되어 있다.
234) 船山徹(2013), 앞의 책, p.88.
235) https://en.wikipedia.org/wiki/Buddhacarita
236) 불교기록문화유산아카이브, 『불소행찬』 「해제」, http://kabc.dongguk.edu
237) 불교기록문화유산아카이브, 『불본행경』 「해제」, http://kabc.dongguk.edu

헌은 게송의 형식으로써 붓다의 생애를 묘사한 찬가이지만, 구성과 내용은 완전히 불일치다. 『불소행찬(佛所行讚)』은 5권 28품, 『불본행경(佛本行經)』은 7권 31품으로 구성되어 있다. 비교하도록 하자.

<표1-13> 『불소행찬』과 『불본행경』의 구성 비교

권수	품수	불소행찬	권수	품수	불본행경
1	1	生品	1	1	因緣品
	2	處宮品		2	稱歎如來品
	3	厭患品		3	降胎品
	4	離欲品		4	如來生品
	5	出城品		5	梵志占相品
2	6	入苦行林品		6	阿夷決疑品
	7	合宮憂悲品		7	入譽論品
	8	合宮憂悲品	2	8	與衆婇女遊居品
	9	推求太子品		9	現憂懼品
3	10	瓶沙王詣太子品		10	閻浮提樹蔭品
	11	答瓶沙王品		11	出家品
	12	阿羅藍欝頭藍品		12	車匿品
	13	破魔品		13	瓶沙王問事品
	14	阿惟三菩提品	3	14	為瓶沙王說法品
	15	轉法輪品		15	不然阿蘭品
4	16	瓶沙王諸弟子品		16	降魔品
	17	大弟子出家品		17	度五比丘品
	18	化給孤獨品	4	18	度寶稱品
	19	父子相見品		19	廣度品
	20	受祇桓精舍品		20	現大神變品
	21	守財醉象調伏品		17[238]	轉法輪品
	22	菴摩羅女見佛品	5	21	昇忉利宮為母說法品
5	23	神力住壽品		22	憶先品

---

238) 『대정장』에 「전법륜품」은 '제17'로 표기되어 있다. T.4, No.193, p.87a5.

	24	離車辭別品		23	遊維耶離品
	25	涅槃品		24	歎定光佛品
	26	大般涅槃品		25	降象品
	27	歎涅槃品		26	魔勸捨壽品
	28	分舍利品	6	27	調達入地獄品
				28	現乳哺品
			7	29	大滅品
				30	嘆無為品
				31	八王分舍利品

『불소행찬』은 붓다의 탄생을 기록한 「생품」으로 시작된다. 붓다의 입멸 에피소드에 관한 내용은 제23 「신력수주품」부터, 제24 「이차사별품」·제25 「열반품」·제26 「대열반품」·제27 「탄열반품」·제28 「분사리품」까지이다. 품명(品名)을 통하여, 『불소행찬』은 열반에 주목하였음을 알 수 있다.

『불본행경』은 「인연품」으로 시작되고, 붓다의 탄생은 제4품 「여래생품」에 있다. 붓다의 입멸과 다비에 관한 내용은 제26 「마권사수품」·제29 「대멸품」·제30 「탄무위품」·제31 「팔왕분사리품」에 있다. 그 가운데, 제27 「조달입지옥품」과 제28 「현유포품」은 붓다의 복덕과 위신력을 설한다. 『불본행경』은 불타관에 주목한다는 것을 알 수 있다.

(3) 『불소행찬』과 『불본행경』의 내용 비교

『불소행찬』과 『불본행경』의 주요 내용을 비교하면 다음과 같다.

〈표1-14〉『불소행찬』과 『불본행경』의 내용 비교

주제	불소행찬	불본행경
불타관	붓다의 위신력 - 3개월 수명 유지	신통력으로 3달간 수명 유지
	붓다의 마지막 공양만 언급	마지막 공양에 대한 언급 없음
	일승의 도=일체고 제거	붓다는 겁 이상 살 수 있다
	붓다 육신=생사, 법신=상주	법으로 나의 색신을 삼아라
	붓다의 금강진골은 타지 않음	나의 법신을 통찰하라
	불사리=법	정법신을 보면 여래가 항상함
	사리 공양=법보시	인간 수명·붓다 형체·수명 차이
		붓다의 존체=불사리
열반관	자성상주=켜진 등불	무위에서 오직 괴로움 소멸
	생사고를 여읜 영원한 적멸락	무위의 적멸락
	상주불변하면 해탈	
교단 유지의 유훈	법·율에 의해 교단 유지	구족계 강조, 지계, 3업 경계,
	설법대로 하면 고를 여읨	이익 버리고 대안락을 추구
	보시 중 법 보시가 가장 수승	마지막 유훈: 힘써 선행 수습
	바라제목차=대 스승	무상법문
	마지막 유훈: 불방일, 무상법문	
	결집, 아소까왕 출현 언급	

　　두 문헌의 비교를 통하여, 『불소행찬』에만 언급된 붓다의 마지막 공양, 결집과 아소까왕 출현 등 내용상의 차이가 나타난다. 반면, 두 문헌의 공통된 특징이 있다. 첫째, 두 문헌은 쭌다의 마지막 공양, 붓다의 입멸 등 논란의 요소는 배제하였다. 둘째, 법신상주의 대승불교 불타관을 전개하였다. 셋째, 『마하빠리닙바나 숫따』의 에피소드를 계승하고,[239] 4성제·8정도 등 초기불교 교설을 강조하였다.

---

239) 『불소행찬』의 경우, 에피소드 전개가 『마하빠리닙바나 숫따』와 일치한다. 붓다의 마지막 안거→마라의 간청→3개월 후 입열반 선언→수명의 포기→쭌다의 마지막 공양→마지막 제자 쑤밧다의 출가→마지막 유훈→9차제정, 제4선에서 출정 후 대열반→가섭존자 예배 후 다비 점화→사리분배→10개의 사리탑 건립 순이다.

2) 『대승열반경(大乘涅槃經)』의 성립과 판본

(1) 『대승열반경』의 성립에 관한 연구

『대승열반경』의 성립은 계층을 이루며 성립하였다고 본다. 시모다 마사히로(下田正弘)는 오오쵸오 에니치(橫超慧日)[240]가 〈원시대승열반경〉을 설정하여, 『대승열반경』의 계층 성립설을 최초로 제기했다고 단언했다.[241] 그러나 이미 한국에서 운허(耘虛, 1965)에 의해 계층 성립설이 주장되었다. 운허는 "『대승열반경』의 성립은 용수(龍樹, 150~250) 이후라고 보지만, 경의 시작은 초기 「열반경」에 속하는 경들이 성립된 기원전 후부터로 보인다. 이후 4세기 중반까지 몇 차례 증보 과정을 거

---

240) 오오쵸오 에니치의 40권 『대반열반경』 성립 순서에 대한 가설은 다음과 같다.
    1. 「수명품」·「금강신품」·「명자공덕품」
    2. 「여래성품」·「일체대중소문품」
    3. 「현병품」·「성행품」·「범행품」·「영아행품」
    4. 「광명변조고귀덕왕보살품」, 5. 「사자후보살품」,
    6. 「가섭보살품」, 7. 「교진여품」.
    이에 대한 이유를 오오쵸오 에니치는 7가지로 요약하여 아래와 같이 주장하였다.
    1. 붓다의 설법에 대한 상대 인물의 변화
    2. 동본이역인 6권본과 비교
    3. 경의 원본 전래 경위 검토에서 2회에서 3회의 완역이라고 하는 전설을 참고
    4. 내용상의 완결을 표시- 부촉·유통·경명·명자공덕·찬탄 등이 중간에 나옴
    5. 거듭 질문을 재촉
    6. 후품에 있어서 전품의 설한 것의 지시에 착안한 것
    7. 열반경의 요의로서 자주 요약한 것
    橫超慧日(1981: 1991), 『涅槃經: 如來常住と悉有佛性』, 京都: 平樂寺書店, pp.40~41.
241) 下田正弘(1997), 『涅槃經の硏究: 大乘經典の硏究方法試論』, 東京: 春秋社, p.163.

처 완성되었을 것이다."라고 추정하였다.[242]

『대승열반경』 성립연대에 관한 최근의 사전적 견해는 2세기다.[243] 미하일 라디치(Michael Radich)[244]는 『대승열반경』이 최초의 여래장사상 문헌[245]이며, 『여래장경(如來藏經)』보다도 먼저 성립되었다고 주장하였다. 『대승열반경』의 성립은 2세기, 『여래장경』[246]은 250~350년경[247]이라고 밝혔다.[248] 『대승열반경』에서 인용된 『여래장경』[249]은 현존하는 『여래장경』이 아니라, 바로 『대승열반경』이라는 것이다.[250] 『대승열반경』과 『여래장경』의 전후 관계에 대한 기존의 견해와 대조적이다.[251]

---

242) 이운허 옮김(1965: 2004), 『열반경』 I, 서울: 동국역경원, p.2.
243) "*Mahāyāna Mahāparinirvāṇa Sūtra*", Wikipedia, https://en.wikipedia.org Silk, J.(ed.), Shimoda M.(2015), "Mahāparinirvāṇa-mahāsūtra," *Brill's Encyclopedia of Buddhism*, Vol. 1 p.168.
244) Radich, M.(2015), *The Mahāparinirvāṇa-mahāsūtra and the Emergence of Tathāgatagarbha Doctrine*, Hamburg: Hamburg University Press.
245) 여래장을 언급하는 경전은 ① 『여래장경』, ② 『부증부감경(不增不減經)』, ③ 『앙굴마라경(央掘魔羅經)』, ④ 『대법고경(大法鼓經)』, ⑤ 『승만경(勝鬘經)』, ⑥ 『열반경』, ⑦ 『능가경(楞伽經)』, ⑧ 『무상의경(無上依經)』, ⑨ 『대승밀엄경(大乘密嚴經)』 등이 있다. 논서로는 ① 『구경일승보성론(究竟一乘寶性論)』, ② 『대승법계무차별론(大乘法界無差別論)』, ③ 『입대승론(入大乘論)』, ④ 『대승장엄경론(大乘莊嚴經論)』, ⑤ 『불성론(佛性論)』, ⑥ 『대승기신론(大乘起信論)』 등이 있다.
246) 불타발타라 역 1권, 불공 역 1권, 티베트역이 있다.
247) 『여래장경』의 성립연대를 350년 이전으로 보았다. Zimmermann(2002), *A Buddha Within: The Tathāgatagarbhasūtra, The Earliest Exposition of the Buddha-Nature Teaching in India*, Tokyo: The International Research Institute for Advanced Buddhology, Soka University, p.79.
248) Radich, M.(2015), 위의 책, pp.85~99.
249) T.12, No.376, pp.881b23~26, "復有比丘廣說如來藏經 言一切衆生皆有佛性 在於身中無量煩惱 悉除滅已 佛便明顯 除一闡提."
250) Radich, M.(2015), 위의 책, p.99.
251) 미하일 라디치는 다카사키 지키도(高峰直道, 1974), 스즈키 다이세쓰(鈴木大拙, 2001)의 연구를 재검토하였다. 다카사키는 『여래장경』→『부증불감경』→『승만경』→『대승열반경』 순으로 성립되었다고 주장했다. 스즈키는 『열반경』이 『앙굴

시모다 마사히로는 미하일 라디치의 주장에 전적으로 동의하고, 자신의 주장에 대한 수정의 필요성을 인정하였다.[252]

(2) 산스끄리뜨본과 번역본

『대승열반경』의 원전(原典), 산스끄리뜨본은 완본(完本)이 현존하지 않는다. 다만, 단편(斷片)으로 발견되었다. 『대승열반경』 범본(梵本)의 완역본은 한역(漢譯) 3종, 티베트역 2종, 몽골어역 2종이 현존한다. 한역은 대표적으로, 『대승열반경』으로 불리는 3종의 대본(大本)이 있다. 6권 『불설대반니원경』[253]·40권 『대반열반경』[254]·36권 『대반열반경』[255]이다. 티베트역 2종은 인도어와 한역본을 각각 번역한 것이다. 몽골어역 2종은 티베트본을 중역(重譯)한 것이다.[256] 특히, 『대승열반

마라경』과 『대법고경』의 성립보다 빠르다고 주장하였다. Radich. M(2015), 위의 책, pp.60~99. ; 히라카와 아키라(平川彰)는 『여래장경』·『앙굴마라경』·『부증불감경』 등이 『승만경』·『대승열반경』보다 훨씬 먼저 성립해 있었다는 견해이다. 히라카와 아키라, 이호근 옮김(1994; 2004), 『인도불교의 역사』 하, 서울: 민족사, pp.66~74. ; 히라이 슌에이(平井俊榮)는 『법화현론』·『승만보굴』·『정명현론』·『중관론소』 등 길장(吉藏)의 저술에 인용된 경전의 횟수에 의해 『열반경』→『대품반야경』→『법화경』→『화엄경』→『유마경』의 순서로 성립되었음을 논증하였다. 平井俊榮(1976), 『中國般若思想史研究』, 東京: 春秋社, pp.523~524.

252) 시모다 마사히로, 이자랑 역(2018), 『열반경 연구: 대승경전의 연구 방법 시론』, 서울: 씨아이알, p.x.

253) T.12, No.376, p.853a2ff.

254) T.12, No.374, p.365c2ff.

255) T.12, No.375, p.605a2ff.

256) 몽골어역은 티베트본의 번역이다. 티베트역 두 종류는 다음과 같다.
① Phags pa yoṅs-su mya ṅan las'das pa chen po'i mdo, tr. from the Chinese by Waṅ-phab-źun, Dge-ba'i blo gros, Rgya-mtsho'i sde.
②'Phags pa yoṅgs su mya ngan las'das pa chen po'i theg pa chen po'i mdo, tr. from the Indic by Jinamitra, Jñānagarbha, Devacandra

경』 산스끄리뜨 단편의 출토와 소장 현황은 다음과 같다.

① 중앙아시아 출토 단편(영국도서관 소장)[257]: The Stein Collection[258]
The Hoernle Collection[259]
② 고야산(高野山) 보수원(寶壽院) 소장: T.12, No.374, 604a1~31[260]
③ 중앙아시아 출토 단편(러시아 과학 아카데미 소장): The Petrovsky Collection[261]

루돌프 회른레(Rudolf Hoernle)는 동 투르키스탄(Easten Turkestan: 위구르)에서 발견된 산스끄리뜨 『열반경』의 단편을 복원한 필사본을 번

---

in 9C., Akira, Yuyama(1981), "Sanskrit Fragments of the Mahāyāna Mahāparinirvāṇasūtra: Koyasan Manuscript", *Studia Philologica Buddhica* Vol. 1(4), The Reiyukai Library, pp.9~12.

257) 영국 정부의 지원으로 마크 오렐 스타인(Marc Aurel Stein)과 루돌프 회른레(A. F. Rudolf Hoernle)는 중국 돈황(敦煌)·투루판(Turpan), 중앙아시아 등지(等地)에서 수많은 서적과 사본, 유물들을 수집하고 분석하였다.

258) SS. 113~115. 松田和信(1988), 『インド省図書館所蔵 中央アジア出土大乗涅槃経梵文断簡集: スタイン·ヘルンレ·コレクション』, 東京: 東洋文庫, p.3.

259) Hoernle MS., No.143, S.A.4, Hoernle, A.F.R.(1916: 2010), *Manuscript Remains of Buddhist Literature Found in Eastern Turkestan: Facsimiles With Transcripts, Translations and Notes*, Vol.1, Oxford: Clarendon Press(Cornell University, 2010), Plate XXI.

260) 고야산(高野山) 보수원(寶壽院)에서 발견된 산스끄리뜨 단편(斷片)은 고남(高楠) 박사가 해독했고, 『대정장』에 수록되어 있다. 히라카와 아키라, 이호근 옮김(1994; 2004), 『인도불교의 역사』하, 서울: 민족사, pp.63~64, 각주 3.

261) 중앙아시아 출토 페트롭스키 콜렉션(The Petrovsky Collection)은 페트롭스키가 사망한 후, 러시아 과학 아카데미(Russian Academy of Science)에서 사들여 연구를 이어갔다. Vorobyova Desyatovskaya, M. I.(1999), "Sanskrit Manuscripts From The N. F. Petrovsky Collection In The St. Petersburg Branch Of The Institute Of Oriental Studies", *Manuscripta Orientalia* Vol. 5, No. 4, St. Peterburg: The Institute Of Oriental manuscripts, p.36.

역하고 분석하였다.[262] 마츠다 카츠노부(松田和信)[263]와 히로미 하바타 (幅田裕美)[264]는 스타인 사본[The Stein Collection]과 회른레 사본[The Hoernle Collection]을 비교·분석하였다.

중앙아시아 출토 페트롭스키 콜렉션(The Petrovsky Collection)은 러시아에서 주도적으로 연구되었다. 미보로비요프 데야토프스키(V. S. Vorobyov-Desyatovsky)는 산스끄리뜨어와 호탄어(Khotan, Śaka)로 필사본들을 자세히 분류·분석하였다.[265] 그리고리 봉가드 레빈(Grigory Bongard-Levin)과 미보로비요프 데야토프스키(G. M. Vorobyov-Desyatovsky)는 페트롭스키 콜렉션 중심으로 중앙아시아에서 새로 발견된 『대승열반경』 산스끄리뜨 단편(斷片)[266]을 해독하여 분석하였다.

---

262) Hoernle, A.F.R.(1916: 2010), *Manuscript Remains of Buddhist Literature Found in Eastern Turkestan: Facsimiles With Transcripts, Translations and Notes*, Vol.1, Oxford: Clarendon Press(Cornell University, 2010), pp.93~97.

263) 松田和信(1988), 『インド省図書館所蔵 中央アジア出土大乗涅槃経梵文断簡集: スタイン·ヘルンレ·コレクション』, 東京: 東洋文庫.; In English, Matsuda Kazunobu, 1988), *Sanskrit Fragments of the Mahāyāna Mahāparinirvāṇasūtra in the Stein-Hoernle Collection*, Tokyo: Toyo Bunko.

264) Hiromi Habata(幅田裕美, 2009a), *The Mahāparinirvāṇ-mahāsūtra Manuscripts in the Stein and 551 Hoernle Collection* 1, Vol.II(1) Texts, The International Research Institute for Advanced Buddhology, Soka University, pp.551~588.; Habata, Hiromi(2009b), *Fragments of the Mahāparinirvāṇa-mahāsūtra* Vol. II(2) Facsimiles(382 plates), The International Research Institute for Advanced Buddhology, Soka University, Plates 369~371.

265) Bongard-Levin G. M.(1981), "New Buddhist Sanskrit Texts from Central Asia: An Unknown fragment of the Mahāyana Mahāparinirvanasutra", *The journal of the International Association of Buddhist Studies*, Vol.4(2), Madison: University of Wisconsin, pp.7~8.

266) 소개된 산스끄리뜨 사본은 SI P/88a, 88b, 88c, 88d, 88v, 89 등 모두 6편

유야마 아키라(Yuyama Akira, 湯山昭)[267]는 고야산(高野山) 보수원(寶壽院) 소장의 산스끄리뜨『대승열반경』단편을 연구한 대표적인 학자이다. 반면, 카네코 요시오(金子芳夫)는 티베트역에 주목하였다.[268]

3) 한역 열반부(涅槃部) 경전

대정신수대장경은 천태(天台)[269]의 오시교판(五時教判)[270]을 기반으

(片)이다. Bongard-Levin G.M. & M. I. Vorobyova Desyatovskaya(1985), *Pamjatniki Indijskoj Pis'mennosti iz Tsentral'noi Azii*, 1, Moscow: The Russian Academy of Sciences, pp.37~64.
새롭게 발견된 산스끄리뜨 열반경 단편에 관한 그리고리 봉가드 레빈(Grigory Bongard-Levin)의 연구서는 참고문헌 목록을 참고.

267) Akira, Yuyama(1981), "Sanskrit Fragments of the Mahāyāna Mahāparinirvāṇasūtra: Koyasan Manuscript", *Studia Philologica Buddhica* Vol. 1(4), The Reiyukai Library.

268) 金子芳夫(1986~8),「チベット文大般涅槃經テキス(1~3)」,『中央学術研究所紀要』通号13~15, 中央学術研究所.

269) 천태지의(天台智顗, 538~597)는 천태종의 개조로서, 중국 진(陳)나라 말 수(隋)나라 초의 고승이다. 18세에 법서(法緒)에게 출가하여, 혜광(惠曠)에게 율학과 대승교를 배우고, 560년에 혜사(慧思)의 문하에서『법화경』의 안락행을 닦아 깨달음을 얻었다. 568년 이후 7년간 금릉의 와관사(瓦官寺)에서『법화경』과『대지도론』을 강의하고, 575년 이후는 천태산에 수선사를 창건하고, 천태교학을 확립하였다. 이후, 형주의 옥천사를 개창하고 594년『법화현의(法華玄義)』·『법화문구(法華文句)』·『마하지관(摩訶止觀)』등 천태삼대부(天台三大部)를 강의함으로써 천태종을 성립하였다. 천태종 연구회(2014),『천태종 소개』, 서울: 아울프레스.; https://books.google.co.kr/books?id=d8_cBAAAQBAJ&pg=PT81&lpg=#v=onepage&q&f=false

270) 오시교판(五時教判)은 부처님 일대의 가르침을 시간적인 순서와 그 내용에 따라 분류하고 체계화한 교판을 말한다. 화엄시(華嚴時), 아함시(阿含時), 방등시(方等時), 반야시(般若時), 법화(法華)·열반시(涅槃時)로 구분한 것이다. 천태종의 지의(智顗), 열반종의 혜관(慧觀), 화엄종의 유규(劉虯)가 오시교(五時教)를 주장

로 하여, 경전을 분류하였다.[271] 대승불교 경전 열반부에는 총 23경이 수록되어 있다. 이 외에도 현존하지는 않지만, 다수의 『대승열반경』이 역출되었다. 그리고 산스끄리뜨 경전의 권위에 가탁(假託)하여 찬술된 위경(僞經)도 파악된다.

(1) 현존하는 열반부 경전

대정신수대장경 열반부에는 『열반경』 3경, 『열반경』 계통의 19경, 『유교경』 등 모두 23경이 수록되어 있다. 표로써 분류하여 나열하면, 다음과 같다.[272]

〈표 1-15〉 현존하는 〈열반부〉 경전

No	목록	경전	권	시대	역경인
1	涅槃經	大般涅槃經[북본][273]	40	北涼	曇無讖
2		大般涅槃經[남본][274]	36	劉宋	慧嚴·慧觀·謝靈運
3		佛說大般泥洹經[6권본][275]	6	東晉	法顯

하였다. 지관 편저(2015), 『가산불교대사림』 Vol.16, 서울: 가산불교문화연구원, pp.831~832.

271) 오오쬬오 에니치는 현대 불교학의 관점에서는 부적합한 분류법이라고 주장하였다. 경전성립사적인 순서에 의한 것, 초기불교·부파불교·대승불교의 문헌에 따른 분류라고 할 수는 없다. 橫超慧日(1991), 『涅槃經: 如來常住と悉有佛性』, 京都: 平楽寺書店, pp.25~26.

272) 『개원석교록』에서는 총 6부(部) 58권 6질로 명시하였다. 『대반열반경』 40권·『대반열반경후분』 2권·『대반니원경』 6권·『방등반니원경』 2권·『사동자삼매경』 3권·『대비경』 5권이다. T.55, No.2154, pp.590c28~591b2.

273) T.12, No.374, p.365a2ff.
274) T.12, No.375, p.605a2ff.
275) T.12, No.376, p.853a2ff.

4	涅槃經餘	大般涅槃經後分[후분][276]	2	唐	若那跋陀羅
5		佛說方等般泥洹經[277]	2	西晉	竺法護
6		四童子三昧經[278]	3	隋	闍那崛多
7		大悲經[279]	5	高齊	那連提耶舍[280]
8		等集衆德三昧經[281]	3	西晉	竺法護
9		集一切福德三昧經[282]	3	姚秦	鳩摩羅什
10		摩訶摩耶經[283]	2	簫齊	釋曇景[284]
11		菩薩從兜術天降神母胎說廣普經[285]	7	姚秦	竺佛念
12		中陰經[286]	2	後秦	竺佛念
13		蓮華面經(大乘修多羅藏)[287]	2	隋	那連提耶舍[288]
14		大方等無想經[289]	6	北涼	曇無讖[290]

---

276) T.12, No.377, p.900a2ff.
277) T.12, No.378, p.912a18ff.
278) T.12, No.379, p.928c14ff.
279) T.12, No.379, p.928c12ff.
280) 『언종록』은 천통(天統, 565~9)년 야사(耶舍)와 법지(法智)가 함께 번역했다고 한다. 『개원석교록』도 야사와 법지 삼장의 공역이라고 한다. 『언종록』, T.55, No.2147, p.151a18.; 『개원석교록』, T.55, No.2154, pp.591a27~b1.
281) T.12, No.381, p.973a6ff.
282) T.12, No.382, p.988c22ff.
283) 『佛昇忉利天爲母說法』이라고도 한다. T.12, No.383, pp.1005a2ff.
284) 『개원석교록』 제6권은 사문 석담경이 어디 사람인지 모른다. 남제(南齊) 때 『마하마야경』 등 2부를 번역했다. 여러 목록에서는 제나라 때 역출되었다고 하지만, 연대를 밝히지 않아 어느 제왕(帝王) 때인지는 자세하지 않다고 전한다. T.55, No.2154, pp.536c5~7, "沙門釋曇景. 不知何許人. 於齊代譯摩耶經等二部 群錄直云齊世譯出 既不顯年未詳何帝."
285) T.12, No.384, p.1015a17ff.
286) T.12, No.385, p.1058c2ff.
287) T.12, No.386, p.1070b13ff.
288) 『자비경』을 번역한 나련제야사(나련제려야사)와 동일 인물이다.
289) T.12, No.387, p.1077c10ff.
290) 『법경록』과 『언종록』에서는 전진시대 축불념이 장안에서 번역했다고 되어 있다. 『법경록』, T.55, No.2146, p.115b3. 『언종록』T.55, No.2147, pp.151a23~24, "大方等無相經六卷(一名大雲經) 前秦世竺佛念於長安譯."

15		大雲無想經[291]	1	姚秦	竺佛念
16		佛臨涅槃記法住經[292]	1	唐	玄奘
17		般泥洹後灌臘經(灌像經)[293]	1	西晉	竺法護
18		佛滅度後棺斂葬送經[294]	1		失譯人
19		迦葉赴佛般涅槃經[295]	1	東晉	竺曇無蘭
20		佛入涅槃密迹金剛力士哀戀經[296]	1		失譯人[297]
21		佛說當來變經[298]	1	西晉	竺法護
22		佛說法滅盡經[299]			失譯人
23	遺敎經	佛垂般涅槃略說敎誡經經 [유교경][300]	1	後秦	鳩摩羅什

　　앞의 표에서 언급되지 않은 경전으로서, 열반부 경전에 수록되어 있지 않은 『열반경』도 있다. 도진(道眞)[301] 역출의 『불설구호신명경(佛說

---

291) 제9권만 수록되어 있다. T.12, No.388, p.1107b13ff.

292) T.12, No.390, p.1112b23ff.

293) T.12, No.391, p.1114a1ff.
　　『개원석교록』 제2권에는 『반니원후사배관납경』의 이명(異名)도 있다고 한다.
　　T.55, No.2154, p.494c22, "般泥洹後灌臘經一卷(或云般泥洹後四輩灌臘經 亦直云
　　灌像經見長房錄)."

294) 『比丘師經』이라고도 한다. T.12, No.392, p.1114b4ff.

295) T.12, No.393, p.1115b2ff.
　　『개원석교록약출(開元釋敎錄略出)』 제4권에는 『불반니원마하가섭부불경』의 이명
　　(異名)도 있다고 한다. T.55, No.2155, pp.744b13~14, "佛般泥洹摩訶迦葉赴佛
　　經一卷(亦云迦葉赴佛涅槃經)."

296) T.12, No.394, p.1116a16ff.

297) 『개원석교록』 제4권에서는 역경인 미상의 20부 경전을 나열한 가운데, 『불설당
　　래변경』이 포함되어 있다. 그리고 이 경전에 대하여, 진(秦)나라 때 역출된 것 같
　　다(似是秦時譯出)는 부연설명을 하고 있다. T.55, No.2154, pp.519a2~5.

298) T.12, No.395, p.1118a3ff.

299) T.12, No.396, p.1118c8ff.

300) T.12, No.389, p.1110c10ff.

301) 『開元釋敎錄』 제4권에 담무참에게 보살계를 받고 법제자가 된 사문 도진에 대
　　한 언급이 있다. T.55, No.2154, pp.520c26~521a9.

救護身命經)』[302]이다. 이 문헌은 중국불교도서문물관(中國佛敎圖書文物館)에서 『방산석경(房山石經)』에 포함되어 출판되었다.[303]

앞의 표에서 『열반경』 3경, 『대반열반경』 40권(『북본』)·『대반열반경』 36권(『남본』)·『불설대반니원경』 6권(『6권본』)은 『대승열반경』 3대본(大本)이다. 『대반열반경후분』은 『북본』과 『남본』의 속편(續篇)에 해당한다. 붓다의 입멸과 다비식의 내용이 있다. 『불설방등반니원경』·『사동자삼매경』·『대비경』은 『불설대반니원경』을 나누어 놓은 지분(支分)이다. 그리고 『불설방등반니원경』과 『사동자삼매경』은 동본이역(同本異譯)이며, 『대비경』과 동질(同帙)이라고 한다.[304] 『사동자삼매경』은 『불설방등반니원경』의 9품(品) 가운데 앞 6품의 다른 번역이다.

열반부 경전 가운데, 소승경(小乘經)이라는 견해가 있다. 경문에 나타난 대승불교 용어와 내용을 중심으로 진위를 파악하도록 하자.

〈표1-16〉 소승경으로 분류된 열반부 경전

	경전	시대	역경인
1	불멸도후관염장송경(佛滅度後棺斂葬送經)	서진	미상
2	불입열반금강역사애련경(佛入涅槃金剛力士哀戀經)		〃
3	가섭부불반열반경(迦葉赴佛般涅槃經)	동진	축법담무란
4	불수반열반약설교계경(佛垂般涅槃略說教誡經): 유교경	후진	구마라집

『불멸도후관염장송경』은 『개원석교록』에서 소승경(小乘經)으로 분

---

302) F.3, No.248, pp.557a16ff. 비구 도진의 역출 『불설호신명경(佛說護身命經)』(T.85, No.2865, pp.1325a1ff.), 『호신명경(護身命經)』(T.85, No.2866, p.1326b1ff.)과는 무관한 경전이다.

303) 中國佛敎圖書文物館 編(2000), 『房山石經』, 北京: 華夏出版社.

304) 『개원석교록』, T.55, No.2154, pp.590c28~591b2.

제1장 붓다의 입멸에 관한 문헌 97

류하였다.305) 이 경전은 붓다의 장례법에 관한 내용이 설해져 있다. 특히, 붓다의 장례법은 전륜성왕보다 뛰어나야 한다. 왜냐하면, 무수겁(無數劫)으로부터 사등(四等, 사무량심)으로써 자비를 펴고 육바라밀을 행함에 다함이 없기 때문이라고 하였다.306) 여기서 주목할 점은 대승불교의 사무량심(四無量心)·육바라밀(六波羅密)의 언급으로써, 이 경전이 열반부에 포함되어 분류된 것 같다. 반면, 이러한 용어 외에 대승불교를 특기할 만한 내용이 없으므로 소승경이라고 주장한 듯하다.

『역대삼보기』는『불멸도후관염장송경』과『불입열반금강역사애련경』·『가섭부불열반경』을 소승경 목록에 포함하였다.307)『불입열반금강역사애련경』에서는 대승불교의 사상이나 용어조차도 발견하기 어렵다. 밀적금강역사(密迹金剛力士)308)가 붓다의 입멸을 보고 비탄에 잠겨 기절하고, 제석천이 붓다의 무상법문을 상기시키며 위로하는 내용이다. 특히, 붓다의 열반을 무상법(無上法)으로 다음과 같이 인식하였다.

---

305) T.55, No.2154, p.694a26.

306) T.12, No.392, pp.1114b20~21, "佛當躐彼 所以然者 吾自無數劫 以四等弘慈 行六度無極."

307) T.49, No.2034, pp.116c20~22.;『개원석교록』은 동진 축법담무란(竺法曇無蘭)이 『가섭부불열반경』의 역자라고 하였다. T.55, No.2155, pp.744b13~14.

308) 밀적금강역사(密迹金剛力士, Guhyapāda-vajra)는 불법을 수호하는 야차신(夜叉神)의 이름으로서, 밀적집금강신·밀적금강·금강역사라고도 한다. 신·구·의 삼업의 흐름이 매우 빠르고 은밀하여 헤아리기 어렵기 때문에 밀적이라 하고, 손에 금강저를 들고 법을 수호하는 역할을 하므로 금강신(金剛神)·집금강신(執金剛神)이라고 한다. 지관 편저(2005),『가산불교대사림』Vol.7, 서울: 가산불교문화연구원, p.979.;『대보적경』은 "밀적이라는 금강역사가 부처님의 오른쪽에 머물면서 금강저를 손에 잡고 부처님께 말씀드렸다."라고 묘사하였다. T.11, No.310, pp.43b9~10, "於是金剛力士 名曰密迹 住世尊右 手執金剛前白佛言."

슬프다, 법의 등불이 무상의 바람이 불어오자 꺼져버렸다.[309] 여래는 한 번 잠들고 다시 일어나지 않는가? 여래께서 가신 뒤 다시 돌아오지 않는가? 마치 꺼져버린 등불을 다시 밝히지 못하는 것과 같다.[310] 무량한 복력을 가지신 여래의 몸인데 무상의 힘은 실로 최상이다. 여래로 하여금 죽을 곳에 이르게 하였다.[311]

이러한 열반에 관한 부정적인 견해와 꺼져버린 등불의 비유는 초기불교의 열반관이다. 이러한 견해를 볼 때, 대승불교의 『열반경』으로 분류하기는 어렵다. 그러므로 『역대삼보기』의 주장에 동의할 수 있다.

『가섭부불반열반경』은 붓다의 입멸 7일 후, 대가섭 일행이 불멸(佛滅) 소식을 듣고 다비장(茶毘場)에 도착하여 붓다의 관에 예경하고 곽시쌍부(槨示雙趺)[312]를 간청하는 내용이다. 특히, 법신(法身) 사상을 언급하였다. 경 마지막 게송이 "생과 사로 나뉘지만 붓다는 근심 없네. 법신의 지혜가 항상 있으니 영원히 열반이라 부르지 말라."는 것이

---

309) T.12, No.394, pp.1116c12~13, "哀哉 法燈為無常風之所吹滅."
310) T.12, No.394, pp.1117a9~11, "如來一睡更不起耶 如來已去不復還耶 猶如燈滅更不復明."
311) T.12, No.394, pp.1117a27~28, "無量福力持如來身 無常之力實為最大 能使如來至於死處."
312) 곽시쌍부(槨示雙趺)는 불멸 후 다비식에서 가섭을 위하여 붓다의 두 발을 곽 밖으로 내놓는 것을 말한다. 『유행경』은 대가섭이 향더미를 향해 가자, 부처님의 몸이 입관된 곽 속에서 두 발이 나란히 나왔다고 묘사하였다. T.1, No.1, pp.28c27~28 "時 大迦葉適向香積 於時佛身從重槨內雙出兩足." 사라쌍수에서의 곽시쌍부는 붓다가 세 곳에서 대가섭에게 심인(心印)을 전한 삼처전심(三處傳心)의 하나이다. 나머지는 다자탑에서 앉아 있던 자리의 반을 가섭에게 나누어 앉도록 한 것, 영산회상에서 연꽃을 들어 보인 것이다. 선종에서는 대가섭을 초조로 삼는 동시에 교외별전(敎外別傳)·불립문자(不立文字)·이심전심(以心傳心)의 근거로 삼는다. 지관 편저(2011), 『가산불교대사림』 Vol.13, 서울: 가산불교문화연구원, p.269.

다.313) 이러한 사상은 대승이다. 다만, 불멸을 알게 되어 다비장으로 향하는 대가섭의 에피소드는 초기『열반경』과 같다.

『정태록』은『불수반열반약설교계경』(이하,『유교경』)314)을 소승경전에 포함하였다.315)『유교경』은 후진(後秦)의 구마라집(344~413)이 5세기 초에 번역했지만, 산스끄리뜨어 원전도 존재하지 않고 티베트본도 없다. 한역본이 유일하다. 이 경전은 붓다가 열반에 들기 전, 제자들에게 설한 마지막 유훈을 기록한 경전이다. 특히, "지금 이후로 나의 모든 제자가 법을 펼치고 수행하면 이것이 바로 여래의 법신이 항상 존재하여 불멸하는 것이다."316)라고 하였다. 여래 법신의 상주불멸을 표명한 것이다. 그러므로 소승 경전이라는 견해는 타당하지 않다.

결론적으로,『불입열반금강역사애련경』에서는 대승불교와 관련된 내용이 없으므로 소승경의 편입에 문제가 없다. 그러나『불멸도후관염장송경』·『가섭부불반열반경』·『유교경』은 대승불교의 특징적인 사상이 나타나므로 소승경으로 분류할 수 없다.

---

313) T.12, No.393, pp.1116a13~14, "起分是生死 佛以不復愁 法身慧常存 莫呼永泥洹."
314) 『유교경』은 여러 이명(異名)이 있는데 아래와 같다.
　　① 『불유교경』: 붓다의 유훈으로 가르쳐 준 말씀이라는 뜻.
　　② 『불수반열반교계경』: 붓다가 완전한 열반에 들 때 베푼 가르침과 훈계의 말씀이라는 뜻.
　　③ 『불수열반약계경』: 붓다가 열반에 들 때 간략하게 훈계한 말씀이라는 뜻.
　　④ 『불임열반약계경』: 붓다가 열반에 임할 때 간략하게 주신 훈계의 말씀이라는 뜻.
315) T.55, No.2147, p.154b26.
316) T.12, No.389, pp.1112b10~12, "自今已後 我諸弟子展轉行之 則是如來法身常在而不滅也."

(3) 『대승열반경』 계통의 궐본(闕本)

『대승열반경』 계통의 경전으로서 역출(譯出)의 기록이 있지만, 현존하지 않는 궐본(闕本)은 총 6경(經)으로 파악된다. 우선, 경전을 나열하면 다음과 같다.

① 『범반니원경(梵般泥洹經)』 2권(혹은 1권)이다. 후한(後漢, 147~186) 지루가참이 번역함으로써,[317] 『열반경』의 역출이 시작되었다.[318]
② 『열반경』의 두 번째 번역 『대반열반경』 2권이다. 조위(曹魏)의 법현이 2권으로 편집했다.[319]
③ 『대반니원경』 2권으로, 『열반경』의 세 번째 번역이다. 오(吳)의 지겸이 『불설대반니원경』 「서품(序品)」과 「애환품(哀歡品)을 번역하

---

317) 『개원석교록』은 지루가참이 환제 건화 원년 정해년(147)으로부터, 영제 중평 3년 병인년(186)까지 낙양에서 『도행경』 등 23부를 번역하였다고 전한다. T.55, No.2154, pp.479a11~13, "從桓帝建和元年丁亥 至靈帝中平三年景寅於洛陽 譯道行等經二十三部."

318) 『개원석교록』 제1권에는 "혹은 1권으로 되어 있다. 처음 번역되어 나왔다. 『대반열반경』과 같은 동본(同本)이다. 주사행의 『한록』 및 『승우록』 등 구록에는 '호반'이라 했는데, 신록에서는 '범'으로 고쳤다"라고 한다. T.55, No.2154, pp.478c22~23, "或一卷初出與大般涅槃經等同本 見朱士行漢錄及僧祐錄舊 云胡般新改爲梵." 『개원석교록』 제1권, 「지루가참의 행장」에는 "하남의 청신사 맹복과 장련이 받아 쓴 구역에서 '호반니원'이라고 한 것은 아직 자세하지 않다." 라고 되어 있다. T.55, No.2154, pp.479a14~16, "河南清信士孟福張蓮筆受而 舊譯云胡般泥洹者竊所未委."

319) 『역대삼보기』 제5권에는 "'대반열반경』 2권은 대본의 전반부 몇 품을 생략해서 2권으로 만든 것이다. 축도조의 『위록』에서 볼 수 있으며, 대본 『열반경』의 첫 역출이다. [중략] 외국 사문 안법현의 번역이며, 많은 경록이 위(魏) 시대라고 하지만, 어느 제왕의 연도인지는 분명하지 않다."고 되어 있다. T.49, N.2034, pp.56c26~57a1, "大般涅槃經二卷(略大本前數品為此二卷 見竺道祖魏錄初)[중략] 外國沙門安法賢譯 群錄並云 魏世不辯何帝年."

여 2권으로 만들었다.[320]

④『열반경』의 6번째 번역,『반니원경』20권이다. 북량 지맹의 번역으로, 담무참의『대반열반경』과 동본(同本)이다.[321]

⑤『애읍경(哀泣經)』이다.『방등니원경』과 동본이역으로 3권 혹은 2권이다.『방등니원경』의 초품(初品)「애읍품(哀泣品)」을 경명(經名)으로 했다.[322]

⑥『명자공덕품경(名字功德品經)』1권이다.『대반열반경』에서 파생되었다.[323]

①에서 ④까지는 대승 〈열반부〉의 궐본 4경(經)이다.[324]『개원석교록』은 궐본으로 언급된『대승열반경』의 대본(大本)과『대반열반경후분』을 합해 전후로 일곱 번의 번역이 있었다고 한다. 3본은 경장에 있고, 4본은 궐본이라고 한다.[325]

---

320)『개원석교록』제2권에서는 "『대반니원경』2권은 세 번째로 역출되었다.『불설대반니원경』의「서분」과「애환품」을 요약하여 2권으로 만든 것인데, 뒤의 3장이 조금 다를 뿐이다. 축도조의『오록』에 보인다. 안공[도안]은 "『장아함경』에서 나왔다"라고 하지만, 승우는 "지금의『장아함경』과는 다르다"라고 하였다. T.55, No.2154, pp.488c17~18, "大般泥洹經二卷(第三出此略大本序分哀歎品為二卷後三紙小異耳見竺道祖吳錄安公云出長阿含祐云今長阿含與此異)."『역대삼보기』제5권에는『개원석교록』의 설명과 일치하지만, 두 번째로 역출되었다고 되어 있다. T.49, No.2034, p.57a25.

321) T.55, No.2154, pp.521b22~24.

322)『개원석교록』제17권, T.55, No.2154, pp.664a25~28, "哀泣經三卷(或二卷六品) 右一經 與方等般泥洹經文同名異 其方等泥洹初品名為哀泣 乃取此品名目以作經題."

323)『명자공덕품경』은『개원석교록』[T.55, No.2154, p.652c3]에서 〈대승별생경(大乘別生經)〉에 분류되어 '出大般涅槃經'으로 되어 있다.『법경록』[T.55, No.2146, p.123b17]에도 〈중경별생(衆經別生)〉으로 분류되어 있다.

324)『개원석교록』, T.55, No.2154, pp.628b26~628c5.

325) T.55, No.2154, pp.628c6~7, "右兼涅槃大本及新譯後分前後七譯 本在藏四本闕."

시모다 마사히로는 ② 안법현의 『대반열반경』 2권, ③ 지겸의 『대반니원경』 2권을 〈원시대승열반경〉으로 추정하였다.[326] 이에 대한 반론은 후지이 교코(藤井敎公)가 제기하였다. 그는 중국에서는 기존 경전 내용의 일부를 발췌하는 초경(抄經)의 형태가 존재했고, 경록(經錄)에서 말하는 것도 초경의 하나일 가능성이 있다는 것이다. 특히, 『열반경』의 일승(一乘)·오성각별(五性各別) 사상 등 주된 논의와 관련한 내용이 전무한 부분만을 초경으로 편찬했을 가능성에 의문을 두었다.[327]

⑤ 『애읍경』과 ⑥ 『명자공덕품경』은 『대승열반경』의 특정 품(品)으로 구성된 단경(短經)으로 존재했다. 『개원석교록』에 의하면, 『애읍경』은 『방등니원경』 제1권 「애읍품(哀泣品)」과 비교하면, 뒤의 3품이 누락되었다고 한다. 그 이외 다른 것은 없었기 때문에 중복을 피해 삭제하고 기록하지 않았다고 한다.[328] 『명자공덕품경』은 대본의 「명자공덕품」에 상응한다.

「명자공덕품」은 경의 명칭과 수지 공덕, 부촉과 유통 등 경전의 완결 단계를 연상케 한다. 오오쵸오 에니치가 주장한 40권 『대반열반경』의 단계적 성립설로 보면, 「명자공덕품」은 경의 원형이 된다.[329] 이

---

326) 下田正弘(1997), 『涅槃經の硏究: 大乘經典の硏究方法試論』, 東京: 春秋社, pp.564~566, 각주 125.

327) 藤井敎公(1994), 「中國における小本大乘涅槃經の伝訳について」, 『大倉山論集』 通号 35, 大倉山精神文化硏究所, pp.83~110.

328) T.55, No.2154, pp.591a22~26, "有哀泣經二卷或三卷云與方等泥洹同本異譯亦不述其翻譯所由尋其文句卽是方等泥洹更無有異其方等泥洹初品名為哀泣但取此品題目以作經名比於方等泥洹仍闕三品餘並無別旣是繁重刪之不錄也."

329) 오오쵸오 에니치가 주장한 북본의 성립 단계에서 첫 번째, 「수명품」·「금강신품」·「명자공덕품」이 해당된다. 橫超慧日(1991), 『涅槃經: 如來常住と悉有佛性』, 京

에 대해 시모다 마사히로는 『열반경』의 원형을 「명자공덕품」 이전으로 결정되는 것에 반대하였다.[330]

(4) 『대승열반경』 계통의 위경(僞經)

『대승열반경』 계통의 위경(僞經)은 중국에서 편찬되었다. 『개원석교록』은 『상법결의경(像法決疑經)』과 『유가법경경(瑜伽法鏡經)』이라고 명시하였다. 『유가법경경』은 2권 혹은 1권인데, 경룡(景龍) 원년(707)에 삼계승(三階僧) 사리(師利)가 위조했고, 거짓으로 지은 서문까지 있다. 이 경전은 『개원석교록』 찬술 이전에 이미 위경으로 판명된 『상법결의경』의 전문(前文)에 2품(品)을 더 첨가하여 만든 것이라고 한다. 서두는 붓다가 열반할 때, 아난(阿難)을 위하여 「법주멸품(法住滅品)」을 설한 것이다. 이 품(品)은 현장(玄奘)이 번역한 『불림열반기법주경(佛臨涅槃記法住經)』에 내용을 고치고 바꾸고 더하고 줄여서 그 서두에 두었다. 다음은 지장보살이 법신을 찬탄하는 「관행품(觀行品)」, 마지막은 「상시보살소문품(常施菩薩所問品)」이다. 이 품은 옛 경전의 글투나 차례를 따르지만, 서로 연관은 없다.

경룡(景龍) 원년(707)에 삼계승(三階僧) 사리(師利)가 위조했다.[331] 사

都: 平樂寺書店, p.41.

330) 시모다 마사히로는 「명자공덕품」을 원형으로 설정하기에는 근거가 빈약하고, 설득력이 부족하다고 주장하였다. 下田正弘(1997), 『涅槃經の硏究: 大乘經典の硏究方法試論』, 東京: 春秋社, pp.164~165.

331) 『개원석교록』 제18권, T.55, No.2154, pp.672b29~672c7, "瑜伽法鏡經二卷(或一卷兼有僞序) 右一經 卽舊僞錄中像法決疑經前文增 加二品共成一經 初云臨涅槃爲阿難說法住滅品 此品乃取奘法師所譯佛臨涅槃記法住經 改換增減置之於首次 是地藏菩薩讚歎法身觀行品 後是常施菩薩所問品 此品卽是舊經

리는 삼장(三藏) 보리유지(菩提流志)와 보사유(寶思惟) 등이 숭복사(崇福寺)에서 함께 번역했다고 거짓으로 서문을 썼다.[332] 그러나 『개원석교록』의 저자 지승(智昇)은 그 일에 관해 보리유지 삼장에게 직접 물어서, 그의 곁에는 원래 범협(梵夾)도 없었고 이 경을 번역한 일도 없었다는 증언을 하였다.[333]

결론적으로, 『상법결의경』과 『유가법경경』은 중국에서 찬술되었지만, 현존하지 않는다. 전자는 『유가법경경』을 통하여 위경으로서 존재했다는 것을 파악할 수 있다. 반면, 『묘법연화경현의(妙法蓮華經玄義)』[334]·『법화현론(法華玄論)』[335]·『대반열반경소(大般涅槃經疏)』[336]·『화엄경탐현기(華嚴經探玄記)』[337]에서 『유가법경경』을 인용하였다. 이로써, 이 경전의 찬술 흔적을 찾을 수 있다.

(5) 궐본(闕本)을 포함한 주요 『대승열반경』의 역출

궐본(闕本)을 포함하여 주요한 『대승열반경』 10부 경이 역출(譯出) 되

據其文勢次第不相聯貫 景龍元年三階僧師利僞造."

332) 옛날에는 『위록』에 편입되어 있었는데, 다시 위조해서 의심되는 기록을 없애려고 했다. 거짓에다 거짓이 더해져 잘못되고 어그러짐이 매우 많아졌다. 눈으로만 봐도 알 수 있으므로 자세하게 언급하는 수고는 하지 않겠다"라고 설명한다. 『개원석교록』 제18권, T.55, No.2154, pp.672c11~11, "序中妄云 三藏菩提流志 三藏寶思惟等 於崇福寺同譯 以舊編入僞中再造望鐲疑錄 僞上加僞訛舛尤多 目閱可知不勞廣敘."

333) T.55, No.2154, pp.672c11~12, "撰錄者曰余曾以此事親問流志三藏三藏 云吾邊元無梵夾不曾翻譯此經."

334) T.33, No.1716, p.809c6.

335) T.34, No.1720, p.362b12.

336) T.38, No.1767, pp.58b10ff.

337) T.35, No.1733, p.261c22.

었다. 정리하면 아래의 표와 같다.

<표1-17> 궐본을 포함한 주요 『대승열반경』의 역출

No	경전	시대	역출연도	역경인	비고
1	범반니원경 2권	후한	147~186[338]	지루가참	결본
2	대반열반경 2권	조위		안법현	〃
3	대반니원경 2권	오	223~253[339]	지겸	〃
4	방등반니원경 2권	서진	269	축법호	현존
5	대반니원경 6권	동진	416	석법현·각현	〃
6	대반열반경 40권	북량	421	담무참	〃
7	반니원경 20권	〃	433~439[340]	석지맹	결본
8	대비경 5권	북제	558	나련제야사·법지	현존
9	사동자삼매경 3권	수	593	사나굴다	〃
10	대반열반경후분 2권	당	666~667	야나발타라·회녕	〃

『개원석교록』을 중심으로 한 <경전목록>에 기록된 주요 『대승열반경』
의 역출은 모두 10부 경으로 파악되었다. 그러나 지루가참(支婁迦懺)의
『범반니원경』 2권·법현(法顯)의 『대반열반경』 2권·지겸(支謙)의 『대반니

---

338) 『개원석교록』 제1권에서는 지루가참의 역경에 관하여 언급하고 있다. 즉 "환제
    건화 원년 정해년(147)부터 영제 중평 3년 병인년(186)까지 낙양에서 『도행경』 등
    23부를 번역하였다"는 것이다. T.55, No.2154, pp.479a11~13, "從桓帝建和元
    年丁亥 至靈帝中平三年景寅 於洛陽譯道行等經二十三部."
339) 『개원석교록』 제2권에서는 지겸에 관한 설명이 있다. 지겸의 역경은 후한시대
    와 오(吳)시대에 이루어졌다. 즉, 후한 환제(桓帝) 때부터 영제(靈帝)까지의 재위
    기간(146~189) 동안 법전(法典)을 역출했고, 오(吳)의 황무(黃武) 2년(223)부터
    건흥(建興) 2년(253)까지 88부의 경을 번역했다고 설명하였다. T.55, No.2154,
    pp.489b03~489c12.
340) 『개원석교록』 제4권에는 "갑자년(424)에 천축을 출발해 담찬과 함께 양주로 돌
    아온 석지맹은 무건의 승화 연간(433~439)에 『니원경』을 번역했다. 전 20권이었
    다"라고 되어 있다. T.55, No.2154, pp.522a3~5. "以甲子歲發天竺 同行四僧
    於路無常 唯猛與曇纂俱還涼州 以虔承和年中 譯出泥洹成二十卷."

원경』 2권·석지맹(釋智猛)의 『반니원경』 20권은 현존하지 않는다.

4) 『대승열반경』 3대본(大本)과 『대반열반경후분』

『대승열반경』 대본(大本) 3경(經)은 『불설대반니원경(佛說大般泥洹經)』 6권·『대반열반경(大般涅槃經)』 40권·『대반열반경(大般涅槃經)』 36권을 말한다. 이 책에서 『불설대반니원경』 6권은 『6권본』, 『대반열반경』 40권은 『북본』, 『대반열반경』 36권은 『남본』으로 약칭한다. 이러한 대본 3경은 서로 일치하지 않는다. 그러나 『북본』과 『남본』의 내용은 일치한다. 특히, 『북본』과 『남본』은 『6권본』보다 발전된 사상을 확립함으로써, 『6권본』은 〈원시대승열반경〉으로 볼 수 있다. 『대승열반경』 대본에서는 실질적으로 붓다의 입멸이 일어나지 않는다. 붓다의 입멸과 다비식 관련된 내용은 『북본』과 『남본』의 속편(續篇)에 해당하는 『대반열반경후분』에 있다.

여기서는 『6권본』을 〈원시대승열반경〉이라고 할 수 있는 근거, 3대본의 차이, 『북본』과 『남본』의 내용 일치를 규명하고자 한다. 이로써, 초기 『열반경』과 비교할 수 있고, 대승불교에서 『열반경』을 편찬한 의도를 파악할 수 있다.

(1) 『불설대반니원경(佛說大般泥洹經)』 6권 : 『6권본』

『불설대반니원경(佛說大般泥洹經)』(이하, 『6권본』)은 『대반니원경(大般泥洹經)』이라고도 한다. 일반적으로, 동진(東晉)의 법현(法顯) 역출로 알려져 있다.341) 그러나 『개원석교록』은 법현(法顯)과 각현(覺賢, 佛陀跋陀羅)의 공역(共譯)이라고 주장하였다.342) 법현은 417년 도량사에서 각현에게 가서 『대반니원경』 등 6부343)를 함께 번역했다는 것이다.344) 즉, "법현이 번역한 모든 경은 모두 각현과 함께 번역하였다. 목록의 표제나 주(注)에도 대부분 서로 관여하였고, 역경 시기와 장소가 같지만 분명하게 재차 번역한 것이 아니다. 지금 합하여 1경으로 하니, 다시 따로 기재하지는 않는다."345)고 설명한다. 『대주간정중경목록(大周刊定衆經目錄)』346)도 법현과 불타발타라가 417년 도량사(道場寺)에서 『6권본』을 번역했다고 한다.347)

　『6권본』은 〈원시대승열반경〉으로 추론할 수 있다. 『6권본』은 『북본』

---

341) T.12, No.376, pp.853a3~5, "佛說大般泥洹經卷第一 東晉平陽沙門法顯譯."
342) T.55, No.2154, pp.507b3~4, "大般泥洹經六卷(經記云方等大般泥洹經或十卷第四譯義熙十二年十月一日於道場寺共覺賢出寶雲筆受至十四年正月二日訖見道祖僧祐二錄)."
343) 『개원석교록』 제3권[T.55, No.2154, pp.507b3~10]에서 정확히 법현과의 공역으로 명시한 문헌은 『대반니원경』 6권, 『승기비구니계본』 1권, 『역유천축기전』 1권, 『잡아비담심』 13권이다.
344) T.55, No.2154, pp.508b16~18, "遂南造建康 於道場寺 就外國禪師佛陀跋陀羅 譯大般泥洹經等六部."
345) 『開元釋教錄』 제14권, T.55, No.2154, pp.628c9~10, "其法顯所出諸經並與覺賢共譯 諸錄題注多相參涉 時處既同必非再出 今合為一更不別存)."
346) 『대주간정중경목록(大周刊定衆經目錄)』은 『대주록』·『대주간정목록』이라고도 한다. 695년 당(唐) 명전(明佺) 등 70여 명의 고승이 측천무후의 칙명으로 15권으로 찬집한 일체 경 목록이다. 『대당내전록(大唐內典錄)』 찬술 후, 『개원석교록』이 출간되기까지 35년간 편찬되었다. 지관 편저(2001), 『가산불교대사림』 Vol.4, 서울: 가산불교문화연구원, p.662.
347) 『大周刊定衆經目錄』 제2권, T.55, No.2153, pp.385a12~19, "大般泥洹經一部六卷(或十卷一百六十四紙) 右東晉義熙十三年沙門法顯於楊都道場寺譯 上帙為六卷出竺道祖晉世雜錄 大般泥洹經一卷 右東晉義熙十三年 於謝司空玄謝石道場寺出 舊錄 云覺賢是佛陀跋陀羅出 寶雲筆受 是大本前分十卷大衆問品 見道祖錄 或十卷."

의 전반부 5품(品) 10권에 상응한다.[348] 시모다 마사히로(下田正弘)는 『6권본』·『북본』·『티베트본』 가운데 『6권본』이 〈원시대승열반경〉에 가장 가깝다고 주장하였다. 그는 세 번역본의 내용 차이는 『6권본』→ 티베트본 →『북본』 순으로 증광된 것에 기인한다고 주장하였다. 특히, 〈원시대승열반경〉의 설정이 시간적으로 앞의 것·원시적인 것이라는 전제가 아니고, 기술(記述)로부터 귀납된다는 점을 강조하였다.[349] 오오쵸오 에니치는 『6권본』과 『북본』을 동본이역이라고 주장하였다.[350] 그러나 두 경전을 비교하면, 별경(別經)이라는 것을 분명히 파악할 수 있다. 우선, 『6권본』의 중심 내용을 요약하도록 하자.

〈표1-18〉 『6권본』의 구성과 중심 내용

권	품	중심 내용
1	1. 서품	2월 15일 열반 선언-구시성 사라쌍수 불 회상에 대중 운집
	2. 대신 보살품	성문 대신 보살과 문수사리, 대가섭·아난·아사세 불참, 일체 악충류·벌레는 서로 침해하지 않음[일천제는 제외]
	3. 장자 순타품	여래 상주 무위법, 여래법신=더러운 것을 먹는 몸이 아님, 붓다는 방편 열반, 순타는 붓다와 문수사리에게 마지막 공양
2	4. 애탄품	불방일·지계, 상=법신, 락=열반, 아=불, 정=제법, 불신상주, 대가섭에게 정법 부촉[아난·성문에는 반대, 보살·대가섭에 찬성]
	5. 장수품	가섭보살 질문: 장수법[4대무량심, 대비심, 정계 수지, 3악도 중생 제도]·금강불괴신·경전 수지·중생 교화법·마설과 여래설 구분·사성제, 여래 수명=무량, 여래법신·삼보=상주, 보살의 삼귀의, 불멸 후 여래의 상주불변

---

348) 『북본』의 「수명품」[제1권~제3권], 「금강신품」[제3권], 「명자공덕품」[제3권], 「여래성품」[제4권~제10권], 「일체대중소문품」[제10권]이다.

349) 下田正弘(1997), 『涅槃經の硏究: 大乘經典の硏究方法試論』, 東京: 春秋社, pp.168~169.

350) 橫超慧日(1981; 1991), 『涅槃經: 如來常住と悉有佛性』, 京都: 平樂寺書店, p.40.

	6. 금강신품	여래신=상주신·불괴신·금강신·더러운 것 먹지 않는 몸·법신, 호법=5계·율·위의 없더라도 신명 아끼지 않고 예리한 무기로써 법사와 지계자 보호, 법사와 3종 승려, 계율의 경중 아는 것
	7. 수지품	경명=대반니원경, 대반니원경 수지 공덕=4악취에 타락하지 않고 제불이 출현한 곳에서 친근, 삼보상주, 대열반 8미, 여래 법신 불가사의
3	8. 사법품	보살의 4법,[351] 여래 상주법신, 대열반 6미, 대시주의 계율, 일체의 육식 금지, 바라제목차, 방편 열반, 아라한·여래 열반, 해탈=여래=불생불사=무위법, 일천제 성불 불가, 여래의 수명은 무량
4	9. 사의품	비구가 의지할 4법: 여래 열반 상주불변·여래 상주·여래법신·삼보 상주, 불멸 후 정법 멸할 때의 상황, 열반경 비방자 대처=발보리심=호법, 출가자 예법,[352] 보살의 정법 호지, 지계와 범계
	10. 분별 사정품	불멸 후 7백 년 교단: 마설과 불설, 여래 방편시현, 여래 상주 불변, 일체중생 실유불성=성불 가능, 대 망어, 사문의 법, 출가의 자격
5	11. 사제품	보살의 사성제: 여래·법·승·해탈은 상주불변, 고=여래 상주법 몰라 무량한 생사고, 집=제법의 실상 몰라 애착 증가, 멸=여래성의 상주를 아는 것, 도=여래·법·승·해탈 상주법에서 수행

---

351) 보살이 4가지 법을 성취하여 타인을 위해 『대반니원경』을 설할 수 있다. 4법은 ① 자기를 온전히 바르게 할 수 있고, ② 타인을 바르게 할 수 있으며, ③ 질문에 답을 할 수 있고, ④ 인연을 잘 아는 것이다. T.12, No.376, pp.868a25~27, "菩薩摩訶薩 成就四法 能為人說 大般泥洹經 何等為四 能自專正 能正他人 能隨問 答善解因緣."

352) 출가자는 속인에게 예배하지 않는다. 복전이 아니기 때문이다. 출가자는 장로나 모든 복전에게 반드시 경례해야 하지만, 범계자에게는 하지 않는 것이 옳다. 왜냐하면, 더러운 풀을 키워 곡식의 싹을 해치기 때문이다. T.12, No.376, pp.878a19~22, "其出家人於白衣所 不應禮拜 非福田故 其出家人凡 是長老 一切福田 應當敬禮 若犯戒者 是所不應 所以者何 養草穢害穀苗故."

	12. 사도품	4전도: 상→무, 락→고, 아→무아, 정→부정으로 생각, 여래는 무상하고 열반은 꺼진 불이라고 오해, 여래·열반은 상락아정
	13.여래성품	일체중생 실유불성·여래성=진아=상주불변, 삼귀의, 악지식·삼독→3악도·25유 윤회, 여래성=자신의 여래장=삼귀의=여래에 귀의, 사리탑 예경=여래에 예경, 여래성=불·중생, 여래 법신 영원불멸, 자성불이, 보살행, 자신에 법신 종자, 여래성=부처 경계
	14. 문자품	정법을 위한 반(半)자, 여래성=삼보, 해탈
	15. 조유품	여래 상주불변, 무상·고·공·무아↔상락아정, 금강불괴신
	16. 월유품	여래 상주법신 진실불변=달, 붓다만이 붓다의 무량한 수명을 봄
6	17. 문보살품	불멸 후 교단의 위기 상황=일천제 구제 불능, 방등반니원경 공덕, 여래 상주, 중생 제도 위해 방편시현, 여래 이름=무량신·상주, 해탈=여래=여래성, 경전 비방=무간죄, 일체중생 실유불성 무차별, 대반니원경으로써 입열반=붓다의 경계→경명=대반니원경, 속히 성불할 원을 세워야 수기[353], 삼보=상주, 보살=정법 호지
	18. 수희품	순타의 공양=최후의 보시바라밀, 미증유=화신불이 순타·일체 천인·아수라의 공양 받음, 순타=십지보살, 상주 열반락, 보시 찬탄, 일천제 구제 불가, 방등반니원경 찬탄, 마지막 유훈=불방일, 정법 부촉: 문수사리·가섭보살·순타, 가섭·아난 오면 부촉 후 입열반, 중생 교화 위해 몸의 질병 보이고 우협착지로 계념 명상

『마하빠리닙바나 숫따』와 대조적인 『6권본』의 특징을 5가지로 요약할 수 있다. 첫째, 붓다의 열반은 일어나지 않는다. 붓다는 열반상(涅槃

---

353) 전다라(旃陀羅, Caṇḍāla) 환희에게는 수기하고, 사리불·목건련에게는 수기하지 않은 이유이다.

相)의 자세로 삼매[係念明想]에 드는 모습으로 경전은 끝이 난다. 여래 상주 법신과 열반의 상락아정(常樂我淨)의 상징적 표현으로서, 대승불교의 불타관과 열반관을 알 수 있다.

둘째, 순타[쭌다]의 마지막 공양은 붓다의 발병과 무관하게 나타난다. 여래 법신은 식신(食身)이 아니므로 음식과는 상관없다는 것이다. 붓다의 발병과 입멸에 관한 초기불교에서 제기된 문제의 요소를 원천적으로 차단한 것이다. 여래가 육신의 병을 보이는 것도, 열반을 보이는 것도 중생 교화를 위한 방편이라고 강조한다.

셋째, 경전의 맨 처음과 마지막에서 붓다의 대고중(對告衆)[354]은 보살이다. 대신보살(大身菩薩)은 성문(聲聞)보살로서 품명(品名)의 전면에 등장하였다. 성문보살의 등장은 원시대승의 특색으로 볼 수 있다. 그리고 붓다의 마지막 유훈은 비구[아누룻다, 아난다] 대중이 아닌, 보살 [문수사리·가섭·순타보살]들에게 전하였다.[355] 『대승열반경』의 성립 주체가 보살 그룹임을 나타낸 것이다.

넷째, 붓다의 정법을 문수사리·쭌다에게 부촉하고, 가섭·아난에게도 부촉할 것을 예고하였다. 붓다의 상수(上首)제자 대가섭, 다문(多聞) 제일 아난, 대승보살 가운데 지혜를 상징하는 문수사리의 법장(法

---

354) 대고중(對告衆)은 대고인(對告人), 대고자(對告者) 등이라고도 한다. 설법자가 상대하여 말을 전해주는 대중이라는 뜻이다. 붓다가 설법할 때 그 설법을 듣는 상대로서 대중 속에서 특별히 선발된 대화의 상대자를 말한다. 『금강경』에서는 수보리(Subhūti) 『법화경』과 『아미타경』에서는 사리불(Śāriputra)이 대고중이다. 지관 편저(2001), 『가산불교대사림』 Vol.4, 서울: 가산불교문화연구원, p.65.

355) 문수사리법왕자와 가섭보살과 순타보살에게 마지막 유훈과 정법 부촉을 말하고, 널리 알리도록 했다. T.12, No.376, pp.899c17~22, "爾時世尊告文殊師利 法王子迦葉菩薩 純陀菩薩 汝善男子自修 其心愼莫放逸 [중략] 汝文殊師利 當 爲一切四衆 說法如來正法今付囑汝 乃至上座摩訶迦葉及阿難到 汝當廣說."

藏) 부촉으로써 불멸 후 교단 유지와 붓다의 후계자 문제를 해결하였다. 특히, 대승불교에서 정법을 부촉 받은 쫀다는 『마하빠리닙바나 숫따』에서 제기된 붓다의 발병과 입멸에 대한 책임론을 초월한 것이다.

다섯째, 일천제는 구제할 수 없다. 일천제는 여래장·불성 사상과 함께 『대승열반경』의 특징적인 내용이다. 『6권본』은 일천제를 제외한 일체중생의 실유불성(悉有佛性)을 주장한다. 이러한 견해는 『북본』과 『남본』에서 일천제 실유불성과 성불 사상으로 발전한다.

결론적으로, 『6권본』은 대승불교의 견해로써 『마하빠리닙바나 숫따』에서 제기된 논쟁거리를 초월하였다. 그러나 일천제와 같은 『북본』 이전의 사상이 나타난다는 점에서 『대승열반경』의 계층 성립설과 〈원시대승열반경〉의 근거가 된다.

(2) 『대반열반경(大般涅槃經)』 40권 : 『북본(北本)』

『대반열반경(大般涅槃經)』 40권(이하, 『북본』)은 북량(北凉)의 담무참(曇無讖)이 414년에 역경을 시작하여 421년에 끝마쳤다. 남북조(南北朝)시대 강북에서 번역되었다고 해서, 이후 강남에서 편집된 『대반열반경(大般涅槃經)』 36권(『남본(南本)』)과 구별하여 『북본(北本)』이라고 한다. 범본(梵本)은 3만 5천 게송으로 되어 있었지만, 당시 번역된 것은 1만여 게송으로 처음의 3분의 1에 그쳤다고 한다.[356] 우선, 『북본』의 구성과 중심 내용을 파악하고자 한다.

---

356) T.55, No.2154, pp.519c11~12, "大般涅槃經四十卷(或三十六卷第五譯玄始三年出十年十月二十三日訖梵本具足有三萬五千偈今所譯者止萬餘偈三分始一耳)."

〈표1-19〉『북본』의 구성과 중심 내용

권	품	핵심어 및 중심 내용
1	1. 수명품 ①	2월 15일 열반 선언, 구시성 사라쌍수 붓다의 열반회상에 대중 운집: 대가섭·아난·아사세왕 불참
2	〃 ②	순타의 마지막 공양, 이종시식 평등공양, 여래신=법신, 식신이 아님, 열반에 들지 말기를 간청, 불방일·삼학 당부, 비밀장: 伊字∴=법신·반야·해탈, 4전도: 상→무, 락→고, 아→무아, 정→부정으로 생각, 상=법신, 락=열반, 아=불, 정=법, 여래의 상락아정, 대가섭에 여래 정법 부촉, 대가섭=중생들의 의지처, 진아=진·실·상·주·성품이 불변하는 법
3	〃 ③	정법 부촉, 여래신=금강불괴·장수신, 장수업-4대무량심·불살생·5계·십선·4악도 중생제도, 대비심,[357] 불멸 후 파계·파법자 갈마, 3학, 여래 수명 무량: 여래 상주불변, 비잡식신=방편열반 시현, 삼귀의, 상락아정, 열반=제불의 법성, 삼보=상주
3	2. 금강신품	여래 법신=상주신·불괴신·금강신·비잡식신, 교단의 위기, 호법 위해 무기 소지-불살생, 3종승: 범계 잡승·우치승·청정승
3	3. 명자공덕품	경명=대반열반경, 대반열반의 8미, 삼보=상주
4	4. 여래성품 ①	삼보=상주, 대반열반경 6미, 여래불멸, 법장 부촉→보살, 육식 금지, 바라제목차, 정법·경전 비방=일천제, 열반·여래 상주, 보살의 대열반~무량 신통 변화, 여래 방편 시현, 열반=제불여래 법계
5	〃 ②	여래 상주불변, 2종 승, 열반=여래주처 상주불변, 대반열반=해탈처, 일천제=단선근-치료 불가, 열반=해탈=여래=불성=결정=여래=아누보리, 삼귀의, 무량 공덕 성취=대열반, 여래 수명 무량

---

357) 정법을 훼방하는 자 및 일천제, 혹은 살생하고 사견으로 계율을 범하는 이라도 그대들은 대비심을 내야 한다. 아들과 같이 생각하고 라홀라처럼 여겨야 한다. T.12, No.374, pp.380c18~20, "毀謗正法 及一闡提 或有殺生 乃至邪見 及故犯禁 我於是等 悉生悲心 同於子想, 如羅睺羅." T.12, No.375, pp.620b27~29, "金剛密迹示是化耳 迦葉 毀謗正法及一闡提——或有殺生 乃至邪見 及故犯禁——我於是等悉生悲心 同於子想如羅睺羅."

6	// ③	대열반경 비방자에 발보리심=호법, 중생 실유불성, 호법 위한 범계≠파계, 4법(법, 뜻, 지혜, 요의)에 의지358)
7	// ④	마설과 불설, 불멸 후 7백년 정법 파괴, 경·율 수순=보살, 일체중생 실유불성=아누보리, 사성제: 고[여래 상주법신을 모름]·집[일체법 상주를 모름]·멸[여래비밀장을 앎]·도[삼보와 해탈은 상주불변], 전도: 상→무상, 락[여래 상주]→고, 아[불성]→무아, 정→부정[잡식신, 번뇌신]으로 아는 것
8	// ⑤	삼귀의-무소외,359) 법신사리=불탑 예경-법신 귀의처, 여래 상주 불성, 14가지 음-열반, 불방일=不死處=열반[상주불변]=제일락
9	// ⑥	여래 상주·여래성-달 비유, 의업,360) 일천제: 불성 못 봄-보리심·득 아누보리 불가, 대열반경 찬탄, 불멸 후 80년 정법 멸할 때, 실유불성 알면 장부, 여자의 몸=성불 불가
	// ⑦	여래·불성 상주, 일체중생 실유불성 부처와 무차별, 수기361)
10	5. 일체대중 소문품	순타 공양·희유한 일,362) 보시 찬탄-일천제 제외-, 상주불변=대반열반, 불살생-장수, 순타-십지보살, 불방일 유훈, 문수사리·가섭·순타 수기, 대승법 부촉, 중생 위해 등 통증 보이고 누움

---

358) ① 법: 여래의 대반열반-법성[여래상주불멸], ② 이치: 깨달음-삼보의 상주불멸, ③ 지혜: 여래-법신[방편신], ④ 요의경: 대승, 여래 상주, 여래가 법성에 든다.

359) 불보에 귀의하는 이는 천신에 귀의하지 말고, 법보 귀의는 살해를 여의고, 승보에 귀의하는 이는 외도를 멀리하라. T.12, No.374, pp.409c14~18, "歸依於佛者 眞名優婆塞 終不更歸依 其餘 諸天神 歸依於法者 則離於殺害 歸依聖僧者 不求於外道 如是歸三寶 則得無所畏."

360) 두 사람이 싸울 때 칼이나 몽둥이로 때려 피 나게 하여 죽게 했더라도 죽이려는 생각을 내지 않았다면, 이러한 업은 가벼우며 중하지 않다. T.12, No.374, pp.416-18, "如二人鬪 若以刀杖 傷身出血 雖至於死 不起死想 如是業相 輕而不重."

361) 전타라 환희는 한번 발심에 성불한다는 수기를 주고, 가섭과 아난에게는 속득 성불의 수기를 주지 않은 이유에 대한 붓다의 답변이다. 즉, "빠르게 원을 세우면 빠른 수기를 주고, 정법을 수호하는 이에게는 멀게 수기를 준다." T.12, No.374, pp.423b22~23, "隨發速願 故與速記 護正法者 爲授遠記."

362) 무량수 일체 천인 아수라가 무량한 화신불에 공양을 올리고 부처님이 자신들의 공양만 받는다고 생각하였다. 이것은 여러 보살들과 문수사리만 알았다.

11	6. 현병품	3종 병인: 번뇌·업·과보, 여래 상주, 3종 중병: 대승 비방·5역죄·일천제, 붓다는 무병·불입열반, 대열반=제불의 깊은 선정
	7. 성행품①	보살의 출가·계율 수호·서원·부동지-마군에 부동=성행
12	〃 ②	보살의 성행-몸관찰, 중생 구제 위해 보살 파계 가능, 4성제,[363] 3종 선정[364]에 머무는 보살, 보살-8고(苦) 관찰
13	〃 ③	보살의 집성제[사랑]관찰, 사랑-3악도 타락·보살 제외, 멸성제 관찰-상락아정, 도성제 관찰-8성도, 세제·제일의제, 진실제: 상락아정·사성제·여래=허공=불성, 외도=무지로 상락아정 설함
14	〃 ④	무위=허공=불성=여래=법=항상=승가, 심·색법=무상, 외도=상락아정 모름, 여래 상주불변 불반열반, 6바라밀, 전법륜[365]=여래, 대반열반=불성=여래, 대반열반경 수지, 발 아누보리심

---

363) 사성제에 대하여 아래와 같이 다양하게 설명하고 있다.
   ① 고: 고고(苦苦)·행고(行苦)·괴고(壞苦), 집: 25유, 멸: 25유(有)의 소멸, 도: 계·정·혜
   ② 고: 유루법의 결과, 집: 유루법의 원인, 멸: 무루법의 결과, 도: 무루법의 원인
   ③ 고: 생고(生苦)·노고(老苦)·병고(病苦)·사고(死苦)·애별리고(愛別離苦)·원증회고(怨憎會苦)·구부득고(求不得苦)·오성음고(五盛陰苦), 집: 8고를 일으키는 것, 멸: 8가지 고가 없어진 곳, 도: 십력(十力), 사무소외(四無所畏), 삼념처(三念處), 대비(大悲)

364) 세 가지 선정: 공(空), 무상(無相), 무원(無願)이다.

365) 바라나성과 구시나성의 전법륜을 다음과 같이 비교하여 설하였다. T.12, No.374, pp.447c13~448a11.

항 목	바라나성	구시나성
언 어	세간어	출세간어
대 중	소승-성문	대승-보살
근 기	중근기	상근기 가섭보살
구도자	중품정진을 위하여	상품정진을 위하여
성 과	천상·인간 8만인 수다원과 증득	80만억인 아누보리에서 불퇴전
청법자	대범천왕	가섭보살
내 용	무상, 고, 공, 무아	상, 락, 아, 정
음 성	범천까지 들림	시방으로 20항하사 등 제불세계

15	8. 범행품①	범행 7선, 보살의 범행=4무량심, 여래 방편: 상↔무상·락↔고·아↔무아·정↔부정·비중생↔중생 등으로 아누보리에 안주, 대자대비, 보시바라밀 구족-득 아누보리, 보살이 자심(慈心)으로 음식·수레·옷 등 보시할 때 서원-공덕 회향, 불성=慈=여래
16	〃 ②	일천제=보살의 慈 무익, 慈의 선근력, 염불, 극애, 보살의 6바라밀-무량한 수명 보시, 일천제 살해≠살인, 공, 불성=상주불변
17	〃 ③	보살의 4무애: 법(法)·의(義)·사(辭)·요설(樂說), 불성=아누보리, 여래≠번뇌신·병고·고행·잡식신·3승, 제일의제=도=보리=열반=상주, 보살의 3학: 열반상주·일체중생 실유불성·상락아정, 정계 수지=득열반, 대열반경 수지 유통
18	〃 ④	6념처: 불·법·승·계율·보시·하늘→상주불변, 대열반경-상주 불변, 불멸 후 불법 유지=여래 정법 깨닫고 단월-불법 존중·공경
19	〃 ⑤	6사외도: 아사세왕의 무죄 주장, 기바-붓다 친견 권유[참회·참괴→죄 소멸, 인과·업 믿어야], 죄인=일천제=치료 불가, 간탐·질투←무명←방일←전도←의심, 제석에게 수기, 붓다의 중생 구제
20	〃 ⑥	아사세 위해 불입열반, 붓다 월애삼매-아사세왕 등창 완치, 일천제: 현재 또는 후세에 선근 얻음, 일체법=결정된 모양이 없음, 구·의업-경죄, 삼업-중죄[신업 강조], 아사세 멸죄-구제
	9. 영아행품	방편설: 무상·고·무아·부정↔상락아정, 영아행: 대반열반의 성취로 울음을 그침
21	10. 광명변조 고귀덕왕 보살품 ①	대반열반경 십사공덕, 일체중생 실유불성, 삼보·불성 무차별, 열반 체: 상락아정·상주불변, 여래 불입열반, 열반/대열반, 대반열반 인: 6바라밀·37조도품, 대열반 수행하면서 보시→보시바라밀
22	〃 ②	공덕 1: 12부경-4중금·5역죄·대승경 비방·일천제=불 결정·실유불성 →득 아누보리, 여래 불입열반 상락아정

23	〃 ③	선한 감각: 6념처, 출가인·사문: 악한 감각 경계, 4대→3악도, 5음→생사, 보살-8성도, 4중금·5역죄·방등경 비방·일천제=불결정-여래 불입열반, 대열반=견 불성·대자재→대아·대락·대정
24	〃 ④	공덕 2: 신통·자재, 일정함·과보 없음=불설·열반·소리-일체중생 실유불성→일천제 득 아누보리, 공덕3: 제일의 자(慈), 공덕4: 불방일=아누보리·자신의 결정된 생각을 냄·25유·번뇌 여읨, 공덕 5: 25유의 애착 여읨, 공덕 6: 득 금강삼매
25	〃 ⑤	공덕7: 여래 불입열반, 대열반 인-불보살 친근·6바라밀 듣고·계념 사유[상락아정, 생로병멸, 삼보 불변], 청법·사유 인연→대열반 친근, 열반 8상·6상[366], 공덕8: 5음제단·5견·6념처 성취·5선정 수습·보리심 수호·4무량심 친근·대승 수순→심·혜해탈
26	〃 ⑥	공덕9: 믿음[367]·직심[368]·계[369]·친근 선우·다문 성취, 발보리심·실유불성≠일천제, 일천제와 불성, 공덕10: 37조도품 수행→대열반의 상락아정, 중생 위해 대열반경 해설→불성 나타냄

---

366) 열반의 상(相)에는 8상(相)과 6상(相)이 있다. 8상에는 두 가지의 8사(事)가 있다. 첫 번째 8사(事)는 진(盡), 선성(善性), 실(實), 진(真), 상(常), 락(樂), 아(我), 정(淨)이다. 두 번째 8사는 해탈(解脫), 선성(善性), 부실(不實), 부진(不真), 무상(無常), 무락(無樂), 무아(無我), 무정(無淨)이다. 6상(相)은 해탈(解脫), 선성(善性), 부실(不實), 부진(不真), 안락(安樂), 청정(清淨)이다. T.12, No. 374, pp.512c15~19, "涅槃之相凡有八事 何等為八 一者盡 二善性 三實 四真 五常 六樂 七我 八淨 是名涅槃 復有八事 何等為八 一者解脫 二者善性 三者不實 四者不真 五者無常 六者無樂 七者無我 八者無淨 復有六相 一者解脫 二者善性 三者不實 四者不真 五者安樂 六者清淨."

367) 보살이 삼보·보시에 과보 있음·진제와 속제·일승도에 다른 길이 없지만 중생들로 하여금 빨리 해탈을 얻게 하기 위해 부처님과 보살들이 분별해 3승을 만든 것·제일의제·선교방편을 믿는 것을 믿음이라고 한다. T.12, No.374, pp.517c18~21, "云何為信 菩薩摩訶薩信於三寶 施有果報 信於二諦 一乘之道更無異趣 為諸衆生速得解脫 諸佛菩薩分別為三 信第一義諦 信善方便 是名為信."

368) 중생의 나쁜 허물은 말하지 말고, 불성을 칭찬함으로써 중생이 아누다라삼먁삼보리심을 낸다.

369) 보살계와 지계바라밀계를 수지하고 구족계를 얻고도 교만심을 내지 않는다.

27	11. 사자후 보살품①	일체중생 실유불성-번뇌로 보지 못함, 여래 상주불변, 중도불성, 상락아정, 불성 인-12인연, 불성 과-아뇩보리, 일천제 미래 불성, 수능엄삼매, 무아 비판, 불성=진아, 보살 십법
28	〃 ②	보살계: 득아뇩보리 견불성·여래·열반, 지계: 해탈→대열반 →상락아정→불생불멸→견불성, 불성+보리심=득아뇩보리, 보살의 서원, 불퇴전심=불성, 5역죄인·4중금범인·일천제 실유불성-득 아뇩보리, 32상 업연, 불퇴 보리심
29	〃 ③	번뇌 유무→5음 속박·해탈, 5음 번뇌, 삼학→견 불성→득아뇩보리→득대열반→일체 생사·진리 단제→득 상락아정, 열반=무인과, 구시나성: 붓다의 인행-4무량심 수행, 기원정사 창건 연기
30	〃 ④	불방일, 방일 과보, 6사외도[일체법=무상·고·무아·부정] 조복, 호법-여래 상락아정, 2월 15일 열반 이유, 사라쌍수 장엄,[370] 붓다의 깊은 선정-대중은 대열반으로 착각, 사마타·위빠사나 겸수, 7각분, 9차제정
31	〃 ⑤	無相열반·무소유←10법 구족:신심·정계·친근 선지식·적정·정진[4성제 관찰]·념[371]·부드러운 말·호법·공급[372]·지혜, 과보[불 결정]-범행·수도·해탈·열반, 결정 업-현생·내생·후생에 받음, 불결정 업-인연 합하면 받고 불합하면 안 받음, 중생 구제 위한 보살의 원생
32	〃 ⑥	일천제 3악도 타락, 일체 업 시절화합→득 과보·견 불성, 일체중생 실유불성-마땅히 있고·얻고·보기 때문, 항하 7중생, 8성도=불성과 보리 연결, 대반열반경 수지, 보살의 원생·불퇴보리심→득아뇩보리, 보살·대열반경 8불가사의

---

370) 붓다는 아난-다문, 천안-아나율, 두타-가섭, 해공-수보리, 신통-목건련, 지혜-사리불이 장엄할 것이라고 설한다. T.12, No.374, pp.545b14~545c25.

371) 염불(念佛), 염법(念法), 염승(念僧), 염계(念戒), 염천(念天), 염사(念捨)를 염구족이라고 한다. T.12, No.374, pp.549b12~14, "念具足者 所謂念佛 念法 念僧 念戒 念天 念捨 是名念具足."

372) 아홉째는 보살은 함께 배우거나 같이 수계 받은 이가 부족한 것이 있음을 보면, 타인에게 빌어서라도 발우·승복·간병에 필요한 의복·음식·와구·방사 등을 공급한다. T.12, No.374, pp.549b20~22, "九者菩薩摩訶薩見有同學 同戒有所乏少 轉從他乞 熏鉢染衣 瞻病所須 衣服飲食 臥具房舍而供給之."

33	12. 가섭 보살품 ①	일천제: 현세 무 善果→후세 선근 종자 생김, 미래에 견 불성 →중생실유불성, 선성 비구 방일-타락지옥, 중생 근성 불일 정-일체법 불일정상, 3개월 후 입멸하는 이유
34	〃 ②	수발타라·선견 태자 조복, 여래 상주불변, 4중금·5역죄·방 등경 비방자·일천제 실유불성, 중생의 불성=중도
35	〃 ③	불방일, 불성: 常·眞·實·善·淨·可見, 현재 번뇌→단선근, 미 래 불성력→생 선근, 중도불성373)
36	〃 ④	대반열반경: 여래 상주불변, 상락아정, 불입열반, 일체중생 실 유불성, 일천제 득 보리, 수다원·사다함·아나함·아라한·벽 지불 등 아누보리, 선업의 악과보,374) 7아나함,375) 일체 번뇌 여읜 일체 선업=열반 인, 不修 몸·계·마음·지혜→5역죄·일 천제·4중금·삼보 비방→함몰 생사
37	〃 ⑤	여래·불성·열반=허공=3세 무애, 세속법에 청정한 10법,376) 여래 색신-원리번뇌-상주불변, 신심→8정도→해탈, 번뇌·업 연→고통, 생사=12인연, 중생의 청정범행-12인연 관찰+8정도 =해탈

---

373) 모든 중생들이 단멸하지 않음이 불꽃과 같고, 아누다라삼먁삼보리를 얻기 때문 에 있다고 한다. 모든 중생들이 현재에는 일체 불법의 상락아정이 있지 않으므 로 없다고 한다. 있음과 없음이 합하므로 중도라고 하며, 붓다는 중생의 불성은 있지도 않고 없지도 않다고 설한다. 북본: T.12, No.374, pp.572b19~23, "一切 悉有 是諸眾生不斷不滅, 猶如燈焰 乃至得阿耨多羅三藐三菩提 是故名有 云 何名無一切眾生現在未有一切佛法 常 樂 我 淨 是故名無 有無合故 即是中道 是故 佛說眾生佛性非有非無."

374) 남을 이기기 위한 경전 독송, 이양을 위한 지계, 타인에게 소속되기 위한 보 시, 비상비비상처를 위한 삼매 등 4가지 선한 일은 나쁜 과보를 얻는다. T.12, No.374, pp.575b5~8, "一者為勝他故讀誦經典 二者為利養 故受持禁戒 三者 為他屬故而行布施 四者為於非想非非想處故繫念思惟 是四善事得惡果報."

375) 아나함에 7가지가 있다. 중반(中般)열반, 수신(受身)반열반, 행(行)반열반, 무행(無 行)반열반, 상류(上流)반열반, 현재(現在)반열반, 무색계(無色界)반열반이다. T.12, No.374, pp.578b12~15, "一者中般涅槃 二者受身般涅槃 三者行般涅槃 四者 無行般涅槃 五者上流般涅槃 復有六種 五種如上 加現在般涅槃 復有七種 六 種如上 加無色界般涅槃."

376) 보살이 십법을 구족하면 세속과 다투지 않고 오염되지 않는다. 즉, 신심·계율·

38	〃 ⑥	대열반경=일체 선법의 보배광, 청정범행=37조도품, 필경=열반, 십상(想)→열반377), 사문·지자·해탈←7상378)구족+원리 3계→사문의 상
39	13. 교진여품 ①	5음 소멸 →열반적정의 5음, 열반상주·상락아정·4성제로 외도 교화: 사제수나·바사타·선니·가섭씨·부나·청정부 출가하고 아라한과 증득
40	〃 ②	외도 독자·납의·홍광·수발타라 출가·아라한과 증득, 3독·살생·사견=불선, 출가외도 수습 4달[불일정], 사마타·위빠사나 쌍수, 출가자-정근 지계, 몸=번뇌·업≠5음해탈·8정도, 아난: 붓다의 시자 인연·8부사의·마군에게서 구제, 불멸 후 붓다의 설법 유포=아난·홍광보살

『북본』의 내용은 『남본』과 동일하다. 두 경전의 특징은 『남본』을 파악한 후, 『6권본』과 비교하고자 한다.

선지식 친근·뜻을 잘 사유·정진·정념·지혜·정어·락 정법·연민 중생이다. T.12, No.374, pp.582a10~15, "菩薩摩訶薩具足十法 不與世諍 不為世法之所沾污 何等為十 一者信心 二者有戒 三者親近善友 四者內善思惟 五者具足精進 六者具足正念 七者具足智慧 八者具足正語 九者樂於正法 十者憐愍衆生."

377) 보살·비구·비구니·우바새·우바이가 10가지 생각을 수습하면, 열반을 얻을 수 있다. 열 가지 생각은 무상하다는 생각, 괴롭다는 생각, 무아라는 생각, 먹기를 싫어하는 생각, 일체 세간이 즐거울 수 없다는 생각, 죽는다는 생각, 죄가 많다는 생각, 여읜다는 생각, 멸한다는 생각, 사랑이 없다는 생각이다. T.12, No.374, pp.588a8~13, "若菩薩摩訶薩 比丘 比丘尼 優婆塞 優婆夷 能修十想當知 是人能得涅槃云何為十 一者無常想 二者苦想 三者無我想 四者厭離食想 五者一切世間不可樂想 六者死想 七者多過罪想 八者離想 九者滅想 十者無愛想."

378) 7가지 생각의 인은, 항상 닦는다는 생각, 닦기를 좋아하는 생각, 성내는 일이 없는 생각, 질투함이 없는 생각, 선하게 원하는 생각, 교만이 없는 생각, 삼매에 자재한 생각이다. T.12, No.374, pp.590a6~8, "即七想因 何等名七 一者常修想 二者樂修想 三者無瞋想 四者無妬想 五者善願想 六者無慢想 七者三昧自在想."

(3) 『대반열반경(大般涅槃經)』 36권 : 『남본(南本)』

『대반열반경』 36권(이하, 『남본』)은 유송(劉宋) 태조(太祖, 424~453) 대(代)에 사문 혜엄(慧嚴)과 혜관(慧觀)·거사 사영운(謝靈運)이 편집하였다. 그들은 간소해진 『북본』의 품수(品數)를 『6권본』의 품목(品目)에 따라 부가하고, 경문을 교정하여 36권으로 편집하였다. 『남본』과 『북본』을 비교하면, 조금 다르다고도 한다.[379] 그러나 두 경전은 문장의 띄어쓰기와 내용 구성의 선후가 간혹 차이 날 뿐,[380] 내용은 일치한다. 『북본』과 『남본』의 원문(原文) 근거를 밝힌 〈각주〉를 통하여 확인할 수 있다. 다만, 『남본』은 『대승열반경』의 저본(底本)으로서 『북본』보다 더 활발히 유통·연구되었다. 이러한 사실은 『남본』의 방대하고 다양한 주석서 찬술에서 나타난다.

『남본』의 과단(科段)을 통하여, 거시적인 관점에서 경전을 파악하고자 한다. 과단에 의한 해석은 관정의 분과(分科)[381]를 근거로 하여 방대하고 간략한 배과(排科)목록이 각각 편찬되었다. 즉, 송대(宋代) 지원(智圓)의 『열반경치정소과(涅槃經治定疏科)』 10권[382], 원대(元代) 사정(師正)의 『남본대반열반경회소해(南本大般涅槃經會疏解)』의 「남본대반열반

---

379) 『개원석교록』 제11권, T.55, No.2154, pp.591a3~4, "其涅槃經 宋文帝代元嘉年中達于建業 時有豫州沙門范慧嚴清河沙門崔慧觀陳郡處士謝靈運等 以讖前經品 數疎簡 乃依舊泥洹經加之品目 文有過質頗亦改治結為三十六卷 行於江左比於前經時有小異."

380) '7항하 중생'에 관한 내용이 『북본』에서는 「사자후보살품」에 구성되어 있지만, 『남본』에서는 「가섭보살품」에 있다.

381) T.38, No.1767, pp.42b4~8, "初列章者 一召請涅槃衆 二開演涅槃施 三示現涅槃 行 四問答涅槃義 五折攝涅槃用."

382) X.36, No.657, p.42a2ff.

경오분도품제총목(南本大般涅槃經五分圖品題總目)」이다.[383] 분과한 내용을 표로 작성하면 다음과 같다.

〈표1-20〉『남본』의 5분도(五分圖)

No	분과			품	권
1	召請涅槃衆: 1.通序, 2. 別序			서품	1
2	開演涅槃施	1. 對此土雜衆		순타품	2
		2. 對此土聲聞衆		애탄품	3
		3. 對此土菩薩衆		장수품	〃
				금강신품	〃
				명자공덕품	〃
				사상품	4~5
				사의품	6
				사정품	7
				사제품	〃
				사도품	〃
				여래성품	8
				문자품	〃
				조유품	〃
				월유품	9
				보살품	〃
				일체대중소문품	10
3	示現涅槃行	1. 明修五行		현병품	〃
				성행품	11~13
				범행품	14~18
				영아행품	18
		2. 明證十德		광명변조고귀덕왕보살품	19~24
4	問答涅槃義: 1. 明佛性, 2. 歎經			사자후보살품	25~30
5	折攝涅槃用			가섭보살품	31~34
				교진여품	35~36

---

383) X.37. No.663, pp.627b8ff. X.37. No.664, pp.629a6~629b18.

오분도(五分圖)는 『남본』 25품 36권을 크게 다섯 부분으로 나눈 것이다. 지원과 사정이 배과한 『남본』의 5분도(五分圖) 원본은 『대반열반경후분』을 포함하고 있다.[384] 이 책은 『대반열반경후분』의 내용을 별도로 작성했으므로, 여기서는 제외되었다.

5분도는 관정의 『대반열반경소(大般涅槃經疏)』[385]를 주석한 것으로서, 『남본』의 내용을 다섯으로 구분해 간략히 하였다. 첫째는 소청(召請) 열반중(涅槃衆)이다. 다시 통서(通序)와 별서(別序)로 구분되는데, 경문의 2월 15일 이하부터는 별서(別序)에 해당된다.[386] 붓다는 열반 당일, 대중들을 소집하는데, 열반회상에는 모두 52 대중이 운집했다.[387] 이러한 대중을 5분도에서는 다시 잡중(雜衆)·성문중(聲聞衆)·보살중(菩薩衆)으로 구분하였다.[388] 일체 중생이 모두 설법 대상이라는 말이다.

둘째는 개연(開演) 열반시(涅槃施)이다. 열반 직전 붓다는 제자들에게 의심이 남지 않도록 질문에 따라 법을 베풀며 법비[法雨][389]를 내려

---

384) 오오쵸오 에니치는 「남본 대반열반경 5분도」를 『북본』에 배대하였다. 그는 지원과 사정의 『대반열반경후분』에 대한 분과, 절악섭사용(折惡攝邪用)·화주엄적용(化周掩迹用)을 「가섭보살품」과 「교진여품」에 적용하였다. 橫超慧日(1991), 『涅槃經: 如來常住と悉有佛性』, 京都: 平樂寺書店, pp.255~257.

385) T.38, No.1767, pp.42b4~22.

386) 『大般涅槃經疏』, T.38, No.1767, p.45b12, "從二月十五日下 第二別序."

387) T.38, No.1767, pp.42b14~5, "五十二衆 十方奔集."

388) 52대중은 비구 등 대중 3, 보살중 1, 2항하사부터 천억 항하사까지 증수한 대중 21, 수가 같은 대중 8, 무한수의 대중 1, 중간대중 4, 6천 대중 6, 범천중 1, 수라 대중 1, 마왕천 1, 대자재천 1, 사방천 4를 합하면 52이다. T.38, No.1767, pp.43a5~9. "五十二衆者 比丘等三衆 菩薩衆為一 從二恒至千億恒 增數衆有二十一 同數衆有八 無數衆一 中間衆有四 六天為六 梵衆一 修羅一 魔天一 大自在天一 四方四 合五十二."

389) 법비[法雨]에 대하여 80권본 『화엄경』에는 "저 대용왕은 자비심으로 모든 중생들을 괴로움과 혼란에 빠지지 않도록 하기 위해 7일이 지나면 가랑비를 내

꾸시나라[구시성]에 충만하였다.[390] 오분도에서는 품(品)에 따라 붓다의 열반회상에 모인 대중을 셋으로 구분하였다. 「순타품」은 차토(此土, 중생세계)의 잡중(雜衆), 「애탄품」은 차토의 성문 대중(聲聞衆), 「장수품」에서 「일체대중소문품」까지는 차토(此土)의 보살 대중(菩薩衆)이다. 붓다는 그들을 상대로 하여 법보시를 한다는 것이다.

셋째는 시현(示現) 열반행(涅槃行)이다. 「현병품」부터 「광명변조고귀덕왕보살품」까지이다. 열반행의 시현은 다시 명수오행(明修五行)과 명증십덕(明證十德)으로 분과된다. 보살이 닦아야 할 5행을 밝히고, 10덕(德)을 증명하는 내용이다. 5행은 병행(病行)·성행(聖行)·범행(梵行)·천행(天行)·영아행(嬰兒行)을 말한다.

넷째는 문답(問答) 열반의(涅槃義)다. 이는, 다시 명불성(明佛性)과 탄경(歎經)으로 구분하였다. 열반의 핵심을 불성(佛性)에 두고, 불성·중도·해탈·수도와의 논의로써 불성을 파악하였다. 그리고 『대승열반경』의 찬탄을 중요시하였다. 불성의 개념과 『대승열반경』 찬탄에 주목한 열반의 뜻에 관한 문답은 「사자후보살품」에 배대하였다.

다섯째는 절섭(折攝) 열반용(涅槃用)이다. 열반의 작용은 악은 끊고

려 대지를 윤택하게 한다. 불자여, 부처님께서도 이와 같다. 장차 법비를 내리실 때는 곧바로 내리지 않고, 먼저 법 구름을 일으켜 중생을 성숙하게 한다. 그들의 마음에 놀라움과 두려움이 없게 하기 위해서이다. 그들의 근기가 성숙해지기를 기다린 후에 감로의 법비를 내려 깊고 미묘한 선법을 연설하여, 점차 그들로 하여금 여래의 일체 지지와 위없는 법의 맛을 만족하게 한다. T.10, No.279, pp.269b10~16, "彼大龍王有慈悲心 不欲惱亂諸衆生故 過七日已 降微細雨普潤大地 佛子 如來 應正等覺亦復如是 將降法雨 未便即降 先興法雲成熟衆生 爲欲令其心無驚怖 待其熟已 然後普降甘露法雨 演說甚深微妙善法 漸次令其滿足如來一切智智無上法味."

390) T.38, No.1767, pp.42b20~21, "隨問施與使無遺滯 法雨充溢滿拘尸城 故名開演涅槃施也."

사(邪)는 섭수하는 것을 말한다. 열반의 작용 본체는 사(邪)·정(正)이 아니라, 사·정이 쌍(雙)으로 작용하는 것이다. 정이 작용하여 처음에 교진여 등 5비구를 섭수했고, 사의 작용으로 마지막에 외도 10인을 받아들인 것이다.[391] 이러한 열반의 작용에 관해서는 「가섭보살품」과 「교진여품」에 배대하였다.

결론적으로, 「5분도」는 열반에 주목한 『대승열반경』 해설이다. 경의 법석(法席)은 성문·보살을 포함한 육도의 일체 대중으로부터 시작되었다. 중생으로 인하여 열반시(涅槃施)가 있고, 열반의 법시(法施)를 말미암아 열반행이 건립되며, 열반의 행을 인하여 열반의(涅槃義)가 시현되고, 열반의 뜻이 증명되기 때문에 열반용(涅槃用)이 있다. 열반의 작용은 열반의 뜻에서 비롯되고, 그 뜻은 열반의 행을 인하며, 행은 열반의 법시를 말미암고, 법시는 대중의 운집에서 시작되었다.[392] 이 경전의 성립은 열반 회상에 모인 대중에 기인한다고 강조한 것이다.

그러나 오분도를 중심으로 한 과단에 이견을 제기하고자 한다. 네 번째와 다섯 번째의 분과에 관한 문제 제기이다. 명불성(明佛性)에 「가섭보살품」이 포함되어야 한다고 본다. 왜냐하면, 불성사상은 「가섭보살품」에서 완결되기 때문이다. 「여래성품」에서 「월유품」까지도 불성을 핵심으로 한다. 특히, 「사자후보살품」과 「가섭보살품」은 『6권본』을 초월한 불성사상을 전개하고 있다. 일천제와 불성·불성과 성불의 문제는 「가섭보살품」에서 비로소 완결된다. 즉, 일천제성불론(一闡提成佛論)

---

391) T.38, No.1767, pp.42c1~2, "又體非邪正邪正雙用 用正則始攝陳如五人 用邪則終收邪徒十外."
392) T.38, No.1767, pp.42c3~5, "由衆有施 由施行立 由行見義 證義有用 亦是用由於義 義由於行 行由於施 施由衆集."

으로써, 일체중생 실유불성(一切衆生悉有佛性) 사상이 확립된다. 『대반열반경집해(大般涅槃經集解)』의 주석가들도 「사자후보살품」과 「가섭보살품」을 함께 불성을 밝히는 과목으로 배대하였다.[393]

(4) 『대승열반경』 3대본(大本)의 비교

『6권본』·『북본』·『남본』은 각 경전의 구성과 내용이 비교된다. 특히, 『북본』과 『남본』[이하, 대본 2경]은 내용이 일치하며, 『6권본』보다 발전된 사상으로 재해석하였다. 여기서, 『6권본』을 〈원시대승열반경〉으로 설정할 수 있는 근거를 찾을 수 있다.

① 경전의 구성

대본 3경의 품(品)·권(卷)의 구성을 비교하면, 다음의 표와 같다.

〈표1-21〉 『대승열반경』 대본 3경의 구성 비교표

6권본, 6권 18품		북본, 40권 13품		남본, 36권 25품	
1. 서품	1	1. 수명품	1~3	1. 서품	1
2. 대신보살품					
3. 장자순타품				2. 순타품	2
4. 애환품				3. 애환품	
5. 장수품	2	2. 금강신품	3	4. 장수품	3
6. 금강신품				5. 금강신품	
7. 수지품		3. 명자공덕품		6. 명자공덕품	
8. 4법품	3	4. 여래성품	4~10	7. 4상품	4~5

---

393) 담애(曇愛), 담섬(曇纖), 법안(法安), 법지(法智), 담준(曇准), 명준(明駿) 등이다. T.37, No.1763, pp.382a2~383a27.

6권본 품명	권	북본 품명	권	남본 품명	권
9. 4의품	4			8. 4의품	6
10. 분별사정품				9. 사정품	
11. 4제품	5			10. 4제품	7
12. 4도품				11. 4도품	
13. 여래성품				12. 여래성품	8
14. 문자품				13. 문자품	
15. 조유품				14. 조유품	
16. 월유품				15. 월유품	9
17. 문보살품	6	5. 일체대중소문품	10	16. 보살품	
18. 수희품		6. 현병품	11	17. 일체대중소문품	10
		7. 성행품	11~14	18. 현병품	
		8. 범행품	15~20	19. 성행품	11~13
		9. 영아행품	20	20. 범행품	14~18
		10. 광명변조고귀덕왕보살품	21~26	21. 영아행품	18
		11. 사자후보살품	27~32	22. 광명변조고귀덕왕보살품	19~24
		12. 가섭보살품	33~38	23. 사자후보살품	25~30
		13. 교진여품	39~40	24. 가섭보살품	31~34
				25. 교진여품	35~36

18품의 『6권본』은 『북본』의 제5 「일체대중소문품」, 『남본』의 제17 「일체대중소문품」까지에 해당된다. 『6권본』은 대본 2경의 전반부이다. 『6권본』의 18품이 『북본』에서 5품으로 축소되고, 『남본』은 『6권본』을 의거하고 『북본』도 수용해 25품으로 편집하였다.

3대본의 특징을 네 가지로 요약할 수 있다. 『6권본』의 「서품」부터 「장수품」까지 5품을 『북본』은 「장수품」으로 병합시켰다. 붓다의 열반을 역설적으로 불신(佛身)·열반 상주(常住)로써, 여래의 무량한 수명을 강조한 의도로 보인다. 그러나 『남본』은 거의 복원시켰다. 『6권본』의 성문보살인 대신보살은 대본 2경에서 대승의 무변신보살로 대체되었고, 대본 2경에서는 「대신보살품」이 삭제되었다.

둘째, 『6권본』의 제7 「수지품」을 『북본』에는 「명자공덕품」으로 명명되었다. 경명(經名)이 정해지고, 경의 수지 공덕이 설해진 데 주목한 품명이다. 경전의 전반부에 배치된 품명으로는 「수지품」보다 설득력이 있다. 『남본』은 『북본』의 견해와 같다.

셋째, 『6권본』의 제8 「4법품」에서 제17 「문보살품」까지 10품을 『북본』에서는 「여래성품」으로 취합하였다. 여래장(如來藏)에 주목한 것 같다. 그러나 『남본』은 『6권본』의 품명을 따른다.

넷째, 『6권본』의 제18 「수희품」을 『북본』은 「일체대중소문품」으로 하였다. 붓다와 쭌다·가섭보살·문수사리 등 대중의 문답에 주목한 것이다. 특히, 부촉과 수기, 쭌다의 공양과 붓다의 발병의 관련성, 붓다의 입열반에 대한 대화가 중심이다. 다음 「현병품」은 「일체대중소문품」에서 거론된 문제에 대한 해명으로 구성되어 있다. 즉, 불신(佛身)의 무병(無病)을 밝히고, 대열반의 의미, 전 품에서 보인 붓다의 열반상 자세로 인한 입열반 여부에 대하여 재고하였다. 『6권본』은 「수희품」으로써 경전이 종료되지만, 대본 2경은 「현병품」부터 다시 시작되는 셈이다. 특히, 일천제의 불성과 성불의 문제가 전개되었다.

결론적으로, 『남본』은 『북본』의 내용과 『6권본』의 품명(品名)에 의지한 교정·편집본이다. 대본 2경의 「현병품」은 『6권본』 「수희품」의 재해석이다. 일천제의 실유불성과 성불사상은 그 이후부터 본격적으로 논의되었다.

② 『북본』과 『남본』의 특징

대본 2경은 『6권본』의 견해를 초월하여 『대승열반경』의 중심사상을 확립하였다. 여기서는 간략하게 세 가지로 요약하였다. 첫째, 일천제의 불성과 성불을 인정함으로써 일체중생 실유불성(一切衆生悉有佛性) 사상을 확립하였다. 일체중생 실유불성은 『6권본』에서 이미 주장했지만, 일천제는 제외한 것을 『북본』과 『남본』은 일천제까지 섭수한 것이다.

둘째, 붓다의 입멸 원인으로 지목된 순타[쭌다]의 마지막 공양에 대한 의혹을 원천적으로 차단하였다. 『6권본』의 「수희품」은 쭌다의 마지막 공양과 붓다의 발병을 둘러싼 문제를 의식하고 해명하였다.[394] 그러나 대본 2경은 불신(佛身)은 오랜 옛적부터 식신·번뇌신·후변신이 아니고, 상신·법신·금강신이라고[395] 공언하였다. 법신으로서는 쭌다의 음식을 받지도 먹지도 않았다는 것이다. 대본 2경으로는 붓다의 마지막 공양과 발병, 입멸의 논쟁이 근본적으로 성립할 수 없다.

셋째, 호법을 위한 무기 사용의 범위를 정하고 불살생계(不殺生戒)를 강조하였다. 『6권본』은 호법을 강조한 나머지 무기 사용의 범위를 특정하지 않음으로써, 살인과 같은 폐해를 암묵적으로 허용했다고 볼 수 있다.[396] 대본 2경은 호법을 위한 불가피한 무기 사용에서도 불살생을 제일의 덕목으로 규정하여 보살의 자비사상을 강조하였다.

---

394) T.12, No.376, pp.899a12~25, 순타의 공양으로 붓다의 병세가 악화될까 걱정하는 문수사리에게 붓다는 다음과 같이 설한다.
　① 붓다는 밥 때문에 그 병을 더하는 것이 아니다.
　② 문수사리가 얻는 병은 나도 마땅히 얻는 병이다.
　③ 보시를 찬탄하여 중생들로 하여금 보시바라밀을 성취하게 한다.
　④ 6년 고행할 때도 밥을 안 먹어서 몸이 수척한 것이 아니다. 애욕의 강물을 건넌 여래는 중생의 경우와 다르다.

395) 『북본』, T.12, No.374, pp.372a27~29, 『남본』, T.12, No.375, pp.611c21 ~23, "如來已於無量無邊阿僧祇劫 無有食身 煩惱之身 無後邊身 常身法身 金剛之身."

396) 호법이란, 5계를 받지 않고 현자의 율의를 익히지 않아도 악세에 목숨을 바쳐 예리한 무기로써 법사와 모든 지계자를 지키는 것을 말한다. T.12, No.376, pp.86 6c2~4, "其護法者 非為五戒 亦非習行賢者律儀 於惡世中不惜身命 執持利器防護法師諸持戒者 是為護法."

③ 등장인물

ⓐ 보살(菩薩)

대본 2경에는 무변신보살·가섭보살·광명변조고귀덕왕보살·사자후보살·홍광보살·순타 등 보살이 등장한다. 첫째, 『6권본』에서 성문보살로 묘사된 「대신보살품」의 대신보살을 대본 2경에서는 대승의 무변신보살로 교체하였다. 대신보살은 붓다의 마지막 공양을 위해 운집하는 타방국토의 열반대중 기수로 등장하였다. 대본 2경의 무변신보살도 타방세계 대중의 기수로 등장하였다. 또한, 「광명변조고귀덕왕보살품」에서도 대고중(對告衆)의 역할을 잠시 담당하였다. 대본 2경에서는 성문보살을 대승보살로 교체함으로써, 초기불교와 부파불교적 요소를 불식시킨 것이다. 특히, 보살을 선호하는 대승경전의 특성이다.

둘째, 대본 3경에서 대고중(對告衆)의 대표적 인물로 가섭보살을 꼽을 수 있다. 가섭보살은 바라문 종성(種姓)의 동자이다.[397] 『6권본』에도 가섭보살은 제2권 「장수품」에서부터 경전 전반에 걸쳐서 대표적인 대고중(對告衆)으로 등장한다.[398] 대본 2경에서는 그 역할이 더욱 광범

---

397) 『대승열반경』에 등장하는 가섭보살은 붓다의 회상에 모인 대중 가운데, 한 동자 보살이 있었는데, 다라 마을의 바라문 대가섭이었다. 『북본』, T.12, No.374, pp.379b26~28, "爾時衆中有一菩薩摩訶薩 本是多羅聚落人也 姓大迦葉 婆羅門種年在幼稚.";『남본』, T.12, No.375, pp.619b5~6, "爾時 衆中有一童子菩薩 摩訶薩 是多羅聚落 婆羅門種 姓大迦葉."

398) 시모다 마사히로는 전반부의 품들에서는 보살이라는 말이 사용되지 않고, 경 지지자의 명칭도 일관되지 않는다고 보았다. 반면, 후반부 「수지품」이후에서 보살이라는 말이 완전히 정착하고 있다고 주장하였다. 下田正弘(1997),『涅槃經の研究: 大乘經典の研究方法試論』, 東京: 春秋社, p.175.
그러나 그의 견해와는 반대로, 『6권본』에서 보살은 제1권부터 전권에 걸쳐서 등장한다. 특히, 가섭보살은 제2권의 「장수품」에서부터 등장한 대고중으로서, 전반에 걸쳐 그 역할을 담당한다.

위해졌다. 경의 후반부는 「가섭보살품」의 대고중(對告衆)으로서, 일체중생 실유불성 사상의 성립을 도모하였다. 이러한 가섭보살은 문수사리·가섭·아난·준다와 더불어 여래의 정법을 부촉 받는다. 불법 유포에 있어서, 대승보살의 역할을 더욱 부각한 것이다.

셋째, 광명변조고귀덕왕보살·사자후보살의 새로운 등장이다. 두 보살은 방대한 「광명변조고귀덕왕보살품」과 「사자후보살품」의 대고중으로서, 경의 지지모체(支持母體)가 되고 있다. 대승불교가 보살의 자각에서 출발했다고 볼 때, 대본 2경은 외적으로 볼 때, 대고중 보살품의 증가라고 해도 과언이 아니다.[399] 광명변조고귀덕왕보살과 사자후보살은 『대승열반경』 수행 10공덕·보살의 10법 성취와 함께 여래 상주·일체중생 실유불성[400]·여래 불입열반·열반의 상락아정을 전개하고 있다. 특히, 일천제 실유불성과 일천제 성불론으로써 일체중생 실유불성 사상을 완성을 주도하였다. 「사자후보살품」은 일체중생 실유불성·여래 상주불변, 중도불성,[401] 대열반의 상락아정을 사자후로 설하였다.

넷째, 경의 마지막 권에 등장한 홍광보살이다. 바라문의 신분인 그는 중생 교화를 위해 외도(外道)로 존재한 인물이다.[402] 특히, 불멸 후

---

399) 『북본』은 전 40권 가운데 21권부터 38권까지가 「광명변조고귀덕왕보살품」·「사자후보살품」·「가섭보살품」으로 구성되어 있다. 『남본』은 전 36권 가운데 19권부터 34권까지가 이 보살 3품으로 되어 있다.

400) 제일의공·대자대비·대희대사·대신심·외아들 지위·12인연·4무애지·정삼매는 불성이고, 불성은 여래이다. 이와 같은 법을 일체 중생이 반드시 얻기 때문에 '일체중생 실유불성'이라고 말한다. 『북본』, T.12, No.374, pp.556c14~557a16.; 『남본』, T.12, No.375, pp.802c20~803a24.

401) 중도가 없기 때문에, 불성을 보지 못한다. 『북본』, T.12, No.374, pp.523b22~23.; 『남본』, T.12, No.375, pp.767c29~768a1, "無中道故 不見佛性."

402) 『북본』, T.12, No.374, p.600b18.; 『남본』, T.12, No.375, p.848c10, "爲衆生故 現處外道."

아난다가 듣지 못한 부분은 홍광보살이 유포할 것이라[403]고, 정법을 부촉 받은 아난과 같은 역할이 주어진 것이다. 이러한 홍광보살은 대본 2경에서만 나타난다. 홍광보살의 등장으로써, 아난다가 붓다의 설법을 전부 들은 것은 아니라고 파악할 수 있다.

결론적으로, 대본 2경에 나타난 지지모체의 보살화로써 보살의 정법 부촉과 대고중의 확대가 이루어졌다. 대승불교 경전의 성립과정에서 보살 그룹의 지지를 예측할 수 있다.

ⓑ 교진여(憍陳如) · 아난다(阿難陀)

대본 2경에서는 『6권본』과 달리, 교진여와 아난다 등 여러 성문(聲聞)이 등장한다. 특히, 교진여와 아난다는 붓다의 교설과 연관된 상징적인 인물이다. 교진여는 붓다의 초전법륜의 5비구 가운데 최초로 아라한과를 증득하였고, 아난다는 붓다의 설법을 가장 많이 듣고 실천한 다문(多聞) 제일이다. 대본 2경에서 그들의 등장 의미를 살펴보자.

첫째, 교진여는 대본 2경의 마지막 「교진여품」의 기수로 등장하여, 10명의 외도 교화를 완수하였다. 『6권본』에는 대고중으로서 성문은 등장하지 않는다. 또한, 외도들의 귀의 · 출가 · 아라한과 증득과 같은 내용도 없다. 교진여는 최초의 삼보 성립의 핵심 인물이며, 붓다의 지도하에 최초로 아라한과를 증득한 상징성을 지닌다. 교진여가 경전의 후반부에서 중심인물로 등장한 이유가 여기에 있다. 그는 무상 · 고 · 무아의 설법을 듣고 아라한과를 증득한 불제자이다. 반면, 대본 2경은 상(常) · 락(樂) · 아(我) · 정(淨)을 강조하였다. 특히, 「교진여품」은 무상의 5음(陰)을

---

403) 『북본』, T.12, No.374, pp.602a9~10.; 『남본』, T.12, No.375, pp.850b8~9, "我涅槃後 阿難比丘所未聞者 弘廣菩薩當能流布."

소멸하고 해탈의 항상한 오음을 획득하는 주제로 시작된다. 외도를 교화한 교설도 무상·고·무아를 전환한 상락아정이다. 붓다의 초기불교 교설로써 아라한이 된 교진여가 대승의 교법으로 외도들을 깨달음으로 인도하게 함으로써, 대승불교 사상의 극대화를 이룬 것이다.

둘째, 아난다는 「서품」에서 붓다의 열반회중(涅槃會衆)에 참석하지 않았던 인물이다. 「교진여품」 후반부에서는 그에 관하여 상당한 지면을 할애하였다.[404] 붓다는 다라니로써 마왕들을 조복해 아난다를 구제함으로써, 그는 붓다의 열반회상에 올 수 있었다.[405] 붓다는 아난다가 『대승열반경』을 수지하도록 그의 소재를 파악한 것이다.[406] 그리고 불멸 후 아난다가 불법을 유포할 것이라고 공언하였다.[407] 『대승열반경』을 비롯한 여래 정법을 홍포할 적임자로서 아난다를 지목한 것이다.

특히, 붓다는 아난다에게 수발타라[쑤밧다]를 데려오게 하여 마지막으로 교화하였다. 아난다는 『대승열반경』에서 마지막 대고중의 역할을 한 것이다. 성문 제자를 통하여, 대승법으로써 초기 『열반경』에서 언급한 마지막 제자를 교화한 것이다. 『대승열반경』의 정통성을 부

---

404) 붓다의 시자가 된 연기, 아난다의 8가지 부사의, 마군의 유혹에 빠진 아난다가 붓다의 구제를 받는 장면 등이 상세하게 묘사되어 있다. 아난다가 붓다의 열반 회상에 부재한 이유를 설명하였다. 이는, 불멸 후 아난다에게 가해진 돌길라죄(突吉羅罪)를 덮으려는 의도로도 보인다.

405) 마왕들이 이 다라니를 듣고 모두 아누다라삼먁삼보리심을 내고, 마군의 업을 버리고 아난을 놓았다. [중략] 아난은 붓다를 친견하고 지성으로 예경하고 한쪽에 있었다. 『북본』, T.12, No.374, pp.602b1~4.; 『남본』, T.12, No.375, pp.850b29~850c3, "魔王聞是陀羅尼已 悉發阿耨多羅三藐三菩提心 捨於魔業 即放阿難 文殊師利與阿難俱來至佛所 阿難見佛 至心禮敬 却住一面."

406) 『북본』, T.12, No.374, pp.602a8~9.; 『남본』, T.12, No.375, pp.850b7~8, "我今顧問阿難為何 所在 欲令受持是涅槃經."

407) 『북본』, T.12, No.374, p.602a10.; 『남본』, T.12, No.375, pp.850b9~10, "阿難所聞 自能宣通."

여하며, 대승을 극대화하고, 경의 유통을 강조한 편집 의도를 엿볼 수 있다.

ⓒ 아사세(阿闍世)·외도(外道)

대본 2경에서는 본격적으로 아사세·육사외도·수발타라를 비롯한 외도들이 다수로 등장한다. 『6권본』에서 아사세·수발타라·육사외도 가운데 니건자(尼乾子, 자이나교)는 대화 중에 이름만 언급될 뿐이다. 반면, 대본 2경은 그들에 대하여 자세하게 소개하였다.

첫째, 아사세와 그의 권속들은 모두 붓다를 친견하고, 중죄가 소멸되고 보리심을 내었다. 5역죄를 범하여 괴로워하는 아사세왕이 구제받음으로써, 일천제 성불론이 성립되었다. 『6권본』에서 아사세는 세 번 언급되어 있다. 즉, 「서품」에서 붓다의 마지막 공양을 올리기 위해 운집한 대중에 대가섭·아난다·아사세·일천제가 제외되었다는 내용에서 언급되었다. 또한, 「수희품」에서 부왕을 죽인 아사세를 교화하는 내용에서 잠시 등장하였다.[408] 그리고 후반부에서 붓다의 열반회상에 도착하지 않은 세 사람을 붓다는 여래의 친밀한 제자로 칭하면서 아사세를 언급하였다.[409]

대본 2경은 아사세가 붓다를 친견하고 구제받는 과정을 상세히 서사하였다. 붓다는 아사세를 위하여 무량겁 동안 열반에 들지 않겠다

---

408) 저 아사세왕은 부친을 살해한 죄가 있지만 자각하지 못하여, 여래가 스스로 자기의 허물을 반성하게 하고, 그로 하여금 죄를 가볍게 하려고 하였다. T.12, No.376, pp.898b3~5. "彼阿闍世王有害父罪而不自覺 如來欲使自省己過令其罪輕."

409) T.12, No.376, pp.899b27~899c1, "上座尊迦葉 眷屬須臾至 尊者阿難陀 多聞大仙士及摩竭提王 國王阿闍世 斯等於如來 最親密弟子."

고 선언하였다.410) 특히, 번뇌를 구족한 일체 유위(有爲) 중생은 불성을 보지 못하기 때문에 아누다라삼먁삼보리심을 내지 못한다. 그러나 일체법은 결정된 모양이 없으므로, 살생도 결정된 모양이 없고, 과보도 일정하지 않다411)고 주장하였다. 아사세의 살생도 결정된 것이 아니므로, 아비지옥에 떨어질 이유가 없다는 것이다.412) 이로써, 아사세는 면죄부를 받았고, 권속들과 함께 결정심을 얻고 보리심을 내었다. 그들이 불성을 보면, 보리심이 생긴다. 번뇌가 생기지 않으면 불성을 보고, 불성을 보면, 대열반에 안주한다. 열반은 세상법에 오염되지 않는다.413)는 것이다. 대본 2경은 아사세를 위한 불입열반(不入涅槃)의 이유로써, 불성과 성불의 연관성을 해명하였다. 그리고 일천제의 불성과 성불론을 확립하였다.

둘째, 대본 2경에서 육사외도는 아사세의 등장과 함께 언급되었다. 그들은 중죄로 불안한 아사세왕에게 무죄를 선언하지만,414) 왕은 붓

---

410) 『북본』, T.12, No.374, pp.480c1~2.; 『남본』, T.12, No.375, pp.723c7~8, "我今當為是王住世 至無量劫, 不入涅槃."

411) 빔비사라왕은 현세에 선한 과보 및 악한 과보도 얻었다. 그러므로 선왕도 일정하지 않고, 일정하지 않았으므로 살해함도 일정하지 않았다. 살해함이 일정하지 않은데, 어떻게 일정하게 지옥에 들어간다고 하겠는가. 『북본』, T.12, No.374, pp.483c25~28.; 『남본』, T.12, No.375, pp.727a14~16, "頻婆娑羅於現世中 亦得善果及以惡果 是故先王亦復不定 以不定故殺亦不定 殺不定故 云何而言定入地獄."

412) 『북본』, T.12, No.374, pp.483b13~15.; 『남본』, T.12, No.375, pp.726b2 8~29, "諸佛世尊說一切法悉無相 王復能知殺亦不定 是故當知殺無定相."

413) 『북본』, T.12, No.374, pp.480c23~24.; 『남본』, T.12, No.375, pp.724a1~2, "以世八法所不污故 無量無邊阿僧祇劫不入涅槃."

414) 『북본』, 「범행품」 5와 『남본』, 「범행품」 4에서 6사외도는 아사세왕의 무죄를 다음과 같이 주장한다.
① 부란나(富蘭那): 선악의 과보는 없다.
② 말가리구사리자(末伽梨拘舍離子): 몸을 구성하는 7요소는 불멸하여 서로 장

다의 회상으로 가서 교화되었다. 더욱 붓다를 시기하게 된 육사외도
는 여러 번 도발했지만, 결국 붓다에게 굴복한다. 『6권본』에는 없는 내
용이다.

셋째, 경전의 후반부 「교진여품」은 붓다의 외도 교화가 핵심이다. 9
명의 외도들이 출가·득도하는데,[415] 붓다의 마지막 제자가 된 수발타
라[쑤밧다][416]의 출가·아라한과 증득이 대본 2경의 결말이다. 특히, 붓
다와 외도들과의 문답에서 상락아정·열반상주 등의 대승열반관이 분
명히 드러난다. 상락아정(常樂我淨)은 불멸 직전 최초로 설해졌다는
것이 나타난다.[417] 특히, 외도들은 아(我)를 모른 체 말한다고 강조하

애하지 않으므로, 살인이 성립되지 않는다.

③ 산사야비라지자(刪闍耶毗羅胝子): 여기서 죽으면 다시 이곳에 태어난다. 이 세
상에 환생하므로 죄가 없다.

④ 아기다시사흠바라(阿耆多翅舍欽婆羅): 인연으로 생사가 있는 것이 아니므로
선악도 없다.

⑤ 가라구타가전연(迦羅鳩駄迦旃延): 만물이 살해함이 없으므로, 살인도 죄가
성립되지 않는다.

⑥ 니건타야제자(尼乾陀若提子): 국왕·사문·바라문이 안민을 위해서라면 살인
도 죄가 없다. 아사세는 바라문을 공경하기 위해 부왕을 죽였으니 죄가 없다.

415) 「교진여품」에서 등장하는 외도는 사제수나, 바사타, 선니, 가섭씨, 부나, 청정부,
독자, 홍광, 납의, 수발타라 등 모두 10명이다. 여기서, 바라문 홍광은 중생 교화
를 위해 외도에 있으면서 모르는 척하는 것이라고 붓다는 밝힌다. 그리고 보살
로 칭하며 불멸 후 불법을 유포할 것이라고 전한다. 홍광보살을 제외한 9인의 외
도는 교화되어, 출가 비구가 되고 아라한과를 증득한다. 가운데, 바사타, 독자는
먼저 열반에 들었다.

416) 대본 2경에서 수발타라는 바라문이지만, 『6권본』에는 왕사성의 구린녀(拘隣女)
로서 부처님을 친견하고 출가한다. T.12, No.376, pp.899a2~3, "時王舍城有拘
隣女名須跋陀羅 惡厭世俗 來詣佛所欲求出家."

417) 「교진여품」에서 바라문들의 대화 내용이다. 즉, "사문 구담이 먼저 출가해서,
상·고·공·무아·부정이라고 설하여 나의 제자들이 듣고 공포심을 냈다. 어떻
게 중생이 무상·고·공·무아·부정이겠는가! 그 말을 수용하지 않았다. 이제는
구담이 사라숲 속에 와서는 모든 대중을 위해 상락아정의 법이 있다고 설하니,
나의 제자들이 이 말을 듣고 모두 나를 버리고 가서 구담의 말을 듣는다. 이런

였다. 『대승열반경』의 성립에 힌두교도와는 아무런 연관이 없다는 근거이다. 수발타라는 비상비비상처정(非想非非想處定)을 열반이라고 착각했다.[418] 붓다는 실상을 관찰하면, 일체 유(有)를 끊게 된다고 설한다.[419] 모양 없는 모양, 즉 실상이 열반이다. 실상(實相)이라는 말 자체가 초기불전에 없는 대승불교에 나타난 용어이다. 대본 2경에서 수발타라는 아라한과를 증득하지만,[420] 붓다의 입열반은 일어나지 않는다. 열반상주의 열린 결말로 『대승열반경』은 끝난다.

　결론적으로, 아사세와 육사외도 등 외도들을 등장시킨 대본 2경의 의도를 네 가지로 요약할 수 있다. 첫째, 대승불교의 수승함을 강조하기 위해서다. 둘째, 법신과 열반의 상락아정을 강조하기 위해서다. 셋째, 일천제 실유불성·일천제 성불 사상 확립 과정의 극대화를 위해서다. 넷째, 외도들을 교화하여 불멸 후 교단의 존속을 도모하기 위해서이다.

인연으로 큰 근심이 생겼다." 『북본』, T.12, No.374, pp.591b2~7.; 『남본』, T.12, No. 375, pp.839a15~20, "沙門瞿曇先出家已 說無常苦空無我不淨 我諸弟子聞生恐怖 云何衆生無常苦空無我不淨 不受其語 今者 瞿曇復來至此娑羅林中 爲諸大衆說有常樂我淨之法 我諸弟子聞是語已 悉捨我去 受瞿曇語 以是因緣生大愁苦."

418) 이 사라숲 밖에 '수발타라'라는 바라문이 있는데, 나이는 120세다. 비록, 5신통을 얻었지만, 교만을 버리지 못했다. 비상비비상처정을 얻고는 일체지라는 마음이 생겨 열반이라는 생각을 일으켰다. 『북본』, T.12, No.374, pp.602b4~7.; 『남본』, T.12, No.375, pp.850c4~6, "是娑羅林外有一梵志名須跋陀 年百二十雖得五通未捨憍慢 獲得非想非非想定 生一切智 起涅槃想."

419) 『북본』, T.12, No.374, pp.603b20~21.; 『남본』, T.12, No.375, pp.851c26~27, "佛言 善男子 若觀實相 是人能斷一切諸有."

420) 『북본』, T.12, No.374, p.603c24.; 『남본』, T.12, No.375, p.852b3, "須跋陀羅得阿羅漢果."

(5)『대반열반경후분(大般涅槃經後分)』:『후분(後分)』

『대반열반경후분(大般涅槃經後分)』(이하,『후분』)은『대반열반경후역다
비분(大般涅槃經後譯茶毗分)』이라고도 한다. 당대(唐代) 파릉국(波凌國:
자바)의 야나발타라(若那跋陀羅)와 회녕(會寧)이 공역했다.『북본』의 나
머지로서,「교진여품」의 마지막 부분과 붓다의 입멸 이후 다비의 내용
을 전하고 있다.[421]

① 번역과 유통의 연기

『후분』의 한역(漢譯)에 관련하여 두 가지 문제를 재고해야 한다. 첫
째, 역경인(譯經人)에 관한 이견이다.『후분』의 번역은 야나발타라[智
賢]로 알려져 있다.[422] 그러나 회녕(會寧)과 공역(共譯)했다는 근거가 있
다. 둘째,『후분』은 범본으로부터 번역되지 않았다는 견해가 있다. 내
용상『유행경』과 일치하는 점이 많다는 이유에서다.[423] 그러나『후분』
은『대승열반경』의 중심사상을 강조하고 있다. 이러한 관점에서,『개원
석교록』의 역출에 관한 연기를 살펴보도록 하자.

『의정삼장구법전』에는 "사천성 출신의 사문 회녕은 664~665년간에
천축으로 가면서 남해 가릉국에 도착했다. 당에서 지현으로 불리는

---

421) 『개원석교록』 제11권, T.55, No.2154, pp.591a6~10. "大般涅槃經後譯茶毘分
二卷(亦云闍維分亦云後分)大唐南海波凌國沙門若那跋陀羅共唐國沙門會寧於
彼國共譯(出大周錄單本)右一經 是前大般涅槃經之餘 憍陳如品之末 兼說滅度
已後焚燒等事."

422) 『大般涅槃經後分』, T.12, No.377, pp.900a5~6, "大唐南海波凌國沙門若那跋陀
羅譯."

423) 히라카와 아키라, 이호근 옮김(1994; 2004), 『인도불교의 역사』 하, 서울:민족사, p.64.

야나발타라 삼장과 함께 『아함경』에서 여래의 열반과 다비의 일을 발췌했지만, 『대승열반경』은 아니었다. 사람을 보내 부치고 천축으로 떠났다."라고 되어 있다. 지금 이 경을 찾아보면, 『장아함』의 초분 『유행경』과는 조금 비슷한 것 같지만 완전하게 같지는 않다. 경에서는 "법신은 항상 존재하고 상·락·아·정은 불보살의 경계라 2승은 알지 못한다."라고 거듭 설하니, 『대열반경』의 이치와 같다. 경의 서두에 「교진여품」을 반복했고, 마지막 문장의 형세도 상통하므로 여기에 기록한다. 훗날 여러 박식한 이는 상세하게 하여 결정할 것이다.[424]

『의정삼장구법전』[425]의 「회녕율사」 편에는 위 내용보다 더 자세하게 전하고 있으며,[426] 『후분』을 공역한 이후의 내용도 설명한다.[427] 『개원

---

424) T.55, No.2154, pp.591a10~14. "義淨三藏求法傳云 益府成都沙門會寧麟德年中 往遊天竺 到南海訶凌國 遂與彼國三藏沙門若那跋陀羅 唐云智賢於阿笈摩經 抄出如來涅槃焚燒之事 非大乘涅槃經也 遺使寄來方之天竺 今尋此經與長阿含初分遊行經少分 相似而不全同 經中復言法身常存常樂我淨 佛菩薩境界非二乘所知 與大涅槃義理相涉 經初復題陳如品末文勢 相接且編於此 後諸博識詳而定之."

425) 『의정삼장구법전』은 당(唐) 의정(635~713)의 『대당서역구법고승전(大唐西域求法高僧傳)』을 말한다. 『대당서역구법고승전』은 당나라 초, 서역과 인도에서 구법한 승려 60명의 사적을 적은 전기다. 의정이 671년 광주에서 배로 인도와 남해 여러 나라를 구법여행하고 695년 귀국하여, 그동안의 견문과 불법의 유통 상황을 기록한 책이다. 모두 4권 40편으로 구성되어 있다. T.51, No.2066, p.1a2ff.

426) T.51, No.2066, pp.4a2~21.

427) 『대승열반경』은 의정이 서역에서 직접 보고, 그 수가 대략 2만 5천 게송으로 번역하면 60여 권에 이를 것이다. 그런데 전부를 찾았지만 끝내 손에 넣지 못했다. 다만, 처음의 「대중문품」 1협(夾) 4천여 게송만 구했다. 회녕은 이 『아함경』을 번역한 후, 어린 승려 운기에게 자신이 지은 「서문」과 번역한 경전을 가지고 돌아가게 했다. 운기는 교부에 도착해서 파발마를 장안으로 급히 보내 일찍이 듣지 못했던 이것을 전국에 유포하기를 바란다는 「서문」을 황제에게 아뢰었다. T.51, No.2066, pp.4a8~14, "然大乘涅槃西國淨觀見目云 其大數有二十五千頌 翻譯可成六十餘卷 檢其全部竟而不獲 但得初大衆問品一夾有四千餘頌會寧 既譯得阿笈摩本 遂令小僧運期奉表齎經還至交府 馳驛京兆奏上闕庭 冀使未聞流布東夏."

석교록』도『후분』의 유통 연기를 담고 있다.[428] 야나발타라와 회녕이
『대반열반경후분』2권의 공역한 전후 상황은『송고승전』에도 유사하게
나타난다.[429] 이러한 근거로써,『후분』은 야나발타라(若那跋陀羅)와 회
녕(會寧)이 한역했다고 할 수 있다.

②『후분』의 과목

『후분』의 과목은 원전(原典) 상으로『남본』5분도에 함께 포함되어
있는 내용이다. 여기서 별도로 구분하여 표로 작성한 것으로서, 다음
과 같다.

<표1-22>『후분』의 과목

권	분과(分科)	품
1	절악섭사용 (折惡攝邪用)	교진여품의 나머지(憍陳如品 餘)
		유교품(遺敎品)
		환원품(還源品)
2	화주엄적용 (化周掩迹用)	다비품(茶毗品)
		곽윤품(廓潤品)

위『후분』의 과목은 열반의 작용에 주목하였다. 첫째, 절악섭사용

---

428) 지현과 함께『대반열반경후분』2권 번역 후, 야나발타라는 경을 회녕에게 맡기
고 교주로 갔고, 회녕은 천축국으로 갔다. 그 후, 의봉 초년(676)에 교주의 도독
양난적이 사신을 보내 경을 가지고 경도로 가게 하였다. 의봉 3년 무인(678년)
에 대자은사 사문 영회가 동안에서 시행되기를 청했다고 한다. T.55, No.2154,
pp.563c4~7, "遂共智賢譯涅槃後分二卷 寄經達於交州 會寧方之天竺 後至儀
鳳年初 交州都督梁難敵遣使附經入京 三年戊寅大慈恩寺沙門靈會 於東安啟
請施行."

429)『송고승전』제2권, T.50, No.2061, pp.717b24~717c3.

(折惡攝邪用)은 악(惡)을 단절하고 사(邪)를 섭수하는 작용이다. 둘째, 화주엄적용(化周掩迹用)은 두루 교화하여 잘못된 자취를 덮는 작용이다. 이러한 열반의 작용을 기반으로『후분』의 내용이 구성되어 있다.

③ 『후분』의 구성과 중심 내용

『후분』의 구성과 중심 내용을 간략히 정리하면, 다음의 표와 같다.

〈표1-23〉『후분』의 구성과 중심 내용

권	품	중심 내용
1	교진여품의 나머지	수발타라 출가·아라한과 증득·입열반, 붓다 지시-수발타라 사리탑 건립, 붓다의 금강보장=상락아정
	유교품 (遺教品)	불상·사리=불=공덕 평등, 법신상주, 불사리=삼보·열반=상주불변, 중생의 귀의처, 5종 성취 공덕·6바라밀 구족·과거불 수기인연으로 성불, 삼장=삼보·4성제, 불금강보장=상락아정=대열반, 불멸 후 석가족 지도 당부, 불방일, 열반경 수지, 보시물은 불상 관련만 사용-어기면 붓다의 물건 투도죄, 불멸 후에 대한 아난의 4종 질문: 육군비구·찬나 대처=12연기법, 스승=지계바라밀, 의지처=4념처, 경전 결집 첫 문구=如是我聞一時佛-, 붓다의 다비와 사리 수습=전륜성왕 다비법, 불사리 칠보탑: 13층·도성 안 사거리, 벽지불-11층, 아라한-4층, 전륜왕탑-무층, 사리 수습·분배: 아나율·아난·천인이 평등심으로 삼계 6도 세간, 석제환인은 비상비비상정으로 천상에 탑 건립, 사리에 공양=붓다를 보는 것=법신을 보는 것=현성을 보는 것=4제를 보는 것=열반을 보는 것, 삼보는 상주불변, 최후 질문 권유: 계율·귀의·항상함·무상함·삼보·4제·6바라밀·12인연에 관한 의문(3번), 금강불괴자마황금색신을 보게 함(24번)

2	응진환원품 (應盡還源品)	9차제정을 27번 반복하며 대열반 설명, 불멸 여부를 아난·일체 보살·중생들이 아나율에게 질문, 대범천왕·석제환인·아나율·아난이 게송으로 불멸 한탄
3	기감다비품 (機感茶毘品)	관이 공중에 떠서 다비장으로(7번), 불멸 기뻐하는 비구망언-천신이 가림·대가섭만 들음, 향 누각에서 다비 점화 안됨-가섭을 기다림-가섭 도착하자 관 뚜껑 열리고 존체를 감싼 천 벗겨지고, 자마황금색신 드러남, 곽시쌍부, 여래 가슴에서 발화-7일 후 다비장 전소-불괴금강신 안치, 대가섭-선정에서 불멸 알고, 기사굴산에서 7일간 걸어 옴. 대가섭의 4번 기절.[430]
4	성구확윤품 (聖軀廓潤品)	제석: 어금니 치아 사리 수습-천상에 탑 건립, 나찰이 숨어서 어금니 치아 훔침, 성안에서 무기로 사리 다툼, 신통변화: 한 몸↔많은 몸, 도라면천 한 겹은 타지 않음, 아나율-도라면 천·재 분배해 탑 건립, 구시성 8 칠보사자좌에 사리 안치-5백 대주술사 경호, 가비라국은 불멸 7일 후 금강사리 친견·사리 분배는 실패, 아사세왕-꿈으로 붓다의 열반을 알고 금강사리 친견·사리 분배는 실패

『후분』은 대승불교의 불타관과 열반관, 불멸 후 교단 유지에 대한 붓다의 유훈을 잘 나타내고 있다. 특히, 삼보(三寶)와 대열반(大涅槃)의 상락아정(常樂我淨) 사상으로써, 불타관과 열반관을 표명하였다. 그리고 『후분』의 내용은 초기불교와 부파불교 문헌을 계승하고 있다. 수발타라(쑤밧다)의 반열반은 『유행경』·『비나야잡사』와 유사하다. 대가섭이 붓다의 입멸을 선정에서 미리 알았다는 내용은 『마하승기율』·『비

---

430) 1. 도중에 꽃을 든 바라문에 꽃을 빌려 정수리에 붙였을 때,
　　 2. 붓다의 존체에 올릴 공양물을 탁발해 부처님 관을 보고,
　　 3. 붓다의 두발을 보고,
　　 4. 붓다의 금강신 증득을 찬탄하는 등 게송을 마치고.

나야잡사』와 상응한다. 망언 비구의 말을 천신이 가렸지만 대가섭만
이 들었다는 내용도 『비나야잡사』와 일치한다.

5) 열반부 경전의 주석서

대승 열반부 경전의 주석서는 『북본』과 『남본』, 『유교경』을 저본으로
다양하게 찬술되었다. 1094년 일본의 『동역전등목록(東域傳燈目錄)』[431]
에는 『대반열반경』『대승열반경』 주석서를 나열하고 있는데, 총 51종이
다.[432] 이 문헌은 『북본』과 『남본』의 주석서 구분은 없다. 마지막으로
분류된 20권 『반니원경』의 『니원설(泥洹說)』 1권과 『6권본』의 『니원기
(泥洹記)』 1권은 예외이다.[433] 본론에서는 『대정신수대장경』과 『속장경』
·『속고승전』 등을 탐색하여, 『북본』과 『남본』을 구분하였다. 특히, 『동
역전등목록』에서 파악하지 않은 『북본』 주석서의 찬술 기록과 한국인
저술도 함께 파악하였다.

(1) 『북본』의 주석서

『북본』을 저본으로 한 주석서는 5종으로 파악된다. 첫째, 수대(隋代)
정영사(淨影寺) 혜원(慧遠, 523~592)의 『대반열반경의기(大般涅槃經義

---

431) 『동역전등목록』은 영초(永超, 1014~?)가 집성한 도서목록으로 전 2권이다.
432) 『東域傳燈目錄』 「弘經錄」〈衆經部〉에 있다. T.55, No.2183, pp.1153c23~
    1154b18.
433) T.55, No.2183, pp.1154b17~18.

記)』10권434)이 유일하게 완본으로 현존한다. 이 문헌은 『열반의기』로도 불린다.435) 돈황에서 발견된 『대반열반경의기』의 단편들이 있지만, 분명하지 않다.436) 이케다 마사노리(池田將則)는 혜원의 『대반열반경의기』는 수차례 수정작업을 거쳐 완성되었다고 주장하였다.437) 오카모토 잇페이(岡本一平)는 혜원의 주석서가 553년 이후 578년 이전에 집필되었을 것이라고 추정하였다.438)

둘째, 혜원의 주석서 이본(異本)으로 돈황에서 발견된 『열반의소(涅槃義疏)』가 있다. 이 문헌은 제7권[P2164]439)만 발견되어 파리 국립도서관에 소장되어 있다.440) 이케다 마사노리(池田將則)는 돈황본 『열반의소』[제7권(P2164)]의 성립에도 『대반열반경의기』의 최종본이 완성되기

---

434) T.37, No.1764, p.613a2ff.

435) 이 문헌은 『북본』의 주석서이지만, 『남본』도 참조하고 있다. 坂本廣博(1978), 「『涅槃經義記』について」, 『印度學佛教學研究』26~2号, 印度学仏教学會, p.297.

436) 池田將則(2016), 「혜원(慧遠) 『대반열반경의기(大般涅槃經義記)』의 성립과정에 대하여: 현행본 『대반열반경의기(大般涅槃經義記)』권7과 돈황사본 『열반의소(涅槃義疏)』제7권(第七卷)(P2164)의 비교를 중심으로」, 『동아시아불교문화』제26권, 동아시아불교문화학회, pp.157~158.

437) 이케다 마사노리(池田將則)(2016), 위의 논문, 『대반열반경의기』의 현행 텍스트가 어떠한 과정을 거쳐 성립되었는가를 탐구했다. 혜원 『대반열반경의기』에는 혜원이 강의 전에 작성한 초고본과 강의 중 혹은 강의 후에 작성한 복수의 개정 원고가 존재했음을 밝히고 있다. 池田將則(2016), 「혜원(慧遠) 『대반열반경의기(大般涅槃經義記)』의 성립과정에 대하여: 현행본 『대반열반경의기(大般涅槃經義記)』권7과 돈황사본 『열반의소(涅槃義疏)』제7권(第七卷)(P2164)의 비교를 중심으로」, 『동아시아불교문화』제26권, 동아시아불교문화학회, pp.143~181.

438) 岡本一平(2016), 「淨影寺慧遠における初期の識論」, 『지론종 국제학술대회 자료집』, 금강대학교 불교문화연구소, pp.497~498.

439) 파리 국립도서관 소장, 펠리오(Paul Pelliot, 1878~1945) 장래(將來) 돈황 문헌이다.

440) 파리 국립도서관 소장, 펠리오(Paul Pelliot, 1878~1945) 장래(將來) 돈황 문헌에 있다. 앞부분은 사라졌지만, 후반부는 46장, 1150행으로 발견되었다. 池田將則(2016), 위의 논문, p.160.

까지의 개정작업 과정이 반영되었다고 주장하였다.[441]

셋째, 현존하지는 않지만, 선주(善冑, 550~620)가 혜원의 『대반열반경의기』를 개작하였다고 한다. 정영사에서 혜원의 주석서가 찬술되었을 때, 그 제자 선주가 혜원의 저술이 유통되기에는 부족하다고 개정본을 썼다고 『속고승전』은 전한다.[442]

넷째, 『속고승전』은 『열반대소(涅槃大疏)』를 담연(曇延, 516~588)이 편찬했다고 한다.[443] 담연의 소(疏)가 유통되자, 혜원의 것과 비교했다는 것이다.[444] 현존하지 않지만, 담연의 주석 사실을 알 수 있다.

다섯째, 당(唐) 법보(法寶)의 『대반열반경소』이다. 이 문헌은 일제강점기 조선총독부에 파견된 일본인에 의해 제9권~제10권의 1책이 발견되어 송광사에 보관되어 있다.[445] 『열반약소』로도 불리는데, 40권본

---

441) 池田將則(2016), 앞의 논문, pp.143~181.

442) 『속고승전』 제12권에는 다음과 같은 내용이 수록되어 있다. 혜원이 자신의 주석서를 개작한 선주에게 불편한 마음을 보이자, 선주는 혜원이 입적한 후에 개정한다면 자신은 거짓 이름만 남고 실제 기록은 없어지게 될 것이라고 답한다. 실제로 혜원이 생을 마치자 황제는 칙명으로 그를 정영사의 열반중주(涅槃衆主)로 임명했다고 한다. T.50, No.2060, pp.519b13~20.

443) 『속고승전』 제8권에는 담연이 『열반대소』를 찬술한 후, 발원 기도하여 상서로운 징조가 나타나는 것을 보고 북주 무제(560~578)에게 상소하여 칙령을 받고 강의를 시작했다고 한다. T.50, No.2060, pp.488a24ff.

444) 당시 모든 명망 높고 달통한 스님들은 모두가 이것을 혜원이 지은 책에 비교하였다. 혜원의 문구가 내용에 알맞아 세상에 더할 사람이 드물었다. 그러나 대강을 들어 명백하게 통달하고 힘을 쏟는 면에서는 담연이 혜원을 앞선 지 오래다. 『속고승전』, T.50, No.2060, pp.488b12~13, "時諸英達僉議 用比遠公所製 遠乃文句愜當 世實罕加 而標舉宏綱通鏡 長騖則延過之久矣."

445) 『대반열반경소』는 조선 세조, 1941년 간경도감(刊經都監)에서 의천(義天)의 속장경(續藏經)을 복각(覆刻)한 것이다. 한국학중앙연구원(1991), 『한국민족문화대백과사전』 제12권, p.897.; 木村宣彰,(1978),「法寶における涅槃經解釋の特質」, 『大谷学報』 58卷 第1号, 大谷学會, p.26.

의 주석서임에도 전부가 15권이기 때문이다.[446] 현존하는 제9권에는 본경(本經)의 15권~18권, 제10권에는 경의 19권~23권이 해설되어 있다.[447] 『대반열반경소』를 온전하게 파악할 수는 없지만, 제섬(濟暹)이 저술한 진언종 문헌에 인용되어 그 일문(逸文)을 찾을 수 있다.[448] 특히, 현존하는 2권의 『대반열반경소』는 정영사 혜원의 『대반열반경의기』와 『열반경소』, 담연의 『열반경의소』를 의탁해 저술한 것으로 보이는 부분이 많다.[449]

위와 같이, 『북본』의 주석서 가운데 혜원의 『대반열반경의기』만 온전하게 남아 있다. 『열반의소』와 법보의 『대반열반경소』는 일부만 남아 있고, 담연의 『열반대소』와 선주의 개정본은 저술기록만 있다.

(2) 『남본』의 주석서

『남본』의 주석서는 『대정신수대장경』〈경소부(經疏部)〉 제37권과 제38권에 6종, 〈열반경석론(涅槃經釋論)〉에 2종, 〈열반경고일소(涅槃經古逸疏)〉에 3종 등 11종이 있다. 그리고 『속장경』 제36권과 제37권, 〈大

---

446) 師茂樹(2004), 「法宝『大般涅槃経疏』逸文とその分析」, 『花園大学文学部研究紀要』第36号, 花園大学文学部, p.78.
447) 木村宣彰(1978), 앞의 논문, p.26.
448) 濟暹(1025~1115)의 『辯顯密二教懸鏡抄』・『大日經住心品疏私記』・『四種 法身義』・『金剛頂發菩提心論私抄』・『大日經疏指心鈔』 등 주석서에 인용되어 있다. 師茂樹(2004), 앞의 논문, pp.77~98.
449) 열반종의 다른 논사들의 언급도 있지만, 혜원과 담연에 대한 언급이 다수이다. 제9권에서 23회, 제10권에서 18회이다. 즉, 혜원의 주석 인용은 제9권에서 12회, 제10권에서는 9회이고, 담연의 인용은 제9권에서 11회, 제10권에서 9회이다. 木村宣彰(1978), 앞의 논문, p.30.

小乘釋經部〉에 9종이 수록되어 있다. 현존하는 19부를 정리하면, 아래의 표와 같다.

〈표1-24〉『남본』의 주석서

시대	저자	대정신수대장경	시대	저자	속장경
남조	道生 外	大般涅槃經集解 71권[450]	수	灌頂	大涅槃經玄義文句會本 2권[451]
수	灌頂	大般涅槃經玄義 2권[452]			
송	智圓	涅槃玄義發源機要 4권[453]	송	智圓	涅槃經治定疏科 10권[454]
수	灌頂	大般涅槃經疏 33권[455]	당	湛然	涅槃經會疏條箇 3권[456]
″	吉藏	涅槃經遊意 1권[457]	″	湛然	南本大槃涅槃經會疏 36권[458]
신라	元曉	涅槃宗要 1권[459]		行滿	涅槃經疏私記 12권[460]

---

450) T.37, No.1763, p.377a2ff.
『대반열경집해』는 고구려 승랑 찬술이 아니라는 견해가 일반적이다. 『한국불교찬술문헌목록(韓國佛教撰述文獻目錄)』은 고구려 승랑이 『대반열반경집해』 71권을 저술했다고 적시했다. 이에, 권기종은 『한국민족문화대백과사전』에서 『대반열반경집해』의 저자에 대한 문제를 제기하면서도, 한국인 찬술 『대반열반경』 주석서 목록에 제일 먼저 『대반열반경집해』를 승랑의 저술로 표시했다. 한국학중앙연구원(1991), 『한국민족문화대백과사전』 제6권, 성남: 한국학중앙연구원 Vol.6, pp.383~384.; 동국대학교 불교문화연구소편(1976), 『한국불교찬술문헌목록』, 서울: 동국대학교출판부, pp.3~4.

451) X.36, No.656, p.10b5ff.

452) T.38, N0.1765, p.1a2ff.

453) T.38, No.1766, p.15a12ff.

454) X.36, No.657, p.42a2ff.

455) 원(元) 사정(師正)의 「科南本涅槃經序」가 수록되어 있다. T.38, No.1767, p.41c16ff.

456) X.36, No.658, p.274a7ff.

457) T.38, No.1768, p.230a14ff.

458) X.36, No.659, p.316b5ff.

459) T.38, No.1769, p.239a12ff.

460) X.37, No.660, p.1a6ff.

		涅槃經義記 1권461)	〃	道暹	涅槃經疏私記 9권462)
		大涅槃經義記 제4권463)	송	智圓	涅槃經疏三德指歸 2권464)
		涅槃經疏 465)	원	師正	科南本涅槃經 1권466)
인도	婆藪槃豆	涅槃論 1권467)	명	圓澄	南本大般涅槃經會疏解1권468)
〃	〃469)	涅槃經本有今無偈論 1권			

이 외에도, 현존하지 않지만 2종의 찬술 기록을 더 발견할 수 있다. 진제의 『대반열반경론(대열반경론)』1권470), 바수반두의 『열반론』3권이 다.『개원석교록』은 전자는 궐본으로 분류했지만,『열반론』3권은 존재 한다고 하였다. 표제에는 달마보리의 번역이라고도 하지만, 경문을 찾 아보니 바수반두의 『열반론』1권을 해석한 것이다. 달마보리가 지은 것 으로 의심된다471)는 것이다.

(3)『유교경』의 주석서

『유교경』의 주석서는 아래와 같이, 모두 7종이 현존한다.

---

461) T.85, No.2764A, p.280a12ff.
462) X.37, No.661, p.134a4ff.
463) T.85, No.2764B, p.294a13ff.
464) X.37, No.662, p.308a2ff.
465) T.85, No.2765, p.304a10ff.
466) X.37, No.663, p.627a2ff.
467) 달마보리(達磨菩提, 法覺) 역으로 되어 있다. T.26, No.1527, p.277c6ff.
468) X.37, N0.664, p.628c2ff.
469) 양대(梁代)의 진제(真諦) 역으로 되어 있다. T.26, No.1528, p.281a6ff.
470)『개원석교록』제7권에서 진대(陳代: 武帝 永定元年, 557~煬帝 禎明 3년, 589)에서 구라나타(拘羅那他 또는 波羅末陀, 真諦)에 의해 역경 및 찬술된 경·율·논집이 총 38부 118권이라고 밝히고 있다. T.55, No.2154, pp.545b13~546a17.
471)『개원석교록』제6권, T.55, No.2154, p.543c3, "附於此中(復有涅槃論三卷亦題達 磨菩提譯尋 文乃釋前論或疑是人造也)."

<표1-25> 『유교경』의 주석서

시대	저자	역자	주석서
진	천친(天親)	진제	유교경론(遺教經論) 1권[472]
송, 명	정원, 주굉[473]		불유교경론소절요(佛遺教經論疏節要) 1권[474]
송	정원		불유교경론소절요(佛遺教經論疏節要) 1권[475]
明	요동(了童)		불유교경주(佛遺教經註) 1권[476]
明	지욱(智旭)		불유교경해(佛遺教經解) 1권[477]
宋	원조(元照)		유교경론주법기(遺教經論住法記) 1권[478]
〃	관복(觀復)		유교경론기(遺教經論記) 3권[479]

(4) 한국인 찬술의 『대승열반경』 주석서

한국인이 찬술한 『대승열반경』의 주석서는 총 12종이다. 그러나 모두 현존하지 않는다. 저술된 목록을 정리하면, 다음의 표와 같다.

<표1-26> 한국인 찬술의 『대승열반경』 주석서

No	저자	주석서	권수	비고
1	원효(元曉)	열반종요(涅槃宗要)	1	현존
2	〃	열반경소(涅槃經疏)	5	결본
3	경흥(憬興)	열반경소(涅槃經疏)	14	〃

---

472) T.26, No.1529, p.283a3ff.
473) 송(宋)의 진수 정원(晉水淨源)이 절요(節要)하고, 명(明)의 운서주굉(雲棲袾宏)이 보주(補註)했다.
474) T.40, No.1820, p.844c3ff.
475) P.174, No.1590, p.785a1ff.
476) X.37, No.665, p.631b2ff.
477) X.37, No.666, p.638c2ff.
478) X.53, No.845, p.591a2ff.
479) X.53, No.846, p.628c5ff.

4	〃	대반열반경술찬(大般涅槃經述贊)	14	〃
5	〃	열반경요간(般涅槃經料簡)	1	〃
6	현일(玄一)	대열반경요간(大涅槃經料簡)	1	〃
7	오진(悟眞)	열반경라습역출십사음변	1	〃
8	의적(義寂)	열반경강목(涅槃經綱目)	1 또는 2	〃
9	〃	열반경소(涅槃經疏)	16	〃
10	〃	열반경의기(涅槃經義記)	5	〃
11	〃	열반경운하게(涅槃經云何偈)	1	〃
12	태현(太賢)	열반경고적기(涅槃經古迹記)	3 또는 8	〃

위 문헌들은 모두 『남본』을 저본으로 통일신라 승려들의 저술이라
는 것이 특징이다. 통일신라불교에서 『대승열반경』의 활발한 유통과
영향을 짐작할 수 있다. 반면, 고려와 조선시대의 찬술은 찾을 수 없
다. 위 표에서 밝혀진 12부의 주석서 가운데, 현존하는 문헌은 원효의
『열반종요』가 유일하다.

6) 요약 및 논의

붓다의 입멸에 관한 대승불교 문헌의 가장 큰 특징은 불타관과 열
반관이다. 우선, 『대승열반경』에서는 붓다의 입멸이 일어나지 않음으
로써, 법신상주와 상주열반을 상징적으로 표현하였다. 불입열반(不入
涅槃)은 붓다의 입멸로 인하여 야기된 논란거리 자체를 없애 버렸다.
등장인물과 에피소드를 전적으로 재해석하여 대승을 강조하고, 초기
『열반경』의 한계를 초월하였다. 이것은 붓다의 입멸을 어떻게 이해해
야 하는가, 불멸 후 교단 유지는 어떻게 해야 하는가에 대한 『대승열

반경』의 답변이다. 여기에 대승불교에서 초기불교와 똑같은 경명(經名)
의『대반열반경』을 성립한 의도가 있다.

둘째,『대승열반경』내에서도 사상과 내용의 변화가 나타난다.『6권
본』의 등장인물과 내용이 대본 2경에서 재해석되고 발전된 사상으로
확립된다.『6권본』에서 제정된 계율, 일천제와 일체중생 실유불성에
대한 견해가『북본』과『남본』에서 발전적으로 재해석되었다.『6권본』을
〈원시대승열반경〉으로 상정할 수 있는 근거이다. 그리고『북본』과『남
본』은 권수(卷數)와 품명(品名)의 차이가 있을 뿐, 내용의 구성은 서로
일치한다.

제2장
붓다의 마지막 공양

붓다의 입멸을 어떻게 이해할 것인가? 특히, 쭌다가 보시한 음식을 공양하고 붓다는 병이 나서 죽음을 맞이했는가? 본 장에서는 이러한 문제의식을 기반으로, 붓다의 마지막 공양에 관한 초기불교·부파불교·대승불교의 견해를 통시적(通時的)[1]으로 고찰하고자 한다. 우선, 붓다의 최후 음식 수까라맛다와(sūkaramaddava)의 연구를 살펴볼 것이다. 그리고 마지막 공양 재자(齋者) 쭌다(Cunda), 붓다의 마지막 공양과 발병·입멸의 원인으로 지목된 근거와 해명, 이종시식(二種施食)의 평등과보(平等果報)에 주목하고자 한다. 붓다의 마지막 공양을 둘러싼 의혹이 불식되는 과정을 통하여, 불신관(佛身觀)과 열반관의 변화를 조망할 수 있다.

1. 수까라맛다와(sūkaramaddava)에 관한 견해

『마하빠리닙바나 숫따』에 의하면, 붓다의 최후 음식은 수까라맛다와(sūkaramaddava)이다. 이 음식은 붓다의 마지막 공양 에피소드 논쟁의 중심에 있다. 프리드리히 짐머만(Friedrich Zimmermann)을 필

---

1) 통시적(通時的, diachronic)이란, 어떤 시기를 종적(縱的)으로, 시간의 흐름에 따라 바라보는 것을 말한다. 상대어는 공시적(共時的, synchronic)이다. 언어학자 페르디낭 드 소쉬르(Ferdinand de Saussure, 1857~1913)가 언어 체계의 연구에서 구분한 것이며, 구조주의(structuralism, 언어철학)에서 사용되었다. 어떤 언어의 현상을 여러 시대에 걸쳐 역사적으로 연구하는 학문을 통시언어학(通時言語學, diachrony), 한 시대에 한정하여 연구하는 학문을 공시언어학(共時言語學, synchrony)이라고 한다. 국립국어원(2020), https://stdict.korean.go.kr/search/searchResult.do; 페르디낭 드 소쉬르, 김현권·최용호 옮김(2007), 『일반언어학 노트』, 고양: 인간사랑.

두로 붓다가 섭취한 마지막 음식에 관한 연구가 시작되었다. 로버트 고든 와슨(Robert Gordon Wasson)은 붓다의 마지막 공양에 관한 선행연구 목록을 작성하였다. 프리드리히 짐머만부터(1892) 앙드레 바로까지(1970), 11편의 논문 리스트이다.[2] 그들의 연구는 수까라맛다와(sūkaramaddava)의 해석에 집중되었다. 반면, 안양규 교수는 붓다의 마지막 공양에 관한 초기불교와 부파불교의 견해를 분석하였다.[3] 그는『마하빠리닙바나 숫따』와 아함부『열반경』과『슈망갈라윌라시니』와『아비달마대비바사론』등의 문헌을 고찰하였다.[4]

수까라맛다와에 대한 경론(經論)의 견해를 살펴보도록 하자. 산스끄리뜨본에서는 정결하고 훌륭한 먹을 것과 마실 것으로 명시되어 있다.[5]『유행경』은 전단버섯(栴檀樹耳)으로 한역하였다.[6]『우다나(Udāna)』는 돼지에 밟혀 자란 죽순 또는, 버섯으로 정의하였다.[7]『슈망갈라윌라시니』는 너무 어리지도 늙지도 않은 신선한 돼지고기[pavattamaṃsa][8]로 주석하였다.『슈망갈라윌라시니』의 견해는 밍군 사야도(Mingun Sayadaw)[9]와 모리스 월시(Maurice Walshe)[10]로 이어졌다.

---

2) Wasson, R. Gordon(1982), "The Last Meal of the Buddha", *Journal of the American Oriental Society* Vol.102, No.4, p.591.

3) 안양규(2009),『붓다의 입멸에 관한 연구』, 서울: 민족사, pp.133~160.

4) 이종시식(二種施食) 평등과보(平等果報)에 관한『아비달마대비바사론』의 14견해는 파악되지 않았다.

5) 발트슈미트(1950~51, p.254)가 복원해 편집한 산스끄리뜨본은 "śuciṃ praṇītaṃ khādanīyabhojanīyaṃ"으로 되어 있다. 안양규(2009), 위의 책, p.135.

6) T.1, No.1, pp.18b5~6.

7) Wasson, R. Gordon(1982), 위의 논문, p.592.

8) An, Yang-Gyu(2003), *The Buddha's Last Days: Buddhaghosa's Commentary on the Mahāparinibbāna Sutta*, Oxford: PTS, pp.121~122.

9) 밍군 사야도, 최봉수 역주(2009),『대불전경』IX, 서울: 한언출판사, p.129.

10) Walshe, Maurice(1987: 1995), *The Long Discourses of the Buddha*,

유럽과 일본 학자들은 수까라맛다와를 버섯으로 주장하는 경향이다.[11] 모리스 월시(Maurice Walshe)는 리즈 데이비스(Rhys Davids)가 송로버섯[truffle][12]으로 번역함에 따라 이후 학자들의 해석에 영향을 주었다고 주장하였다.[13] 이살린 블류 호너(Isaline B. Horner)도 송로버섯[14]으로 해석했다. 파 초우(Fa Chow)와 고든 와슨(R. Gordon Wasson), 다치바나 슌도(立花俊道)·나카무라 하지메(中村元), 사토 료오준(佐藤良純) 등이 버섯으로 번역하였다.[15] 고든 와슨은 붓다가 채식주의자이기 때문에 수까라맛다와는 틀림없이 버섯이라고 강조하였다.[16] 웬디 도니거 오플래허티(Wendy Doniger O'Flaherty)는 고든 와슨과 함께 버섯이라는 견해를 고수했다. 그러나 그는 독버섯 일종의 광대버섯[fly-agaric]이라는 주장을 고든 와슨의 논문에서 프롤로그(prologue)로 밝혔다.[17] 반면, 미리나리니(Mrinalini)는 니까야(Nikāya)에서 붓다의 육식 허용을 근거로써, 고든 와슨을 반박하였다. 수까라맛다와는 버섯과 돼지고기 모두를 의미할 수 있다는 것이다.[18] 이 주

Boston: Wisdom Publication, p.189.
11) Wasson, R. Gordon(1982), "The Last Meal of the Buddha", *Journal of the American Oriental Society* Vol.102, No.4, p.591.
12) Rhys Davids, T. W. & C.A.F.(1910; 1951), *Dialogues of the Buddha II,* Oxford: Oxford University Press, p.197.
13) Walshe, Maurice(1987: 1995), 앞의 책, p.190.
14) Horner, I. B.(1969), *Milinda's Questions* Vol.1, Oxford: PTS, p.247.
15) 다치바나 슌도, 석도수·홍완기 옮김(1981), 『考證佛陀傳』, 서울: 시인사, p.312.; 나카무라 하지메·나라 야스아키·샤토오 료오준, 김지견 역(1984), 『불타의 세계』, 파주: 김영사, p.238.
16) Wasson, R. Gordon(1982), 위의 논문, p.592.
17) Wasson, R. Gordon, O'Flaherty, Wendy Doniger(1982), "The Last Meal of the Buddha", *Journal of the American Oriental Society* Vol.102, No.4, p.603.
18) Mrinalini(2019), "The Buddha's Last Meal: A Case Study of the

장은 앙드레 바로에 의해 먼저 제기되었다.[19]

　수까라맛다와는 붓다의 치명적인 발병과 입멸을 야기한 음식이라고 인식되어 왔다. 특히, 존 페이스풀 플리트(John Faithfull Fleet)는 선구적으로 붓다의 최후의 음식 섭취가 설사병 원인이라고 주장하였다.[20] 그리고 나카무라 하지메(中村元)[21]가 붓다의 마지막 공양이 발병 원인이라고 주장함으로써,[22] 대중적 인식에 영향을 주었을 것이다. 그러나 초기불전 내에서부터 쭌다의 마지막 공양에 관한 재해석이 나타난다.

　Mahāparinibbana Sutta", *UGC Approval* No:40934, p.96.
19) Wasson, R. Gordon(1982), 앞의 논문, p.592.
20) Fleet, John Faithfull(1906), The Trandition about the Corporeal Relics of Buddha," *Journal of the Roual Asiatic Society* Vol.38, p.658.
21) 나카무라 하지메·나라 야스아키·샤토오 료오준, 김지견 역(1984), 『불타의 세계』, 파주: 김영사, p.238.
22) Nakamura, Hajime(1987), *Indian Buddhism: A Survey with Bibliographical Notes*, Delhi: Motilal Banarsidass Publishing House, p.20.

2. 초기불교의 견해

붓다의 마지막 공양은 쭌다(Cunda)의 공양청을 붓다가 허락함으로 써 이루어졌다. 붓다의 마지막 공양→발병→입멸이라는 인식의 근거 는『마하빠리닙바나 숫따』에 있다. 그러나『유행경』을 비롯한,『불반니 원경』·『반니원경』·『대반열반경』·『근본설일체유부비나야잡사』등 한 역본은 이견을 나타낸다. 붓다의 입멸을 둘러싼 마지막 공양에 관한 의혹이 초기불전 내에서 어떻게 재해석되는지 고찰하고자 한다.

1) 쭌다(Cunda)에 관한 견해

『마하빠리닙바나 숫따』에 표기된 이름, '쭌다(Cunda)'는 각 문헌에서 유사하게 나타난다. 한역 문헌에서는 쭌다의 음역(音譯)상의 차이가 있을 뿐이다. 그러나 쭌다를 수식하는 신분에 대해서는 차이가 있다. 우선,『마하빠리닙바나 숫따』의 표기를 보도록 하자.

Cunda Kammāraputta[23]

경문에 표기된 빠알리어 'Kammāraputta'는 Kammāra[대장장이· 금속세공사]+putta[아들]의 합성어이다. 리즈 데이비스(Rhys Davids)[24]

---

23) DN.Ⅱ, 16, p.127.
24) Rhys Davids, T. W. & C.A.F.(1910; 1951), *Dialogues of the Buddha Ⅱ*, Oxford: Oxford University Press, pp.137~139, 147.

와 나카무라 하지메(中村元)[25]는 '대장장이 아들 쭌다'로 번역하였다. 한역 아함부 『열반경』과 『근본설일체유부비나야잡사』(이하, 『비나야잡사』)의 표기를 살펴보도록 하자.

〈표2-1〉 한역 초기불전의 쭌다 표기

유행경	대반열반경	불반니원경	반니원경	비나야잡사
工師子 周那	工巧子 淳陀	淳父字華氏	華氏子 淳	鍛師之子 准陀

『유행경』은 공사자(工師子) 주나(周那)[26], 『대반열반경』은 공교자(工巧子) 순타(淳陀)로서, 세공사 또는 대장장이 아들 쭌다를 말한다.[27] 『비나야잡사』도 금속세공사의 아들 준타[鍛師之子 准陀]로 같은 의미로 나타낸다.[28] 한역 문헌에 나타난 이름의 차이는 Cunda(쭌다)의 음역(音譯)상의 문제일 뿐이다. 신분도 대장장이[금속세공사] 아들로 한역되었다.

반면, 『불반니원경』[29]과 『반니원경』[30]는 화씨(華氏) 아들 순(淳)으로 표기하였다. 나카무라 하지메(中村元)는 왓지(Vajji)족의 가장 번성한 종족, 리차위(Licchavī)를 화씨(華氏)라고 주장하였다.[31] 그러나 화씨

---

25) 나카무라는 인도에서는 금세공인·은세공인, 철이나 동의 세공인이 특별히 구별되었던 것은 아니다. 단야공은 금속세공인으로 번역하는 것이 좋을 수 있다는 견해이다. 中村元 譯(1980: 1994), 『ブッダ最後の旅: 大パリニッバーナ経』, 東京:岩波文庫, p.257.
26) T.1, No.1, p.18a26, "有工師子, 名曰周那."
27) T.1, No.7, pp.197a3~4, "有工巧子, 名曰淳陀."
28) T.24, No.1451, p.390b10, "鍛師之子 名曰准陀."
29) T.1, No,6, p.167c11, "有一人名淳 淳父字華氏."
30) T.1, No.5, p.183a29, "有華氏子淳."
31) 中村元(1980: 1994), 위의 책, p.257.

는 마가다국의 옛 수도였던 빠딸리(Pāṭali), 마우리아왕조의 수도 빠딸리뿟따(Pāṭaliputta)를 말한다. 한역에서는 화씨읍(華氏邑)[32] 화자성(華子城)·화씨성(華氏城)으로 번역되었다.[33] 『불반니원경』은 화씨취(華氏聚)[34]·화씨국(華氏國)[35]이라고 하였다.

위와 같이, 초기불전에서 쭌다에 대한 수식어의 변화가 나타난다. 직업에서 종족[지역]으로 바뀌었다. 부파불교와 대승불교에서 재해석되는 쭌다의 신분 변화는 초기불교에서부터 시작된 것이다.

2) 『마하빠리닙바나 숫따』

붓다의 마지막 공양이 불멸(佛滅)을 야기한 발병의 원인으로 지목된 근거는 『마하빠리닙바나 숫따』에 있다. 반면, 붓다의 마지막 공양이 발병의 문제를 초월하고 있다는 견해도 『마하빠리닙바나 숫따』에서 밝히고 있다.

(1) 붓다의 마지막 공양과 발병의 연관성

『마하빠리닙바나 숫따』는 쭌다의 마지막 공양이 붓다의 입멸을 야기한 치명적인 발병의 직접적인 원인이라고 인식하게 된 근거이다. 경

---

32) 『반니원경』, T.1, No,5, p.182a2.
33) 한국불교대사전편찬위원회(1982), 『한국불교대사전』 Vol.7, 서울: 보련각, p.287.
34) T.1, No.6, pp.166b15~19.
35) T.1, No.6, pp.168a17, 168a25.

문에서는 수까라맛다와(sūkaramaddava)를 섭취한 후 붓다는 설사병을 얻어 입멸한 것처럼 묘사하고 있다.

> 나는 이렇게 들었다.
> 대장장이 쭌다의 공양을 드시고
> 붓다는 죽음에 이르는 극심한 병에 걸리셨다.
> 수까라맛다와[36]를 대접받고
> 스승께서는 격심한 병이 나셨다.
> 설사를 하시면서도 세존께서는
> 꾸시나라 읍내로 가자고 말씀하셨다.[37]

『마하빠리닙바나 숫따』는 쭌다가 대접한 음식을 섭취하고 혹독한 질병에 걸렸다고 서술하였다. 적리(赤痢)로 번역된 'lohita-pakkhandikā'의 사전적 의미는 '피가 나오는 것'[38]이다. 적리는 혈리(血痢)라고도 하며, 똥에 피와 고름이 섞여 나오는 이질(痢疾)의 한 가지이다.[39] 붓다는 죽음에 이르는 치명적인 병에 걸린 채, 꾸시나라로 출발했다는 것이다.

붓다의 병명, 수까라맛다와라는 음식과 발병의 관계, 마지막 공양 시간과 발병시기의 간격 등에 관한 『마하빠리닙바나 숫따』의 견해는 오해의 소지가 되었다. 이에 관한 이견은 초기불전 내에서부터 제기된다.

---

36) 본 논문의 원전 번역자료, 日本『光明寺経蔵』은 수까라맛다와(sūkaramaddava)를 부드러운 돼지고기로 일역(日譯)하였다.
37) 日本『光明寺経蔵』,『長部』,「大篇」,「大般涅槃経」, pp.190-6~11.
   https://komyojikyozo.web.fc2.com/dnmv/dn16/dn16c13.htm
38) 巴利语电子辞典, http://dict.sutta.org/
39) 국립국어원(2020),『표준국어대사전』, https://stdict.korean.go.kr/

(2) 이종시식의 평등공양

『마하빠리닙바나 숫따』는 붓다가 섭취한 최후 음식이 붓다에게 문제가 되지 않았다는 것을 밝히고 있다. 우선, 수까라맛다와에 대한 붓다와 쭌다와의 대화를 살펴보자.

> 쭌다여, 그대가 준비한 수까라맛다와는 나에게만 공양하고, 다른 음식으로 비구 대중에게 공양하도록 하라. [중략] 쭌다여, 수까라맛다와의 나머지는 구덩이에 묻어라. 쭌다여, 천(天)·마(魔)·범(梵)을 포함하고, 사문과 바라문·왕과 백성을 포함한 사람 중에서 여래 이외, 그것을 제대로 소화할 수 있는 사람, 그런 사람은 없다.[40]

붓다가 섭취한 최후 음식은 발병과는 무관하다는 견해이다. 사실, 음식에 문제가 있었다는 자체가 말이 안 된다. 수까라맛다와는 붓다에게 어떠한 위해도 없었다는 것이다. 다만, 아주 수승한 음식이기 때문에 보통의 수행자들은 소화시킬 수 없다는 것이다. 완벽하게 소화시킬 수 있는 사람은 오직 여래밖에 없다는 말이다. 식중독과 같은 음식과 발병의 연관성을 경전 내에서도 차단하고 있다.

그러나 붓다는 병이 났고, 쭌다가 보시한 음식이 붓다의 마지막 공양이 되었다. 쭌다의 자책감과 좌절감을 없애 주기 위해 붓다는 아난다에게 이종시식(二種施食)의 평등과보(平等果報)를 대신 설하도록 한다.

---

40) 日本『光明寺経蔵』, 『長部』, 「大篇」, 「大般涅槃経」, pp.189-20~26.
   https://komyojikyozo.web.fc2.com/dnmv/dn16/dn16c21.htm

두 가지 공양은 무엇인가? 그것을 먹고 여래가 위 없는 정등각을 깨달은 것, 그것을 먹고 여래가 무여열반에 든 음식 공양이다. 이 두 가지 음식 공양은 각각 평등한 과보가 있으며, 다른 음식 공양보다 더 큰 과보가 있고 큰 공덕이 있다.[41]

이종시식의 평등과보는 두 가지를 뜻한다. 첫째, 붓다의 반열반 직전의 음식 공양과 정각 직전의 음식 공양의 과보는 같다. 둘째, 이 두 가지 음식 공양의 과보와 공덕은 다른 것과는 비교할 수 없이 수승하다. 이러한 이종시식의 평등과보 설법은 붓다의 정각과 열반은 동격이라는 데 주목하고 있다. 마지막 공양 재자 쭌다는 물론, 붓다의 죽음에 대한 불교도들의 충격을 최소화하면서 붓다의 본질은 육신을 초월한 법, 열반에 있다는 것이다.

3) 한역 『유행경』과 아함부 『열반경』

(1) 붓다의 마지막 공양과 입멸의 연관성

『유행경』은 쭌다[주나]의 최후 공양이 붓다의 입멸 원인으로 지목된 근거가 있다. 경문에 나타난 붓다와 아난의 대화를 살펴보도록 하자.

> 붓다: 조금 전에 쭌다가 뉘우치고 한탄하지는 않았느냐, 만약 그런 마음이 있었다면, 왜 그런 생각을 했겠느냐?

---

41) 日本『光明寺経蔵』,『長部』,「大篇」,「大般涅槃経」, pp.197-8~10.
https://komyojikyozo.web.fc2.com/dnmv/dn16/dn16c24.htm

아난: 쭌다가 비록 공양을 올렸지만 복도 이익도 없습니다. 왜냐하면, 여래께서 마지막으로 그 집에서 공양하시고 곧 열반에 드시기 때문입니다.[42]

쭌다의 마지막 공양 직후 붓다의 입멸로 연결됨으로써, 두 사건의 연관성이 성립된다. 특히, 쭌다의 공양이 붓다의 입멸에 결정적인 요인이었음을 나타내는 경문이 아래와 같이 나타난다.

쭌다는 집에서 공양을 올린 후, 비로소 이런 말을 들었다.
여래의 병환이 더욱 심해져 목숨이 곧 끝나려 한다고.
비록 전단버섯을 드시고 그 병세가 더욱 더 심해졌지만,
병든 몸으로 걸어서 천천히 꾸시나라[구이성]로 가셨다.[43]

위 경문을 통하여, 『유행경』의 세 가지 견해를 확인할 수 있다. 첫째, 붓다는 지병이 있었다. 『마하빠리닙바나 숫따』와 달리, 『유행경』은 붓다가 섭취한 마지막 음식으로 발병한 것이 아니라, 지병이 악화되었다는 말이다. 둘째, 쭌다가 보시한 음식은 전단버섯이다. 『마하빠리닙바나 숫따』의 수까라맛다와를 『유행경』은 버섯으로 한역하였다. 셋째, 쭌다의 마지막 공양은 붓다의 입멸을 초래했다. 붓다의 입멸 원인이 마지막 공양이라는 견해는 『마하빠리닙바나 숫따』와 일치한다.

『유행경』은 붓다의 병에 관하여 언급한다. 마지막 공양 직후, 붓다는 꾸시나라로 가면서, 아난다에게 다음과 같이 지시한다.

---

42) T.1, No.1, pp.18c11~14, "佛告阿難 向者周那無悔恨意耶 設有此意 爲由何生 阿難白佛言 周那設供 無有福利 所以者何 如來最後於其舍食便取涅槃."
43) T.1, No.1, pp.18c26~29, "周那舍食已 始聞如此言 如來患甚篤 壽行今將訖 雖 食栴檀耳 而患猶更增 抱病而涉路 漸向拘夷城."

내 등 통증[背痛]이 심하니 자리를 펴라.**44)**

붓다의 병이 배통(背痛)**45)**이라는 것이다. 붓다의 병명에 대한『마하빠리닙바나 숫따』와의 차이점이다. 80세 노구에 유발된 등 통증의 악화가 과연, 음식의 문제인가? 여기에는 의문의 여지가 있다. 음식 섭취와 배통과는 무관하다고 할 수 있다.**46)**

결론적으로,『유행경』은 붓다의 병명과 발병 시기는『마하빠리닙바나 숫따』의 견해와 차이가 난다. 마지막 공양이 붓다의 발병 원인은 아니지만, 통증이 악화되어 입멸로 이어졌다는 견해이다.

(2) 아함부(阿含部)『열반경』제본(諸本)

『장아함경』의『불반니원경』·『반니원경』·『대반열반경』은 붓다의 마지막 공양에 관하여『유행경』의 견해를 재해석하였다. 우선, 붓다의 병명에 있어서,『반니원경』은『유행경』과 같이 배통(背痛)이라는 견해이다.**47)** 그러나『대반열반경』은 꾸시나라로 가는 도중 붓다는 복통(腹痛)으로 극도로 괴로워하여, 나무에서 멀지 않은 곳에 가서 하혈했다고 하였다.**48)** 배통에서 복통으로 붓다의 질환에 관한 아함부『열반경』내

---

44) T.1, No.1, 19a2, "吾背痛甚 汝可敷座."
45) 배통(背痛)은 등 부위에 발생하는 통증이다.『국립국어원표준국어대사전』은 가슴막염, 폐결핵 따위로 등이 심하게 아픈 증상이라고 정의하였다. https://stdict.korean.go.kr/search/searchView.do
46) 안양규(2009),『붓다의 입멸에 관한 연구』, 서울: 민족사, p.148.
47) T.1, No.6, p.183c6, "行半道所 佛疾生 身背痛."
48) T.1, No.7, pp.197b19~21, "世尊中路止一樹下 語阿難言 我於今者 極患腹痛 即將阿難 去樹不遠 而便下血."

에서의 변화가 나타난다.

『불반니원경』은 붓다의 병명을 특징지어 언급하지는 않았다. 그러나 쭌다의 공양을 받은 후 붓다는 꾸시나라로 가는 도중에 발병했지만,[49] 얼굴과 발을 씻고 병이 조금 차도가 있었다는 것이다.[50] 씻는 것만으로 통증이 완화되었다는 점은 음식으로 인한 질환이 아님을 암시한다. 『불반니원경』은 붓다의 마지막 공양과 입멸은 무관하다는 견해라고 할 수 있다. 『대반열반경』의 붓다와 쭌다의 대화를 살펴보도록 하자.

> 붓다: 나는 그대의 공양을 마지막으로 다른 공양은 다시 받지 않겠다.[51]
> 쭌다: 기쁩니다. 세존이시여! 저는 이미 이렇게 큰 이익을 얻었습니다.[52]

『대반열반경』의 네 가지 견해가 나타난다. 첫째, 아난다가 대신하지 않고 붓다가 직접 쭌다와 대화하였다. 둘째, 붓다는 다른 음식 공양을 받을 수 있을 정도의 컨디션을 유지하고 있었다. 셋째, 어떠한 문제 없이 붓다의 의지로 쭌다의 공양을 마지막으로 결정하였다. 넷째, 쭌다가 자신의 마지막 공양으로 큰 이익을 얻었다고 환희하였다. 붓다의 입멸을 긍정적인 언어로써, 단멸(斷滅)이 아니라고 적극적으로 표현한 것이다.

---

49) T.1, No.5, pp.168a17~18, "至鳩夷那竭國 佛道得病."
50) T.1, No.5, p.168a25, "佛即取濁水 澡面足 病即小差."
51) T.1, No.7, pp.197b7~8, "我今最後受汝請訖 更不復受他餘供飯."
52) T.1, No. 7, pp.198c25~26, "快哉 世尊 我今已得如此大利."

『불반니원경』과 『반니원경』은 쭌다의 공양이 붓다의 열반을 결정적으로 도왔다는 견해이다. 『반니원경』은 이종시식(二種施食)을 천하(天下)에 두 가지 만나기 어려운 것[53]으로 설명한다.

> 첫째는 음식을 공양하여 그로 하여금 음식의 기력으로써 위없는 바르고 참된 도를 이루어 부처가 되게 하는 것이다. 둘째는 음식을 공양하여 그로 하여금 음식의 기력으로써 그가 받은 나머지 무위의 정을 버리고 열반에 들게 하는 것이다.[54]

『반니원경』은 두 번의 수승한 음식 공양으로써, 붓다는 기력을 회복하여 정각과 열반을 각각 성취했다는 것이다. 『불반니원경』은 이종시식에 관련한 설법은 없다. 그러나 『반니원경』과 같이 쭌다의 공양으로 붓다는 기운을 차려 열반에 든다고 묘사하였다.[55] 두 문헌의 견해는 『아비달마대비바사론』으로 계승되었다.

결론적으로, 『불반니원경』·『반니원경』·『대반열반경』은 『유행경』과 같이, 붓다의 마지막 공양은 발병의 원인이 아니라고 해명하였다. 특히, 붓다의 입멸과 쭌다에 대해 긍정적으로 나타내기 시작하였다.

---

53) T.1, No.6, pp.184b1~2, “天下有二難得値.”
54) T.1, No.6, pp.184b3~6, “一爲若施飯食 令彼得以食之氣力 成無上正眞 爲至聖 二爲 若施飯食 令彼得以食之氣力 棄所受餘無爲之情而滅度者.”
55) T.1, No.5, pp.168c8~9, “佛持若飯食氣力用般泥洹.”

4) 『근본설일체유부비나야잡사』

『근본설일체유부비나야잡사』(이하, 『비나야잡사』)는 붓다의 마지막 공양은 무여열반(無餘涅槃)을 성취하게 했다고 강조한다. 음식에 대한 언급은 없고, 쭌다의 마지막 공양을 간략히 서술하고 있다. 붓다는 공양을 마친 후, 게송으로써 쭌다의 공양을 칭찬한다.

> 만약, 보시의 복이 증장하면
> 원수는 모두 그친다.
> 선으로 인해 악이 제거되면,
> 미혹이 다하여 열반을 증득하리라.[56]

위 게송에서 붓다는 마지막 공양의 공덕으로써 열반을 증득한다는 것이다. 그리고 붓다를 반열반(般涅槃)에 들게 한 최후 공양은 매우 만나기 어려운데, 그 공양을 보시한 쭌다는 많은 이익을 얻었다고 찬탄한다.[57] 『비나야잡사』는 『유행경』과 같이, 붓다의 병명을 등의 통증[背痛]으로 묘사한다.[58] 쭌다의 공양이 붓다의 발병과 무관하다는 견해는 일치한다. 그러나 『유행경』에 나타난 쭌다의 책임론을 초월하고, 입열반(入涅槃)을 성취하게 한 수승한 공양이라는 것을 강조하였다. 아함부 『열반경』 제본(諸本)들과 일치한다.

『비나야잡사』는 이종시식(二種施食)의 평등과보(平等果報), 이종보시

---

56) T.24, No.1451, pp.390c22~23, "若施福增長 冤讎皆止息 由善能除惡 惑盡證涅槃."
57) T.24, No.1451, pp.391c11~13, "准陀 汝今多獲善利 能爲最後供養 大師受斯施已 入無餘涅槃者甚爲難遇."
58) T.24, No.1451, pp.391a1~2, "告阿難陀 我今背痛."

(二種布施)의 수승함을 재차 강조한다.[59] 그 어떤 공양도 이종시식으로 얻는 과보(果報)와 견줄 수 없다는 말이다. 카와무라 코쇼(河村孝照)[60]는 이종시식의 평등과보에 대한 재고를 주장했다. 『비나야잡사』는 이종시식의 과보 이론을 전승하지만, 이종시식의 평등과보를 부정한다는 것이다. 그러나 그는 "此二種施 所獲果報無與等者"를 오해한 것으로 보인다. 이 두 가지 보시는 얻는 과보가 더불어 같을 것이 없다는 말은 이종시식의 평등과보를 설한 후, 재차 강조한 문구이다.[61] 카와무라 코쇼는 이 경문 자체만 해석하여, 이 두 가지 보시의 과보는 서로 같을 것이 없다고 오역(誤譯)한 것 같다.

---

59) T.24, No.1451, pp.391c15~18, "有二種施所受果報無與等者 爲菩薩時受其食已 便證無上正等菩提 及以如來受最後食 入無餘依妙涅槃界 阿難陀 此二種施 所獲果報無與等者"

60) 河村孝照(1967), 「大乘涅槃經における仏身觀の一考察」, 『宗教研究』40卷 3輯(190號),
    東京大学文学部 宗教学研究室內 日本宗教学會, pp.667,185(L).

61) T.24, 391c15~18, "有二種施所受果報無與等者 爲菩薩時受其食已 便證無上正等菩提 及以如來受最後食 入無餘依妙涅槃界 阿難陀 此二種施 所獲果報無與等者."

3. 부파불교의 견해

부파불교는 초기불교에서 제기된 붓다의 마지막 공양에 관한 문제를 교학적으로 재해석하였다. 쭌다의 최후 공양은 붓다의 발병 또는, 병의 악화와 무관함을 적극적으로 역설하였다. 쭌다에 관한 견해에서도 나타난다. 그리고 이종시식의 과보가 왜 평등한가에 주목함으로써, 붓다의 본질과 입멸을 논의하였다. 『밀린다팡하』·『슈망갈라윌라시니』·『아비달마대비바사론』을 중심으로 논사들의 견해를 파악하도록 하자.

1) 쭌다에 관한 견해

부파불교는 쭌다의 신분에 관한 초기불교의 견해를 재해석하였다. 우선, 『슈망갈라윌라시니』와 『아비달마대비바사론』을 살펴보도록 하자.

〈표2-2〉 부파불교 문헌의 쭌다 표기

슈망갈라윌라시니	아비달마대비바사론
Suvaṇṇa-Kāraputta Cunda	工巧之子 淳陀

『아비달마대비바사론』의 '세공사[대장장이]의 아들 순타'[62]는 아

---

62) T.27, No.1545, p.680a18, "彼准陀 工巧之子."

함부『대반열반경』[63]과 같다.『슈망갈라윌라시니』는『마하빠리닙바나 숫따』와 차이를 보인다. 붓다고사(Buddhaghosa)는 'Suvaṇṇa-Kāraputta Cunda'[64], '금 세공사의 아들 쭌다'로 주석하였다. 'Suvaṇṇa-Kāraputta'는 Suvaṇṇa[금]+Kāra[세공사]+putta[아들]로 이루어진 합성어다.『마하빠리닙바나 숫따』의 금속세공사[대장장이], 'Kammāraputta'가 금 세공사로 재해석되었다. 그 당시 대장장이나 금속세공사는 인도 사회에서 최첨단 기술자였고 부호였다. 그런데 붓다고사는 금속 가운데서도 오직 금(金)만을 제련하는 최상의 전문가로 해석한 것이다.

『슈망갈라윌라시니』는 쭌다가 붓다를 처음 만났을 때 이미 수다원과(須陀洹果)를 얻었고, 자신의 망고 동산에 사원을 창건해 붓다에게 보시한 부유한 지주로 주석하였다.[65] 쭌다의 신분과 불교도로서의 위상을 격상한 것이다. 쭌다를 수다원으로 해석함으로써, 쭌다의 공양에 문제가 없었음을 나타내고자 한 것이다.

2)『밀린다팡하(Milindapañhā)』

『밀린다팡하』는 쭌다가 보시한 음식이 붓다의 발병과 입멸의 원인이 아니라고 주장한다. 밀린다(Milinda)왕의 딜레마(dilemma), 이종시

---

63) T.1, No.7, pp.197a3~4, "有工巧子 名曰淳陀."
64) An, Yang-Gyu(2003), *The Buddha's Last Days: Buddhaghosa's Commentary on the Mahāparinibbāna Sutta*, Oxford: PTS, p.121.
65) An, Yang-Gyu(2003), 위의 책, p.121.

식(二種施食)의 평등공양에 대한 나가세나 장로(Nāgasena Thera)의 답변에서 나타난다.

(1) 쭌다의 공양에 대한 문제 제기

밀린다왕의 딜레마는 아래와 같이, 이종시식(二種施食) 평등공양에 관한 문제 제기이다.

　　A: 쭌다의 공양 → 붓다의 발병 → 죽음에 이르는 고통

　　　　　　　　　　　　≠

　　B: 이종시식 평등공양·과보, 다른 공양보다 수승한 과보와 공덕

A가 사실이면 B는 허위이고, B가 사실이면 A는 허위이기 때문에, 양립할 수 없다는 것이다. 쭌다가 공양한 음식을 섭취한 붓다는 죽음에 이르는 병에 걸렸다. 그런데 정각을 이루게 한 음식과 입멸하게 한 공양이 평등하고 과보도 같다는 말은 서로 모순이라는 것이다. 또한, 두 공양이 다른 음식 공양보다 훨씬 큰 결과와 공덕이 있다는 말도 성립되지 않는다는 것이다. 『밀린다팡하』는 쭌다의 공양이 붓다의 입멸을 야기한 발병의 원인이라는 근거로서 『마하빠리닙바나 숫따』 경문을 인용한다.

　　붓다는 대장장이 쭌다가 공양한 음식을 드시고 격심한 고통으로 죽음에 이르는 병에 걸리셨다고 나는 들었다.[66]

---

66) Horner, I. B.(1969), *Milinda's Questions* Vol.1, Oxford: PTS, p.245.

밀린다왕의 견해를 통하여, 붓다의 마지막 공양에 관한 그 당시 교단 안팎의 오해와 비난 여론을 알 수 있다. 쭌다의 마지막 공양을 붓다의 입멸을 야기한 치명적인 발병의 원인으로 인식했음을 알 수 있다. 밀린다왕은 붓다가 마지막으로 섭취한 음식, '수까라맛다와'에 주목하여, 쭌다의 공양이 큰 과보를 얻는다는 것에 반문한다.

> 존자 나가세나여, 보시한 음식물이 독으로 변했기 때문에 큰 결과가 있는 것입니까? 병이 나게 했기 때문에 큰 결과가 있는 것입니까? 붓다의 수명을 중단시켰기 때문에 큰 결과가 있는 것입니까? 세존의 생명력을 빼앗았기 때문에 큰 결과가 있는 것입니까? 이교도들을 반박하도록 그 이유를 말씀해 주십시오. 사람들은 붓다가 식탐이 많아 과식하여 이질에 걸렸다고 혼란스러워 합니다.[67]

밀린다왕은 수까라맛다와가 붓다의 발병과 죽음의 직접적인 원인이라고 불교 교단과 붓다를 비난하는 주장을 대변한 것과 같다. 이교도들은 붓다가 식탐이 많아 과식하여 설사병에 걸렸다고 폄하했다는 것이다. 그들이 쭌다의 공양이 붓다의 입멸 원인이라고 지목한 이유를 네 가지로 언급하였다. 첫째, 독으로 변했다. 둘째, 병이 나게 했다. 셋째, 수명을 억제시켰다. 넷째, 세존의 생명을 빼앗았다. 이러한 붓다의 마지막 공양을 둘러싼 의혹을 나가세나 장로는 적극적으로 해명한다.

(2) 붓다의 마지막 공양과 발병의 무관함

나가세나는 붓다의 마지막 공양이 발병과 무관한 이유를 수까라맛

---

67) Horner, I. B.(1969), 앞의 책, p.246.

다와 요리를 분석하고 붓다의 발병 원인을 다음과 같이 설명한다.

> 대왕이여, 신들은 환희하여 기뻐하며 '이것은 붓다의 최후 공양물이
> 다'라고 생각하며, 하늘의 영양소를 송로버섯[68]에 뿌렸습니다. 그리
> 고 정말 그것들은 잘 익었고, 부드럽게 요리되었고, 마음에 들었고,
> 즙이 많았으며, 소화에 도움이 되었습니다. 대왕이여, 세존께서 발병
> 하신 것은 그 음식 때문이 아닙니다. 대왕이여, 붓다의 몸이 저절로
> 쇠약해져 생긴 병이 더 심해져 수명의 성분들이 약해졌기 때문입니
> 다. [중략] 대왕이여, 그 음식에는 결함이 없었고, 거기에 문제가 있다
> 고 탓할 수 없습니다.[69]

나가세나는 붓다가 마지막으로 섭취한 수까라맛다와에는 아무런
문제가 없음은 물론, 붓다의 발병·입멸과도 무관함을 강조하였다. 그
음식은 영양소가 충족되었으며, 소화에도 문제 될 것이 전혀 없었다
는 것이다. 특히, 붓다의 질병은 자연스럽게 생긴 노환의 악화라는 견
해를 제기하였다. 그리고 이종시식 평등공양을 재해석함으로써 쭌다
의 마지막 공양의 가치를 설명한다.

(3) 이종시식의 평등공양에 대한 견해

『밀린다팡하』는 이종시식의 과보가 평등한 이유를 교학적으로 해석
하였다. 나가세나의 견해를 살펴보도록 하자.

---

68) 수까라맛다와(sūkaramaddava)를 이살린 블류 호너(Isaline B. Horner)는 송로버
   섯으로 번역하였다. Horner, I. B.(1969), *Milinda's Questions* Vol.1, Oxford:
   PTS, p.247.
69) Horner, I. B.(1969), 위의 책, pp.247~248.

대왕이여, 붓다가 9차제정에 역·순으로 들어가는 것으로써, 이 두 음식공양은 평등하고 과보도 똑같습니다. 또한, 다른 이들의 음식공양보다 훨씬 더 큰 과보와 공덕이 있습니다.[70]

나가세나는 이종시식의 과보가 평등한 이유로서, 9차제정(九次第定)을 지목하였다. 붓다는 두 번의 공양을 받고 9차제정의 순·역(順逆)으로 입출하여 정각과 열반을 성취했다고 강조하였다. 초기불교에서는 4선(禪)에 의한 정각이라는 견해가 주류를 이루며, 9차제정[71]에서 입멸했다는 내용은 어디에도 없다. 다만, 불교의 9차제정은 외도들이 열반으로 오해하는 최상의 경지 비상비비상처(非想非非想處)보다 상위의 멸진정(滅盡定, 상수멸)을 상정하고 있다. 물론, 멸진정도 열반이 아님을 『마하빠리닙바나 숫따』는 이미 분명하게 하였다.

결론적으로, 『밀린다팡하』는 쭌다의 마지막 공양에 대한 비난을 해명하였다. 수까라맛다와 요리의 완벽함, 붓다의 노환 등의 이유로서 붓다의 마지막 공양과 발병·입멸의 무관함을 강조한 것이다. 특히, 9차제정을 통한 붓다의 정각과 입멸 과정에 주목한 『밀린다팡하』의 견해는 붓다고사에게도 영향을 준 것으로 보인다.

---

70) Horner, I. B.(1969), 앞의 책, p.249.
71) 9차제정의 빠알리 원어는 없다. 『앙굿따라 니까야』 4. 9:31, p.409에는 anupubbanirodhā(구차제멸, 九次第滅), 『앙굿따라 니까야』 4. 9;32, p.410는 anupubbavihārā(구차제주, 九次第住), 『앙굿따라 니까야』 4, 9:33, pp.410~411에는 nava anububbavihārasamāpattiyo(구차제주의 증득, 九次第住等至)에 대하여 서술되어 있다.

3) 『슈망갈라윌라시니』

『슈망갈라윌라시니』의 저자 붓다고사도 붓다의 마지막 공양이 발병과 무관함을 적극적으로 강조하였다. 그는 수까라맛다와·이종시식 평등공양에 주목하여 붓다의 마지막 공양을 재해석하였다.

(1) 붓다의 마지막 음식과 발병의 무관함

『슈망갈라윌라시니』는 쭌다가 공양한 최후 음식, 수까라맛다와에 관하여 아래와 같이 분석하고 있다.

> 돼지고기는 너무 어리지도 않고 너무 늙지도 않은 일등급 돼지의 신선한 고기라고 설명하였다. 사람들은 그것은 부드러우면서도 즙이 많다고 했는데, 쭌다가 그것을 준비하고 조심스럽게 요리했다는 의미이다. 그러나 4대륙과 그 주변의 섬 2천 개의 신들은 영양소의 진액을 그것에 주입했다.[72]

붓다고사는 수까라맛다와의 제품 상태·영양소·소화에 있어서 어떠한 문제도 없었다는 것을 강조하였다. 붓다가 음식을 소화하지 못해 발병했다는 의혹에 대해 적극적으로 해명한 것이다. 특히, 붓다의 발병 시점과 쭌다의 공양이 시간적인 우연의 일치라고 주장하였다.

> 그 일은 쭌다의 공양을 받고 일어났지만, 마지막 공양 때문이 아니었

---

72) An, Yang-Gyu(2003), *The Buddha's Last Days: Buddhaghosa's Commentary on the Mahāparinibbāna Sutta*, Oxford: PTS, pp.121~122.

다. 만약 그가 공양하지 않았을 때 일어났다면, 너무 고통스러웠을 것이다. 붓다가 즙이 많은 음식을 섭취했기 때문에, 고통이 경미했다. 그래서 붓다는 걸을 수 있었다.[73]

붓다고사는 붓다의 마지막 공양이 발병과는 무관함은 물론, 쭌다의 공양으로 인하여 고통이 완화되었다고 강조하였다. 발병의 시점은 쭌다의 공양 이후지만, 그 원인은 음식 때문이 아님을 명시하였다. 좋은 음식을 섭취했기 때문에, 붓다는 꾸시나라로 걸을 수 있었다고 단언하였다. 음식과 발병의 연관성은 붓다를 폄하할 수 있다. 이러한 관점에서 붓다고사는 오히려 마지막 공양이 붓다의 병에 도움이 되었다고 역설하였다.

안양규 교수는 『밀린다팡하』에 나타난 나가세나의 견해를 붓다고사가 수용하였다고 주장하였다. 붓다고사는 쭌다의 음식이 붓다의 병을 완화시킨 것으로 수정해서 마지막 공양의 수승한 과보를 설명했다는 것이다.[74] 그러나 붓다의 병세가 완화되었다는 견해는 이미 『장아함경』의 『불반니원경』에서 제기되었다.

(2) 이종시식의 평등공양에 대한 견해

『슈망갈라윌라시니』는 이종시식의 과보가 같은 이유에 대하여 설명하고 있다. 여래가 정각을 이루기 전, 삼독(三毒)이 남아 있었을 때 쑤자따의 공양은 이루어졌다. 반면, 쭌다는 삼독이 끊어진 붓다에게 공

---

73) An, Yang-Gyu(2003), *The Buddha's Last Days: Buddhaghosa's Commentary on the Mahāparinibbāna Sutta*, Oxford: PTS, p.122.
74) 안양규(2009), 『붓다의 입멸에 관한 연구』, 서울: 민족사, p.151.

양했다. 그런데 어떻게 그 과보가 똑같은가의 문제 제기에 붓다고사는 두 공양의 과보가 평등한 세 가지 이유를 주장하였다.[75]

첫째, 두 가지 반열반(般涅槃, parinibbāna)이 같기 때문이다. 여래가 보살이었을 때 쑤자따의 공양을 받고 반열반에 들었고, 여래가 쭌다의 공양을 받고 반열반에 들었다. 이러한 두 열반이 같으므로, 과보도 같다는 것이다. 정각과 열반을 동일시하는 것은 붓다의 본질을 생각하도록 강조한 것이다.

둘째, 두 등지(等至, samāpatti)가 같기 때문이다. 보살이 쑤자따의 공양을 받고 선정으로써 최상의 완전한 깨달음을 성취했다. 『밀린다팡하』에서는 9차제정으로 설명하였다. 여래의 정각과 반열반은 9차제정(九次第定)의 과정에 의해 성취되었다. 붓다고사가 주석한 등지의 의미를 9차제정으로 볼 수 있다.

셋째, 두 회상(回想, anussaraṇa)이 같기 때문이다. 이것은 공양 재자, 쑤자따와 쭌다의 입장에서 주석한 것이다. 쑤자따는 자신의 공양을 받고 보살이 최상의 완전한 깨달음을 얻었고, 그 공양으로써 붓다가 7주 동안 살았다는 사실을 듣고 그녀 자신에게 정말 큰 이익이라고 생각했다. 그리고 그녀에게 생겼던 엄청난 환희와 행복을 회상했다. 쭌다도 이와 마찬가지로, 자신이 올린 공양이 마지막이었고, 그 공양을 받고 붓다가 열반에 들었으므로 최상을 가졌다는 말을 듣고 자신에게 큰 이익이라고 생각했다. 그리고 그에게 일어났던 엄청난 환희와 행복을 회상했다. 그들의 회상이 같았기 때문에, 두 공양의 과보가 같다는 것이다.

---

75) An, Yang-Gyu(2003), *The Buddha's Last Days: Buddhaghosa's Commentary on the Mahāparinibbāna Sutta*, Oxford: PTS, pp.129~131.

『슈망갈라윌라시니』에 나타난 마지막 공양 후 쭌다의 태도 또한,『마하빠리닙바나 숫따』와 대조적이다.『마하빠리닙바나 숫따』에서 쭌다는 붓다의 발병 원인 제공자로서 죄책감에 빠져 있었다. 두 문헌의 차이점은 붓다의 열반, 입멸에 대한 이해에서 기인한다. 즉,『마하빠리닙바나 숫따』에서 쭌다는 죽음으로 인식했고,『슈망갈라윌라시니』는 번뇌를 소멸한 궁극적 실재로 인식했기 때문이다. 그러므로 붓다에게 마지막 공양을 올린 쭌다는 붓다의 열반 성취에 일조했다는 환희와 행복감을 회상할 수 있는 것이다.

『슈망갈라윌라시니』의 이종시식 평등과보에 대한 견해는『대비바사론』과 유사하다.『대비바사론』의 14견해 가운데 ①과 ②는 붓다고사의 세 번째 주석 '회상'으로 발전되었다.『대비바사론』은 대체적으로 정각과 열반으로 대비시켜 논의한 반면,『슈망갈라윌라시니』는 열반과 공덕에 주목했다. 이러한 붓다고사의 주석은 미얀마 밍군 사야도의 『대불전경』에도 유사하게 나타난다.[76]

결론적으로,『슈망갈라윌라시니』는『마하빠리닙바나 숫따』에서 제기된 논쟁의 소지를 불교적 용어로써 제거하고자 했다. 그리고『밀린다팡하』의 견해를 수용한 것으로 볼 수 있다. 특히, 붓다의 입멸을 부정적으로 보지 말아야 한다는 점을 강조하였다.

---

76)『대불전경』의 쭌다의 마지막 공양에 관한 견해는 세 가지로 요약된다. 첫째, 반열반으로 인도하는 음식이다. 둘째, 붓다의 선정을 성취할 수 있게 하였다. 셋째, 그 공양을 시주한 사람으로 하여금 같은 유형의 사색을 하게 했다. 밍군 사야도, 최봉수 역주(2009),『대불전경』IX, 서울: 한언출판사, p.142.

4) 『아비달마대비바사론(阿毘達磨大毘婆沙論)』

『아비달마대비바사론』(이하, 『대비바사론』)은 붓다의 마지막 공양과 관련하여 이종시식의 평등과보에 주목하였다. 우선, 이종시식의 과보가 평등하지 않다는 관점에서 문제를 제기하였다.

> 처음 음식을 받은 사람은 탐·진·치가 있었고, 뒤에 음식을 공양받은 사람은 탐·진·치를 소멸했다. 무슨 이유로 보시한 과보에 차이가 없는가?[77]

이 문제에 대한 14논사들의 견해를 다음과 같이 제시하였다.

> ① 의지와 복전에는 수승한 쪽이 있기 때문에 붓다는 수승한 쪽에 의거하여 과보에 차이가 없다.[78]
> ② 쭌다의 마음이 변하여 후회하지 않게 하려고 했기 때문이다.[79]
> ③ 두 때에 모두 오염을 여읜 몸을 도와 이롭게 할 수 있었기 때문이다. 붓다가 음식을 소화한 뒤에 정각을 이룬 것과 같이 열반도 마찬가지이다.[80]
> ④ 처음 공양을 받은 뒤 불법을 증득했고, 마지막 공양을 받고 불법을 수용했다.[81]

---

77) T.27, No.1545, pp.680a5~6, "問初受食者有貪瞋癡 後受食者貪瞋癡盡 何緣施果無差別耶."
78) T.27, No.1545, pp.680a6~7, "答由思及田有偏勝故 佛依偏勝說果無差."
79) T.27, No.1545, pp.680a16~17, "欲遮准陀變悔心故."
80) T.27, No.1545, pp.680a29~b3, "二時俱能資益離染身故 謂食於消化時能作食事 佛於後夜成正覺時 彼食消化如成正覺 涅槃亦爾 故說二施果無差別."
81) T.27, No.1545, pp.680b3~5, "初受食已證得佛法 後受食已受用佛法 得修習修說亦如是."

⑤ 처음 공양을 받은 후 일체 정려·해탈·등지(等持)·등지(等至)에 들어갔고, 마지막 공양을 받고 일체 정려·해탈·등지·등지에 들어갔다.[82]

⑥ 처음 공양을 받고 번뇌의 강을 건넜고 마지막 공양을 받은 뒤에는 생사의 강을 건넜다.[83]

⑦ 처음 공양을 받고 번뇌의 바다를 말리고, 마지막 공양을 받은 뒤에는 생사의 바다를 말렸다.[84]

⑧ 처음 공양을 받고 집제를 버리고, 마지막 공양을 받고는 고제를 버렸다.[85]

⑨ 처음 공양을 받고 도제를 깨달아 들어갔고 마지막 공양을 받고는 멸제를 깨달아 들어갔다.[86]

⑩ 처음 공양을 받고 집제를 버리고 도제에 들어가고 마지막 공양을 받고는 고제를 버리고 멸제에 들어갔다.[87]

⑪ 처음 공양을 받고 모든 번뇌를 초월했고 마지막 공양을 받고는 번뇌에 수순하는 법을 초월했다.[88]

⑫ 처음 공양을 받고 네 가지 번뇌를 초월했고, 마지막 공양을 받고는 번뇌에 따르는 법을 초월했다.[89]

⑬ 처음 공양을 받고 번뇌마와 자재천마를 깨뜨렸고 마지막 공양을 받고는 온마와 사마를 파괴했다.[90]

---

82) T.27, No.1545, pp.680b5~7, "初受食已便入一切靜慮解脫等持等至 後受食已亦入一切靜慮解脫等持等至."

83) T.27, No.1545, pp.680b7~8, "初受食已渡煩惱河 後受食已渡生死河."

84) T.27, No.1545, pp.680b8~9, "初受食已涸煩惱海 後受食已涸生死海."

85) T.27, No.1545, pp.680b10~12, "初受食已棄捨集諦 後受食已棄捨苦諦."

86) T.27, No.1545, pp.680b10~13, "初受食已證入道諦 後受食已證入滅諦."

87) T.27, No.1545, pp.680b13~14, "初受食已捨集入道 後受食已捨苦入滅."

88) T.27, No.1545, pp.680b14~15, "初受食已超越諸漏 後受食已超順漏法."

89) T.27, No.1545, pp.680b15~16, "初受食已超四暴流 後受食已超順流法."

90) T.27, No.1545, pp.680b18~20, "初受食已摧破二魔 謂煩惱魔 自在天魔 後受食已亦破二魔謂蘊魔死魔."

⑭ 처음 공양을 받고 유여열반에 들었고, 마지막 공양을 받고는 무여열반에 들었다.[91]

위 14 논사의 견해는 이종시식 평등공양을 교리적으로 설명한 것이 특징적이다. 거시적으로 볼 때, ①·②는 나머지 견해와 차이가 보인다. 우선, ①은 정각 직전 공양은 수승한 의지에 의해 수승한 과보를 초래했고, 열반 직전 공양은 수승한 복전에 의해 수승한 과보를 초래했다는 것이다. 쭌다의 의지가 수승하지 못한 상황을 묘사하였다. 즉, "쭌다는 열반에 드시려는 붓다의 몸이 약하게 변하는 것처럼 보았고, 곧 열반에 드신다는 소식에 연모하는 마음을 감당 못해 어지러웠다"[92]는 것이다. 이 견해는 붓다의 마지막 공양이 발병과 입멸로 전개되었다는 것보다 쭌다가 그 죄책감에 빠져 있음을 강조하였다.

②는 쭌다의 나약한 의지에 대한 묘사가 ①과 비슷하다. 마지막 공양을 올리는 중에 쭌다가 변심하여 후회하고, 성불할 때 우유죽을 공양하고 생긴 것과 같은 수승한 복을 잃게 될까 염려한다[93]는 것이다.

③은 마지막 공양이 붓다의 열반을 도왔다는 견해이다. 『반니원경』·『불반니원경』과 마찬가지로, 붓다는 공양으로 인하여 기력을 차려 열반을 성취했다는 견해이다. 이외, 나머지 견해에서 나타난 마지막 공양으로써 성취한 내용은 모두 열반을 설명한 말이다. ④는 불법을 수용, ⑤는 일체 정려·해탈·등지에 들어갔고, ⑥·⑦은 생사를 초월,

---

91) T.27, No.1545, pp.680b20~22, "有說 初受食已入有餘大涅槃界 後受食已入無餘大涅槃界."
92) T.27, No.1545, pp.680a13~15, "准陀於佛將涅槃時 見佛身形少如衰變 又聞不久必入涅槃 戀慕不堪其心擾亂."
93) T.27, No.1545, pp.680a26~29, "若生變悔汝於如 是難得事中便為不得 如失菩薩將成佛 時奉施乳糜 所生勝福慎莫變悔."

⑪·⑫는 번뇌를 따르는 법을 초월, ⑬은 온마와 사마 파괴, ⑭는 무여열반이다. ⑧·⑨·⑩은 사성제와 연관하여 설명하였다.

위와 같이, 『대비바사론』의 논사들은 붓다의 마지막 공양을 정각과 열반에 배대하여 논의함으로써, 붓다의 본질을 강조하였다. 특히, 열반을 염두에 두고 교학적으로 이종시식의 평등과보를 규명하였다. 그들이 밝힌 붓다의 마지막 공양의 과보는 열반이다. 열반의 세계는 생사와 번뇌를 따르는 법을 초월한 세계라는 말이다. 이러한 열반관으로써 붓다의 본질과 입멸의 의미를 역설한 것이다.

4. 대승불교의 견해

대승불교는 붓다의 마지막 공양에 관하여 원천적으로 논란의 소지 자체를 없앤다.『불소행찬』은 붓다의 마지막 공양 사실만 언급했고[94], 『불본행경』은 그것마저 간과하였다. 특히,『대승열반경』에서는 붓다의 입멸이 일어나지 않는다. 그리고 금강불괴신(金剛不壞身)이며 법신(法身)인 붓다는 애초에 음식을 먹지 않는다고 설한다. 이러한 재해석으로써, 대승의 불신관을 확립하였다. 여기서는『대승열반경』의 법신상주의 불타관에 주목하여, 붓다의 마지막 공양 에피소드가 대승불교에서 어떻게 재해석되는지를 고찰하고자 한다.

1) 쭌다에 관한 견해

대승불교 문헌에 나타난 쭌다의 신분과 불교도로서의 위상은 초기불교와 부파불교의 견해를 전적으로 재해석하였다. 우선,『불소행찬』과『대승열반경』3대본(大本)에 표기된 쭌다에 관하여 살펴보도록 하자.

---

94) 경문에는 쭌다의 공양을 받고 설법한 후, 구이성으로 떠나는 것으로만 언급되어 있다. T.4, No.192, pp.46b3~5, "時有長者子 其名曰純陀 請佛至其舍 供設最後 飯 飯食說法畢 行詣鳩夷城."

〈표2-3〉 대승불교 문헌의 쭌다 표기

불소행찬	6권본	북본	남본
長者 純陀	長者 純陀	工巧之子 純陀	工巧之子 純陀

빠알리어 쭌다는 대승불교 문헌에서 모두 순타(純陀)로 표기되었다. 『북본』[95])과 『남본』[96])은 한문의 뜻이 다를 뿐, 『대비바사론』과 일치한다. 『대승열반경』 2대본(大本)은 '순타'라는 이름에 대한 해석과 작명의 배경을 부연 설명하였다. 즉, 순타라는 말은 묘하게 안다는 뜻이다. 그대가 지금 이러한 뜻을 세웠으므로 진실로 따르고 뜻을 의지하여 순타라는 이름을 지은 것이다.[97]) 순타의 속뜻에서 이미 대승보살의 의미를 나타낸다.

『불소행찬』[98])과 『6권본』[99])에서 순타[쭌다]의 신분은 장자(長者)이다. 대승불교의 이러한 쭌다[이하, 순타]의 신분에 대한 재해석은 붓다의 마지막 공양에 문제가 없었음을 주장하려는 의도와 무관하지 않다.

『대승열반경』에서 순타(쭌다)는 단순히 붓다의 마지막 공양 재자로만 등장하지 않는다. 『6권본』에는 「장자순타품」・『남본』에는 「순타품」에서, 순타는 각각 품(品)의 기수로서 등장한다. 그는 십지보살(十地菩薩)로 인가받고[100]) 문수사리 등과 함께 붓다의 수기와 정법을 부촉받는

---

95) T.12, No.375, pp.611b6~7, "工巧之子 名曰純陀."
96) T.12, No.374, pp.371c14~15, "工巧之子 名曰純陀."
97) 『북본』, 12, No,374, pp.372b15~17.;『남본』, T.12, No.375, pp.612a9~11. "言純陀者名解妙義 汝今建立如是大義 是故依實從義立名 故名純陀."
98) T.4, No.192, p.46b3.
99) T.12, No. 376, p.857c28, "長者名曰純陀."
100) 그대 순타는 지금 보살 공덕 십지의 행을 성취하였다. 『6권본』, T.12, No.376, pp.897a22~23, "汝今純陀 亦復成就菩薩功德十地之行." 『북본』, T.12, No.374, pp.425a16~17.;『남본』, T.12, No.375, pp.666b13~15, "純陀 汝今皆已 成就菩

다. 그는 최후의 음식을 보시하기 전, 붓다에게 수명 연장을 간청하였
다. 즉, "오직 원하옵건대 세존이시여, 다만 불쌍히 여기시어 수명을 1
겁 또는 1겁 이상 머물러 주십시오."[101]라고 한다. 초기불전에는 아난
다가 간청했지만, 『6권본』은 순타로 재해석되었다. 『북본』과 『남본』은
순타의 지혜가 수승함을 나타내기 위해 문수사리보살이 등장한다.
순타는 문수보살과의 대화에서 주도권을 잡고, 불신상주(佛身常住) 사
상을 전개한다. 이러한 문수보살과 순타의 설정은 붓다의 입멸과 쭌
다의 마지막 공양이 절대적으로 무관함을 우회적으로 나타낸 것이다.

결론적으로, 대승불교는 초기불교에서 제기된 쭌다를 향한 비난을
불식시키고, 불신(佛身)은 영원하다고 주장하였다. 대승불교에서 쭌다는
보살로서, 붓다의 영원성을 천명하는 대고중의 역할로 등장한 것이다.

2) 붓다의 마지막 공양에 관한 견해

(1) 『6권본』

『6권본』은 붓다의 마지막 공양이 성립된 경위부터 재해석하였다. 순
타는 최후 음식을 보시하기 전, 붓다에게 수명 연장을 간청한다. 순타
의 간청에 대하여 붓다는 아래와 같이 답한다.

네가 나로 하여금 오래 세상에 있게 하고자 한다면, 마땅히 때를 알

薩摩訶薩行 得住十地菩薩所行具足成辦."
101) T.12, No.376, pp.896a22~23, "唯願世尊 猶可哀愍 住壽一劫若過一劫."

아 속히 마지막 보시바라밀을 베풀어라.[102]

붓다의 마지막 공양 연기는 『마하빠리닙바나 숫따』와 대조적이다. 순타의 공양청을 붓다가 수락한 것이 아니라, 붓다가 순타에게 마지막 공양을 보시하도록 유도하였다. 붓다의 장수를 위해 순타에게 마지막 보시바라밀행을 권유한 것이다. 순타의 십지(十地)보살 성취를 위하여, 그에게 마지막 공양의 기회를 준 것이었다.

『대승열반경』은 붓다의 마지막 공양이 성립되는 장면이 초기『열반경』과는 근본적으로 다르다. 붓다에게 마지막 공양을 올리고자 하는 무수한 대중들이 등장한다. 그들은 순타의 마지막 공양을 찬탄하면서도, 자신들의 공양물이 붓다의 선택을 받지 못할 것에 괴로워한다.[103] 순타는 환희하며 붓다와 대중들에게 음식을 공양한다.

오늘 여래와 일체 대중이 모두 나의 마지막 공양을 받으신다. 그런 후에 여래께서는 마땅히 열반에 드실 것이다.[104]

순타는 자신의 공양으로 붓다의 열반이 성취될 것을 이미 알고 있다. 특히, 『6권본』은 최후 공양의 시자(施者)를 순타로 한정하지 않는다.

---

102) T.12, No.376, pp.896a24~25, "汝欲令我久住世者 宜知是時 當疾供設最後檀波羅蜜."
103) 일체 다른 부류의 중생들과 천인·보살들은 기이하다, 순타야! 마지막 보시를 하는구나! 기특하다, 순타야! 지극히 큰 보시를 하는구나! 그러나 지금 우리가 보시한 공양구들은 무용지물이 될 것이라고 한탄하며 괴로워하였다. T.12, No.376, pp.896a25~29, "爾時一切衆生異類天人菩薩同聲唱言 奇哉純陀 爲最後施 奇哉純陀 爲極大施 然今我等所設供具 於玆便成無用之物 各各歎恨愁憂苦惱."
104) T.12, No.376, pp.896b5~6, "今日如來一切大衆 皆悉受我最後供養 然後如來當般泥洹."

나머지 중생들: 오늘 여래와 모든 대중들이 나의 마지막 음식 공양
을 받는다. 그런 후에 열반하면 다른 청은 받지를 못
할 것이다.[105]
천인·아수라: 오늘 여래께서 우리들의 마지막 음식 공양을 받으시
고 마땅히 열반에 드실 것이다.[106]

『6권본』은 붓다와 모든 대중에게 회상(會上)에 있던 중생들과 천인·
아수라까지 자신들의 공양이 붓다의 마지막 공양인 줄 믿고 있다. 반
면, 마지막 공양의 수자(受者)도 무량한 화신불(化身佛)이 등장한다.

이때 견고림숲 근처 땅이 협소하였지만, 부처님의 위신력으로써 바
늘 끝을 꽂은 것같이 무량한 부처님과 그 권속들이 그 가운데 앉아
공양했다.[107]

순타를 비롯한 여러 대중의 마지막 공양 장소는 협소했지만, 화신불
이 나타나 공양했다는 것이다. 그 광경을 가섭보살과 순타는 보았다.
특히, 가섭보살은 중요한 사실을 알고 있었다.

그러나 세존께서는 사실 공양을 드시지 않았습니다.[108]

붓다는 마지막 공양을 받았지만, 실제로는 그 음식을 섭취하지 않았

---

105) T.12, No.376, pp.896b6~8, "其餘衆生亦作是念 今日如來與諸大衆 受我最後
飯食供養 然後泥洹不受餘請."
106) T.12, No.376, pp.896b10~12, "爾時天人阿修羅衆 皆大悲歎而作是言 今日如
來 受我最後飯食供養 當般泥洹."
107) T.12, No.376, pp.896b08~10, "是時堅固林側其地狹小 以佛神力故 如針鋒處
皆有無量諸佛 及其眷屬於中坐食."
108) T.12, No.376, p.897a10, "然其世尊實不揣食."

다는 것이다. 이러한 견해는 초기불전에 기인한 붓다의 마지막 공양에 관한 논쟁거리 자체를 없애버린 셈이다. 또한, 문수사리보살은 순타의 공양과 붓다의 발병 연관성을 불식시키기 위해 의도적인 질문을 한다.

세존이시여! 지금 순타의 공양을 받으시고 앞으로 병환을 더하지 않 겠습니까?[109]

위 질문은 마지막 공양 직후 붓다의 등 통증이 악화되었다는『유행 경』을 상기시킨다. 여기서도 붓다의 지병이 있다는 것을 묘사하였다. 다만,『6권본』은 붓다의 마지막 공양이 입멸의 원인이라는 의혹을 불설(佛說)로써 불식하려고 한 것이다. 붓다의 답변을 보도록 하자.

일체 중생이 모두 음식을 의지해 있는 것이 아니다.[110]
일체 세간이 음식을 먹어 병을 키우는 것은 아니다.[111]

『6권본』은 음식이 생존과 질병에 절대적인 요소가 아니라는 것을 강조하였다. 마지막 공양은 붓다의 병과 무관하다는 것이다. 그리고 붓다의 병에 관한 견해를 다음과 같이 설하였다.

그대 문수사리가 얻는 병은 나도 마땅히 얻는 병이다. 모든 아라한·벽지불·보살·여래는 모두 음식을 먹지 않는다. 이것은 모든 여래의 결정법이다.[112]

---

109) T.12, No.376, pp.899a12, “如是世尊 今受純陀飯食供養將無增患.”
110) T.12, No.376, p.899a14, “非一切衆生 皆依飮食存.”
111) T.12, No.376, p.899a17, “非一切世間 揣食增其病.”
112) T.12, No.376, pp.899a18~20, “汝文殊師利 所得病者我當得病 諸阿羅漢及辟支佛菩薩如來悉不揣食 此則諸佛如來定法.”

경문에서는 두 가지 견해를 밝히고 있다. 첫째, 붓다의 병은 중생을 연민하는 대승의 보살심이다. 붓다의 병은 육신의 병이 아니라는 것이다. 중생이 아프면 보살도 아프다는 의미와 같다. 둘째, 붓다는 마지막 공양을 섭취하지 않았다. 아라한·벽지불·보살까지도 음식을 먹지 않는다는 것이다. 『6권본』은 초기불전에서 야기된 붓다의 마지막 공양으로 인한 논쟁의 소지를 원천적으로 차단하였다. 이것이 『대승열반경』의 특징이다.

(2) 『북본』과 『남본』

『북본』과 『남본』은 『6권본』보다 더 발전된 대승불교 사상으로써 붓다의 마지막 공양을 재해석한다. 경의 구성에서 첫 번째 「서품」에서 불회상(佛會上)에 대중들이 각각 마지막 공양물을 가지고 운집하는 광경을 매우 웅장하게 묘사한다. 그리고 쭌다의 마지막 공양을 본론의 첫 주제로 삼는다. 『남본』은 제1 「서품」에 이어, 제2가 「순타품」이다.

『북본』과 『남본』에서 쭌다의 공양은 이미 예견되어 있었다. 붓다는 그의 공양을 위해 일체 중생의 공양청(供養請)을 거절하는 내용이 경의 서두에서부터 반복적으로 서술하고 있다. 붓다의 회상에 대중들의 운집행렬이 끝난 가운데, 쭌다의 마지막 공양으로써 본론이 전개된다. 쭌다는 다음과 같이 붓다에게 마지막으로 공양하기를 청한다.

> 오직 원하옵건대, 세존과 비구 대중이시여! 저의 마지막 공양을 불쌍히 여겨 받아 주십시오. 무량한 중생을 제도하기 위해서입니다.[113]

---

113) 『북본』, T.12, No.374, pp.371c18~19,; 『남본』, T.12, No.375, pp.611b10~11, "唯

저희를 불쌍히 여기시어 이 작은 공양을 받으신 후, 열반에 드시기를 원합니다.[114)

대승불교에서 순타의 마지막 공양청 목적을 두 가지 이유로 밝히고 있다. 첫째는 중생 구제를 위한 것이며, 둘째는 붓다의 열반을 위한 것이다. 이로써, 『대승열반경』은 초기 『열반경』에서 야기된 붓다의 마지막 공양이 입멸의 치명적 원인이라는 의혹을 초월하였다.

『대승열반경』은 순타를 보살로 재해석한다. 순타는 "지금 저의 몸에는 조련된 소와 좋은 밭이 있고 더러운 잡초는 모두 뽑아 버렸습니다. 오직 여래의 감로 법비를 바랄 뿐입니다."[115)라고 간청하였다. 그리고 자신이 할 수 있는 것은 모두 했고, 더 이상 순타 스스로 할 수 없는 것을 요청한 것이다. 붓다에게 법비를 내려 주기를 기대하였다. 대승 보살과 같은 소양으로써 중생 구제를 위해 붓다의 자비를 요청한 것이다. 붓다의 마지막 공양이 자리(自利)가 아닌, 이타(利他)적 입장에서 보시하려는 것임을 강조하였다. 이에 붓다는 다음과 같이 설하였다.

착하고, 착하다. 내가 지금 너를 위하여 빈궁함을 끊어 주고, 위없는 법비를 너의 몸 밭에 내려 법의 싹이 트게 하겠다. 너는 지금 나에게서 수명·모습·힘·안락·걸림 없는 변재를 얻으려고 하니, 내가 마땅히 너에게 항상 하는 목숨·모습·힘·안락·무애한 변재를 베풀어 주겠다. 왜냐하면, 순타여! 음식을 보시하면 두 가지 과보에 차별이 없

願世尊及比丘僧 哀受我等最後供養 爲度無量諸衆生故."
114) 『북본』, T.12, No.374, pp.371c21~22, "唯願哀愍 受我微供 然後乃入於般涅槃.";『남본』, T.12, No.375, pp.611b13~14, "唯願哀受我等微供 然後涅槃."
115) 『북본』, T.12, No.374, pp.371c26~27.;『남본』, T.12, No.375, pp.611b19~20, "我今身有調牛良田 耘除衆穢 唯悕如來甘露法雨."

기 때문이다.[116]

붓다는 쭌다의 마지막 공양을 수락하고, 마지막 공양 재자인 순타가 받을 과보에 관하여 상세하게 설하였다. 특히, 이종시식의 평등과보와 연계하여 설명하고 있다.

3) 이종시식(二種施食)의 평등과보(平等果報)

『6권본』은 이종시식(二種施食)의 평등과보(平等果報)를 언급하지 않았다. 반면, 『북본』과 『남본』은 경전의 전반부에서 자세하게 논의하였다. 우선, 이종시식에 관한 정의를 살펴보도록 하자.

> 첫째는 (음식 공양을) 받고 아누다라삼먁삼보리를 얻었고, 두 번째는 공양을 받고 열반에 든다. 나는 지금 너의 마지막 공양을 받고 너에게 보시바라밀을 구족하게 한다.[117]

『대승열반경』의 이종시식의 정의에는 순타의 보시바라밀 구족이 첨부되었다. 순타는 붓다에게 마지막 공양을 보시함으로써 보시바라밀을 완성하게 된다는 것이다. 위와 같이, 『대승열반경』에서 순타는 대승

---

116) 『북본』, T.12, No.374, pp.372a3~7.; 『남본』, T.12, No.375, pp.611b25~c1, "善哉 善哉 我今爲汝除斷貧窮 無上法雨雨汝身田 令生法芽 汝今於我欲求壽命色力 安樂 無礙辯才 我當施汝常命 色 力 安 無礙辯 何以故 純陀 施食有二果報無差."

117) 『북본』, T.12, No.374, pp.372a07~10.; 『남본』, T.12, No. 375, pp.611c1~3, "一者 受已得阿耨多羅三藐三菩提 二者 受已入於涅槃 我今受汝最後供養 令汝具足檀波羅蜜."

보살로 재해석된다.

『대승열반경』도 이종시식의 평등과보에 대하여, 두 가지 음식 보시의 과보가 같을 수 없는 5가지 이유를 다음과 같이 제기한다.

① 전자는 번뇌를 다하지 못하였고, 일체 종지를 이루지 못했으며, 중생에게 보시바라밀을 구족하게 할 수 없다. 후자는 이와 반대다.[118]

② 전자는 아직 중생이고, 후자는 하늘 중의 하늘이다.[119]

③ 전자는 잡식신·번뇌신·후변신[120]·무상신이고, 후자는 무번뇌신·금강신·법신·상신·무변신이다.[121]

④ 전자는 보시바라밀에서 지혜바라밀까지 갖추지 못했고, 오직 육안만 얻고 불안에서 혜안은 얻지 못했다. 후자는 모두 구족했다.[122]

⑤ 전자는 보시를 받아 먹고 소화되어 수명·외모·힘·안락·변재를 얻었다. 그러나 후자는 먹지 않고 소화하지 않으며, 5가지 과보가 없다.[123]

---

118) 『북본』, T.12, No.374, pp.372a11~15.; 『남본』, T.12, No. 375, pp.611c5~8, "先受施者煩惱未盡 未能成就一切種智 亦未能令衆生具足檀波羅蜜 後受施者煩惱已盡 已得成就一切種智 能令衆生普得具足檀波羅蜜."

119) 『북본』, T.12, No.374, pp.372a15~16.; "先受施者 直是衆生 後受施者 是天中天."; 『남본』, T.12, No. 375, pp.611c8~9, "先受施者猶是衆生 後受施者 是天中天."

120) 후변신(後邊身)은 뒤의 끝이 있는 몸이다. 번뇌의 인(因)을 끊게 하지만, 고통의 갚음을 받고 있는 몸을 뜻한다.

121) 『북본』, T.12, No.374, pp.372a16~18.; 『남본』, T.12, No. 375, pp.611c9~12, "先受施者 是雜食身煩惱之身 是後邊身是無常身 後受施者 無煩惱身金剛之身法身常身無邊之身."

122) 『북본』, T.12, No.374, pp.372a19~22.; 『남본』, T.12, No. 375, pp.611c13~16, "先受施者 未能具足檀波羅蜜乃至般若波羅蜜 唯得肉眼未得佛眼乃至慧眼後受施者 已得具足檀波羅蜜乃至般若波羅蜜 具足佛眼乃至慧眼."

123) 『북본』, T.12, No.374, pp.372a23~5.; 『남본』, T.12, No. 375, pp.611c17~19, "先

두 가지 음식 보시를 각각 구분하여 과보의 차이를 논의한 것은『대비바사론』과 같다. 이로써, 두 문헌의 연관성을 알 수 있다.[124]『대승열반경』의 이종시식 평등과보에 관한 견해는『대비바사론』의 견해와 논의 방식을 발전시킨 것이라고 할 수 있다. 위 경문의 후자에 해당되는 내용은『대승열반경』의 불타관이다. 전자에서 나열된 내용은 붓다의 성도 이전은 번뇌를 끊지 못한 중생에 해당한다는 중생들의 오해이다.『대승열반경』은 중생들의 견해를 타파하여 법신상주 사상을 설명하기 위하여, 붓다의 성도 이전을 중생의 경계로 나타낸 것이다. 여래는 오랜 옛적부터 식신·번뇌신·후변신이 아니라, 상신·법신·금강신이라는 것이 대승불교의 불신관(佛身觀)이다.[125] 붓다는 아주 먼 과거세에 이미 깨달음을 성취했고, 중생들을 교화하기 위하여 생로병사, 정각과 열반을 시현(示顯)할 뿐이라는 것이다.『대승열반경』에서 밝히는 이종시식의 과보가 평등한 이유에서 잘 나타난다.

① 불성을 보지 못한 이는 번뇌신·잡식신·후변신이다. 그러나 보살이 그때 음식을 받고 금강삼매[126]에 들었고, 그 음식이 소화된 뒤

受施者 受已食之入腹消化 得命得色得力得安得無礙辯 後受施者 不食不消無五事果."

124) 카와무라 코쇼는 '이종시식의 과보 무차별'에 있어서『대승열반경』과『대비바사론』의 밀접한 관계에 있다고 보았다. 河村孝照(1967),「大乘涅槃經における仏身觀の一考察」,『宗敎研究』40卷 3輯(190號), 東京大学文学部 宗敎学研究室內 本宗敎学會, p.106.

125)『북본』, T.12, No.374, pp.372a27~29.;『남본』, T.12, No. 375, pp.611c21~23, "如來已於無量無邊阿僧祇劫 無有食身煩惱之身 無後邊身常身法身金剛之身."

126)『대승열반경』에 "보살은 대열반을 닦아 금강삼매를 얻고, 이것에 편안히 앉아 모든 것을 다 파괴해 흩뜨려 버린다.『북본』, T.12, No.374, pp.509b3~4,; T.12, No.375, pp.753a26~27, "菩薩摩訶薩修大涅槃 得金剛三昧 安住是中 悉能破散一切諸法.";『대지도론』에는 "금강삼매란 무엇인가? 이 삼매에 머무르면 모든

불성을 보고 아누다라삼먁삼보리를 얻었기 때문이다.[127]

② 보살이었을 때도 4가지 마군을 파괴했고, 지금 열반에 들면서도 4가지 마군을 파괴했기 때문이다.[128]

③ 보살이 그때 비록 12부경을 설하지 않았지만 이미 통달했고, 지금 열반에 들어 중생들을 위해 분별하여 연설하기 때문이다.[129]

위와 같이, 이종시식의 과보가 평등한 이유에서 주목할 점은 붓다의 성도와 열반이 같다는 것이다. 특히, ②와 ③에서는 붓다의 정각 이전과 열반 이전의 동일한 체성(體性)을 마군 파괴와 12부 경(經)의 통달로 밝히고 있다. 법신으로서의 붓다를 나타낸 것이다. 다만, 붓다 생신(生身)의 생애는 중생 교화를 위하여 시현(示顯)한 것이다. 아래의 경문에서도 법신(法身)의 불타관이 잘 나타난다.

여래의 몸은 이미 오랜 세월 동안 음식을 받지 않았다.[130]

붓다는 쭌다의 마지막 공양을 받지 않았을 뿐만 아니라, 오랜 옛적부터 음식을 먹지 않았다는 것이다. 붓다의 몸은 오랜 세월 동안 식신(食身)이 아니고, 법신(法身)이며 금강신(金剛身)이기 때문이다. 이러한

삼매를 파괴할 수 있으므로 금강삼매라고 한다. T.25, No.1509, pp.397a13~14, "云何名金剛三昧 住是三昧能破諸三昧 是名金剛三昧."

127) 『북본』, T.12, No.374, pp.372a29~b03.; 『남본』, T.12, No. 375, pp.611c23~26, "未見佛性者 名煩惱身雜食之身 是後邊身 菩薩爾時受飲食已 入金剛三昧 此食消已即見佛性 得阿耨多羅三藐三菩提."

128) 『북본』, T.12, No.374, pp.372b3~4.; 『남본』, T.12, No. 375, pp.611c27~28, "菩薩爾時破壞四魔 今入涅槃亦破四魔."

129) 『북본』, T.12, No.374, pp.372b5~7.; 『남본』, T.12, No. 375, pp.611c28~612a1, "菩薩爾時雖不廣說十二部經 先已通達 今入涅槃廣為眾生分別演說."

130) 『북본』, T.12, No. 374, p.372b8.; 『남본』, T.12, No. 375, pp.612a2~3, "如來之身已於無量阿僧祇劫不受飲食."

불타관은 붓다의 마지막 공양과 입멸에 관한 의혹과 논쟁 자체를 불식시킨다. 『대승열반경』은 붓다는 열반 직전의 공양도 먹지 않았듯이 정각 직전의 공양도 먹지 않았다고 강조한다.

> 모든 성문을 위하여 소치는 난타와 난타바라[131], 두 여인의 우유죽을 받은 뒤 아누다라삼먁삼보리를 얻었다고 한다. 그러나 사실 나는 먹지 않았다. 나는 지금도 이 회상의 대중들을 위해 너의 마지막 공양을 받았지만 사실은 먹지 않았다.[132]

붓다가 두 번의 음식 보시를 받은 것은 방편이었을 뿐, 공양하지는 않았다는 말이다. 붓다의 몸은 법신이라고 재차 강조한 것이다. 『마하빠리닙바나 숫따』와 『유행경』에서 유위(有爲)의 붓다에 주목했다면, 『대승열반경』에서는 무위(無爲)의 붓다를 나타낸 것이다. 법신의 관점에서 보면, 붓다의 마지막 공양·발병·입멸에 대한 논쟁 자체가 무의미하다. 『대승열반경』은 붓다의 입태(入胎)부터 열반까지 보인 전 생애가 모두 중생의 세간법을 따라 시현했다는 것이다.[133] 이러한 견해는 『대승열반경』의 불신관을 현정(顯正)의 측면에서 설한 것으로도 본다.[134]

---

131) 『대승열반경』의 난타와 난타바라 언급은 『대비바사론』과 같다. T.27, No.1545, pp.680a7~8, "謂初難陀難陀跋羅姉妹二人."
132) 『북본』, T.12, No. 374, pp.372b9~12.; 『남본』, T.12, No. 375, pp.612a3~6, "爲諸聲聞 說言先受難陀難陀波羅二牧牛女所奉乳糜 然後乃得阿耨多羅三藐三菩提 我實不食 我今普爲此會大衆 是故受汝最後所奉 實亦不食."
133) 『북본』, T.12, No. 374, pp.388b27~c23.; 『남본』, T.12, No. 375, pp.628c1~27, "隨順世間示現入胎 [중략] 隨順世間衆生法故示現如是."
134) 河村孝照(1967), 「大乘涅槃經における仏身觀の一考察」, 『宗教研究』 40卷 3輯 (190號), 東京大学文学部 宗教学研究室内 日本宗教学會, p.106.

위와 같이, 『대승열반경』에서는 법신상주의 불타관으로써 초기불전에 나타난 붓다의 마지막 공양 에피소드를 원천적으로 재해석하였다. 순타는 중생 구제를 위해 붓다의 마지막 공양 재자(齋者)가 되고, 보시 바라밀을 구족하는 대승불교 보살과 같이 등장하였다. 특히, 붓다는 공양만 받고 음식은 먹지 않음으로써, 초기불전에서 야기된 쭌다의 마지막 공양과 붓다의 발병·입멸의 문제 자체를 초월하였다. 붓다의 질병도 육신의 병이 아닌 대승보살심의 발로라고 주장하였다. 여래가 병고를 보이는 것도 중생들을 조복하기 위한 방편이라는 것이다.[135]

---

135) 『북본』, T.12, No.374, pp.383b10~11.;『남본』, T.12, No.375, pp.623a28~29,
　　　"如來所以示病苦者 爲欲調伏諸衆生故."

5. 요약 및 논의

붓다의 마지막 공양은 불타관 전개의 도화선이 된 에피소드이다. 『마하빠리닙바나 숫따』는 쭌다의 공양이 붓다의 발병과 죽음을 초래했다는 인식의 근거로서, 불신(佛身)과 불멸(佛滅)에 문제가 제기되었다. 『마하빠리닙바나 숫따』의 견해는 초기불전 안에서도 공감을 얻지 못했고, 논쟁의 소지가 되었다. 각 문헌의 주장을 비교하면 다음과 같다.

〈표2-4〉 붓다의 마지막 공양에 관한 초기불교 문헌 비교

	MPS	유행경	아함부 열반경 제본
붓다의 최후 음식	수까라맛다와	전단수이[버섯]	
공양 직후 붓다	발병-통증 악화	통증 악화	통증 완화/공양 가능
붓다의 병명	적리[설사병]	배통(背痛, 등 통증)	복통/배통(背痛)
쭌다의 공양	발병·입멸 원인	입멸 원인	기력 회복 → 입열반
공양 후 쭌다	자책감	뉘우치고 한탄함	큰 이익 얻어 기뻐함
이종시식 평등과보	쭌다 위로한 법문	쭌다를 위로한 법문	만나기 어려운 2가지

한역본은 붓다의 병명, 발병의 시기, 쭌다의 상태 등 붓다의 마지막 공양 에피소드 전반에 걸쳐 빠알리본의 견해와 다르다. 『유행경』과 이 역본 간의 차이도 극명하다. 초기불전 내에 나타난 불타관의 변화이다. 아함부 『열반경』 제본(諸本)들은 붓다가 잘못된 음식 섭취로 인해 발병 또는 죽음을 맞았다는 견해를 반박하였다. 음식에 대해서는 언

급조차 없고, 붓다는 쭌다의 공양 이전에 이미 등 통증[배통]이 있었다고 주장하였다. 특히, 『대반열반경』은 붓다의 반열반을 도운 큰 이익에 환희하고 기뻐하는 쭌다를 묘사하였다. 『반니원경』과 『불반니원경』은 쭌다의 공양으로 붓다가 기력을 회복하여 정각과 열반을 성취했다고 강조하였다.

붓다의 입멸은 통상적인 죽음의 개념이 아니라, 재생이 없는 불사(不死)의 열반이라고 강조한 것이다. 특히, 정각과 열반을 동일시함으로써, 붓다의 죽음에 대한 불교도들의 충격과 슬픔을 최소화하고자 하였다. 또한, 붓다의 본질은 열반에 있다는 것을 강조한 것이다. 이러한 관점에서 이종시식(二種施食)의 과보가 어떻게 평등한가에 대한 구체적인 논의도 시작되었다.

부파불교는 붓다의 마지막 공양에 문제의 소지가 없었다는 해명에 주력하였다. 이종시식의 과보가 평등한 이유를 교학적으로 정각과 열반이 같다고 주석함으로써, 붓다의 본질인 불사(不死)를 역설하였다.

〈표2-5〉 붓다의 마지막 공양에 관한 부파불교 문헌 비교

	밀린다팡하	슈망갈라윌라시니	대비바사론
붓다의 최후음식	수까라맛다와	최상품의 신선한 돼지고기	이종시식의 과보가 평등한 이유-14 견해
공양 직후 붓다	발병-통증 악화	고통 완화→걸어갈 수 있음	
붓다의 병명	노환	설사병	
쭌다의 공양	발병과 무관	붓다의 발병과 무관	
공양 후의 쭌다	자책감, 좌절	큰 이익-환희와 행복 회상	
이종시식 평등과보	9차제정 동일	두 열반·등지·회상 동일	

부파불교 논사들은 불교적 용어로써 긍정적으로 해석하고 붓다에 대한 폄훼를 차단하고자 하였다. 『밀린다팡하』와 『슈망갈라윌라시니』

는 '수까라맛다와'가 완벽한 요리로서, 음식에는 전혀 문제가 없었다고 주장하였다. 오히려 쭌다의 공양으로써 붓다의 설사병이 완화되어 꾸시나라로 갈 수 있었다고 강조하였다. 쭌다도 붓다의 열반 성취에 환희와 행복감에 젖어 있는 모습으로 설명하였다. 특히, 이종시식의 과보가 평등한 이유를 9차제정(九次第定)과 선정[等至]으로 주석하였다. 『아비달마대비바사론』도 선정과 해탈, 사성제(四聖諦) 등의 교리로써, 정각과 열반에 배대하여 설명하였다.

대승불교는 『마하빠리닙바나 숫따』에서 야기된 붓다의 마지막 공양에 관한 논란의 소지 자체를 없애 버렸다. 『대승열반경』에서 붓다는 음식을 먹지도 않았고, 입멸도 일어나지 않는다. 붓다의 몸은 법신(法身)이고 금강신(金剛身)이며 불괴신(不壞身)이므로 상주(常住)하고, 식신(食身)이 아니므로 음식을 먹지도 않기 때문이다. 붓다는 중생 교화를 위해 공양을 받았지만, 오랜 옛적부터 실제로는 먹지 않았다는 것이다. 붓다의 마지막 공양 경위와 법신사상의 확립 과정에 묘사된 쭌다는 대승의 문수보살을 능가한다. 그는 십지보살로 인가받고, 붓다의 수기와 정법 부촉까지 받는다. 이러한 마지막 공양의 수자(受者, 붓다)와 시자(施者, 쭌다)에 대한 재해석은 논란의 여지를 원천적으로 차단한 것이다. 초기불교와 부파불교의 역사적 불타관을 초월한 법신상주의 대승불교 불타관을 확립한 것이다.

위와 같이, 붓다의 마지막 공양에 관한 초기불교·부파불교·대승불교 견해는 불신(佛身)을 생신(生身)에서 법신(法身)으로 인식되는 과정을 보여준다. 『마하빠리닙바나 숫따』는 역사적 불타관으로 붓다 생신의 죽음에 주목하고 있다. 그러나 한역 『열반경』 제본에서 재해석되기 시작했다. 부파불교는 붓다의 마지막 공양과 입멸을 부정적으로 인식해서는 안 된다고 강조하였다. 이러한 견해는 초기불교의 불타관을 초월하여, 대승불교의 불타관 확립에 가교가 되었다고 할 수 있다. 대승불교는 법신의 불타관으로써, 초기불교에서 제기된 문제 자체를 초월하였다. 대승불교에서 『마하빠리닙바나 숫따』와 동명(同名)의 『열반경』을 성립한 의도가 여기에 있는 것이다.

제3장
붓다의 수명(壽命)

붓다는 80세에 입멸하였다. 불사(不死)의 열반을 성취한 붓다의 죽음은 불신(佛身)과 붓다의 수명에 연관된 논쟁의 도화선이 되었다. 특히, 『마하빠리닙바나 숫따』와 『유행경』 등 초기불전에서 붓다는 수명 연장의 신통력을 가지고 있다고 전제하였다. 그런데 연장하지 않은 이유는 아난다가 간청하지 않았기 때문이고, 거기에는 마라(Māra)의 방해가 있었다는 것이다. 결국, 붓다의 수명 포기는 아난다의 허물이라고 초기불교는 단언하였다. 이러한 견해는 설득력을 얻지 못하고, 부파불교와 대승불교에서 재해석된다.

붓다의 수명에 관한 연구는 안양규 교수의 옥스퍼드(Oxford) 대학교 박사학위 논문(1998), "Buddhology in the Mahāparinibbāna Suttanta and its Commentary: with an annotated translation of Buddhaghosa's commentary"가 있다.[1] 이 논문은 『마하빠리닙바나 숫따』와 『슈망갈라윌라시니』를 중심으로 고찰하였다. 이와 연관된 후속 연구[2]는 『붓다의 입멸에 관한 연구』로 출판되었다.[3] 붓다의 수명을 비롯한 입멸에 관한 대표적인 연구서이다. 대승불교를 포함한 붓다의 수명에 관한 논문은 졸고, 「붓다의 수명에 관한 제(諸) 해석」이 있다.[4]

---

1) 『『마하빠리닙바나 숫따』와 그 주석서에 보이는 불타관: 붓다고사의 주석서 번역과 함께』이다.
2) 「붓다의 수명 포기의 원인에 관하여」(2000c), 「붓다의 반열반(parinibbana)에 관한 고찰」(2000d), 「붓다의 신격화와 반신격화: 그의 수명과 수명 연장 능력에 관한 이견을 중심으로」(2000e), 「붓다의 수명 연장과 수명포기」(2001a), 「붓다의 입멸 과정과 그 해석: 설일체유부를 중심으로」(2001b), 「붓다의 입멸 자세, 장소, 그리고 최후의 가르침」(2002), 「궁극적 실재(Ultimate Reality)로서의 열반」(2005) 등이다.
3) 안양규(2009), 『붓다의 입멸에 관한 연구』, 서울: 민족사.
4) 박지영(명오, 2014), 「붓다의 수명에 대한 제(諸) 해석」, 『동아시아불교문화』 제20권, 동아시아불교문화학회, pp.277~309.

본 장에서는 붓다의 수명에 관한 초기불교·부파불교·대승불교의 견해를 통시적으로 규명하고자 한다. 붓다의 기대수명(期待壽命)과 정명(定命), 수명의 길이는 정해져 있는데 어떻게 연장하고 포기할 수 있는지, 논쟁의 소지 자체를 초월할 대승불교의 견해를 고찰하고자 한다. 이로써, 불타관의 변화 과정을 파악할 수 있다.

1. 초기불교의 견해

붓다의 정명(定命)은 80세였다. 그러나 『마하빠리닙바나 숫따』는 붓다의 기대수명은 1겁(劫) 이상, 수명을 연장할 수 있는 능력을 언급하고 있다. 그러나 『유행경』을 비롯한 아함부 경전들의 견해는 차이를 나타낸다. 초기불교에서부터 붓다의 수명을 통한 본질을 논의함으로써, 불타관의 변화가 시작되었다.

1) 붓다의 수명

역사적인 붓다의 수명은 80세였다. 그러나 붓다의 수명에 관한 초기불전의 견해는 일치하지 않는다. 우선, 『증일아함경』의 「십불선품(十不善品)」에 나타난 과거칠불(過去七佛)의 수명은 아래와 같다.

비바시여래의 수명은 8만 4천세, 시기여래의 수명은 7만세, 비사라바여래의 수명은 6만세였다. 구루손여래의 수명은 5만세, 구나함모니여래의 수명은 4만세, 가섭여래의 수명은 2만세였다. 지금 나의 수명은 너무 감소하여 백 세를 넘기지 못한다.[5]

---

5) T.2, No.125, pp.791a23-27, "毘婆尸如來壽八萬四千歲 式詰如來壽七萬歲 毘舍羅婆如來壽六萬歲 拘屢孫如來壽五萬歲 拘那含如來壽四萬歲 迦葉如來壽二萬歲 如我今日壽極減少 極壽不過百歲."

경문에서는 석가모니불의 수명을 백 세 이하라고 단정하였다. 역사적으로, 붓다의 수명도 여기에 해당한다. 반면,『장아함경』의『대본경(大本經)』은 과거 칠불(七佛) 시대 사람들의 수명을 언급하였다. 석가모니불 시대 사람들의 수명을 아래와 같이 밝히고 있다.

> 석가모니불 시대 사람들의 수명은 백 세를 넘는 이는 적고, 넘지 못하는 이는 많다.[6]

위와 같이,『대본경』은 붓다의 수명은 명시하지 않았다. 다만, 석가모니불 시대 사람들의 수명은 보통 백 세를 넘지 않지만, 백 세 이상인 사람들도 있다는 것이다. 아함부 경전들은 붓다의 수명을 백 세를 기준하였다. 역사적 붓다의 정명(定命)과는 20년의 차이가 있다. 불사(不死)를 성취한 위대한 붓다의 수명이 보통 사람들과 다르지 않다는 것이다. 특히, 붓다는 죽음에 희생된 것이 아니라, 오히려 자유로움을 나타낸 것이다.

2) 붓다의 수명 연장과 포기 능력

붓다의 초인간적인 수명, 붓다의 수명 연장과 포기 능력에 관한 논의는 초기불교에서 이미 시작되었다. 우선,『마하빠리닙바나 숫따』의 견해를 살펴보도록 하자.

---

6) T.1, No.1, pp.2a5~6, "我今出世 人壽百歲 少出多減."

아난다여, 실로 여래에게는 사신족이 수행되어져 열심히 하고, 습관적으로 하고, 철저히 하고, 실행하고, 숙지하고, 잘 노력하였다. 그러므로 아난다여, 여래가 원한다면 일 겁 혹은 일 겁 이상을 계속 머물 수 있다.[7]

경문에서는 붓다의 기대수명과 수명 연장 능력에 관하여 명시하였다. 붓다의 기대수명은 일 겁(劫, kappa)[8] 이상이라는 말이다. 붓다는 80세에 입멸하지 않고, 겁이라는 오랜 세월 동안 목숨을 연장할 수 있었다는 것이다. 여기서, 겁(劫)은 무량(無量)에 가까운 오랜 시간을 의미하는 대겁(大劫, mahā-kappa)[9]이라고 할 수 있다.[10] 붓다는 인간 수명의 차원을 넘어 오래도록 살 수 있다는 초인적인 불타관이 『마하빠리닙바나 숫따』에 반영된 것이다.

초인적인 붓다에 관한 견해를 마사하루 아네사키(Masaharu Anesaki)는 불교의 가현설(假現說, Docetism)[11]로 설명하였다. 붓다의

---

7) 日本『光明寺経蔵』,「長部」,「大篇」,「大般涅槃経」, p.167-4.
   https://komyojikyozo.web.fc2.com/dnmv/dn16/dn16c12.htm
8) 『잡아함경』의 겁에 대한 설명이다. 즉, "비유하면, 쇠로 된 성의 사방이 1유순이고 높이도 1유순인 그 성안에 겨자씨를 가득 채워 놓고, 어떤 사람이 백 년에 그 겨자씨를 한 알씩 꺼내어 그 겨자씨가 다 없어져도 겁은 오히려 끝나지 않는 것과 같다. 비구야, 겁은 이와 같이 매우 길고 오랜 세월이다."라고 하였다. T.2, No.99, pp.242b22~25, "譬如鐵城 方一由旬 高下亦爾 滿中芥子 有人百年取一芥子 盡其芥子 劫猶不竟 如是 比丘 其劫者 如是長久."
9) 겁에는 대겁과 소겁, 두 종류가 있다. 만약, 그 겁에 부처님이 세상에 출현하지 않으면 그때는 벽지불이 세상에 나오는데, 이것을 소겁이라고 한다. 만약, 여래가 겁중에 출세하시면 그때 벽지불은 세상에 출현하지 않는데, 이것을 대겁이라고 한다. 『증일아함경』제48권, T.2, No.125, pp.814a13~16, "然劫有二種大劫 小劫 若於劫中無佛出世 爾時復有辟支佛出世 此名為小劫 若如來於劫中出世 爾時彼劫中無有辟支佛出現於世 此名為大劫."
10) 안양규(2009), 『붓다의 입멸에 관한 연구』, 서울: 민족사, pp.22~24.
11) 가현설(假現說, vivarta-vāda)은 실재와 현상세계의 인과관계 혹은 존재론적 관계

신격화는 역사적으로 정확히 할 수는 없지만, 불멸(佛滅) 직후부터 시작되었다는 것이다.[12] 마이클 프리드먼(Michael Freedman)도 유사하게 주장하였다. 붓다의 수명 연장 능력에 대한 견해는 초기불교의 일부로 발달된 것이 아니라, 불멸 후 붓다의 본질이 가현설을 따라 전개되던 시기에 발전되었다는 것이다.[13] 안양규 교수는 기독교 전통에서 이단으로 규정된 가현설과 대승불교의 가현설을 간략히 대조하였다.[14]

『유행경』도 붓다의 사신족 수행으로써 일 겁 이상 수명을 연장할 수 있는 능력을 설하였다.[15] 붓다의 수명이 보통 사람의 수명과 같다는 사실을 그대로 받아들일 수 없었던 불교도들의 초역사적인 불타관을 볼 수 있다. 붓다의 수명 연장 능력은 『유행경』과 『마하빠리닙바나 숫

를 설명하는 이론이다. 현상세계의 모든 차별성과 다양성을 무지 때문에 나타나는 환술로 보고 브라만(Brahman) 혹은 아트만(Ātman)만이 실재임을 주장하는 견해로서 불이일원론(不二一元論)적 베단따(Vedānta) 철학의 중심 개념이다. 샹까라(Śankara)에 따르면 궁극적 실재는 오직 브라흐만인데 마야(māyā, 幻術)로 인해 발생한 현상세계를 가현된 것이라고 한다. 지관 편저(1998), 『가산불교대사림』 Vol.1, 서울: 가산불교문화연구원, p.153.
가현설의 원어는 기독가현설(基督假現說)로서, 이단적 견해의 하나이다. 기독론(基督論)에서 물질을 본래 악이라고 보기 때문에 신자(神子)인 기독은 사람이 되었다고 하되 물질적인 육체와 결합할 수 없는 것이며, 오직 외관상 육체의 형태를 취하였다고 주장하는 이론이다. 국어국문학회(2002), 『새로 나온 국어대사전』, 서울: 민중서관, p.404.

12) Hastings, James(ed.), Anesaki M.(1911), "Docetism(Buddhist)," *Encyclo paedia of Religion and Ethics* Vol.4, pp.835~836.
13) Freedman, Michael(1977), "The Characterization of Ananda in the Pāl Canon of the Theravada: A Hagiographic Study", PhD dissertation, McM aster University, p.398.
14) 안양규(2009), 『붓다의 입멸에 관한 연구』, 서울; 민족사, p.30.
15) T.1, No.1, pp.15b21~23, "佛四神足已多修行 專念不忘 在意所欲 如來可止一劫有餘."

따』의 마지막 안거에서 발휘되었다. 우선, 『유행경』에 나타난 내용을 살펴보도록 하자.

나는 이미 늙었고, 나이 또한 80이나 되었다. 비유하면, 낡은 수레를 방편으로 수리하면 좀 더 갈 수 있는 것처럼 내 몸 또한 그렇다. 방편의 힘으로써 조금 더 수명을 유지할 수 있기에 자력으로 정진하면서 이 고통을 참는다. 일체의 상(想)을 생각하지 않고 무상정에 들어갈 때, 내 몸은 안온하여 아무런 번뇌와 병도 없다.[16]

경문에서 붓다는 선정을 통한 수명의 연장 능력을 피력하였다. 그러나 수명연장 기간을 '조금'이라고 한정하였다. 조금이 의미하는 시간은 짧다. 그러나 붓다는 마라(Māra)[17]에게 열반을 선언한 후, 그의 의지대로 3달 동안 수명을 유지하였다. 붓다는 수명의 연장과 포기 능

---

16) T.1, No.1, pp.15b2~5, "吾已老矣 年且八十 譬如故車 方便修治得有所至 吾身亦 然以方便力得少留壽 自力精進 忍此苦痛 不念一切想 入無想定 時 我身安隱 無有惱患."

17) 마라(Māra, 摩羅, 魔羅)는 인도신화를 통틀어 가장 흥미롭고 다채로운 성격을 지닌 초월적 존재이자 악의 현현일 것이다. 빠알리 문헌에는 여러 다른 생에 여러 다른 마라가 여러 다른 이름으로 존재한다. 초기불전에 다양하게 언급되었고, 마라의 본질은 매우 복잡하다. 『청정도론』은 오염원(Kilesa)·무더기(蘊, khandha)·업형성력(abhisaṅkhāra)·신(devaputta)·죽음(maccu)으로서의 마라를 설명한다. 붓다는 이러한 다섯 가지 마라를 부순 분(bhaggavā)이므로 세존(bhagavā)이라 부른다고 하였다. 기독교 성경의 사탄과 매우 흡사한 모습을 보이지만, 전적으로 일치하지는 않는다. 특히, 선업을 지으면 절대악으로 표현되는 마라조차도 불교에서는 다음 생에 속죄할 기회가 주어진다. 『맛지마니까야』의 『마라타짜니야 숫따(Māratajjanīya Sutta)』는 대지옥에 빠졌던 마라 두시(Māra, Dūsi)는 여러 생을 거치며 선업을 쌓은 뒤 현생에서는 붓다의 최고 제자 가운데 마하목갈라나(Mahāmoggallāna)로 태어났다고 전한다. 각묵(2007), 『부처님의 마지막 발자취: 대반열반경』, 울산: 초기불전연구원, pp.71~75. 박경숙(2022 연수교육), 『인도의 전통신화와 초기불교』, 서울:대한불교조계종, pp.34~35.

력을 동시에 발휘한 것이다.

붓다는 일 겁 이상의 수명을 유지할 수 있음에도 불구하고, 80세에 입멸한 것이다. 붓다의 열반 선언과 수명 포기에 대한 책임을 『마하빠리닙바나 숫따』와 『유행경』은 아난다에게 돌린다. 아난다가 마라에 홀려서 대답하지 않았기 때문에 수명을 포기했다는 것이다.[18] 그러나 붓다는 아난다가 마라에 현혹되어 정신이 혼미한 상태임을 알고 있었다. 그런 상황에서 붓다는 아난다에게 세 번씩이나 수명 연장의 권청을 유도했다. 초기불교도들은 붓다가 입멸한 동기와 그 책임을 누군가에게 돌리려 한 것이다. 아난다가 침묵했기 때문에 붓다가 수명을 포기했고, 그 책임을 아난다에게 돌린 견해는 결국 설득력을 얻지 못한다.

『불반니원경』은 붓다의 수명 연장을 간청하지 않은 아난다를 향한 비난에 대한 반문을 제기한다.

> 붓다는 위없이 바르고 진실한 성스러운 존자로서 자재함을 얻지 않았습니까! 그런데 반드시 저의 말이 필요하다는 것입니까? 설사, 붓다께서 일 겁 동안 세상에 계신다면, 미륵지존은 어떻게 성불하겠습니까?[19]

인용문은 아난다의 책임론에 대한 『불반니원경』의 반박이다. 첫째,

---

18) 日本『光明寺経蔵』, 「長部」, 「大篇」, 「大般涅槃経」, pp.182-9~12.
https://komyojikyozo.web.fc2.com/dnmv/dn16/dn16c18.htm
『유행경』, T.1, No.1, pp.17b8~15, "爾時 何不重請 使不滅度 再聞尚可 乃至三聞 猶不勸請留住一劫 一劫有餘 為世除冥 多所饒益 天人獲安 今汝方言 豈不愚耶 吾三現相汝三默然 汝於爾時 何不報我 如來可止一劫 一劫有餘 為世除冥 多所饒益 且止阿難 吾已捨性命 已棄已吐 欲使如來自違言者 無有是處."
19) T.1, No.5, pp.175b21~23, "阿難即對曰 佛爲無上正眞聖尊 將不得自在耶 當須吾言乎 設佛在世一劫之間 彌勒至尊 從得作佛."

붓다에게 수명 연장 능력이 있다면, 아난다의 간청과는 무관하게 세상에 더 머무르면 된다는 말이다. 둘째, 한세상에서 석가모니불과 미륵불이 공존할 수 없다. 안양규 교수는 석가모니불의 수명 포기는 교리적으로 타당하므로 아난다는 전혀 잘못이 없다는 견해이다.[20] 마이클 프리드먼(Michael Freedman)은 붓다의 입멸과 아난다의 폄하를 드러내기 위한 조작에 불과하다고 주장하였다.[21] 미르체아 엘리아데(Mircea Eliade)도 붓다의 입멸을 설명하기 위해 창작된 것이라고 주장하였다.[22] 그러나 『반니원경』도 "석가모니불은 미륵이 이 세상에 강림하여 붓다가 될 것이고, 처음으로 법에 들어오는 자는 반드시 그를 쫓아 성불할 것이라고 설한다. 만약 석가모니불 스스로가 머문다면, 미륵은 어떻게 되겠는가."라고 되어 있다.[23]

결론적으로, 초기불전은 초인적인 붓다의 기대수명과 수명 연장 능력을 언급함으로써, 80세에 입멸한 붓다를 그대로만 받아들이지 않았다. 그러나 아함부 『열반경』 제본들은 『마하빠리닙바나 숫따』와 『유행경』에서 제기한 붓다의 수명포기에 대한 아난다의 책임론에 동의하지 않았다. 초기불교에서부터 붓다의 수명 연장과 포기, 수명 연장 기간에 관하여 재고하기 시작한 것이다.

---

20) 안양규(2009), 『붓다의 입멸에 관한 연구』, 서울: 민족사, pp.107~108.
21) Freedman, Michael(1977),"The Characterization of Ananda in the Pāli Canon of the Theravada: A Hagiographic Study", PhD dissertation, McMa ster University, p.398.
22) Eliade, Mircea(1982), Willard R. Trask(tr. 1985), *A History of Religious Ideas vol. II: From Gautama Buddha to the Triumph of Christianity*, University of Chicago Press, p.81, fn.7.
23) T.1, No.6, pp.191a14~15, "佛說彌勒 當下作佛 始入法者 應從彼成 設自留者 如彌勒何."

2. 부파불교의 견해

상좌부(上座部)와 설일체유부(說一切有部)는 초기불교의 역사적인 불신관(佛身觀)을 계승하여 인간으로서의 붓다를 강조하였다. 대중부(大衆部)[24]는 붓다에게 초인적인 존재성을 부여하였다. 『이부종륜론(異部宗輪論, *Samayabhe-davyūhacakra*)』에서 초역사적 불타관을 주장한 것이다. 부파불교의 불타관 변화이다. 본론에서는 붓다의 수명·수명 연장과 포기에 주목하여, 붓다의 본질에 관한 부파불교의 견해를 고찰하고자 한다.

1) 붓다의 수명

(1) 『슈망갈라윌라시니』

붓다고사(Buddhaghosa)는 겁(劫, kappaṃ)의 개념으로써 붓다의 기대수명을 설명하였다. '겁'을 한 시대, 인간의 수명이라고 주석하였

---

24) 『이부종륜론』은 불멸 후 백여 년 후, 아소까왕이 인도를 통일하여 사람들과 신들이 윤택할 때, 비구 대중들이 처음으로 대중부와 상좌부로 분열되었다. 그 이유는 대천의 오사에 대한 견해 차이 때문이라고 전한다. T.49, No.2031, pp.15a17~21, "如是傳聞 佛薄伽梵般涅槃後 百有餘年去聖時淹 如日久沒 摩竭陀國 俱蘇摩城王號無憂 統攝贍部 感一白蓋 化洽人神 是時佛法 大衆初破 謂因四衆共議 大天五事 不同分為兩部 一大衆部 二上座部."

다. 겁에는 대겁(大劫, mahākappa)과 수명[āyu-kappaṃ]이 있다. 여기서, 붓다고사는 후자로 해석하였다. 겁은 주어진 시간에 인간의 수명이 다한 것으로서, 시간적 개념은 백 년이다. 그는 『마하빠리닙바나 숫따』에서 언급한 '1겁 내지 그 이상'의 의미는 백 년, 또는 조금 더한 시간을 말한다고 해석하였다.[25] 붓다고사는 인간의 이성으로 납득할 수있도록 설명한 것이다.

붓다고사의 수명에 관한 견해는 『디가 니까야』의 『마하빠다나 숫따』(Mahapadana sutta)[26]의 주석에서도 나타난다. 붓다는 백 년을 또한 번 더 살지는 못하지만, 20·30·40·50년 또는 60년을 더 살 수있다. 예를 들면, 재가 신도 위사카(Visākhā)는 120년을 살았고, 아난다(Ānanda)·마하깟사빠(Mahākassapa)·아누룻다(Anuruddha)는 각각150년을 살았고, 박꿀라(Bakkula Thera) 장로는 160년을 살았다. 그러나 그 누구도 이백 년을 산 사람은 없다고 설명하였다.[27]

붓다고사의 견해를 안양규 교수는 네 가지로 요약하였다. 첫째, 붓다는 본래 자신의 전생 선업(善業)으로써 헤아릴 수 없을 정도의 긴 수명을 가지고 태어났다. 둘째, 붓다가 출현한 세상에서 보통 사람들의 평균 수명은 백 년이기 때문에, 붓다도 같은 길이의 수명이다. 셋째, 까꾸싼다 붓다(Kakusandha-Buddha, 拘留孫佛)[28]와 같이 석가모니불

---

25) An, Yang-Gyu(2003), *The Buddha's Last Days: Buddhaghosa's Commentary on the Mahāparinibbāna Sutta*, Oxford: PTS, p.88.
26) 『장아함경』의 『대본경』에 상응하는 경전이다.
27) 안양규(2009), 『붓다의 입멸에 관한 연구』, 서울: 민족사, p.36.
28) 까꾸싼다 붓다(Kakusandha-Buddha, 구류손불)는 과거칠불(過去七佛) 중 제4불, 24불(二十四佛) 중 제22불, 현겁천불(賢劫千佛) 중 제1불이다. 지관 편저(1998), 『가산불교대사림』 Vol.2, 서울: 가산불교문화연구원, p.399.

은 자신의 수명 5분의 4만 살고, 나머지 5분의 1은 포기했다. 넷째, 붓다가 포기하지 않고 원했더라면, 백 세까지 더 살 수 있었을 것이다.[29]

상좌부를 대변하는 붓다고사의 주석은 역사적인 불타관을 초월하지 않고, 인간적인 붓다를 강조하였다.[30] 반면, 붓다고사는 마하시와 장로(Mahāsīva Thera)[31]의 견해를 『슈망갈라윌라시니』에 소개하였다. 마하시와는 붓다의 최대 기대수명을 현겁(賢劫)[32]까지라고 주장하였다.[33] 석가모니불과 미륵불과의 시간적 거리는 56억 7천만 년으로 굉장히 길다.[34] 이러한 마하시와의 초인적인 불타관은 붓다고사와 대립

---

29) 안양규(2009), 『붓다의 입멸에 관한 연구』, 서울: 민족사, pp.37~38.

30) Dutt, Nalinaksha(1977), Dutt, Nalinaksha(1977), *Buddhist Sects in India*, Calcutta: Firma KLM, pp.76~77.

31) 마하시와 장로는 두 인물이 있다. 기원전 161~137년의 Gāmantapabbhāravāsī -Mahāsīva thera, 스리랑카 와사바(Vasabha, 65~109)왕 재위 시 Dīghabhāṇaka -Tipiṭaka-Mahāsīva thera이다. 여기서는 후자를 말하며, 앞의 타이틀 없이 마하시와 장로라고 한다. 붓다고사는 많은 경우에 존경심을 가지고 마하시와를 인용하지만, 때로는 마하시와보다 아타까타(Aṭṭhakathā, 빠알리 경전 주석서)의 견해를 더 선호한다. An, Yang-Gyu(2003), *The Buddha's Last Days: Buddhaghosa's Commentary on the Mahāparinibbāna Sutta*, Oxford: PTS, pp.88~89.

32) 지금 이 현겁에 헤아릴 수 없는 나유타 세월에 대선인 네 분이 중생을 연민하여 출현하셨는데, 구류손불·구나함모니불·가섭불·석가모니불이다. 『대본경』, T.1, No.1, pp.2a1~3, "今此賢劫中 無數那維歲 有四大仙人 愍衆生故出 拘樓孫那 含 迦葉釋迦文."
현겁에는 천불(千佛)이 출현하는데, 가장 먼저 깨달음을 얻은 부처님이 구류손 불이다. 『비화경』, T.3, No.157, pp.199c25~28, "有千世尊成就大悲出現於世 善男子 賢劫之初 人壽四萬歲 於千佛中 最初成阿耨多羅三藐三菩提 號拘留孫如來."

33) An, Yang-Gyu(2003), 위의 책, p.89.

34) 『보살종도솔천강신모태설광보경』은 석가모니불의 수명, 미륵의 출현 시기와 수명에 관하여 다음과 같이 언급하였다. 미륵이여, 반드시 알라. 그대는 다시 수기를 받아라. 56억 7천만 년 후, 이 나무 아래에서 위 없는 등정각을 이룰 것이다. 나는 오른쪽 옆구리로 태어났지만, 그대 미륵은 이마에서 태어날 것이다. 나의 수명은 백 세이지만, 미륵의 수명은 8만 4천 세이다. 다만, 이 경전은 대승경전이다. T.12,

된다. 붓다고사가 마하시와 견해를 부정하면서도 상좌부의 견해로서 무시하지 못하고 소개했다는 것은 그 권위가 있었음을 암시한다.

(2)『아비달마대비바사론』

『대비바사론』은 붓다의 기대수명을 120세와 100세, 두 가지 견해를 나타내고 있다. 우선, 120세에 관한 내용을 살펴보도록 하자.

> 세존 석가모니는 수명의 양이 마땅히 120세를 사셔야 하는데, 뒤의 40년은 버리고 80세만 받으셨다.[35]

위와 같이,『대비바사론』은 붓다가 제3분에 해당하는 40년의 수명을 포기했다는 관점에서, 붓다의 기대수명은 120세라고 주장하였다. 이 견해에 대한 반박과 해명은 아래와 같이 문답으로 이어갔다.

> 문: 부처님께서 세상에 출현하실 때, 그곳의 사람들 수명은 백 세를 넘는 이가 없다. 그런데 어떻게 세존 석가모니의 수명이 120세라고 하는가?[36]
> 답: 모든 부처님의 용모·힘·신분·부귀·대중·지견이 다른 중생보다

No.384, pp.1025c15~18, "諸佛要集三昧 彌勒當知 汝復受記五十六億七千萬歲 於此樹王下成無上等正覺 我以右脇生 汝彌勒從頂生 如我壽百歲 彌勒壽八萬四千歲."

35) T.27, No.1545, pp.657b09~10, "彼說世尊釋迦牟尼壽量應住百二十歲 捨後四十 但受八十."

36) T.27, No.1545, pp.657b10~12, "問佛出世時此洲人壽不過百歲 何故世尊釋迦牟尼 壽百二十."

수승한 것처럼 수명의 양도 보통 사람들을 초월하기 때문이다.[37]

『대비바사론』은 붓다의 수명도 중생들의 수명을 벗어나지 않는다는 것을 강조하였다. 붓다의 기대수명도 백 세라는 말이다. 여기서, 붓다의 80세 입멸로 인한 20년의 차이에 대한 해명이 필요하다.

세존 석가모니의 수명으로는 마땅히 백 세를 사셔야 하는데, 뒤의 20년은 버리고 80세만 받으셨다.[38]

석가모니불은 제5분의 수명, 20년을 포기하여 80세에 입멸했다는 주장이다. 『대비바사론』의 논사들을 이에 대하여 논의하였다. 모든 부처님의 용모·힘·신분·부귀·대중·지견이 다른 유정보다 수승한데 어떻게 수명이 일반 사람들과 같은지를 반문한다.[39] 이 의문에 대하여, 그만큼의 수명을 받는 때에 태어나셨기 때문이라고 주장하였다.[40] 붓다의 정명이 백 년이었는데 80세에 입멸한 이유에 관한 흥미로운 견해가 선가(禪家)에서는 잘 알려져 있다. 즉, 『치문경훈(緇門警訓)』의 「장로자각색선사귀경문(長蘆慈覺賾禪師龜鏡文)」에는 세존이 20년 동안 수용할 복을 남겨 말세 제자들에게 물려 주었다고 한다.[41] 이것을 세존

---

37) T.27, No.1545, pp.657b12~13, "答如佛色力種姓富貴徒衆智見勝餘有情 壽量亦應過衆人故."
38) T.27, No.1545, pp.657b14~15, "彼說世尊釋迦牟尼所感壽量應住百歲 捨後二十 但受八十."
39) T.27, No.1545, pp.657b15~17, "問諸佛色力種姓富貴徒衆智見勝餘有情 何故壽量與衆人等."
40) T.27, No.1545, p.657b17, "答生在爾所壽量時故."
41) T.48, No.2023, pp.1070a15~16, "世尊二千年遺蔭 蓋覆兒孫." 『대정신수대장경』의 이천년(二千年)은 이십년(二十年)의 오기(誤記)로 보인다.

20년 유음(遺蔭)이라고 한다.

(3) 『이부종륜론』

대중부(大衆部)는 붓다의 본질을 초인간적이고 이상적이며 영원한 진리로서 설명하였다. 이러한 견해는 『이부종륜론(異部宗輪論)』에 잘 나타난다. 『이부종륜론』은 와쑤미뜨라(Vasumitra, 世友)가 저술한 부파불교의 20부파(部派)에 대한 역사와 교리를 다룬 논서이다. 662년 현장이 번역하였으며, 티베트본도 현존한다. 이역본으로는 진제의 『부집이론(部執異論)』과 『십팔부론(十八部論)』이 있다. 주석서로 규기(窺基)의 『이부종륜론술기(異部宗輪論述記)』 1권이 있다.[42]

『이부종륜론』은 제불(諸佛)은 출세간적인 존재라고 주장하였다.[43] 이러한 관점에서 초인간적인 존재성을 부여한 불타관을 강조하였다.

> 여래의 색신은 실로 끝이 없고, 여래의 위신력도 끝이 없으며, 모든 부처님의 수명 또한 끝이 없다.[44]

『이부종륜론』은 붓다의 영원한 수명을 명시하였다. 이러한 대중부의 초역사적 불타관(佛身觀)은 부파불교 불타관의 큰 변화이다. 『이부종륜론』의 견해는 대중부만의 주장이 아니다. 대중부에서 분파된 일설부(一說部)·설출세부(說出世部)·계윤부(雞胤部)의 공통된 견해이

---

42) 한글대장경, 불교사전, https://abc.dongguk.edu/ebti/c3/sub1.jsp?
43) T.49, No.2031, p.15b27, "諸佛世尊皆是出世."
44) T.49, No.2031, pp.15b29~c1, "如來色身實無邊際 如來威力亦無邊際 諸佛壽量 亦無邊際."

다.[45] 여래의 색신·여래의 위신력·제불의 수명은 한계가 없다는 말은 붓다의 출세간적 존재를 의미한다. 초기불교에서부터 시작된 불신(佛身)·붓다의 본질에 대한 인식의 전환이 이뤄진 것이다.

규기(窺基)는 '여래의 색신은 실로 끝이 없다'는 견해에 주목하여, 붓다의 몸을 보신(報身)[46]의 개념으로 해석하였다. 그는 『이부종륜론술기(異部宗輪論述記)』에서, 붓다는 많은 겁 동안 수행하여 보신을 얻어 법계에 원만하여 한계가 없다. 나타내 보인 육척(六尺)의 몸은 진실한 불신(佛身)이 아니다. 왜냐하면, 근기에 따라 화현했기 때문이라고 주석하였다.[47] 오랜 세월 동안 수행해서 얻은 결과로서의 보신이므로, 수명이 무궁하다는 말이다. 이에, 카와무라 코쇼(河村孝照)는 색신(色身)으로서의 보신에 중점을 두고 있지만, 『법화경』에 설해진 여래신(如來身)과 상응한다고 주장하였다. 특히, 『대승열반경』의 법신(法身) 이론의 연원은, 대중부의 불신관에 있다고 강조하였다.[48]

결론적으로, 대중부 계통에서 주장한 붓다의 수명이 무량하다는 견해는 부파불교 불타관의 두드러진 변화이다. 상좌부 마하시와 장로의 견해도 역사적 붓다를 초월한 불신관(佛身觀)에 가깝다. 특히, 대중부의 사상은 대승불교 불타관 성립의 기반이 된다.

---

45) 『異部宗輪論』, T.49, No.2031, pp.15b25~c1, "此中大衆部 一說部 說出世部 雞胤部 本宗同義者 謂四部同說 諸佛世尊皆是出世 [중략] 諸佛壽量亦無邊際."

46) 『대승기신론』은 "이 모든 공덕은 모두 바라밀 등 무루행의 훈습과 부사의한 훈습을 인하여 성취된 것이다. 끝이 없는 희락과 공덕의 상을 갖추고 있기 때문에 보신이라고도 한다."라고 하였다. T.32, No.1667, pp.587c28~588a1, "此諸功德 皆因波羅蜜等無漏行熏及不思議熏之所成就 具無邊喜樂功德相故亦名報身."

47) X.53, No.844, pp.578c4~5, "述曰此部意說佛經多劫 修得報身 圓極法界無有邊際 所見丈六非實佛身隨機化故."

48) 河村孝照(1967), 「大乘涅槃經における仏身觀の一考察」, 『宗教研究』 40卷 3輯 (190號), 東京大学文学部 宗教学研究室內 日本宗教学會, p.106.

2) 붓다의 수명 연장과 포기 능력

(1) 『밀린다팡하』

『밀린다팡하』는 붓다의 수명 연장 능력과 포기에 관한 주제를 다루고 있다. 즉, 붓다는 1겁 이상의 수명 연장이 가능한데, 입열반 시기를 3개월 후로 제한한 이유에 관한 밀린다(Milinda)왕과 나가세나(Nāgasena) 장로의 문답이다.

> A: 사신족 수행 성취의 신통력으로써, 1겁 이상 더 살 수 있다.
>
> ≠
>
> B: 3개월 후, 완전한 열반에 들겠다.

붓다는 사신족을 성취하여 원하기만 하면, 1겁 이상을 살 수 있다고 자신했다. 그런데 3개월 뒤, 열반에 들겠다고 선언한 것은 모순이라는 것이다.[49] 이것이 밀린다왕의 딜레마이다. 나가세나는 붓다의 설법은 진실이며 모순이 아니지만, 이해하기 어려운 이중 질문으로서 심오하고 매우 난해하며 이해하기 어렵다고 답하였다. 그리고 아래와 같이 설명하였다.[50]

> 겁이란 수명의 기간을 의미합니다. 대왕이여, 세존은 자신의 능력을 찬탄한 것이 아닙니다. [생략] 붓다의 신통력을 선언한 것입니다.

---

49) Rhys Davids(1890), *The Questions of King Milinda*, Oxford: PTS, pp.198~201.; Horner, I. B.(1969), *Milinda's Questions* Vol.1, Oxford: PTS, pp.195~196.
50) Horner, I. B.(1969), 위의 책, pp.196~197.

붓다의 1겁 이상의 수명 연장 능력 암시에서 언급된 겁(劫)은 수명의 기간으로서, 기대수명을 말한다. 붓다는 자신의 능력을 과시하기 위한 허풍이 아니라, 가지고 있는 신통력을 선언했다는 것이다. 나가세나는 붓다의 신통력에 관하여 계속해서 설명한다.

> 대왕이여, 세존에게는 그 신통력이 존재하며, 또 세존은 신통력으로써 한 겁 혹은 한 겁 이상 세상에 머물 수가 있었습니다. 그러나 세존은 그 신통력을 대중들에게 보여주지 않았습니다. 대왕이여, 붓다는 모든 생존에 대한 욕망이 없었고, 모든 생존은 여래에게서 배척되었습니다.[51]

붓다는 1겁 이상을 살 수 있는 신통력이 있었지만, 그 신통력을 대중들에게 보여주지 않았다는 것이다. 왜냐하면, 붓다는 생존의 욕망이 없었고, 집착을 수반하는 생존은 수행자가 피해야 하는 것이기 때문이다. 붓다는 자신의 신통력을 찬탄한 것이 아니라, 찰나일지라도 생존을 찬탄하지 않았다는 것이다. 세존은 모든 종류의 생존을 똥과 같이 여겼다고 나가세나는 설명하였다.[52]

결론적으로, 『밀린다팡하』에서 나가세나는 붓다의 1겁 이상 수명을 연장할 수 있는 능력을 진실로 받아들였다. 붓다가 그 신통력을 사용하지 않은 이유는 집착과 욕망을 일으키는 이 세상은 벗어나야 할 대상으로 인식했기 때문이다. 이 세상에 머무는 것은 고통의 연속이므로 붓다는 수명을 연장할 이유가 없다는 것이다. 그리고 생존을 수행자들이 탐하는 것을 경계했다는 말이다.

---

51) Horner, I. B.(1969), *Milinda's Questions* Vol.1, Oxford: PTS, p.198.
52) Horner, I. B.(1969), 위의 책, p.198.

(2)『슈망갈라윌라시니』

『슈망갈라윌라시니』도 붓다의 수명 연장 능력을 인정하였다. 그러나 신통력(iddhi)에 의한 수명 연장에는 부정적이다. 붓다고사는 역사적 불타관으로써, 초인적인 붓다에 관한 설명은 거부하였다. 이러한 견해는『슈망갈라윌라시니』에서 붓다의 1겁 또는 그 이상의 수명 연장 능력의 진의에 관한 주석을 생략한 것으로 나타난다. 붓다고사는 명행(命行, jīvita-saṃkhāra)을 과(果)-등지(等至)로 해석함으로써, 사신족과 같은 신비적인 힘이 사용될 여지를 차단하였다. 붓다가 신통력을 사용해 수명을 연장하지 않았다는 점을 강조한 것이다.[53]

다만, 붓다고사는『마하빠리닙바나 숫따』에 언급된 붓다의 1겁 수명 연장 능력의 암시는 아난다의 슬픔을 완화시키기 위한 붓다의 방편설이라고 주석하였다.『마하빠리닙바나 숫따』는 붓다의 1겁 수명 연장을 포기한 원인은 수명 연장을 간청하지 않은 아난다의 책임론으로 전가하였다. 그러나 붓다고사는 초기불교의 아난다 책임론에 동의하지 않았다. 붓다는 아난다가 마라에 현혹되어 수명 연장을 간청할 수 없는 상황임을 이미 알았다는 것이다. 아난다가 수명 연장을 재차 요청할 때, 거절할 이유를 아난다의 책임으로 돌림으로써 아난다의 슬픔이 완화된다는 것이다. 그러나 붓다고사의 견해에도 반론의 여지가 있다. 정작 아난다가 스스로 자책하지 않았는지는 알 수 없다. 특히, 붓다와의 이별의 슬픔보다 죄책감이 아난다로서는 더욱 괴로울 수 있다.

반면, 붓다고사는『슈망갈라윌라시니』에서 붓다의 1겁 수명 연장 능

---

53) 안양규(2009),『붓다의 입멸에 관한 연구』, 서울:민족사, p.63.

력에 관한 마하시와(Mahāsīva) 장로의 견해를 소개한다.[54] 마하시와
는 붓다의 수명 연장 능력에 대한 언급을 진실로 받아들여야 한다고
주장했다는 것이다. 『밀린다팡하』의 견해와 같다. 수명 연장이 불가능
하면서 붓다가 자랑삼아 말한 것이 아니라고 강조하였다.[55]

마하시와는 붓다의 수명 연장 능력이 벨루와(Beluva)[56] 하안거에
서 발휘되었다고 주장하였다. 그때 붓다에게 발생한 치명적인 통증을
10개월 동안 억제시켰다는 것이다. 그렇게 반복적으로, 10개월씩 등
지(等至, sampātti)[57]를 성취하고 고통을 억제시킴으로써, 현겁(現劫,
bhadda-kappa) 동안 살 수 있었다는 것이다.[58] 『대비바사론』에는 "붓
다가 열반할 때 성문과 함께 등지에 들었다."[59]고 되어 있다. 안양규
교수는 『마하빠리닙바나 숫따』에 언급된 수명 연장 능력, 사신족(四神
足)과 마하시와가 언급한 등지(等至)가 같은 것인가의 의문을 제기하였
다. 그는 명확한 주장은 보류하면서도 마하시와는 동일하게 여긴 듯
하다고 보았다.[60] 그러나 등지는 선정이다. 분명하게 신통력의 하나인
사신족과는 구분된다. 마하시와는 붓다고사와 마찬가지로 선정에 의

54) An, Yang-Gyu(2003), *The Buddha's Last Days:Buddhaghosa's Commentary on the Mahāparinibbāna Sutta*, Oxford: PTS, pp.88~89.
55) An, Yang-Gyu(2003), 위의 책, pp.88~89.
56) 벨루와는 웨살리(Vesāli) 근교, 산기슭에 있는 마을이라고 붓다고사는 주석하였다. An, Yang-Gyu(2003), 위의 책, p.71.
57) 등지(等至, samāpatti)는 사띠, 정(定)으로 의역한다. 선정의 일곱 가지 이명(異名)의 하나이다. 등지는 선정 중에 지(止)와 관(觀)이 평등하게 잘 이루어지는 여덟 가지 근본정과 무상정·멸진정의 무심정(無心定)만을 가리키는 것으로서 심신이 평등하고 안온한 상태를 가리킨다. 지관 편저(2003), 『가산불교대사림』 Vol5, 서울: 가산불교문화연구원, p.521.
58) An, Yang-Gyu(2003), 위의 책, p.89.
59) T.27, No.1545, 958c1~2, "世尊臨涅槃時入共聲聞等至."
60) 안양규(2009), 『붓다의 입멸에 관한 연구』, 서울:민족사, p.42.

한 붓다의 수명 연장을 주장한 것이다.

마하시와는 붓다가 더 이상 수명을 연장하지 않았던 이유를 두 가지로 설명하였다. 첫째, 붓다의 노쇠한 육신을 보이지 않으려 했기 때문이다. 붓다는 늙은 육신의 최후까지 가지 않고 대중들에게 찬탄 받는 바로 그때,[61] 반열반에 들었다는 것이다. 둘째, 아라한을 성취한 큰 제자들이 먼저 입멸하고 어린 제자들이 지켜보는 앞에서 입멸하는 것을 방지하기 위해서이다. 큰 제자들이 모두 반열반에 들 때까지 붓다가 남아 있었을 경우 초래될 수 있는 문제를 의식했기 때문이다. 즉, 혼자 남은 것같이 살아야 하거나, 젊은 사미들과 살게 된다면, 붓다의 법회가 조롱당할 수도 있다는 것이다. 이러한 이유로 붓다는 수명을 더 연장하지 않았다는 말이다.

붓다고사도 붓다의 10개월 수명 연장을 주장하였다.[62] 『마하빠리닙바나 숫따』는 붓다의 마지막 안거에 관하여 언급하였다. 붓다는 비구들에게 지인들과 신도들은 웨살리(Vesāli)에서 안거하도록 하고, 자신은 벨루와(Beluva)에서 마지막 안거를 했다는 것이다.[63] 이것이 붓다고사가 주장한 붓다의 10개월 수명 연장설의 근거이다. 그는 붓다가 마지막 안거를 시작할 무렵, 10개월 안에 반열반에 들 것을 이미 결심했다고 해석하였다. 붓다 자신은 탁발과 숙소가 열악한 벨루와에서

---

61) 생애의 다섯 번째 부분(pañcame āyu-kaṭṭhāse)으로 주석되어 있다. 인간 수명을 백 년으로 계산했을 때, 80년에서 100년을 의미하는 수치인 것 같다고 설명하였다. An, Yang-Gyu(2003), *The Buddha's Last Days:Buddhaghosa's Commentary on the Mahāparinibbāna Sutta*, Oxford: PTS, p.89.

62) An, Yang-Gyu(2003), 위의 책, pp.71~77.

63) 日本『光明寺経蔵』,『長部』,「大篇」,「大般涅槃経」, pp.163-7~8. https://komyojikyozo.web.fc2.com/dnmv/dn16/dn16c11.htm

안거하면서, 비구들을 비롯한 지인·신도들에게는 편리한 곳이라면 어디든지 가라고 했다. 다만, 붓다는 그렇게 말하면서도, 그들을 떠나게 하지 않으려는 마음이었다는 것이다. 왜냐하면, 그들이 멀리 있게 되면 반열반에 들었을 때, 붓다를 볼 수 없어서 후회하게 될 것이기 때문이라고 설명하였다.[64]

『마하빠리닙바나 숫따』에서 붓다는 마지막 안거에서 극심한 질병을 얻었다. 붓다는 생명을 안정시킬 수 있는 삼매를 성취하여 통증을 억제시켰다고 붓다고사는 주석하였다. 일시적인 등지(khaṇika-samāpatti)는 그 상태에서는 통증이 억제되지만, 등지에서 나오자마자 다시 극심한 고통이 시작된다. 여기서, 붓다는 10개월 동안 등지로써 수명을 연장했다는 것이 붓다고사의 주장이다. 붓다는 정각 당시 확립한 새로운 위빠사나(abhinava-vipassanā)처럼, 대위빠사나에 의한 등지(mahāvipassanā-vasenasamāpannā samāpatti)로써 고통을 억제시켰다는 것이다. 붓다는 스스로 10개월 동안 통증이 일어나지 않게 했다고 확신했다. 실제로 붓다에게 10개월 동안 고통이 재발하지 않았다고 붓다고사는 강조하였다.[65]

붓다의 10개월 등지 수명 연장설(延長說)은 붓다의 수명 포기 책임론의 해명으로도 볼 수 있다. 첫째, 붓다의 수명 방기에 대한 책임은 그 누구에게도 없다는 것이다. 이것은 무상법과 관련해 이해되어야 하

---

64) An, Yang-Gyu(2003), *The Buddha's Last Days: Buddhaghosa's Commentary on the Mahāparinibbāna Sutta*, Oxford: PTS, pp.71~72. 후회의 내용에 대한 붓다고사의 주석은 다음과 같다. 즉, 세존이 반열반에 든다는 것을 그들이 알았다면, 먼 곳에 가서 살지 않았을 것이다. 그들이 모두 웨살리 인근에서 살았다면, 한 달에 8번은 와서 붓다의 가르침, 특별히 좋은 길의 조언을 받았을 것이다.

65) An, Yang-Gyu(2003), 위의 책, pp.73~74.

는 문제로서, 붓다는 스스로 입멸할 시기를 결정한 것이다.[66] 둘째, 마라의 간청에 의한 붓다의 입멸 선언이라는 의혹을 미연에 차단한 것이다. 마라의 입멸 간청 이후, 붓다의 입멸 선언이 이루어지므로 마라 때문으로 오해할 수 있다. 붓다의 위상이 흔들릴 수 있는 중대한 문제이다. 그러므로 붓다는 마라에 영향받지 않았고, 마라 때문에 입멸을 선언한 것이 아니라는 점을 붓다고사는 분명히 하고자 한 것이다.

선정에 의한 10개월 수명 연장에 관한 붓다고사의 주장이 입증되기 위해서는 벨루와에서 꾸시나라 열반까지의 기간이 10개월이라는 조건이 전제되어야 한다. 벨루와 안거 3개월 이후부터 웨살리에서 열반을 선언할 때까지, 4개월의 공백 기간이 생긴다. 붓다고사는 그 4개월 동안 붓다는 벨루와를 떠나 사리뿟따(Sāriputta, 사리불)와 목갈라나(Moggallāna, 목련)를 만났다고 매우 자세하게 설명하였다. 사왓티(Sāvatthi, 사위성)의 제따와나(Jetavana, 기원정사)로 가서 사리뿟따를 마지막으로 보고, 라자가하(Rājagaha, 왕사성)로 가서 목갈라나를 최후로 만났다는 것이다.[67] 그 여정을 정리하면, 벨루와 하안거 이후 붓다의 여정을 정리하면, 벨루와 → 제따와나 → 라자가하 → 우카첼라[68] → 웨살리가 된다. 이러한 견해는 『마하빠리닙바나 숫따』에만 수록되어 있는 사리뿟따의 일화로 인한, 연대기적 오류를 해결해 준다고 할 수 있다.[69]

---

66) 안양규(2009), 『붓다의 입멸에 관한 연구』, 서울: 민족사, p.111.
67) An, Yang-Gyu(2003), 앞의 책, pp.78-87.
68) 목갈라나가 입멸한 후 붓다는 갠지스 강가에 있는 우카첼라(Ukkacela)에 도착한다. 두 상수제자의 입멸에 관한 경전을 설하고, 웨살리로 향했다고 한다. An, Yang-Gyu(2003), 앞의 책, p.87.
69) 안양규(2009), 위의 책, pp.60-61.

결론적으로, 붓다고사는 수명 연장 기간을 10개월로 한정한 반면, 마하시와는 현겁까지로 하였다. 과연, 선정의 힘을 어디까지 볼 것인가의 문제는 남는다. 다만, 현겁은 미륵불 출현까지이기 때문에 무한의 시간은 아니다. 붓다가 있다면 미륵불이 출현할 때까지 상주한다는 마하시와의 견해가 교리적으로는 타당하다고 할 수 있다.

(3)『대비바사론』

『대비바사론』은 붓다의 수명 연장과 포기 능력에 관하여 교학적으로 상세하게 논의하였다. 논사들은 붓다가 1겁의 수명 연장을 포기했고, 열반 선언 후 3개월 동안 수명을 유지했다는 주장을 바탕으로 한다.

우선, 경문에서 세존이 많은 명행(命行)에 머무르면서 많은 수행(壽行)을 버린다고 설한 뜻에 관하여 두 가지 견해를 제시하였다.[70]

① 제불 세존은 제3분(分)의 수명을 버린다.
② 제불 세존은 제5분의 수명을 버린다.

①의 견해라면, 석가모니불의 수명은 120세인데 뒤의 40년은 버리고 80년만 유지했다는 말이다.[71] 붓다가 세간에 출현할 때, 남섬부주의 인간 수명은 백 세를 넘지 못한다. 그러나 붓다는 용모[色]·힘[力]·종성(種姓)·부귀(富貴)·대중[徒衆]·지견(智見)이 다른 중생보다 수승한

---

70) T.27, No.1545, pp.657b6~8, "經說世尊留多命行 捨多壽行其義云何 有作是說 諸佛世尊捨第三分壽 有作是說 諸佛世尊捨第五分壽."
71) T.27, No.1545, pp.657b9~10, "若說諸佛捨第三分壽者 彼說世尊釋迦牟尼壽量 應住百二十歲 捨後四十但受八十."

것처럼, 수명도 중생을 뛰어넘기 때문에 120세라는 것이다.[72]

②의 견해라면, 석가모니불의 수명은 백 세인데 뒤의 20년은 버리고 80세만 받았다는 말이다.[73] 제불(諸佛)의 용모·힘·종성·부귀·대중·지견이 중생들보다 뛰어나지만, 그만큼의 수명의 양을 받을 때 태어났기 때문에 수명이 중생들과 같다는 것이다.[74]

『대비바사론』은 붓다의 수명(壽命)을 명행(命行, jīvita-saṃkhāra)과 수행(壽行, āyu-saṃkhāra)으로 구분하여 자세하게 정의하였다. 명행(命行)과 수행(壽行)은『마하빠리닙바나 숫따』와『비나야잡사』등 초기불전에서 이미 구분되었다. 그러나『대비바사론』에서 14가지 견해로 다음과 같이 세분하여 정의하였다.

〈표3-1〉 명행(命行)과 수행(壽行)의 구분

No	명행(命行)	수행(壽行)
1	명행과 수행의 차별은 없다. 명근(命根)은 삼계의 목숨이다.[75]	
2	명행·수행, 이름에 차별이 있다.[76]	
3	이것으로 인하여 살기 때문에	이것으로 인하여 죽기 때문에[77]

---

72) T.27, No.1545, pp.657b9~13, "問佛出世時 此洲人壽不過百歲 何故世尊釋迦牟尼壽百二十 答如佛色力種姓富貴徒衆智見勝餘有情 壽量亦應過衆人故."

73) T.27, No.1545, pp.657b13~15, "若說諸佛捨第五分壽者 彼說世尊釋迦牟尼所感壽量 應住百歲 捨後二十但受八十."

74) T.27, No.1545, pp.657b15~17, "問諸佛色力種姓富貴徒衆智見勝餘有情 何故壽量與衆人等 答生在爾所壽量時故."

75) T.27, No.1545, pp.657c10~12, "問命行壽行有何差別 有說無別 如品類足說 云何命根 謂三界壽."

76) T.27, No.1545, pp.657c12~13, "有說 此二亦有差別 謂名即差別 名為命行名壽行故."

77) T.27, No.1545, pp.657c13~14, "有說 由此故活名命行 由此故死名壽行."

4	머무르게 되는 것	버리는 것[78]
5	살 수 있는 법	살 수 없는 법[79]
6	잠시 동안 머무르는 것	한평생 머무르는 것[80]
7	동분(同分)[81]	피동분(彼同分)[82]
8	수행(修行)의 과보	업의 과보[83]
9	무루업(無漏業)의 과보	유루업(有漏業)의 과보[84]
10	명(明)의 과보	무명(無明)의 과보[85]
11	새로운 업의 과보	지나간 업의 과보[86]
12	과를 주는 업의 과보	과를 주지 않는 업의 과보[87]
13	가까운 업의 과보	먼 업의 과보[88]
14	순현수업(順現受業)의 과보[89]	순차생수업(順次生受業)·순후차수업(順後次受業)·순부정수업(順不定受業)의 과보

우선, 행(行)이라는 말은 머무르는 것과 버리는 것이 무상법(無常法)

---

78) T.27, No.1545, pp.657c14~15, "有說 所留名命行 所捨名壽行."

79) T.27, No.1545, pp.657c15~16, "有說 可生法名命行 不可生法名壽行."

80) T.27, No.1545, pp.657c16~17, "有說 暫時住名命行 一期住名壽行."

81) 『아비달마구사론』에는 동분과 피동분의 뜻을 다음과 같이 설명하였다. 근·경·식이 서로 교섭하므로 '분'이라고 한다. 또한, 분이란 자신의 작용이라는 뜻이다. 혹은, 분은 근·경·식의 상호교섭에서 발생한 촉이다. 이 '분'을 함께 가지므로 동분이라 한다. 이것과 서로 어긋나는 것을 피동분이라 한다. 동분은 아니지만, 그 동분과 더불어 같은 종류이므로 피동분이라고 한다. T.29, No.1558, pp.10b9~13, "云何同分彼同分義 根境識三更相交涉故名為分 或復分者是己作用 或復分者是所生觸 同有此分故名同分 與此相違名彼同分 由非同分與彼同分種類分同名彼同分."

82) T.27, No.1545, pp.657c17~18, "有說同分名命行 彼同分名壽行."

83) T.27, No.1545, p.657c18, "有說 修果名命行 業果名壽行."

84) T.27, No.1545, pp.657c18~19, "有說無漏業果名命行 有漏業果名壽行."

85) T.27, No.1545, pp.657c19~20, "有說明果名命行 無明果名壽行."

86) T.27, No.1545, pp.657c20~21, "有說 新業果名命行 故業果名壽行."

87) T.27, No.1545, pp.657c21~22, "有說 與果業果名命行 不與果業果名壽行."

88) T.27, No.1545, pp.657c22~23, "有說 近業果名命行 遠業果名壽行."

89) T.27, No.1545, pp.657c23~24, "尊者妙音作如是說順現受業果名命行 順次生受順後次受順不定受業果名壽行."

임을 나타내 보인 것이라고 『대비바사론』은 정의하였다.[90] 표의 (1)은
목숨·수명을 의미하는 명행과 수행은 차별이 없다고 주장하였다. 설
일체유부의 육족론(六足論) 가운데, 『아비달마품류족론(阿毘達磨品類
足論)』을 인용하여 명근(命根)은 삼계의 목숨[壽]이라고 하였다. 이 견
해는 『아비달마구사론』에도 동일하게 나타난다.[91] 명행과 수행의 차
이점이라면, (2)에서는 이름에 차이가 있을 뿐이라는 것이다. 그러나
둘의 차별은 초기불전에서 이미 언급되었다.

『마하빠리닙바나 숫따』[92]와 『비나야잡사』[93]에 나타난 명행과 수행
의 구분은 (3)·(4)·(5)·(6)의 견해와 같다. 목숨을 유지하는 것은 명행
이고, 목숨을 포기하는 것은 수행이다. 전자는 잠시 생명을 유지하는
잠재력이고, 후자는 한평생 목숨을 유지하는 잠재력이다. 『대비바사
론』은 초기불전에 나타난 붓다의 입멸 선언 후 3개월 동안 수명을 유
지한 것으로 주석한 것이다.

표에서 (10)의 명(明)과 무명(無明)에 배대한 견해는 『아비달마순정
리론(阿毘達磨順正理論)』과 같다.[94] 이는, (9)의 무루업(無漏業)과 유루

---

90) T.27, No.1545, p.657c27, "行言顯示所留所捨是無常法."
91) T.29, No.1558, pp.15c13~14, "命壽何別 有言 無別 如本論言 云何命根 謂三界
壽."
92) 『마하빠리닙바나 숫따』에서 붓다는 3개월 후 입멸할 것을 선언한 후, 짜빨라 탑
묘에서 알아차림[sati]을 하면서 수행(āyu-saṃkāra)을 포기하였다. DN. II, 16,
p.106, "Ite tiṇṇaṃ māsānaṃ accayena tathāgato parinibbāyis satī'ti.
Atha kho bhagavā cāpāle cetiye sato sampajāno āyusaṅkhāraṃ ossaji."
반면, 붓다는 입멸하기까지 3개월 동안 명행을 유지한 것이다.
93) 『비나야잡사』는 "나는 지금 마땅히 이와 같은 선정에 들어가 그 선정의 힘에 의
해 명행을 유지하되 수행을 버릴 것이다."라고 명행과 수행을 구분하였다. T.24,
No.1451, pp.388a11~12, "我今宜可入如是定 隨彼定力 留其命行捨其壽行."
94) T.29, No.1562, pp.405b26~27, "復有說者 若明增上生 名為命行 無明增上生
名為壽行."

업에 명행과 수행을 배대한 주장도 『아비달마순정리론(阿毘達磨順正理論)』95)과 상통한다. 또한, 표의 (8)·(11)·(13)·(14)에 나타난 업과(業果)와 과보를 받는 시기와 연관된 견해도 『아비달마순정리론』에서 유사하게 논의되었다.96)

『대비바사론』은 붓다가 명행(命行)에 머무른다는 것은 3달 동안 머무른 것이라고 주장하였다.97) 즉, 입열반을 선언한 이후부터 입멸에 이르기까지의 3개월 동안 수명을 유지했다는 말이다. 붓다가 명행(命行)에 머무르고 수행(壽行)을 버리면서, 더하지도 덜하지도 않은 이유에 관하여98) 논사들은 7가지 견해를 제시하였다.

① 제불(諸佛)이 한 일이 구경에 잘 이르기 때문99)
② 의례히 제불은 그만큼의 수명을 버리거나 머문다.100)
③ 제불 세존은 수(壽)·명(命)을 탐하지 않으므로, 일찍 버릴 수 있다는 것을 나타내기 위해서.101)
④ 제불은 성종(聖種)에 잘 머문다는 것을 나타내기 위해서 수명을 버린다.102)
⑤ 세존은 노쇠한 때를 피하기 위해 수행을 버렸고, 중생 교화를 끝

---

95) 탐욕을 여읜 자가 계속하여 얻을 것을 명행이라 하고, 탐욕이 있는 자가 계속해서 얻을 것은 수행이라 한다. T.29, No.1562, pp.405b27~29, "或有說者 唯離貪者相續所得 名為命行 亦有貪者相續所得 名為壽行."
96) 신족(神足)의 과보는 명행이라 하고, 선세(先世)의 업과는 수행이라고 한다. 현재 업의 과보를 명행이다. T.29, No.1562, pp.405b25~26, "復有說言 若神足果名為命行 若先業果 名為壽行."
97) T.27, No.1545, pp.657b18~19, "留命行者 謂留三月."
98) T.27, No.1545, pp.657b19~20, "問何故世尊留捨爾所命行壽行不增減耶."
99) T.27, No.1545, p.657b20, "答諸佛事業善究竟故."
100) T.27, No.1545, p.657b22, "有說 法爾諸佛世尊唯捨唯留爾所壽命."
101) T.27, No.1545, p.657b23. "有說 欲顯諸佛世尊不貪壽命能早棄捨."
102) T.27, No.1545, pp.657b26~27, "有說 欲顯諸佛世尊善住聖種故捨壽行."

내지 못했기 때문에 다시 3달간 머무른 것이다.[103]

⑥ 선정을 얻으심이 자재함을 나타내기 위해 붓다는 수명에 머물거나 버린다.[104]

⑦ 제불 세존은 모든 마군을 조복한 것을 나타내기 위하여 수명에 머무르거나 버린다.[105]

위 7가지 견해의 특징은 수명 연장과 포기에 자유자재한 불타관을 나타내고 있다. 붓다는 목숨을 탐하지 않는다는 ③의 견해는 모든 중생들이 수명을 탐하기 때문에, 목숨을 버리지 않고는 부지런히 원적을 구할 수 없다고 의심하는 중생이 없도록 붓다도 수행(壽行)을 버린다는 것이다. 붓다는 생존을 탐하지 않는다는 『밀린다팡하』의 견해와 상응한다. 그리고 『대비바사론』은 나머지 중생을 교화할 일이 아직 끝나지 않았음을 나타내기 위해 붓다는 다시 석 달 동안 머무른 것이라고 설명하였다.[106] 초기 『열반경』은 붓다의 입멸 시기를 3개월 유예한 이유를 언급하지 않았다. 『대비바사론』은 중생 교화가 아직 끝나지 않았기 때문이라는 것이다. 이러한 견해는 『대승열반경』에서는 더욱 상세하게 논의된다. ④의 견해는 세존이 유(有)와 유구(有具)[107]에 대하여 매우 기뻐하고 만족하게 여기신 것처럼 수명에 대해서도 그렇다는 말이

---

103) T.27, No.1545, pp.657b28~c1, "有說 世尊避衰老位故捨壽行 所化有情事未究竟復留三月."

104) T.27, No.1545, pp.657c4~5, "有說 欲顯得定自在故 佛世尊留捨壽命."

105) T.27, No.1545, p.657c7, "有說 欲顯諸佛世尊能伏衆魔留捨壽命."

106) T.27, No.1545, pp.657b23~26, "諸餘有情貪 壽命故不能棄捨 勤求圓寂勿有生疑 佛亦如是 故捨壽行 顯異有情化事 未終復留三月."

107) 유(有)는 욕유(欲有)·색유(色有)·무색유(無色有)이고, 이러한 유를 상속하게 하는 것을 유구(有具)라고 한다. 세존은 이것들을 다시 구하는 일이 없는 것을 매우 기뻐하고 만족하게 여겼다고 한다. 『한글대장경』, 『아비달마대비바사론』, http://kabc.dongguk.edu/Home/Contents?ccode=01&tcode=02&navikey=1

다.[108] ⑤의 견해는 오타이(嗚陀夷)[109]가 어느 때 붓다를 위해 온몸을 안마하다가 이상한 모습을 발견하고 붓다에게 "지금 세존의 몸은 이 완되고 모든 기관이 달라지셨으며 용모가 평상과는 다르십니다."라고 하였다. 지금도 이러한데, 하물며 80을 넘은 뒤에는 어떻겠는가? 그러 므로 노쇠한 것을 피해 많은 수행(壽行)을 버렸다는 말이다.[110]

⑥의 견해는 세존이 사신족(四神足)을 잘 수행했기 때문에 1겁 혹은 1겁 이상 머무르고 싶으면 마음대로 머무를 수 있다고 한 것과 같다 는 말이다.[111] ⑦은 붓다가 무상보리(無上菩提)를 증득할 때, 이미 천 마(天魔)와 번뇌마(煩惱魔)를 조복하였다. 열반에 들려고 할 때, 다시 온마(蘊魔)와 사마(死魔)를 조복하였다.[112] 온마를 조복했기 때문에 많 은 수행(壽行)을 버리고, 사마를 조복했기 때문에 많은 명행에 머문다 는 말이다.[113] ⑥과 ⑦의 견해는 마라(魔羅, Māra)의 간청에 의해 붓다

---

108) T.27, No.1545, pp.657b27~28, "謂如世尊 於有有具深生喜足於壽亦然."
109) 오타이(嗚陀夷, Udāyin)는 출가 전 정반왕이 발탁하여 싯다르타 태자의 학우가 되었다. 붓다의 성도 직후 출가한 불제자이다. 佛光大辭典編修委員會 編(1988), 『佛光大辭典』第五卷, 台北: 佛光文化事業, p.4177.
110) T.27, No.1545, pp.657b28c1~4, "如鄔陀夷一時為佛按摩 支體見異常相 而白 佛言 今者世尊 支體舒緩諸根變異 容貌改常 今位尚然 況過八十 故避衰老捨 多壽行."
111) T.27, No.1545, pp.657c5~6, "如世尊說 我善修行四神足故欲住一劫或一劫餘 如意能住."
112) 천마(天魔)는 자재천마(自在天魔)를 말한다. 욕계천(欲界天)의 제6 타화자재천(他 化自在天)의 마왕으로서 사람이 선행하는 것을 방해한다. 번뇌마는 번뇌를 말한 다. 이 두 마군(魔軍)은 붓다의 정각 직전에 갖가지로 괴롭혔다고 한다. 온마(蘊 魔)는 5온의 쌓임이 본연적으로 죽음을 싫어하는 것이다. 사마(死魔)는 수행하는 이를 빨리 무상에 돌아가게 하려 하면서 영원히 머무름을 혐오하는 것이다. 이 가운데서는 온마를 버리며 수행(壽行)을 버리고, 사마를 조복하기 위해 수행(壽 行)에 머무른 것이다. 불교기록문화유산아카이브, 『아비달마대비바사론』, http:// kabc.dongguk.edu/Home/Contents?ccode=01&tcode=02&navikey=1
113) T.27, No.1545, pp.657c7~10, "謂證無上妙菩提時已伏二魔 謂天煩惱 今將證

가 입멸을 수락했다는 의혹이 해명된다.

『대비바사론』은 붓다가 수명을 연장하는 이유에 관하여, 다음과 같이 밝히고 있다.

　　첫째는 타인을 이롭게 하고, 둘째는 불법(佛法)을 주지(住持)하도록 하기 위해서이다.[114]

　첫째, 타인을 이롭게 한다는 것은 수명을 유지하는 동안, 제자들에게 모든 관행을 가르쳐서 모든 제자들이 수승한 법에 이르게 하는 것이다. 또한, 수명이 다하면 나머지 선교방편이 있어서, 도(道)·비도(非道)를 잘 개시(開示)하는 것이다. 만약, 그렇게 하지 못할 것 같으면 수명을 유지한다는 것이다.[115]

　둘째, 불법을 주지하도록 한다는 것은 불상이나 승방 경영하는 일을 완수하게 한다는 것이다. 만약 그렇게 하지 못하거나, 수명이 다해서 나머지 선교방편으로도 이루지 못할 것 같으면 수명을 유지한다는 말이다.[116] 또한, 국왕·대신·장자 등이 훼법(毁法) 하려고 할 때 그것을 막을 수 없다고 관찰된다면, 수명을 유지한다는 것이다.[117] 결국, 붓다의 수명 연장은 정법 수지와 호법·불멸 후 교단 유지에 있다는 말이다.

入涅槃界時又伏二魔 謂蘊及死 伏蘊魔故捨多壽行 伏死魔故留多命行."
114)　T.27, No.1545, pp.656a23~24, "答留多壽行 略有二緣 謂爲饒益他及住持佛法."
115)　T.27, No.1545, pp.656a24~27, "謂教弟子修諸觀行 彼審觀察齊我壽住 此諸門人逮勝法 不設我壽盡爲更有餘 能善開示道非道 不若見無能便留壽行."
116)　T.27, No.1545, pp.656a28~b02, "謂營佛像僧房等事 彼審觀察齊我壽住 此所營事得成辦不 設我壽盡為更有餘善巧方便能成辦不 若見無能便留壽行."
117)　T.27, No.1545, pp.656b2~5, "又彼觀見當有國王大臣長者 等欲毀滅佛法 便審觀察齊我壽住當有方便令不毀滅不 設我壽盡為更有餘善巧方便能住持不 若見無能便留壽行."

『대비바사론』은 수행(壽行)을 버리는 이유에 관해서도 다음과 같이, 두 가지 견해를 주장하였다.

> ① 자기를 이익되게 하는 것과 타인을 이익되게 하는 것이 모두 구경(究竟)이 되기 때문이다.[118]
> ② 자기 자신을 싫어하는 것이 마치 독 그릇을 싫어함과 같기 때문이다.[119]

①의 견해는 이미 진지(盡智)를 얻었기 때문에, 자기 이익의 구경(究竟)이라고 한다. 다른 이를 이롭게 하는 일을 만약 감당해서 이 일이 이루어지면 곧 원적(圓寂)으로 돌아간다. 설사, 감당하지 못해도 구경이라고 한다는 것이다.[120] ②의 견해는 다음의 게송과 같다고 설명하였다. 범행은 미묘하게 성취되었고 성도(聖道)는 이미 잘 닦았으므로, 수명이 다할 때 기뻐하는 것이 마치 독 그릇을 버리듯 한다는 것이다.[121] 이러한 두 견해는 모두 불법을 성취했기 때문에, 수명을 버리는 데 장애가 없다는 뜻으로 이해할 수 있다.

『대비바사론』은 명행(命行)을 연장하고 수행(壽行)을 버리기 가능한 장소와 자격, 불가능한 곳과 자격을 각각 구분하여 설명하였다. 이것을 정리하면 다음과 같다.

---

118) T.27, No.1545, pp.656c12~13, "問彼有何緣捨多壽行 答自利利他俱究竟故."
119) T.27, No.1545, pp.656c15~16, "有作是說 彼厭自身猶如毒器 故願棄捨."
120) T.27, No.1545, pp.656c13~15, "已得盡智故名自利究竟 於利他事 若有堪能此事成已 便歸圓寂 若無堪能亦名究竟."
121) T.27, No.1545, pp.656c17~18, "梵行妙成立 聖道已善修 壽盡時歡喜 猶如捨毒器."

〈표3-2〉 유명행(留命行)·사수행(捨壽行) 가능 장소와 자격

	가능	불가능
장소	욕계 인취(人趣), 동·서·남주(南洲)	나머지 5취, 북주(北洲)
자격	성자, 무학, 불시해탈(不時解脫), 남·여	범부, 유학, 시해탈

　명행과 수행의 머무르고 버리는 것이 가능한 곳은 욕계·인간계·3
주(洲)[122]에서만 가능하다는 것이다. 그 밖의 다른 세계와 북주(北洲)
는 불가능하다는 말이다.[123] 그리고 수명을 연장하고 버릴 수 있는 자
격은 성자(聖者)로서 무학(無學)과 불시해탈(不時解脫)[124], 남녀가 가능
하다. 반면, 범부·유학(有學)·시해탈(時解脫)[125]은 불가능하다는 말이
다.[126] 아라한(阿羅漢)[127]만이 자격이 된다는 뜻이다.

___

122)　사대주(四大洲)에서 북주(北洲, 北俱盧洲)를 제외한, 동승신주(東勝身洲)·남섬부
　　　주(南贍部洲)·서우화주(西牛貨洲)를 말한다.
123)　T.27, No.1545, pp.657c27~29, "問何處留捨命行壽行 答在欲界非餘界 在人
　　　趣非餘趣 在三洲非北洲."
124)　불시해탈(不時解脫)은 어느 때라도 마음만 먹으면 해탈의 경계에 들어갈 수 있을
　　　정도로 뛰어난 경지에 도달한 아라한을 일컫는 말이다. 무학위의 아라한을 그
　　　수행의 정도에 따라 다시 여섯 가지로 분류한 육종아라한 중 최상위에 해당한
　　　다. 지관 편저(2009),『가산불교대사림』Vol.11, 서울:가산불교문화연구원, p.548.
125)　시해탈(時解脫)은 적절한 때가 되어 조건이 갖추어지면 열반에 드는 해탈이다.
　　　조건이란 호식(好食)·호의(好衣)·호와구(好臥具)·호설법(好說法)·호처소(好處
　　　所)·호인(好人) 등 6가지를 말한다. 지관 편저(2013),『가산불교대사림』Vol.11, 서
　　　울:가산불교문화연구원, p.1150.
126)　T.27, No.1545, pp.657c29~658a2, "問誰能留捨命行壽行 答是聖者非異生 是
　　　無學非有學 是不時解脫非時解脫 亦男亦女."
127)　아라한(阿羅漢, arahant)은 성문사과(聲聞四果) 중 마지막 단계의 성자로서, 여래
　　　10호 중 하나이다.『잡아함경』은 아라한의 경지를 "나는 생이 이미 다하였고, 범
　　　행도 실현했으며, 해야 할 일도 이미 마쳤으니, 다음 생에 태어나지 않으리라는
　　　것을 스스로 안다."라고 하였다. T.2, No.99, pp.32b28~29, "我生已盡 梵行已
　　　立 所作已作 自知不受後有 得阿羅漢."
　　　『대지도론』은 모든 번뇌의 도적을 물리쳤고(殺賊), 일체 세간 모든 인천(人天)의
　　　공양을 받을 만하며[應供], 후세에 다시 태어나지 않는다[不生]는 것을 아라한이

『대비바사론』은 수명을 연장하는 방법에 있어서, 아라한으로서 신통을 성취하고 마음에 자재를 얻은 사람을 특정하였다.[128] 특히, 『대비바사론』은 마음의 광란이 없는 자유자재한 성인은 오직 붓다라고 강조하였다.[129] 그리고 수명을 연장하기 위한 세 단계를 설명하였다.

① 옷·발우 등을 승가나 특별한 사람에게 보시하거나, 혹은 한 사문의 목숨의 연이 되는 많은 도구들을 보시한다.[130]
② 원을 세우면서, 제4정려에 들어간다.[131]
③ 선정에서 일어난 뒤, 부의 이숙을 받을 업을 바꾸어서 수명의 이숙과를 불러오기를 전념하여 발원한다.[132]

위 세 가지 방법을 단계적으로 실행해야 수명 연장이 가능하다는 것이다. 『대비바사론』은 시주(施主)가 타인에게 물건을 보시하면, 다섯 가지의 보시 과보를 얻게 된다고 설하였다. 즉, 수명[壽]·용모[色], 힘

라고 정의하였다. T.25, No.1509, pp.80b3~7, "云何名阿[羅漢 阿羅名賊 漢名破 一切煩惱賊破 是名阿羅漢 復次 阿羅漢一切漏盡 故應得一切世間諸天人供養 復次 阿名不羅漢名生 後世中更不生 是名阿羅漢."
128) T.27, No.1545, pp.656a17~18, "云何苾芻留多壽行 答謂阿羅漢成就神通得心自在."
129) 이 마음의 광란은 누구에게는 있고, 누구에게는 없는가? 성자와 범부에게 다 같이 있을 수 있다. 성자는 모든 성자에게 다 통하지만, 오직 모든 부처님만은 제외된다. 부처님께는 마음의 어지러움이 없고 음성이 파괴되는 것도 없으며, 급소도 없고 점차로 목숨을 버리는 것도 없기 때문이다. T.27, No.1545, pp.658b14~17, "問此心狂亂誰有誰無 答聖者異生俱容得有 聖通衆聖 唯除諸佛 佛無心亂 無壞音聲 無斷末磨 無漸捨命."
130) T.27, No.1545, pp.656b18~15, "於僧或別人所以衣以鉢 或以隨一沙門命緣衆具布施."
131) T.27, No.1545, pp.656b11~15, "施已發願即入邊際第四靜慮."
132) T.27, No.1545, pp.656b20~21, "從定起已心念口言 諸我能感富異熟業 願此轉招壽異熟果."

[力]·즐거움[樂]·변재[辯]이다.[133) 부(富)의 이숙업(異熟業)을 바꾸어서 수명의 이숙과(異熟果)를 불러오면 수명이 연장된다. 이러한 과정에서 보시와 선정이 강조되었고, 기도를 언급한 것이 특징적이다.

이치적(理致的)으로는 수명의 이숙과는 부의 이숙과로 전환될 수 없다. 그런데 어떻게 수명의 이숙업이 전도되어 부의 이숙과를 불러오는가?[134) 이 질문에 대한 논사들의 견해는 다음과 같다.

① 과(果)의 체가 바뀌지 않고, 업의 힘이 바뀌는 것이다. 보시와 변제정(邊際定)[135)의 힘으로 인하여 부의 이숙업을 바꾸어서 수명의 이숙과를 불러오게 한다.[136)
② 먼저 수명의 이숙과를 받게 될 업이 있었다. 그러나 재앙과 장애가 있어서 지금 보시와 변제정의 힘으로 인하여, 재앙과 장애가 소멸되어 수명의 이숙이 생긴다.[137)
③ 먼저 수명의 이숙과를 받게 될 업이 있었지만 결정된 것은 아니었다. 보시와 변제정의 힘으로 인하여, 수명을 불러올 업으로 하여금 결정코 과보를 주게 한다.[138)

---

133) T.27, No.1545, pp.656b7~9. "若有施主能施他物名施五事 由此還當得五事果 一壽二色三力四樂五辯."
134) T.27, No.1545, pp.656b17~18, "問理無富異熟果可成壽異熟果 何故乃說富異熟業 則轉能招壽異熟果."
135) 변제정(邊際定, prānta-koṭika-dhyāna)은 색계의 4선(禪)을 말한다. 변제정려(邊際定慮)라고도 한다. 정려는 범어 디야나(dhyāna)의 한역이고, 정(定)은 범어 사마디(samādhi)의 한역이지만, 서로 같은 뜻으로 통용된다. 더 이상 오를 곳도 없고 뛰어난 것도 없는 궁극의 경지라는 뜻에서 변제정이라고 한다. 지관 편저 (2007), 『가산불교대사림』Ｖol.9, 서울:가산불교문화연구원, p.734.
136) T.27, No.1545, pp.656b18~20, "答無轉果體 有轉業力 謂由布施邊際定力 轉富異熟業招壽異熟果."
137) T.27, No.1545, pp.656b21~23, "有餘師說 有業先感壽異熟果 然有災障由今布施邊際定力 彼災障滅壽異熟起."
138) T.27, No.1545, pp.656b24~26, "有作是說 有業先招壽異熟果 然不決定由今

④ 보시와 선정으로 인하여, 전생에 남은 수명의 이숙을 끌어 취하게 하려는 이도 있다. 아라한은 다른 생에서 남은 수명의 이숙을 지금 보시와 변제정의 힘으로 이끌어서 앞에 나타나게 한 것이다. 선정의 힘은 불가사의하여 오랫동안 끊어졌던 것을 도로 이어 주기 때문이다.[139]

①은 비록 다 같이 바뀔 수 있지만, 그는 지금 부의 과보는 돌아보지 않으면서 수명의 과보를 기원하기 때문이다.[140] ②는 비록 다 같이 바뀔 수는 있으나, 그는 지금 부의 과보는 돌보지 않으면서 수명의 과보를 기원하기 때문이다.[141] ①과 ②는 둘로 전환할 수 있지만, 지금 부의 과보는 고려하지 않고, 수명의 과보를 발원했기 때문이라는 것이다. 특히, ①은 업과 과보의 관계를 나타내고, ③과 ④는 수업(壽業)→수과(壽果)·부업(富業)→부과(富果)의 기본적인 공식에서 보시와 제4선의 힘으로 인하여 바뀐다는 것이다. 어떻게 선정에서 업에 대한 과보를 바꿀 수 있는가의 문제는 여전히 남아 있다.

『대비바사론』은 수명을 연장할 수 있도록 하는 힘의 원천이 보시와 선정[제4선]이라고 강조하였다. 보시와 선정으로 인하여 수명의 과보를 이끌어 낼 수 있다는 말이다. 보시를 많이 행하더라도 선정에 들지 않으면, 수명의 과보를 이끌어 낼 수 없다. 또한, 선정에 자주 든다 해도 보시를 하지 않으면, 수명의 과보를 이끌어 낼 수 없다고 주장하였다. 보시의 힘은 이끌 수 있고, 선정의 힘은 결정하게 한다는 것이다.

布施邊際定力 令招壽業決定與果."
139) T.27, No.1545, pp.656b26~29, "復有欲令由施定故引取宿世殘壽異熟 謂阿羅漢有餘生中殘壽異熟 由今布施邊際定力引令現前定力不思議令久斷還續."
140) T.27, No.1545, pp.656b20~21, "雖俱可轉而彼今時不顧富果 祈壽果故."
141) T.27, No.1545, pp.656b23~24, "雖俱可轉而彼今時不顧富果 祈壽果故."

『대비바사론』에서 붓다의 수명 연장에 대한 특징은 선정을 강조한 데 있다. 세친(世親)도 붓다는 대자비가 있으므로 삼매에 의해서 자유롭게 수명을 연장할 수 있다고 주장했다. 세친의 견해에 대하여, 미토모 켄요(三友健容)는 대승불교와 유가유식설에 도입되는 수단으로서 설해졌던 것으로 보았다.[142]

142) 三友健容(2005), 「『アビダルマディーパ』における無量寿説批判」, 『印度学仏教学研究』Vol. 53, 印度学仏教学會, p.145.

3. 대승불교의 견해

대승불교는 초역사적인 불타관이다. 즉, 붓다의 수명은 무량하며 법신은 상주(常住) 불변한다고 주장한다. 붓다의 본질은 색신(色身)[143]을 초월한 법신(法身)에 있다는 견해이다.

1) 이종(二種) 불신관(佛身觀)

『대승열반경』은 생신(生身)과 법신(法身), 두 가지 불신(佛身)을 정의함으로써, 법신의 상주(常住)를 강조한다. 우선, 두 가지 붓다의 몸에 관한 견해를 정립하도록 하자.

> 여래의 몸에 두 가지가 있다. 첫째는 생신이고, 둘째는 법신이다. 생신은 방편으로 중생에 응하여 변화하는 몸이다. 이러한 몸은 태어난다·늙는다·병든다·죽는다·길다·짧다·검다·희다·이것이다·저것이다·유학·무학이라고 말할 수 있다.[144]

---

143) 색신(色身, rūpa-kāya)은 형질을 가진 몸, 육신을 말한다. 반대로 무형의 몸을 법신(法身) 또는 지신(智身)이라고 한다. 사대(四大) 등의 색법에 의해 구성되었기 때문에 사대색신(四大色身)이라 한다. 그러나 법신은 중생을 제도하기 위하여 갖가지 색신에 깃들어 나타나므로 색신 안에는 무수한 덕이 갖추어져 있다. 32상 80종호를 갖춘 붓다의 색신(상호신)이 그것을 대표한다. 지관 편저(2011), 『가산불교대사림』 Vol.13, 서울: 가산불교문화연구원, p.594.

144) 『북본』, T.12, No.374, pp.567a2~5.; 『남본』, T.12, No.375, pp.813b25~28, "善男子 我於經中說如來身 凡有二種 一者生身 二者法身 言生身者 即是方便 應

법신은 상·락·아·정으로서 모든 생·노·병·사를 영원히 여의었으며, 희지도 않고 검지도 않고 길지도 않고 짧지도 않고, 이것도 아니고 저것도 아니고 유학도 아니고 무학도 아니며, 부처님이 세상에 출현하시거나 출현하시지 않거나 항상 머물러 동요하지 않고 변함이 없다.[145]

『대승열반경』은 붓다의 몸을 생신(生身)과 법신(法身)으로 구분함으로써, 색신(色身)을 초월한 법신을 강조하였다. 생신과 색신은 같은 의미이다. 경문에서는 중생들의 편견과 오해를 불식시키고자 하였다. 중생들은 생신에만 집착하여 붓다의 몸은 오로지 유위법(有爲法)이라고 하거나, 불신(佛身)은 법신에만 집착하여 반드시 무위법(無爲法)이라고 단정하였다.[146] 여기서, 중생이 붓다의 생신에만 집착하는 것을 지적한 것이다. 대승불교는 중생들을 위하여 방편으로 변화하는 화신(化身)이 생신불(生身佛)로서, 진정한 불신(佛身)은 법신이라고 강조한 것이다.

가섭보살은 중생의 오해를 대변하여, 붓다 생신의 수명에 관하여 끊임없이 의문을 제기한다. 『대승열반경』의 표현으로는 이승(二乘)이며 마설(魔說)이다. 중생의 소견으로서, 법신에 무지한 소승의 견해라는 뜻이다. 경문에서는 법신에 관하여 다음과 같이 설명한다.

마땅히 여래는 상주하는 법, 바뀌지 않는 법이며, 여래의 이 몸은 변

化之身 如是身者 可得言 是生老病死 長短黑白 是此是彼 是學無學."

145) 『북본』, T.12, No.374, pp.567a6~9.; 『남본』, T.12, No.375, pp.813c1~4, "法身 即是常樂我淨 永離一切生老病死 非白非黑 非長非短 非此非彼 非學非無學 若佛出世 及不出世, 常住不動, 無有變易."

146) 『북본』 T.12, No.374, pp.567a5~11.; 『남본』, T.12, No.375, pp.813b28~c5, "我 諸弟子聞是說已 不解我意 唱言如來定說佛身是有爲法 [중략] 善男子 我諸弟 子 聞是說已 不解我意 唱言如來定說佛身是無爲法."

화하고 잡식하는 몸이 아니라, 중생을 제도하기 위하여 독 나무와 같이 보이는 줄 알아야 한다. 그러므로 (육신을) 버리고 열반에 듦을 보인다.147)

『대승열반경』은 상주 불변의 법신을 명시하고, 생신(生身)의 입멸을 해명하였다. 붓다의 생신은 중생들과 똑같은 잡식의 몸이다. 반면, 붓다의 몸은 법신이므로 잡식으로 길러진 번뇌의 몸이 아니고, 인과를 초월했으므로 잡식의 몸이 아니다. 중생을 교화하기 위하여 육신을 버리고 입열반을 시현한다는 것이다. 법의 성품은 멸하지 않는다148)는 말은 여래의 몸도 소멸하지 않으며, 법신은 영원하다는 뜻이다. 이러한 여래의 경계를 이승(二乘)은 모른다149)는 것이다.

「금강신품(金剛身品)」에서는 불신(佛身)에 대한 『대승열반경』의 특징을 잘 나타내고 있다. 즉, 법신에 대하여 아래와 같이 설명하였다.

여래의 몸은 상주하는 몸이고 깨뜨릴 수 없는 몸이며, 금강 같은 몸이다.150)

법신의 개념을 명확하게 설명하였다. 법신의 상주불멸, 붓다의 영원성을 잘 드러내고 있다. 법신의 붓다는 오랜 옛적부터 지금까지 상주

147) 『북본』, T.12, No.374, pp.381c8~20.; 『남본』, T.12, No.375, pp.621c1~3, "以是義故 當知如來是常住法不變易法 如來此身 是變化身 非雜食身 爲度衆生 示同毒樹 是故現捨入於涅槃."
148) 『북본』, T.12, No.374, pp.382b21.; 『남본』, T.12, No.375, pp.622b7~8, "夫法性者無有滅也."
149) 『북본』, T.12, No.374, pp.382b24~25.; 『남본』, T.12, No.375, pp.622b10~11, "如來境界非諸聲聞緣覺所知."
150) 『북본』, T.12, No.374, pp.382c27~28.; 『남본』, T.12, No.375, pp.622c14~16, "如來身者是常住身 不可壞身 金剛之身."

한다는 것이다. 여래의 법신은 미묘하고 한량없는 공덕을 모두 성취하였으며, 오직 여래만이 이 모습을 알 뿐 성문·연각은 알 수 없다는 것이다.[151] 중생들이 상주불변한 여래를 보지 못하는 이유를 다음과 같이 설한다.

> 선남자여, 여래도 마찬가지로 그 성품이 상주하여 변하지 않는데, 지혜가 없는 눈으로는 볼 수 없다. 마치, 어둠 속에서 나무 그림자를 보지 못하는 것과 같다. 부처님이 열반한 후 범부들이 여래는 무상법이라고 말하는 것도 이와 같다.[152]

『대승열반경』은 중생들이 지혜가 없어서 여래의 상주 법신을 보지 못한다고 주장하였다. 범부는 방편으로 시현한 불멸(佛滅)을 보고 붓다를 무상법이라 오해한다. 지혜가 없으므로 상주불변의 영원한 법신을 보지 못한다는 것이다.

「사상품(四相品)」에서는 여래의 상주불변에 대한 견해에 반박하였다.[153] 그러나 여래의 성품이 소멸해 사라진다는 생각을 말라고 강조하였다. 그리고 '법신'과 '법신상주'에 대한 근거를 '법'에 주목하여 다음과 같이 설명한다.

---

151) 『북본』, T.12, No.374, pp.383b6~7.;『남본』, T.12, No.375, pp.623a23~25, "如來法身 皆悉成就 如是無量微妙功德 迦葉 唯有如來乃知是相 非諸聲聞緣覺所知."

152) 『북본』, T.12, No.374, pp.382c12~15.;『남본』, T.12, No.375, pp.622b27-c2, "善男子 如來亦爾 其性常住 是不變異 無智慧眼 不能得見 如彼闇中 不見樹形 凡夫之人 於佛滅後 說言如來 是無常法 亦復如是."

153) 『북본』, T.12, No.374, p.387c6.;『남본』, T.12, No.375, p.627c6, "云何如來爲常住法不變易耶."

여래는 번뇌를 없애고 5취에 있지 않기 때문에 여래는 상주하는 법이며 변역함이 없느니라. 또한 가섭이여, 모든 부처님의 스승이 되는 것을 법이라고 한다. 그러므로 여래가 공경하고 공양하는 것이니라. 법이 항상하므로 모든 부처님은 항상하다.[154]

경문에서는 붓다-법-법신-법신상주의 관계를 통하여, 붓다의 본질로서 법(法)을 강조하였다. 특히, 붓다는 일체 번뇌가 소멸된 상주법인데, 법은 제불(諸佛)의 스승이므로 붓다의 공경과 공양을 받는다는 것이다. 법이 상주하므로 붓다도 상주한다는 것이다. 그러나 열반과 여래상주의 연관성에 관한 문제가 제기되었다.

만약, 번뇌의 불이 소멸되면 여래도 멸할 것입니다. 그렇다면 여래는 항상 머물 곳이 없게 됩니다.[155]

위의 문제 제기는 열반에 대한 소극적이고 부정적인 초기불교의 견해가 잘 드러난다. 번뇌는 생멸이 있어 번뇌가 소멸한 경계를 열반이라고 하듯이, 번뇌를 끊은 붓다의 열반도 단멸(斷滅)로서 무상(無常)하다는 말이다. 이것은 소승의 열반관이다.

범부들은 비록 번뇌를 소멸하더라도 멸한 뒤에 다시 생기므로 무상하다고 한다. 여래는 그렇지 않아서 번뇌가 소멸하면 다시 생기지 않

---

154) 『북본』, T.12, No.374, pp.627c13~16.; 『남본』, T.12, No.375, pp.627c13~16, "謂諸如來煩惱滅已不在五趣 是故如來是常住法無有變易 復次 迦葉 諸佛所師 所謂法也 是故如來恭敬供養 以法常故諸佛亦常."

155) 『북본』, T.12, No.374, pp.387c16~17.; 『남본』, T.12, No.375, pp.627c17~18, "若煩惱火滅 如來亦滅 是則如來無常住處."

으므로 항상하다고 한다.[156]

위 경문에서는 번뇌의 소멸에 있어서 붓다와 중생의 차이를 밝힘으로써, 여래가 상주하는 이유를 명시하였다. 여래의 몸은 무량겁 이전에 생신(生身)의 법을 여의고 완성한 법신이다.[157] 그러나 붓다는 중생들을 교화하기 위하여 세간법을 따라서 룸비니 동산에서의 출생부터 성불·열반에 이르는 생애를 시현했다는 것이다. 『대승열반경』은 붓다의 본성을 법에 근거하여, 법신의 영원성을 강조하였다.[158]

2) 붓다의 수명

『대승열반경』은 생신(生身)과 법신(法身)의 불신관(佛身觀)을 구분함으로써, 붓다의 무량한 수명을 강조하였다. 우선, 「순타품」[159]에서 순타[쭌다]는 붓다의 80세 정명(定命)을 문제삼는다.

하늘들의 수명은 매우 긴데, 하늘 중의 하늘인 세존의 수명은 어떻

---

156) 『북본』, T.12, No.374, pp.387c22~23.; 『남본』, T.12, No.375, pp.627c22~24, "凡夫之人 雖滅煩惱 滅已復生 故名無常 如來不爾 滅已不生 是故名常."

157) 『북본』, T.12, No.374, pp.388c2~3.; 『남본』, T.12, No.375, pp.628c5~6, "而我此身無量劫來久離是法 如是身者即是法身."

158) 카와무라 코쇼(河村孝照)는 『대지도론』을 근거로 용수시대까지 불신의 영원성과 상주성을 기반한 불신론의 연구가 상당히 전개되었을 것이라고 추론하였다. 그러나 『대승열반경』에서 완성된 것이다. 河村孝照(1970), 「大乘涅槃經と法華經」, 『宗教研究』 43卷 3輯(202號), 東京大学文学部 宗敎学研究室內 日本宗敎学會, p.15.

159) 이 책에서는 『남본』의 품명(品名)을 따른다.

게 백 년도 안 됩니까? 설사 여래가 모든 행법과 같다 해도 삼계 가운데 하늘 중의 하늘로 자재하신 법왕이라 할 수 없습니다.[160]

순타는 역사적인 붓다의 정명과 생신(生身)에 대한 의문을 제기한 것이다. 여래는 번뇌마(煩惱魔)·온마(蘊魔)·천마(天魔)·사마(死魔)를 항복 받았기 때문에 삼계에서 존귀하다고 하는데,[161] 백 세도 못 미치는 80세에 붓다가 입멸한 것은 모순이라는 말이다. 이에 대한 붓다의 생신 수명에 관한 해명은 다음과 같이 나타난다.

> 너는 지금 여래가 장수하거나 단명한다고 생각하지 말라. 모든 법은 환상과 같다. 여래는 그 속에 있으면서도 방편의 힘으로 물들지 않는다. 왜냐하면, 부처님들은 의례히 그렇기 때문이다.[162]

『대승열반경』은 붓다의 수명은 장수·단명의 경계를 초월하고 있다고 강조한 것이다. 순타는 붓다의 생신(生身)에 대한 질문을 하고, 붓다는 법신의 입장에서 답한 것이다. 붓다의 입멸은 방편으로 시현한 것이고, 모든 부처님들도 의례히[法爾][163] 나타내 보인 것이라는 말이

---

160) 『북본』, T.12, No.374, pp.373c15~24.; 『남본』, T.12, No.375, pp.613b4~14, "我聞諸天壽命極長 云何世尊是天中天 壽命更促不滿百年 [중략] 設使如來同諸行者 則不得言 於三界中爲天中天 自在法王."

161) 『북본』, T.12, No.374, pp.373c29~374a1.; 『남본』, T.12, No.375, pp.613b19~20, "如來亦爾 降煩惱魔陰魔天魔死魔 是故如來名三界尊."

162) 『북본』, T.12, No.374, pp.375b7~9.; 『남본』, T.12, No.375, pp.615a2~4, "汝今不應思惟諸佛長壽短壽 一切諸法皆如幻相 如來在中以方便力無所染著 何以故 諸佛法爾."

163) 안양규 교수는 빨리어는 'dhammatā'에 해당되는 법이(法爾)에 대한 의미가 명확하지 않다고 하였다. 또한, '法爾'를 '법의 이치'로 해석하였다. 그러나 '法爾'는 부사적 용법 '의례히'로 번역해야 한다. '의례히'의 사전적 뜻은 '전례에 의하여'이다. '이전과 다름없이'라는 말이다. 보살이 천상에서 하강·잉태·출생, 7일 만

다. 『대승열반경』의 초역사적·초인간적인 불타관이 잘 드러나 있다. 이러한 이치는 성문과 연각은 이해할 수 없다고 강조하였다.

반면, 『대반열반경후분』에서는 붓다의 수명은 인간의 수명을 반영한다고 주장하였다.

> 세상 인간의 수명이 길 때는 사람의 형체도 장대하여 붓다도 또한 세속을 따라 수명도 길고 형체도 크다. 말세 인간은 수명이 짧아 형체가 남루하여 짧고 작아서 붓다도 또한 세속을 따라서 수명도 짧고 형체도 작다. 그러므로 모든 부처님이 흥기해도 이 두 가지가 같지 않다.[164]

『대반열반경후분』은 붓다의 수명과 형체는 인간의 수명과 직접적인 연관이 있다고 설명하였다. 이러한 견해는 『대비바사론』에서 논의되었다. 그리고 『불본행경』과 상응한다. 『불본행경』은 붓다의 수명은 인간의 수명과 연관된다고 하였다. 특히, 삼세불이 평등하지만, 형체와 수명은 다르다는 것이다.[165]

『대승열반경』에서 가섭보살은 역사적 붓다의 80세 수명을 문제 삼는

에 모친이 사망하는 등의 사건이 석가모니불에게만 일어난 일이 아니고 모든 붓다에게 해당된다는 것이다. 붓다가 방편으로 입열반을 보이는 것도 제불(諸佛)의 전례가 그렇다는 말이다. 안양규(2009), 『붓다의 입멸에 관한 연구』, 서울: 민족사, p.126.; 국립국어원, https://stdict.korean.go.kr/search/searchResult.do

164) T.4, No.193, pp.105c11~16, "何故二不等 世人壽長時 人形體長大 佛亦順世俗 壽長形體大 末世人壽短 形體醜短小 佛亦隨世俗 壽短形體小 以故諸佛興 以二事不等."

165) 삼세불은 일체가 평등해서 음성·명칭·수량·상호·복덕·보응·깨달음·지혜·계·선정은 같지만, 형체와 수명만은 다르다. T.4, No.193, pp.103c25~104a1, "已過去諸佛 及諸當來佛 如吾今現在 一切皆平等 等音聲等稱 等量等相好 等福等報應 等覺等智慧 等戒等定意 唯二事不等 形體及壽命."

다. 상주 불변해야 하는 붓다의 장수업(長壽業)과 위배된다는 것이다.

> 장수함을 얻고 숙세를 잘 아시는 부처님은 당연히 세상에서 상주 불
> 변해야 할 것인데, 지금 세존께서는 무슨 인연으로 수명이 중생들과
> 같이 짧습니까? 전생에 무슨 악업과 많은 생명을 죽여 백 년도 장수
> 하지 못합니까?[166)

중생의 견해로서, 붓다의 본질인 법신에 생신(生身)을 배대하여 문
제를 제기한 것이다. 이치적으로는 문제 성립이 되지 않는다. 붓다는
전생에 이미 사무량심(四無量心)·불살생(不殺生)·5계(五戒)·십계(十戒)
등의 선법을 쌓아 장수를 얻었으므로, 불멸(不滅)하는 불신(佛身)은 법
신이다. 반면, 백수(白壽)도 누리지 못한 붓다의 몸은 생신(生身, 色身)이
다. 붓다의 영원불멸한 본질은 법신에 있다. 붓다의 진면목을 육신에
서 찾는 것은 중생의 집착이며 어리석음이다.

『대승열반경』은 여래의 장수에 대하여 붓다는 아래와 같이 거듭 강
조한다.

> 선남자여, 너는 지금 어찌하여 여래 앞에서 이런 거친 말을 하는가!
> 여래의 장수는 모든 수명 가운데 가장 수승하고, 증득한 항상한 법
> 은 모든 항상한 법 중 제일이다.[167)

---

166) 『북본』, T.12, No.374, pp.381b17~21.; 『남본』, T.12, No.375, pp.621b1~4, "應
   得長壽善知宿命 常住於世無有變易 今者世尊 以何因緣壽命極短 同人間耶
   如來將無於 諸衆生生怨憎想 世尊 昔日作何惡業斷幾命根 得是短壽不滿百
   年."
167) 『북본』, T.12, No.374, pp.381b22~24.; 『남본』, T.12, No.375, pp.621b4~7, " 善
   男子 汝今何緣 於如來前 發是麁言 如來長壽 於諸壽中 最上最勝 所得常法
   於諸常中 最爲第一."

위의 경문은 법신(法身) 상주(常住)의 불신관(佛身觀)을 나타낸 것이다. 그러나 가섭보살은 법신을 이해하지 못하고, 색신[생신]의 관점에서 아래와 같이 거듭 반문한다.

세존이시여, 어찌하여 여래께서 한량없는 장수를 얻는다 하십니까?[168]

가섭보살은 불신(佛身)을 색신(色身)으로만 이해하였다. 붓다 생신(生身)의 수명이 80세였기 때문에, 장수를 얻었다고 말할 수 없다는 것이다. 가섭보살은 색신의 불신관(佛身觀)에서 질문하고, 붓다는 법신으로 답하는 형식을 반복하고 있다.

모든 인간·천상·땅·허공에 있는 생명의 강들이 모두 여래의 목숨 바다로 들어가므로, 여래의 수명은 한량없다.[169]

붓다의 수명은 무량하다는 불신관을 거듭 강조하였다. 역사적 불타관, 색신의 불신관을 초월한 대승불교의 불타관이다.

『대승열반경』에서 가섭보살은 여래의 정법을 부촉받은 인물 가운데 한 사람이다. 가섭보살은 결코 법신상주를 이해하지 못해서 불신(佛身)의 수명 문제를 색신의 관점에서 연속으로 질문한 것이 아니다.[170]

---

168) 『북본』, T.12, No.374, pp.381b25~26.; 『남본』, T.12, No.375, pp.621b8~9, "云何如來得壽命長."

169) 『북본』, T.12, No.374, pp.381b29~c2.; 『남본』, T.12, No.375, pp.621b 12~14, "如是一切人中 天上 地及 虛空壽命大河 悉入如來壽命海中 是故如來壽命無量."

170) 잘 알면서도 일부러 질문하는 이유는 언론을 일으키기 위한 것이다. 부처님께서도 제자들에게 일부러 물으셨다고 설한 것과 같다. 『아비달마대비바사론』제192권, T.27, No.1545, pp.958b19~21, "有說 彼尊者知之問 若爾者何故復問 答亦

생신의 수명을 붓다의 본질로 오해하는 중생들을 이해시키기 위하여 상세하게 질문하는 것이다.

> 여래의 수명이 한량없다면, 일 겁쯤 머무시면서 미묘한 법을 연설하시기를 큰비 내리듯 해야 합니다.[171]

가섭보살은 중생의 입장에서, 여래의 무량한 수명에 대하여 반문한 것이다. 붓다의 수명이 무량하다면 80세에 입멸하지 않고 1겁 동안은 중생 교화해야 한다는 것이다. 초기『열반경』에서 제기된 붓다의 1겁 수명 연장 능력에 관한『대승열반경』의 견해를 유도하기 위한 질문이다. 이에, 붓다는 법신의 무량한 수명과 상주불멸 사상으로써 답한다.

> 가섭이여, 그대는 여래에 대해 없어진다는 생각을 내지 말라. 가섭이여, 만약 비구·비구니·우바새·우바이, 내지 외도나 5신통을 얻은 신선으로서 자재할 수 있는 이들도 일 겁이나 조금 모자라는 일 겁을 머물면서 공중으로 걸어 다니고 앉고 눕기를 마음대로 한다. [중략] 또한, 오래 살려고 하면 뜻대로 할 수 있고 장수하고 단명하기를 자재하게 하는 것은 5신통을 얻은 이라도 그러한 신력은 있다. 하물며, 여래는 일체 법에 자재력을 얻었는데, 반 겁이나 일 겁·백 겁·백천 겁·무량겁을 살지 못하겠는가![172]

有知而故問為發起言論故 如說世尊知而故問."
171) 『북본』, T.12, No.374, pp.381c08~10.; 『남본』, T.12, No.375, pp.621b20~22, "如來壽命若如是者 應住一劫若減一劫 常宣妙法如霆大雨."
172) 『북본』, T.12, No.374, pp.381c10~18.; 『남본』, T.12, No.375, pp.621b22~c1, "迦葉 汝今不應於如來所生滅盡想 迦葉 若有比丘比丘尼優婆塞優婆夷 乃至 外道五通神仙得自在者 若住一劫 若減一劫[중략]經行空中坐臥自在 若欲住壽"

『대승열반경』은 붓다의 신통력에 의한 수명 연장과 포기 능력을 수용함으로써, 색신(色身)의 불신관을 초월하였다. 붓다의 본질은 상주불멸한다는 견해를 밝히기 위해 중생들이 이해하기 쉬운 붓다의 위신력으로 예로 든 것이다. 누구든지 5신통만 얻으면 수명을 연장하고 단축할 수 있는데, 6신통을 얻은 붓다는 모든 법에 자유자재하다는 말이다. 『마하빠리닙바나 숫따』는 4신족을 성취하면, 1겁 이상의 수명을 연장할 수 있다고 하였다. 대승불교와 초기불교는 5신통과 4신족, 일겁과 무량겁 등 차이가 있다. 대승불교는 초기불교의 범위와 한계를 초월한다. 특히, 『대승열반경』이 붓다의 신통력마저도 초월한 법신의 상주불멸, 붓다의 무량한 수명을 강조한 것에 주목해야 한다.

3) 붓다의 무량한 수명

(1) 『아미타경』과 『무량수경』

『아미타경』과 『무량수경』은 붓다의 무량한 수명을 천명하는 경전이다. 『아미타경』은 기원전 인도에서 성립되었다고 한다.[173] 아미타불의

能得如意 於壽命中脩短自在 如是五通尚得 如是隨意神力 豈況如來於一切法得自在力 而當不能住壽半劫 若一劫 若百劫 若百千劫 若無量劫."
173) 야부키 게이키(矢吹慶輝)와 쓰보이 순에이(坪井俊映) 등은 인도의 논사들의 저작에서 아미타불의 기록이 있다는 근거로, 미타 숭배의 사상은 적어도 서기 1세기쯤부터 인도 내부에서 이미 존재했을 것이라고 추측했다. 그리고 모치즈키 신코(望月信亨)는 아미타불을 언급한 경전 가운데서 최고(最古)는 『반주삼매경』으로, 성립연대는 기원전 1세기경이라고 주장하였다. 矢吹慶輝(1943), 『阿彌陀佛の研究』, 東京: 明治書院, p.30.; 坪井俊映, 이태원 역(1995), 『정토삼부경개설』,

기원설은 다양하다. 즉, 조로아스터교의 기원설, 위슈누(Viṣṇu) 신화, 범천(브라만) 신화, 서방의 수호신 와루나(Varuṇa)와 관련된 설, 불교의 대선견왕(大善見王)과 동일시하려는 설 등이다.[174]

아미타-유스(Amitāyus, 無量壽)와 아미타-바(Amitābha, 無量光)의 유래는 불타관의 변천과 연관이 있다. 초기 『열반경』에서 이미 붓다의 기대수명을 겁 이상이라고 언급했다. 붓다의 수명에 대한 영원성에 대한 견해는 초기불교에서부터 시작된 것이다. 부파불교의 『이부종륜론』에서는 여래의 수명은 끝이 없고 위력도 끝이 없다고 주장했다. 또한, 붓다와 광명(光明)에 대한 내용도 『마하빠리닙바나 숫따』에서 찾을 수 있다.[175] 따라서, '아미타-유스'와 '아미타-바' 모두 석가모니불과 다른 붓다를 가리키는 것이 아니다. '석가모니불'을 다른 말로 표현한 것이다.[176]

『아미타경』과 『무량수경』의 산스끄리뜨어 경명은 똑같이 『수카와띠뷰하 수뜨라(Sukhāvatīvyūha Sutra)』이다. '아미타'에 해당되는 수카와띠뷰하(Sukhāvatvyūha)는 '무량수'이다.[177] 현존하는 『아미타경』

서울: 운주사, p.25.; 望月信亨(1977), 『淨土教の起原及發達』, 東京:山喜房佛書林, p.309.

174) 시즈타니 마사오·스구로 신조, 문을식 역(1995), 『대승불교』, 서울: 여래, pp.152~153.

175) 광채가 나는 여래의 몸을 묘사하였다. DN.II, 134.; 각묵 역(2007), 『부처님의 마지막 발자취: 대반열반경』, 울산: 초기불전연구원, p.131.

176) 장휘옥(1997), 『정토불교의 세계』, 서울: 불교시대사, pp.204~205.

177) 『아미타경』과 『무량수경』을 구별하기 위하여 『무량수경』을 「대무량수경」 또는, 「대경(The Larger Sukhāvatī)」이라 한다. 반면, 『아미타경』을 「소무량수경」 혹은, 「소경(The Smaller Sukhāvatī)」이라고 한다. 『아미타경』의 산스끄리뜨본은 The Smaller Sukhāvatīvyūha, Oxford. Vol.49, Part 2, 1984가 있고, Vaidya(Buddhist Sanskrit Texts, No.17)가 있다. 번역본으로는 한역본·티베트어본·위구르어본 등이 있다. 이 가운데, 한역 3종이 있었지만, 2종만 현존한다.

의 원전에는 아미타불이라는 명칭은 없다. 무량(無量)의 원어는 아미타(Amita)이다. 인도에서 아미타불은 두 개의 산스끄리뜨어 단어로 표기되었다. 첫째는 무한한 광명을 가진 분이라는 뜻의 아미타-바(Amitābha, 無量光)이다. 둘째는 무량한 수명을 가진 분이라는 의미의 아미타-유스(Amitāyus, 無量壽)이다. '아미타-바'와 '아미타-유스'가 중국에 전해지면서, 두 단어는 '아미타'로 음사된 것이다.[178] 구마라집 한역『아미타경』의 견해를 살펴보도록 하자.

사리불이여, 저 부처님을 아미타라고 하는 이유에 대하여 어떻게 생각하는가? 사리불이여, 저 부처님의 광명이 무량하여 시방의 국토를 비춤에 장애가 없기 때문에 명호를 아미타라고 한다. 또, 사리불이여, 저 부처님의 수명과 그 사람들이 헤아릴 수도 없고 끝도 없는 긴 아승기겁이기 때문에 명호를 아미타라고 한다.[179]

구마라집은 경의 명칭 그대로 '아미타불'로 번역하였다. 『아미타경』의 이역본인 현장의 『칭찬정토불섭수경(稱讚淨土佛攝受經)』[180]에서는 산스끄리뜨어 원전의 아미타 여래(Amitāyus Tathāgataḥ)를 '무량수불'로 번역하였다. 『아미타경』과 『무량수경』 등의 정토 경전에서는 붓다의 명호로서 아미타-유스와 아미타-바가 결합되거나 동일시된 것이다.

중앙승가대학교 불전국역연구원(2007), 『藏本대조 梵·漢本 아미타경 역주해』, 김포: 중앙승가대학교 불전국역연구원, pp.37~38.

178) 김영배 외(1997), 『아미타경언해의 국어학적 연구』, 서울: 법보신문사, pp.130~131.

179) T.12, No.366, pp.347a25~29, "舍利弗 於汝意云何彼佛何故號阿彌陀 舍利弗 彼佛光明 無量 照十方國無所障礙 是故號為阿彌陀 又舍利弗 彼佛壽命及其人民 無量無邊阿僧祇劫 故名阿彌陀."

180) T.12, No.367, p.348b21ff.

〈정토삼부경〉의 용례를 보면,『무량수경』에서는 경명이 나타내는 그대로 일관되게 무량수불로 표기하였다. 반면, 무량광불은 무량수불의 광명이 무량하다고 설명할 경우에만 사용되었다. 우익지욱(藕益智旭)의『불설아미타경요해(佛說阿彌陀經要解)』를 살펴보도록 하자.

> 마음의 성품은 빛나고 있으면서 항상 고요하기 때문에 수명이라 한다. 이것은 심성의 무량한 본체를 철저하게 증득했기 때문에 수명이 무량한 것이다. 법신의 수명은 시작도 끝도 없고 보신의 수명은 시작은 있지만 끝이 없다. 이 또한 부처님마다 도가 같아서 모두 수명이 무량하다고 말할 수 있다.[181]

지욱(智旭)은『아미타경』에서의 아미타불은 법신이며 보신이라고 주석하였다. 모든 붓다의 수명은 무량하다는 관점에서, 무량한 광명의 의미까지 해석하였다. 아미타불을 무량한 수명을 가진 붓다로 이해하는 경향은 중국불교에서도 그대로 계승된 것이다.

『관무량수경』에서는 아미타불과 무량수불이 혼용되었다.[182] 선도(善導)는『관무량수경소(觀無量壽經疏)』에서 무량수(無量壽)는 중국어, 나무아미타불은 인도의 범어라고 설명하였다.[183] 무량수는 법을 말하는 것이고, 각(覺)은 사람을 말한다. 사람과 법을 함께 나타냈기 때

---

181) T.37, No.1762, pp.370a5~11, "又舍利弗彼佛壽命及其人民 無量無邊阿僧祇劫 故名阿彌陀 猶云彼佛及其人民壽命皆無量無邊阿僧祇劫 蓋西域每用倒文故也 心性照而常 寂故為壽命 今徹證心性無量之體故壽命無量也 法身壽命無始無終 故無量報身壽命 有始無終故無量 此亦佛佛道同 皆可名無量壽."

182) 중앙승가대학교 불전국역연구원(2007),『藏本대조 梵·漢本 아미타경 역주해』, 김포: 중앙승가대학교 불전국역연구원, p.37.

183) T.37, No.1750, pp.246b28~29, "言無量壽者 乃是此地漢音 言南無阿彌陀佛者 又是西國正音."

문에 아미타불이라 부른다는 것이다.[184] 『종경록』에도 "아미타는 중국말로 무량수이다. 곧 이치대로 수명을 지니는 것이니, 일심의 진여 성품이 끝이 없으므로 무량한 수명이라 한다."[185]라고 되어 있다. 「태고화상어록(太古和尙語錄)」에도 범어 '아미타'를 중국말로는 '무량수'라고 번역한다고 하였다.[186] 이러한 용례로써, 한국과 중국 등 동북아시아 불교에서도 붓다의 수명에 대한 초세간·초역사적인 견해가 보편적으로 수용된 것을 알 수 있다.

일반적으로, 아미타불은 대승보살의 이상상이며 구원불로서 존숭되었을 때 출현하는 붓다라고 한다.[187] 그러나 유키 레이분(宮本正尊)은 이미 석가모니불의 참된 모습을 아미타불의 상으로 표현한 것이라고 주장하였다.[188] 『아미타경』은 역사적인 붓다의 본질을 이해하는 과정에서 성립된 것 같다. 즉, 무량한 수명과 무량한 광명을 가진 붓다의 참된 모습을 아미타불로 형상화한 것이다.

반면, 아미타불이 석가모니불이라는 견해는 역사적 불타관에 의해서는 해명되지 않는다. 이러한 불타관을 해명할 수 있는 학문적인 견해가 없으면 불가능하다고 우에다 요시부미(上田義文)는 주장하였다. 역사적 붓다의 설법이 아니지만, 대승경전이 불설(佛說)의 진의라는 것

---

184) T.37, No.1750, pp.246c1~4, "又南者是歸 無者是命 阿者是無 彌者是量 陀者是壽 佛者是覺 故言歸命無量壽覺 此乃梵漢相對 其義如此 今言無量壽者 是法覺者 是人人法竝彰 故名阿彌陀佛."
185) T.48, No.2016, pp.548a9~11, "阿彌陀者 此云無量壽 即如理爲命 以一心眞如性無盡故 乃曰無量壽."
186) 「太古和尙語錄」,『韓國佛教全書』 제6권, p.679c2, "阿彌陀佛 梵語此云無量壽佛."
187) 중앙승가대학교 불전국역연구원(2007), 『藏本대조 梵·漢本 아미타경 역주해』, 김포: 중앙승가대학교 불전국역연구원, p.37.
188) 宮本正尊(1972), 『大乘佛教의 成立史的研究』, 東京: 三省堂, p.314.

을 간명해야 한다는 것이다. 석가모니불과 아미타불이 동일한 불타상이 되기 위해서는 규명되어야 할 것이 분명히 있다는 것이다.[189]

결론적으로, 대승불교의 붓다의 수명에 관한 견해는 『아미타경』의 성립에 밀접하게 연관되어 있다. 초기 대승 불교도들은 역사적인 붓다의 수명을 초역사적 관점에서 인식하고자 한 의도로서 아미타불을 상정했다는 것이다. 그러나 역사적 붓다와 초역사적 붓다와의 관계를 해명하기 위해서는 논거가 분명해야 한다. 왜냐하면, 역사적인 석가모니불이 불타관의 기초라는 입장에서 아미타불은 초역사적 붓다가 되고, 초역사적 아미타불이 불타관의 기초라는 입장에서는 석가모니불과의 관계가 불명확하기 때문이다.[190]

---

189) 日本仏教学会 編(1988), 早島鏡正, 「佛陀觀展開の基調」, 『仏陀觀』, 京都: 平樂寺書店, pp.2~3.
190) 日本仏教学会 編(1988), 早島鏡正, 위의 논문, p.2.

4. 요약 및 논의

붓다의 수명에 관한 논의는 불신(佛身)을 생신(生身)으로 보느냐, 법신(法身)으로 보느냐의 문제에 기인한다. 불사(不死)를 얻은 붓다의 80세 입멸로 인하여 제기된 붓다의 본질에 관한 문제이다. 우선, 붓다의 입멸에 관한 초기불교·부파불교·대승불교 문헌에 나타난 불신(佛身) 용어를 파악하면 다음과 같다.

⟨표3-3⟩ 붓다의 입멸에 관한 문헌의 불신(佛身) 용어

유행경	법신
비나야잡사	여래법신
밀린다팡하	법신
이부종륜론	색신
대비바사론	생신과 법신
불소행찬	육신[생신]과 법신
불본행경	색신과 법신
묘법연화경	법신
대승열반경	생신[변화신, 잡식신]과 법신[상주신, 금강신, 불괴신]

초기불교는 역사적 불타관으로서, 붓다의 생신(生身)에 주목하였다. 그러나 법신이라는 용어는 초기불전에서부터 나타난다. 『마하빠리닙바나 숫따』와 『유행경』 등에서 초인적인 붓다의 기대수명·수명 연장과 포기 능력을 묘사함으로써, 초인적인 불타관을 배제할 수도 없다. 붓다의 본질과 불신(佛身)에 관한 논의는 초기불교에서 이미 시작되었다

는 것을 나타낸다.

부파불교는 생신과 법신 2종(種) 불신이 나타나고, 법신이 대두되었다. 『밀린다팡하』는 붓다의 신통력에 의한 수명 연장과 포기 능력을 진실로 받아들였다. 붓다고사는 역사적 불타관을 고수하며, 신통력에 의한 붓다의 수명 연장 능력에는 부정적이다. 반면, 붓다의 수명을 현겁까지로 주장한 마하시와 장로의 견해를 소개한 것으로 상좌부의 초역사적 불타관의 여지를 남긴다. 『아비달마대비바사론』은 생신과 법신의 2종 불신관을 처음으로 언급하였다. 『이부종륜론』은 붓다의 수명은 끝이 없다는 초역사적 불타관을 주장하였다. 붓다의 본성은 색신에 있지 않다는 것이다. 이러한 부파불교의 불타관 변화는 대승불교의 법신상주 사상 확립의 단초라 할 수 있다.

대승불교는 법신상주의 초역사적 불타관으로써, 붓다의 입멸로 제기된 붓다의 수명에 관한 논란을 원천적으로 불식시켰다. 초기 대승에서부터 붓다의 무량한 수명을 강조한 『아미타경』과 같은 경전들이 성립되었다. 『법화경』은 깨달음의 본질에 수명이 없는 것처럼, 구원실성(久遠實成)의 붓다의 수명도 한계가 없다고 주장하였다. 특히, 붓다의 입멸은 중생 교화를 위한 방편이라고 명시하였다. 『대승열반경』은 입멸이 일어나지 않는 것으로써, 법신의 상주불멸을 상징적으로 묘사하였다. 붓다의 본질로서 영원한 수명·깨달음[覺]·법(法)을 강조한 것이다. 대승불교가 표방하는 붓다의 무량한 수명은 중생 구제라고 하는 자비심과 보살심을 함축하고 있다.

제4장
붓다의 입멸과 사후 존속

붓다의 입멸과 사후 존속에 관한 논의는 불사(不死)를 얻은 붓다의 입멸을 어떻게 이해해야 하는가의 문제의식을 기반으로 한다. 즉, 붓다 사후(死後)의 존재 여부는 존재상태로서의 열반에 관한 질문이다. 완전한 열반에 들어간 붓다의 거처를 묻는 것이다. 붓다가 증득한 최고의 법은 열반이다. 그러므로 붓다의 주처(住處)를 아는 문제는 열반에 대한 이해와 직결되는 것이다. 붓다의 핵심이며 본질은 바로, 열반이다.

초기불교는 붓다의 사후 존속 여부에 대하여 무기(無記, avyākata)[1]로 규정하였다. 열반은 시간과 공간을 초월한 무위법이다. 그러므로 중생들의 사고방식으로 열반에 든 붓다의 존재 여부를 말하는 자체가 타당하지 않다. 시공(時空)으로써 중생들이 접근할 수 없고, 말로는 표현할 수 없는 상태이기 때문이다. 초기 『열반경』도 확답하지 않았다. 부파불교는 붓다의 소재(所在)를 밝히지는 못했지만, 열반의 실재와 붓다의 사후 존속을 긍정하였다. 대승불교는 붓다의 불입열반(不入涅槃), 법신상주의 불타관과 상락아정(常樂我淨)의 열반관을 확립하였다. 붓다의 입멸과 사후 존속의 문제를 초월하였다. 특히, 일체중생실유불성(一切衆生悉有佛性) 사상으로써, 모든 중생 안에 붓다가 있다고 논증하였다.

본 장에서는 입멸과 열반의 진의(眞義), 붓다의 사후 존속과 그 소재에 관한 초기·부파·대승불교의 견해를 자세하게 고찰하고자 한다. 이로써, 불타관과 열반관의 변화과정을 통시적으로 조망할 수 있다.

---

1) 붓다가 정의하거나 응답하지 않은 10가지 또는 14가지의 주제를 가리킨다. 붓다는 어떤 대답도 모순이고 해탈과 열반에 도움이 되지 않으므로 답을 하지 않았다. 지관 편저(2004), 『가산불교대사림』 Vol.6, 서울: 가산불교문화연구원, p.754.

1. 초기불교의 견해

초기불교는 붓다의 생신(生身)에 주목하였다. 붓다의 입멸(入滅)과 열반(涅槃), 붓다의 사후 존속에 관한 무기(無記)에 관해 살펴보고자 한다.

1) 붓다의 입멸(入滅)에 관한 견해

붓다의 입열반(入涅槃, 입멸)은 붓다의 색신(色身) 소멸이다. 일반적으로 죽음으로 인식된다. 이러한 견해는『마하빠리닙바나 숫따』에 잘 나타난다. 붓다의 정각 직후부터 입멸을 재촉한 마라(Māra)에게 붓다의 거절 사유를 다음과 같이 묘사하였다.

> 빠삐만[2]이여, 나는 나의 제자인 비구들이 총명하고, 인도받으며, 두려움이 없고, 다문(多聞)이며, 지법자이고, 법을 따르는 법인 도를 행하고, 바르게 도를 행하며, 여법하게 행하여 본인이 스승의 가르침을

---

2) 빠삐만(pāpiman, 사악한 자)은 마라(Māra)의 별명이다. 그는 참으로 사악한 법을 고루 갖추고 있기 때문에 빠삐만이라고 부른다. 깐하(Kaṇha, 검은 자), 안따까(Antaka, 끝을 내는 자), 나무찌(Namuci,), 방일함의 친척(Pamatta-bhandu)이라는 다른 이름들도 있다. 각묵(2007),『부처님의 마지막 발자취: 대반열반경』, pp.71~75. 『마하빠리닙바나 숫따』에는 마라 빠삐만, 『유행경』과 『대승열반경』에는 마왕(魔王) 파순(波旬)·마군(魔軍)으로 등장한다. 수행과 선행을 방해하는 악귀를 말한다. 특히, 마라는 붓다의 성도 직전에 나타나 성도를 방해했고, 붓다의 열반 선언 전 아난다의 마음을 어지럽혀 붓다에게 수명 연장을 청하지 못하게 했고, 붓다의 입열반을 재촉한 것으로 유명하다.

배워서 고하고, 나타내고, 알리고, 확립하며, 열고, 해석하며, 명확하게 하고, 이교도의 논리를 여법하게 잘 논파하며, 신통변화하는 법을 교시하지 않는 한, 나는 반열반에 들지 않겠다.[3]

붓다는 비구 제자들이 불법(佛法)을 수지하고 이교도까지 제도하며, 정법을 개시할 수 있을 때까지 입멸할 수 없다고 밝혔다. 비구뿐만 아니라, 비구니·우바새·우바이도 불법 수지와 중생 교화를 강조하였다. 이러한 조건이 성립된 45년 후, 붓다는 입멸을 선언하였다. 붓다의 입멸은 육신의 소멸이다. 붓다는 입멸 시기를 중생 교화와 불멸 후 교단 유지를 염두에 두고 결정한 것이다.

초기불전은 붓다의 입멸이 정각과 평등하다는 입장이다.[4] 『마하빠리닙바나 숫따』에 묘사된 9차제정(九次第定)[5]의 순(順)·역(逆)을 통한 붓다의 입멸 과정을 살펴보도록 하자.

초선→제2선→제3선→제4선→공무변처→식무변처→무소유처→비상비비상처→상수멸→비상비비상처→무소유처→식무변처→공무변처→제4선→제3선→제2선→초선→제2선→제3선→제4선→출정

---

3) 日本『光明寺経蔵』, 『長部』, 「大篇」, 「大般涅槃経」, p.168-6.
   https://komyojikyozo.web.fc2.com/dnmv/dn16/dn16c13.htm
4) 제2장의 '이종시식의 평등과보'에서 붓다의 정각과 입멸이 평등하다는 견해를 살펴보았다.
5) 9차제정(九次第定)은 색계 4선, 무색계 4선, 멸진정(滅盡定)을 중단없이 계속 수행하는 것을 말한다. 『대지도론』에서는 "9차제정이란 초선(初禪)의 마음으로부터 나와서 차례로 제2선에 들어가, 혹 선하거나 때가 끼거나 하는 다른 마음이 들어갈 수 없도록 한다. 이렇게 멸수상정(멸진정)까지 들어간다."라고 설명한다. T.25, No.1509, p.216c22~4, "九次第定者 從初禪心起 次第入第二禪 不令餘心得入 若善若垢 如是乃至滅受想定."

→반열반[6]

위와 같이, 교주의 죽음 과정을 자세히 논의하는 성전(聖典)은 불교 문헌이 유일하다. 붓다는 선정(禪定)이 확립된 상태에서 순관(順觀)과 역관(逆觀)으로써 9차제정을 수립하고 제4 선정에서 나와 반열반에 들었다. 이러한 붓다의 입멸 과정은 정각 과정과 동일하다는 것이다.[7] 여기서, 붓다 입멸을 통한 사후 존속 여부가 제기되고, 입멸의 진의는 단멸(斷滅)에 있지 않다는 것을 암시한다.

붓다의 입멸(入滅)을 죽음으로 인식한 견해는 마라(Māra)를 통해서도 잘 나타난다. 『마하빠리닙바나 숫따』에서 마라는 붓다에게 다음과 같이 입멸을 간청한다.

세존이시여, 이제 세존께서는 반열반에 드십시오. 선서께서는 반열반에 드십시오. 지금이 세존께서 반열반에 드시기에 적당한 때입니다.[8]

붓다의 곁에 있던 아난다(Ānanda)가 거리를 두고 떨어져 있자마자, 마라는 입멸을 간청한 것이다.[9] '마라'는 그 자체로 죽음을 상징한다.[10] 붓다의 성도를 방해했고, 가르침이 세상에 전파되는 것을 막기

---

6) 日本『光明寺経蔵』,『長部』,「大篇」,「大般涅槃経」, pp.219-1~6.
  https://komyojikyozo.web.fc2.com/dnmv/dn16/dn16c32.htm
7) 안양규 교수는 경문의 정각과 열반에 대한 기술(記述)을 정리하였다. 안양규 (2009),『붓다의 입멸에 관한 연구』, 서울: 민족사, pp.162~192.
8) 日本『光明寺経蔵』,『長部』,「大篇」,「大般涅槃経」, pp.168-4~5.
  https://komyojikyozo.web.fc2.com/dnmv/dn16/dn16c13.htm
9) 日本『光明寺経蔵』,『長部』,「大篇」,「大般涅槃経」, p.168-1.
  https://komyojikyozo.web.fc2.com/dnmv/dn16/dn16c13.htmp
10) 마라(Māra)는 '죽이다'라는 뜻의 범어, 동사 √mṛ에서 파생된 명사로서 죽음이라는 뜻이다. 원래 야마(夜摩, Yama) 사상으로,『리그베다』에서 야마는 구생신(俱

위해 붓다의 죽음을 거듭 간청한 것이다.

붓다의 입멸을 중생들은 어떻게 받아들였는지, 『마하빠리닙바나 숫따』는 불멸 직후 슬픔에 빠진 불제자들을 아래와 같이 묘사하고 있다.

탐욕을 버리지 못한 비구들은 팔을 내밀며 울고 발이 잘린 것처럼 쓰러져 뒹굴며 "세존께서는 너무 빨리 반열반하셨다. 선서께서는 너무 빨리 반열반하셨다. 세상의 눈이신 분이 너무 빨리 돌아가셨다."라고 몸부림쳤다.[11]

붓다의 육신 소멸은 제자들과의 소통 불가능을 의미한다. 탐욕을 버리지 못했다는 것은 범부를 포함한 예류자(預流者, 수다원)[12]와 일래

生神), 야미(Yamī)로부터 유일하게 죽여야 할 것(eka-martyu)으로 불렸다. 또한, 인류 최초의 사자(死者)로서 인간에게 저승의 길을 가르치고, 천계에서 가장 먼 곳에 위치한다. 욕계의 6천(天) 가운데 여섯 번째 타화자재천에 속하거나, 그 위에 있다고 한다. 늘 저승사자 므르뜌로(Mṛtyu)로 하여금 인간의 생명을 빼앗게 하고 죽은 자는 야마의 주처에 이르러 야마와 대면하는 것을 기록하고 있다. 이것은 야마가 죽음의 신으로 간주하는 것으로 죽음이라는 뜻인 마라와 상통한다. 후대의 사마(四魔: 煩惱魔, 五蘊魔, 死魔, 天子魔) 가운데 사마가 마라의 원뜻과 가장 일치한다. 그러나 죽음 자체를 뜻하는 므르뜌(Mṛtyu)와 다르다. 므르뜌는 육체의 죽음을 위협하지만, 초기불전에서 마라는 오로지 붓다에게만 신체적 죽음을 요구하였다. 마라가 죽음으로 불리는 것은 중생의 생명을 앗아가서가 아니라, 현세[윤회]를 벗어나려는 모든 중생을 파괴하기 때문이다. 마라는 목숨을 앗아가는 존재라기보다 경건한 행위를 앗아가는 존재로 그의 가장 주된 목적은 붓다와 비구·비구니, 그리고 중생들이 바른 길에서 멀어지도록 그들의 마음을 흔들어 놓는 것이다. 박경숙(2022), 『인도의 전통신화와 초기불교』, 서울:대한불교조계종, pp.35~37; 지관 편저(2003), 『가산불교대사림』 Vol.5, 서울: 가산불교문화연구원, p.723.

11) 『光明寺経蔵』, 『長部』, 「大篇」, 「大般涅槃経」, p.224-1.
   https://komyojikyozo.web.fc2.com/dnmv/dn16/dn16c33.htm
12) 수다원(須陀洹, sotāpatti)은 성문승의 네 단계 수행 계위 중 첫 번째이다. 구역은 입류(入流)·지류(至流)·역류(逆流), 신역은 예류(預流)이다. 처음으로 성스러운 길에 들어간 이, 혹은 그 경지를 말한다. 초기 경전에서는 3결(結)이 유신견·계금취

자(一來者, 사다함)13)를 포함한다. 그들은 탐진치 삼독(三毒)에서 벗어나지 못했는데, 더 이상 붓다의 도움을 받을 수 없게 된 것이다. 붓다의 입멸로 인하여 그들의 의지처가 없어졌기 때문에 뒹굴며 슬피 운 것이다. 위 경문은 정형구로서, 탐욕을 버리지 못한 신·말라(Mallā)족14)·마하 깟사빠[대가섭] 일행들의 불멸(佛滅)에 대한 탄식과 절망의 내용에도 동일하게 묘사되었다.15) 『근본설일체유부비나야잡사』도 붓다의 열반을 차마 볼 수 없었던 큰 제자들이 먼저 입멸했다고 주장한다.16)

견·의심이 끊어진 경지를 칭했지만, 아비달마에서는 88결을 끊고 견도 16심 중 마지막 16심에 도달한 성인, 또는 그 경지를 의미한다. 수다원과를 얻은 성자는 3악도에 떨어지지 않고 천상과 인간계를 최대한 일곱 번 오가는 동안 반드시 해탈한다고 한다. 지관 편저(2013), 『가산불교대사림』 Vol.14, 서울: 가산불교문화연구원, p.370.

13) 사다함(斯陀含, sakadāgāmin)은 네 단계 수행계위 중 두 번째 계위로서, 일래(一來)·일왕래(一往來)로 한역한다. 한 번 이 세상에 돌아오는 사람이라는 뜻인데, 욕계의 1품에서 5품에 속하는 수소단(修所斷)의 번뇌[修惑]를 끊은 성자이다. 엄밀하게 말하면, 욕계의 6품에 속하는 수소단의 번뇌를 끊기 직전까지의 성자를 사다함향이라고 한다. 사다함향은 최대한 다섯 번에 걸쳐 하늘과 인간계를 왕래한다는 뜻이다. 이 단계에 도달하면 한 번은 하늘로 한 번은 사람으로 태어나 반드시 깨달음을 이루어 열반에 들어가고, 그다음부터 다시는 생명을 받아 태어나지 않기 때문에 사다함과·일래과라고 한다. 지관 편저(2010), 『가산불교대사림』 Vol.12, 서울: 가산불교문화연구원, p.104.

14) 日本 『光明寺経蔵』, 『長部』, 「大篇」, 「大般涅槃経」, pp.225-9~12, 226-9~10.; https://komyojikyozo.web.fc2.com/dnmv/dn16/dn16c33.htm

15) 日本 『光明寺経蔵』, 『長部』, 「大篇」, 「大般涅槃経」, pp.231-8~9. https://komyojikyozo.web.fc2.com/dnmv/dn16/dn16c35.htm

16) 붓다의 마지막 제자가 된 쑤밧다[善賢]가 아라한과를 증득하고, 붓다의 열반을 차마 볼 수 없어서 먼저 반열반에 들었다. [중략] 사리불이 8만 비구들과 목건련이 7만 비구들과 함께 열반에 들었고, 붓다와 함께 일만 8천 비구들이 열반에 들었다. T.24, No.1451, pp.397a4~402c9, "爾時善賢起徹到心 即便速證阿羅漢果 得心解脱復作是念 我今不忍見佛般涅槃 宜可先去 [중략] 尊者舍利子與大苾芻衆八萬人 同入涅槃 尊者大目連與七萬苾芻亦入涅槃 世尊與一萬八千苾芻亦般涅槃."

『마하빠리닙바나 숫따』는 붓다의 생신(生身)에 주목하고 있다. 아라한과(阿羅漢果)를 증득한 비구들의 게송에서도 나타난다.

> 탐욕을 여읜 비구들은 정념·정지하면서, "제행은 무상하다. 어떻게 여기서 석존의 영원한 생존을 얻을 수 있겠는가."라고 하였다.[17]

경문에서는 붓다의 육신도 제행무상의 예외가 될 수 없다고 강조하였다. 붓다의 수명도 영원할 수 없다는 것이다. 여기서, 탐욕을 여읜 비구들은 아라한(阿羅漢)[18]이다. 그들은 제행무상(諸行無常)의 이치에서 담담하게 붓다의 무상신(無常身)을 받아들인 것이다. 『마하빠리닙바나 숫따』는 형성된 것은 모두 쇠망하는 법[19]이라고 강조하였다. 이러한 견해는 자칫, 붓다는 존재하지 않고 열반도 허무적으로 이해될 소지가 있다. 부파불교에서 열반을 긍정적으로 묘사하게 되는 근거가 여기에 있다.

붓다의 몸을 육신으로만 인식한다면, 입멸은 죽음이다. 생신(生身)

---

17) 日本『光明寺経蔵』,『長部』,「大篇」,「大般涅槃経」, pp.224-2~3. https://komyojikyozo.web.fc2.com/dnmv/dn16/dn16c32.htm

18) 아라한(阿羅漢, arahant)은 성문사과(聲聞四果) 중 마지막 단계의 성자로서, 여래 10호 중 하나이다. 『잡아함경』은 아라한의 경지를 "나는 생이 이미 다하였고, 범행도 실현했으며, 해야 할 일도 이미 마쳤으니, 다음 생에 태어나지 않으리라는 것을 스스로 안다."라고 하였다. T.2, No.99, pp.32b28~29, "我生已盡 梵行已立 所作已作 自知不受後有 得阿羅漢."
『대지도론』은 모든 번뇌의 도적을 물리쳤고(殺賊), 일체 세간 모든 인천(人天)의 공양을 받을 만하며[應供], 후세에 다시 태어나지 않는다[不生]는 것을 아라한이라고 정의하였다. T.25, No.1509, pp.80b3~7, "云何名阿羅漢 阿羅名賊 漢名破一切世間諸天人供養 復次 阿名不 羅漢名生後世中更不生 是名阿羅漢."

19) 日本『光明寺経蔵』,『長部』,「大篇」,「大般涅槃経」, p.218-2. https://komyojikyozo.web.fc2.com/dnmv/dn16/dn16c32.htm

으로는 붓다의 몸일지라도 영원할 수 없다. 이러한 견해는 『마하빠리
닙바나 숫따』의 범천(梵天, Brahma) 사항빠띠(Sahampati) 게송에서 언
급된다.

> 세상의 생명이 있는 모든 존재는 몸을 버리게 되는구나.
> 이 세상 누구와도 견줄 수 없는 스승
> 힘을 갖춘 등각자인 여래조차 이처럼 반열반하는구나.[20]

생자필멸(生者必滅)의 이치는 붓다도 예외가 아니라는 것이다. 『마하
빠리닙바나 숫따』는 세상에 태어난 모든 생명체는 끝이 있다는 무상
(無常)을 강조하였다.

초기불교의 소극적이고 부정적인 열반관은 『마하빠리닙바나 숫따』
의 아누룻다(Anuruddha, 아나율) 게송에서 나타난다.

> 마음이 굳게 확립된 채, 호흡 없이,
> 부동하신 분, 적멸을 얻어 죽을 수 있는 석가모니는
> 불퇴전의 마음으로써 인내하셨으니,
> 불어서 꺼진 등불처럼 마음은 해탈하셨네.[21]

위 게송은 붓다의 입멸을 생신(生身)의 죽음으로 묘사하였다. 특히,
입으로 불어서 꺼진 등불의 비유로써, 초기불교의 열반관을 나타낸
것이다. 열반(涅槃)[22]은 빠알리어 닙바나(nibbāna), 산스끄리뜨어 니르

---

20) 日本 『光明寺経蔵』, 『長部』, 「大篇」, 「大般涅槃経」, pp.220-4~6.
　　https://komyojikyozo.web.fc2.com/dnmv/dn16/dn16c32.htm
21) 日本 『光明寺経蔵』, 『長部』, 「大篇」, 「大般涅槃経」, pp.222-2~5.
　　https://komyojikyozo.web.fc2.com/dnmv/dn16/dn16c32.htm
22) 니르와나(nirvāṇa)는 한자로 취멸(吹滅) 또는 그러한 상태를 가리킨다. 음사하

와나(nirvāṇa)의 부정접두사 nir와 불다라는 뜻을 가진 어근 vā의 합성어로서, '불어서 끈다'는 뜻이다.[23] 부정적인 열반의 해석으로서, 번뇌의 소멸이 열반이라는 말이다.

번뇌가 소멸된 불신(佛身)의 유무(有無)에 주목하여, 정각과 열반을 구분하였다. 이러한 견해는 『마하빠리닙바나 숫따』의 붓다와 아난다의 대화에서 나타난다.

> 아난: 세존이시여, 희유합니다! 세존이시여, 희유합니다! 여래의 피
> 부색이 이렇게 청정하고 이렇게 깨끗합니다. 세존이시여! 지금
> 입을 수 있는 황금색 옷을 세존에게 입혀 드렸지만, 그 옷의
> 황금빛은 마치 광채가 죽어 버린 것처럼 빛이 나지 않습니다.
> 붓다: 아난다여, 그러하다! 아난다여, 그러하다! 두 가지 경우에 여래
> 의 몸은 지극히 청정하고, 피부색이 깨끗하게 된다. 그러면 두
> 가지 경우란 어떤 것인가? 아난다여, 여래가 위없는 정등각을
> 깨달은 그 밤과 여래가 무여열반계로 반열반하는 밤이다.[24]

경문에서는 정각과 입멸의 경계에 나타난 붓다의 경이로운 색신(色身)에 주목하였다. 이러한 붓다 색신의 유무(有無)를 정각과 열반에 배대하여 구분하였다. 회신멸지(灰身滅智)의 상태로서 붓다의 몸

여 열반·니원, 적멸·멸도·무생 등으로 한역하며, 택멸·해탈 등과 동의어이
다. 반열반이라고도 하는데, 반(般)은 범어 빠리(pari)의 음사어로서 완전한 열
반(parinirvāṇa)을 뜻하고 원적이라 한역한다. 대반열반(大般涅槃, mahā-pari-
nirvāṇa)이라고도 하여 석가세존의 위대한 열반을 가리킨다. 지관 편저(2015),
『가산불교대사림』Vol.16, 서울:가산불교문화연구원, p.372.

23) T.W. Rhys Davids & William Stede(1952), *The Pali Text Society's Pali-
English Dictionary*, Oxford:PTS, p.671.

24) 日本『光明寺経蔵』,「長部」,「大篇」,「大般涅槃経」, pp.195-4~8.
https://komyojikyozo.web.fc2.com/dnmv/dn16/dn16c24.htm

이 소멸된 입멸은 무여열반(無餘涅槃)이다. 반면, 번뇌를 끊었지만 붓다의 육체가 남아 있는 정각의 상태는 유여열반(有餘涅槃)이다. 여기서, 여(餘)는 생존의 기반인 육체를 말한다. 유여열반은 탐욕·번뇌로 인한 괴로움은 없지만 육체로 인해 발생하는 괴로움은 남아 있다. 반면, 무여열반은 육체적 괴로움마저 소멸됨으로 완전한 열반, 반열반(parinirvāṇa)이라고 한다. 『유행경』도 무여열반을 언급하였다.[25] 초기불교에서부터 불신(佛身)과 연관하여 열반의 진의(眞義)를 논의하기 시작한 것이다.

제석천(帝釋天, Sakka)[26]은 회신멸지(灰身滅智)의 열반의 상태를 다음과 같이 묘사하였다.

제행은 무상하여,
발생과 소멸의 성질이 있다.
제행은 생겼다가 소멸한다.

---

25) 『마하빠리닙바나 숫따』와 달리, 『유행경』은 광채 나는 여래의 몸을 찬탄한 내용에서는 무여열반의 언급이 없다. 그러나 대지가 진동하는 8가지 경우 가운데, 마지막으로 여래가 무여열반계에 반열반 할 때 대진동이 일어난다고 하였다. T.1, No.1, pp.16a13~14, "如來於無餘涅槃界般涅槃時 地大振動 是為八也."

26) 제석천(帝釋天, Śakrodevandra)는 석제환인다라(釋提桓因陀羅)·석가제바인다라(釋迦提婆因陀羅)를 줄인 말이다. 불교의 세계관에서는 세계의 중앙에 수미산이 있고, 그 정상에 도리천이 있다. 제석은 도리천의 왕으로, 선견성(善見城)에 머물며 사천왕과 주위의 32천왕을 통솔한다. 그는 불법을 옹호하며, 불법에 귀의하는 사람들을 보호할 뿐 아니라, 아수라의 군대를 정벌하기도 한다. 그의 무기는 그물인데, 이것을 인다라망이라고 하여 세간의 얽히고 설킨 인과에 비유한다. 원래 고대 인도의 신 가운데 인드라(Indra)가 불교에서는 제석천으로 불린 것이다. 우리 나라에서는 단군신화에서 단군의 할아버지를 석제환인(釋提桓因)이라고 표기하였다. 한국민족문화대백과사전, http://encykorea.aks.ac.kr/Contents/Item/E0051308

그것들의 적멸이 안락이다.[27]

위 게송은 발생의 소멸에 주목한 적멸(寂滅)로서, 열반의 세계를 표현하였다. 열반은 생사·번뇌의 소멸, 괴로움에서 벗어난 경지라는 말이다.[28] 이러한 경지에서 오는 최상의 쾌락이 열반이다.[29] 『유행경』과 『반니원경』도 유사하게 설한다. 즉, "5음은 항상하지 못하니, 다만 생겼다 없어지는 법이다. 나는 것은 죽지 않는 것이 없으니, 부처님의 멸도만이 즐거움이 된다."고 되어 있다.[30] 이러한 게송은 『장아함경』의 『대반열반경』과 『비나야잡사』에 발전하여 나타난다.

이 세상 모든 것은 무상하니(諸行無常)
이것이 나고 죽는 법이다.(是生滅法)
생멸마저 끊어지면(生滅滅已)
적멸이 낙이 된다.(寂滅爲樂)[31]

위 게송은 『장아함경』의 『대반열반경』에는 불설(佛說)이고, 『비나야

---

27) 日本『光明寺経蔵』,『長部』,「大篇」,「大般涅槃経」, pp.221-2~3.
　　 https://komyojikyozo.web.fc2.com/dnmv/dn16/dn16c33.htm
28) 『잡아함경』과 『쌍윳따 니까야』는 열반에 대한 사리불의 정의를 밝혀 놓았다. 즉, 탐욕·진에·우치가 영원히 없어지고 일체 모든 번뇌가 영원히 없어진 경지를 열반이라고 말한다. T.2, No.99, pp.126b2~4, "謂涅槃者 云何為涅槃 舍利弗言涅槃者 貪欲永盡 瞋恚永盡 愚癡永盡 一切諸煩惱永盡 是名涅槃."; SN. IV, 38⑴ Nibbānaṃ, p.251.
29) 『증일아함경』, T.2, No.125, p.592b12, "涅槃者最是快樂."
30) 음행무유상(陰行無有常) 단위흥쇠법(但爲興衰法) 생자무불사(生者無不死) 불멸지위락(佛滅之爲樂), 『유행경』, T.1, No.1, pp.26c20~22.; 『반니원경』, T.1, No.6, pp.188c7~10.
31) 『대반열반경』, T.1, No.7, pp.204c22~24.; 『비나야잡사』, T.24, No.1451, pp.399c29~400a1.

잡사』는 제석천의 게송이다. 특히, 『대승열반경』에도 나타난다. 무상마
저도 초월한, 생멸 자체를 초월한 경지를 열반이라고 재해석한 것이
다. 이것이 바로, 『열반경』에서 불교도들에게 전하고자 한 열반의 진의
일 것이다.

2) 붓다의 사후 존속에 관한 견해

(1) 『쌍윳따 니까야(Saṃyutta Nikāya)』의 무기(無記)

붓다의 사후 존속에 관한 무기(無記, avyākata)는 『쌍윳따 니까야
(Saṃyutta Nikāya)』에 자세하게 설명되어 있다. 특히, 「아베야까따 쌍
윳따(Avyākata-Saṃyutta)」에 잘 나타난다.[32]

우선, 붓다가 침묵으로써 답변을 거부한 10무기(無記)를 살펴보도
록 하자. 제7경 '목갈라나(Moggallāna, 목건련)'에서 유행자(遊行者) 왓
짜곳따(Vacchagotta)가 목건련과 붓다에게 열 가지 문제를 거듭 질문
하였다. 이에, 목갈라나와 붓다는 아래와 같이 답변하기를 거부한다.

세상은 영원한가, 세상은 무상한가, 세상은 유한한가, 세상은 무한한
가, 생명과 육체는 같다, 생명과 육체는 다르다, 여래는 사후에 존재
한다, 여래는 사후에 존재하지 않는다, 여래는 사후에 존재하기도 하
고 존재하지 않기도 한다, 여래는 사후에 존재하는 것도 아니고 존

---

32) 「아베야까따 쌍윳따(Avyākata-Saṃyutta, 無記 相應)」는 붓다의 4종 무기·10종
무기·2종 무기에 관하여 문답 형식의 불설(佛說)로 구성되어 있다. SN. IV, 44,
p.374ff.

재하지 않는 것도 아니다. 이와 같은 질문 받은 여래는 이와 같은 해답이 없습니다.[33]

이러한 열 가지 무기는 「왓짜곳따 쌍윳따(Vacchagotta Saṃyutta)」에도 설해져 있다.[34] 이 경에는 열 가지 무기가 발생하는 원인에 대하여 붓다는 왓짜곳따(Vacchagotta)에게 자세하게 설법하였다.[35] 또한, 「딧티 쌍윳따(Diṭṭhi Saṃyutta, 見解 相應)」와 「소따빳띠 왁가(Sotapatti Vagga)」에서는 10종 무기를 소경(小經)의 제목으로 하였다.[36] 색(色)·수(受)·상(想)·행(行)·식(識)·무상(無常)·고(苦)에 집착하여 이러한 견해를 일으킨다는 것이다.

10종 무기(十種 無記) 가운데 여래의 사후 존속에 관한 마지막 4가지가 곧, 4종 무기(四種 無記)이다. 4종 무기는 「아베야까따 쌍윳따

---

33) 『光明寺経蔵』, 「相応部」, 「六処篇」, 「無記相応」, pp.416-76~77.
   https://komyojikyozo.web.fc2.com/snsav/sn44/sn44c01.htm

34) SN.III, 33, pp.257~263.

35) 열 가지 무기(無記)가 생기는 원인으로, 다음의 열한 가지를 들고 있다. 즉, ① 무지(無智, annana), ② 무견(無見, adassana), ③ 불현관(不現觀, anabhisamaya), ④ 불요오(不了悟, ananubodha), ⑤ 불통달(不通達, appativedha), ⑥ 부등관(不等觀, asallakkhana), ⑦ 불수관(不隨觀, anupalakkhana), ⑧ 불근관(不近觀, apaccupalakkhana), ⑨ 부등찰(不等察, asamapekkhana), ⑩ 불근찰(不近察, apaccupekkhana), ⑪ 불통찰(不通察, apacckkhakammam)이다. 이와 같은 각각의 요소가 색·수·상·행·식의 생멸에 각각 관여되기 때문이다. 예를 들면, 색(色)에 무지(無智)하기 때문에 색의 생멸에 무지하여 열 가지 견해가 생긴다는 것이다. 『巴利语电子辞典』, http://dict.sutta.org/

36) SN.III, 24, pp.213~217. ⑨ 세상은 영원하다[sassato loko]. ⑩ 세상은 영원하지 않다[asassato loko]. ⑪ 유한하다[antava]. ⑫ 유한하지 않다[anantava]. ⑬ 영혼과 육신은 같다[tam jivam tam sariram]. ⑭ 영혼과 육신은 같지 않다[annam jivam annam sariram]. ⑮ 여래는 존재한다[hoti tathagato]. ⑯ 여래는 존재하지 않는다[na hoti tathagato]. ⑰ 여래는 존재하기도 하고 존재하지 않기도 한다[hoti na ca hoti tathagato]. ⑱ 여래는 존재하는 것도 아니고 존재하지 않는 것도 아니다[neva hoti na na hoti tathagato].

(Avyākata Saṃyutta, 無記 相應)」에 자세하게 나타나 있다. 첫 번째 케마(Khemā)경에서 꼬쌀라(Kosala) 국왕 빠쎄나디(Pasenadi)와 붓다의 문답을 살펴보도록 하자.

> 대왕: 여래는 사후에 존재합니까?
> 붓다: 그것에 나는 답하지 않습니다.
> 대왕: 여래는 사후에 존재하지 않습니까?
> 붓다: 그것에도 나에게는 해답이 없습니다.
> 대왕: 여래는 사후에 존재하기도 하고, 존재하지 않기도 합니까?
> 붓다: 그것은 나에게는 해답이 없습니다.
> 대왕: 여래는 사후에 존재하는 것도 아니고, 존재하지 않는 것도 아닙니까?
> 붓다: 그것에도 나에게는 해답이 없습니다.[37]

위의 내용은 빠쎄나디와 케마 장로니(Theri)와의 문답과도 일치한다. 여래의 사후 존속에 관한 4종 무기는 「아베야까따 쌍윳따」에서 더욱 주목하였다.[38] 이는, 붓다의 입멸 이후에 대한 의문이 심각하게 논의되었음을 짐작할 수 있다. 붓다는 이러한 네 가지 의혹을 무익(無益)한 질문으로 규정하고, 다음과 같이 설하였다.

---

37) 『光明寺経蔵』, 「相応部」, 「六処篇」, 「無記相応」, pp.410-74~90.
https://komyojikyozo.web.fc2.com/snsav/sn44/sn44c01.htm
38) 여래의 사후 존속 여부에 관한 4가지 무기는 ① 케마(Khemā), ② 아누라다(Anurādha), ③ 사리뿟따와 꼿티까(Sāriputta Koṭṭhika) 1, ④ 사리뿟따와 꼿티까 2, ⑤ 사리뿟따와 꼿티까 3, ⑥ 사리뿟따와 꼿티까 4, ⑪ 싸비야(Sabhiya)경에서 설해져 있다. 반면, 10종 무기는 ⑦ 목갈라나(Moggallāna)경(經), ⑧ 왓짜(Vaccha)경에 설해져 있다. ⑨ 집회장(Kutuhalasala)경에서는 육사외도의 사후 재생에 관한 설과 붓다의 설법이 있다. ⑩ 아난다(Ānanda)경에는 자아의 존재 여부에 관한 2종 무기가 설해져 있다.

대왕이여, 여래는 마치 큰 바다와 같아서, 물질[색]로는 측량할 수 없이 심오하고 한량없어 깊이 이해하기 어렵습니다. 그러므로 여래는 사후에 존재한다고 하는 것은 적절한 표현이 아닙니다. [생략] 여래는 사후에 존재하는 것도 아니고 존재하지 않는 것도 아니다라고 하는 것은 적절한 표현이 아닙니다.[39]

위의 색(色)과 마찬가지로, 수(受)·상(想)·행(行)·식(識)에 의해서도 여래의 사후 존속에 관한 4가지 문제는 이해할 수 없다고 경문에서 밝히고 있다.[40] 결국, 4종 무기는 질문 자체가 성립되지 않는다. 붓다가 무기(無記)로 판정하고, 답변하지 않은 이유이다.

위와 같이, 『쌍윳따 니까야』는 붓다의 사후 존속에 관한 문제는 오온(五蘊)의 집착에서 나온 알음알이라고 강조하였다. 특히, 수행과 해탈에 무익한 것으로서, 논의의 대상이 아니라는 데 주목해야 한다.

(2) 『마하빠리닙바나 숫따』

『마하빠리닙바나 숫따』는 붓다의 사후 존속에 관하여 명확하게 표명하지 않았다. 그러나 긍정적인 견해를 발견할 수 있다. 우선, 9차제정(九次第定)을 통한 입멸 과정을 통해서다. 붓다의 입멸 과정은 붓다의 수행체계와 열반의 본질을 함축한다. 둘째, 사리에 관한 기적이다. 붓다의 다비 과정에서 나타난 사리의 기적은 생신(生身)을 초월한 붓

---

39) 『光明寺経蔵』, 『相応部』, 「六処篇」, 「無記相応」, pp.410-106~109.
https://komyojikyozo.web.fc2.com/snsav/sn44/sn44c01.htm
40) 『光明寺経蔵』, 『相応部』, 「六処篇」, 「無記相応」, pp.410-110~116.
https://komyojikyozo.web.fc2.com/snsav/sn44/sn44c01.htm

다의 영원성을 시사한다. 경문의 내용을 살펴보도록 하자.

실제로, 세존의 유해는 피부·표피·살·힘줄 또는, 관절·활액은 모두 불에 타고, 거기에는 재도 그을음도 없었다. 오직 사리만 남았다.[41]

『마하빠리닙바나 숫따』에서 묘사한 불사리는 불교도들에게 불신(佛身)으로 인식되었다. 붓다의 존체가 모두 불에 탔음에도 재나 그을음 등 그 어떠한 불순물도 없이, 오직 사리만 남았다고 강조하였다. 불사리는 청정 여래의 결정체로서 붓다의 본질을 상징한다. 사리는 당시 불교도들에게 붓다의 육신을 초월한 존재 내지, 붓다의 영원성을 의미했을 것이다. 마이클 파이(Michael Pye)는 감각적인 세계에서 붓다와 연관하여 남아 있는 것은 오직 사리뿐이다. 사리는 지금까지 불제자들의 신앙적 삶에 거대한 잠재력으로 남아 있다.[42] 초기불교에서 붓다의 사후 존속을 암시하는 사례라고 할 수 있다.

초기불교는 붓다의 입멸을 통하여 오히려 세간의 수명을 초월한 붓다의 영원성을 기대하고, 붓다의 본질과 본성의 문제를 제기한 것이다. 이것이 초기 『열반경』의 성립과도 연관된다고 본다.

---

41) 日本『光明寺経蔵』, 『長部』, 「大篇」, 「大般涅槃経」, pp.253-1~2.
https://komyojikyozo.web.fc2.com/dnmv/dn16/dn16c32.htm
42) Pye, Michael(1979), *The Buddha*, London:Duckworth, p.136.

2. 부파불교의 견해

부파불교는 붓다의 소재와 열반의 실재 여부에 관하여 본격적으로 논의하였다. 특히, 법신(法身)의 불타관이 대두된다. 그리고 붓다의 사후 존속, 붓다의 소재와 열반의 실재를 인정하였다. 여기서는, 붓다의 입멸 선언과 입멸의 의미, 붓다의 사후 존속에 관한 견해를 고찰하고자 한다.

1) 『밀린다팡하』

『밀린다팡하』는 입멸한 붓다의 본체에 대한 문답이 수록되어 있다. 특히, 붓다의 사후 존속을 인정하였다. 무여열반에 들어간 붓다는 존재한다는 견해는 밀린다왕과 나가세나 장로의 대화에 나타난다.

밀린다왕: 붓다는 계십니까?
나가세나: 예. 붓다는 계십니다.
밀린다왕: 그렇다면 붓다를 향해 '여기에 계신다' 또는, '저기에 계신 다'고 말할 수 있습니까?
나가세나: 붓다는 재생을 위해 남아 있는 기질이 없는 열반의 경지 에서 궁극의 열반을 성취하셨습니다. 붓다를 향해 '여기에 계신다', '저기에 계신다'고 말할 수는 없습니다.[43]

---

43) Horner, I.B.(1969), *Milinda's Questions* Vol.1, Oxford:PTS, p.99.

위와 같이, 『밀린다팡하』에서는 붓다의 사후 존속을 분명하게 표명하였다. 붓다는 생신(生身)을 초월하여 재생이 없는 완전한 열반의 세계에 있다는 것이다. 그러나 붓다의 소재는 밝힐 수 없다는 것이다. 나가세나는 불꽃의 비유로써 밀린다왕을 이해시킨다. 즉, 현재 타고 있는 큰불의 불꽃이 꺼지면, 불꽃을 향해 '여기에 있다' 또는, '저기에 있다'고 말할 수 없다는 것이다.[44] 불꽃의 비유는 『마하빠리닙바나 숫따』에서 열반을 등불에 비유한 것과 같다. 불은 연료로서의 재료로 다시 재연할 가능성이 있으므로 잠재적인 존재를 보증하는 것이다.[45]

　붓다의 소재에 있어서, 법신의 불타관이 제기되었다. 나가세나의 설명을 살펴보도록 하자.

> 대왕이여, 법신으로는 붓다를 가리킬 수 있습니다. 왜냐하면, 법은 붓다에 의해 설해졌기 때문입니다.[46]

　『밀린다팡하』는 불신(佛身)을 법(法)으로 인식하였다. 육신을 초월하여 증득한 법에서 붓다의 본질을 찾아야 한다는 말이다. 즉, 법을 보는 것이 여래를 보는 것이다. 법신으로써 붓다의 소재를 말할 수 있다는 것이다. 이것은 붓다의 사후 존속과 법신상주(法身常住)를 의미한다. 이로써, 초기불교 붓다의 사후 존속에 관한 무기(無記)의 한계를 초월하였다. 부파불교 불타관의 현격한 변화이다.

---

44)　Horner, I.B.(1969), 앞의 책, pp.99~100.
45)　下田正弘(1997), 『涅槃經の硏究: 大乘經典の硏究方法試論』, 東京:春秋社, p.76.
46)　Horner, I.B.(1969), 앞의 책, p.100.

2) 『슈망갈라윌라시니』

『슈망갈라윌라시니』도 초기불교 불타관과 열반관의 변화가 나타난다. 붓다의 사후 존속에 대하여 긍정하고, 열반의 실재를 인정하였다. 붓다고사는 붓다의 입멸 당일, 행복감에 젖은 붓다의 마음을 다음과 같이 주석하였다.

> 이제 오늘 나도 수백 수천의 많은 붓다들이 들어간 불사(不死)의 대반열반이라는 도시에 들어갈 것이다.[47]

위와 같이, 붓다고사는 붓다의 사후 존속을 적극적으로 긍정하였다. 그는 대반열반(大般涅槃, Mahāparinibbāna)을 불사(不死)로 수식하여 도시로 표현함으로써 붓다의 입멸을 설명한 것이다. 빠알리 율장의 「마하왁가(Mahāvagga)」에서 붓다는 정각 직후 처음 만난 5비구에게 자신은 "불사가 성취되었다."[48]고 선언하였다. 『중아함경』에서도 "늙음·죽음·근심과 걱정·더러움이 없는 안온한 열반을 구하여 얻었다."라고 밝혔다.[49] 불사(不死)는 불생(不生)을 내포하고 있으므로, 불생불사(不生不死)를 의미한다. 붓다의 정각과 열반이 동일함으로써, 열반을 성취한 붓다는 불생불사(不生不死)의 논리에 부합된다. 붓다고사는 『청정도론(淸淨道論)』에서 열반은 만들어지지 않았으므로, 늙음과

---

47) An, Yang Gyu(2003), *The Buddha's Last Days: Buddhaghosa's Commentary on the Mahāparinibbāna Sutta*, Oxford: PTS, pp.127~128.
48) Vin. I, Mahāvagga, p.9.
49) 『中阿含經』, 「晡利多品 羅摩經」, T.1, No.26, pp.777c14~7, "我求無老 無死 無愁憂感 無穢污無上安隱涅槃 得無老 無死 無愁憂感 無穢污無上安隱涅槃."

죽음에서 자유롭다."라고 열반이 불사(不死)인 이유를 논증했다.[50] 열반에는 죽음이 없으므로, 여래는 열반에서 죽음을 경험하지 않는다고 할 수 있다.[51] 이러한 깨달음의 경지에서 붓다는 이미 죽음을 초월했으므로, 붓다의 존재적 영원성도 성립된다.

붓다고사는 열반을 도시로 비유하였다. 이 비유는 9차제정을 통한 붓다의 입멸 과정 주석에서 나타난다.

> 열반의 도시에 들어갈 때, 법왕인 붓다는 먼저 2,400,000 꼬띠 (koṭis)[52]에 이루는 모든 등지(等至)를 성취하고, 모든 등지의 즐거움을 경험한다. 마치 외국에 가서 먼저 모든 친척들을 포옹하고 즐거워하는 것처럼.[53]

위와 같이, 『슈망갈라윌라시니』는 열반에 대하여 긍정적이고 행복하게 묘사하였다. 붓다는 윤회의 세계에 있다가 제불(諸佛)의 세계로 간 것이다. 붓다고사는 열반을 중생들이 생각하는 장소가 아닌 도시로서, 행복의 장소로 표현하였다. 붓다가 친척들[諸佛]과 만나는 장면은 열반과 붓다가 실재(實在)한다는 상징성을 가진다. 초기불교에서 붓다의 육신 소멸, 무상신(無常身)을 수용했을 경우, 붓다는 존재하지 않고 열반도 허무적으로 이해할 여지가 있다. 붓다고사는 그러한 견해를 타파하기 위해 열반을 긍정적으로 묘사하고, 열반과 붓다를 존재

---

50) 대림 스님 역(2004), 『청정도론』제3권, 서울: 초기불전연구원, p.509.
51) Norman, K. Roy(1993), *Colleted Papers* IV, OXford:PTS, p.262.
52) 꼬띠(koṭi)는 꼭대기·정상·천만(千萬)을 뜻한다. T. W. Rhys Davids & William Stede(1986), *Pali-English Dictionary*, Oxford: PTS, p.531.
53) An, Yang Gyu(2003), *The Buddha's Last Days: Buddhaghosa's Commentary on the Mahāparinibbāna Sutta*, Oxford:PTS, p.186.

론적으로 인식한 것이다.[54]

3) 『대비바사론』

『대비바사론』 제191권은 붓다의 입멸, 제192권은 붓다의 장례와 다비(荼毘)에 관한 일련의 내용을 문답 형식으로 자세하게 논의하고 있다. 이러한 논의 자체는 이면에 외도들의 비난에 대한 방어를 의미한다. 또한, 초기불전의 견해에 공감하지 못함으로써 부파불교에서 재논의되었다고 할 수도 있다. 특히, 『대비바사론』은 첫 번째 견해를 주장하면서도, 나머지 견해를 수용하여 모두 소개하고 있다. 그리고 법신(法身)의 불신관, 붓다의 사후 존속을 암묵적으로 수용하고 있다.

(1) 붓다의 입멸

『대비바사론』은 붓다의 입멸 과정과 연관하여 정각 과정과 같이 입멸을 논의하고 있다. 특히, 9차제정(九次第定)의 순관(順觀)과 역관(逆觀)을 통한 붓다의 입멸 과정을 도식화하면 다음과 같다.[55]

---

54) 루네 요한슨은 대표적으로 열반에 관한 존재론적 해석을 반대하였다. 반면, 안양규 교수는 붓다고사의 열반에 관한 주석이 존재론적이라고 해석하였다. Johansson, Rune(1969), *The Psychology of Nirvana*, London: George Allen and Unwin LTD, p.55.; 안양규(2009), 『붓다의 입멸에 관한 연구』, 서울: 민족사, pp.201, 211.

55) T.27, No.1545, pp.955c15~956a1.

욕계의 선심→초정려→제2정려→제3정려→제4정려→식무변처→공무변처→무소유처→비상비비상처→멸수상정→무소유처→비상비비상처→식무변처→무소유처→공무변처→식무변처→제4정려→공무변처→제3정려→제4정려→제2정려→제3정려→초정려→제2정려→제3정려→제4정려→출정→입멸

『대비바사론』에 나타난 붓다의 입멸 과정은 『마하빠리닙바나 숫따』를 비롯한 초기불전의 9차제정(九次第定)과는 차이를 보인다. 『대비바사론』은 제4정려(靜慮, 禪)와 제3정려에 각각 4차례씩 입(入)·출정(出定)하고, 식무변처(識無邊處)·공무변처(空無邊處)·무소유처(無所有處)에 각각 3회씩 입·출정하였다.

붓다는 제4정려에서 나와 입멸했다. 선정 상태에서는 죽지 않기 때문이다. 그러나 논사들은 붓다가 제4정려에 든 것에 주목하여 논의하였다. 정각과 열반을 동일시하려는 의도로 보인다. 왜냐하면, 제4선에서 붓다는 정각했기 때문이다. 붓다의 입멸 과정 최후에 제4정려에 드는 이유[56]에 관한 논사들의 견해는 아래와 같다.

① 제불의 반열반 최후의 법은 제4정려 입정→출정→반열반[57]
② 붓다는 제4정려에 지극히 자재하다는 것을 나타내기 위해[58]
③ 붓다는 후세 중생을 가엾이 여겼기 때문[59]

---

56) T.27, No.1545, pp.955b28~29, "問何故佛般涅槃時最後入第四靜慮耶."
57) T.27, No.1545, pp.955c2~3, "謂一切佛般涅槃時最後法爾入第四靜慮 從彼起已 而般涅槃."
58) T.27, No.1545, pp.955c3~4, "有說 欲顯佛於彼定極自在故雖將涅槃而猶現入."
59) 부처님께서 멸도하신 뒤에 어떤 중생들은 '세존께서는 일체지를 완전히 갖추시고도 열반하실 때에는 오히려 제4정려에 들어가셨는데 하물며 우리들이 모든 등지 가운데서 힘써 가행을 하지 않을 수 있겠는가.'라고 생각할 것이다. 이로 말미암

④ 전륜왕과 서로 비슷한 법이기 때문[60]

⑤ 큰 부자 상인과 비슷한 법이기 때문[61]

『대비바사론』은 선정에 자유자재한 불타관으로써, 제4선에 주목하여 붓다의 입멸 과정을 주석하였다. 세 번째 들어갈 때까지는 부동적정(不動寂靜)의 선정(禪定)이라고 하지 않고, 네 번째 들어갔을 때 비로소 부동적정의 선정이라고 한다. 왜냐하면, 앞의 세 번 들어갈 때는 열반을 반연하지 않고, 네 번째 들어갈 때 열반을 반연하기 때문이라는 것이다.[62] 『대비바사론』은 붓다가 제4선에서 출정하여 입멸한 것을 강조하였다.[63] 여기서, 부동적정의 선정은 욕계의 무부무기(無覆無記)[64]

아 온갖 등지를 부지런히 닦게 된다. T.27, No.1545, pp.955c5~9, "有說 佛欲悲愍後世生故 謂佛滅後有諸衆生當作是念 世尊具一切智臨涅槃時尚入第四靜慮 況我等不於諸等至中勤作加行耶 由此勤修一切等至."

60) 전륜왕이 만일 먼저 이 지위에서 정수리에 물을 부어 왕위를 받은 후 곧 이 지위에서 목숨을 마치는 것과 같다. 이렇게 십력의 위없는 법왕에서도 먼저 제4 정려에 의해 법왕위를 받고, 뒤에 다시 이 경지에 의하여 반열반하신다고 한다. T.27, No.1545, pp.955c9~13, "有說 與轉輪王相似法故 如轉輪王若先於此地灌頂而受王位 後即於此地而命終 如是十力無上法王先依第四靜慮受法王位 後還依此地 而般涅槃."

61) 부자인 상인은 최후에 큰 값어치의 진기한 보배를 바꾸면서도 애착하는 일이 없는 것처럼 세존께서는 최후에 수승한 제4정려를 버리면서도 애착하는 것이 없다고 한다. T.27, No.1545, pp.955c13~15, "有說 與大富商主相似法故 如富商主最後轉易大價珍寶而無戀著 如是世尊最後棄捨殊勝第四靜慮而無戀著."

62) T.27, No.1545, pp.956a1~4, "如是世尊臨涅槃時四度入第四靜慮 前三入時未名不動寂靜定 第四入時乃名不動寂靜定 所以者何 前三入時不緣涅槃 第四入時乃緣涅槃故."

63) 『대반열반경』[T.1, No.7, p.205a15]과 『근본설일체유부비나야잡사』[T.24, No.1451, p.399b13]는 제4선에 입정하여 붓다가 반열반했다는 견해이다. 반면, 『마하빠리닙바나 숫따』[DN. Ⅱ, p.156.]·『유행경』[T.1, No.1, p.26c07]·『반니원경』[T.1, No.6, p.188c4]은 출정하여 반열반했다고 전한다.

64) 무기는 선(善)도 아니고 불선(不善)도 아닌 것을 말한다. 『구사론소』는 체(體)가 염오가 아니고 성도를 장애하지도 않으며, 과(果)에 대한 기억이 없으므로 무부

의 마음과 상응하는 선정이 있어서 제4정려와 비슷하기 때문에 부동적정이라고 한다. 붓다는 이를 의지해 반열반에 든 것이다.[65] 붓다의 최후의 마음 상태, 욕계의 무부무기심(無覆無記心)에 주목한 교학적 해석이다. 입정 상태였다면 색계에서 입멸한 것이 되고, 출정한 이후라면 욕계에서 입멸한 것이 된다고 할 수 있다.[66]

『대비바사론』은 붓다의 입멸 과정에서 모든 선정에 순서대로 들어가지 않고 다만, 역(逆)으로 입정하는 이유에 관한 견해도 밝혔다.[67]

① 항하의 모래보다 더 많으신 여래·응공·정등각의 법은 모두 이와 같이 모든 선정에 드셨기 때문[68]
② 세존은 모든 선정에 자재함을 얻었다는 것을 나타내기 위해[69]
③ 세존은 하기 어려운 일을 한다는 것을 나타내기 위해서[70]

무기라 말한다고 설명한다. T.41, No.1822, pp.532b27~8, "體非染污不障聖道 無果記 故名無覆無記.";『구사론기』는 "무기에는 유부무기, 무부무기 두 가지가 있다. 무부무기에는 이숙·위의·공교·통과·자성·승의 등 여섯 가지가 있다. 앞에 다섯 가지는 유위무기이고 뒤의 하나는 무위무기이다. T.41, No.1821, pp35c25~8, "無記有二 一有覆 二無覆 就無覆中有六 一異熟 二威儀 三工巧 四通果 五自性 六勝義 前五有為無記 後一無為無記."

65) T.27, No.1545, pp.955b7~9, "此中不動寂靜定者 謂有欲界無覆無記心相應定 似第四靜慮故名不動寂靜 佛依此而般涅槃."
66) 안양규(2009),『붓다의 입멸에 관한 연구』, 서울: 민족사, pp. 233~234.
67) T.27, No.1545, pp.956a5~6, "問何故世尊臨涅槃時不順超入諸定 而但逆超入耶."
68) T.27, No.1545, pp.956a6~7, "答過殑伽沙數如來應正等覺法皆如是超入諸定."
69) 만약 정에서 자재한 이가 있으면 이에 순차로 초월하여 드는 데 인하지 않아도 곧 역으로 들어가게 된다. 만약 모든 정에 자재하지 못하면 오히려 순차로 들 수도 없는데, 하물며 역차로 모든 정에 들겠는가? T.27, No.1545, pp.956a7~11, "有說 欲顯世尊於諸定得自在故 所以者何 若有於定得自在者 乃能不因順超入而便逆 超入 若於諸定不自在者尚不能順超 況能逆超而入諸定."
70) 순차로 초월하여 들지 않으면서 모든 선정에 역으로 들게 된다면 이야말로 어려운 것이다. 순차로 들어간 뒤에야 비로소 역차로 초월하는 것과 같지 않다. T.27, No.1545, pp.956a11~13, "有說 欲顯世尊能作難作事故 謂不順超而能逆超入

④ 세존의 위력이 크다는 것을 나타내기 위해서[71]

⑤ 겸하여 멸진정에 들려고 하기 때문[72]

　역관(逆觀)을 통한 붓다의 열반에 관한 논사들의 견해에서 붓다의 큰 위신력과 선정에 자유자재한 불타관이 나타난다. 현재에 온갖 정려(靜慮)·해탈(解脫)·등지(等持, samādhi)·등지(等至, samāpatti)에 들지 않아야 한다. 그러나 붓다는 결정코 현재에 온갖 정려·해탈·등지·등지에 들어간 것이다. 그러므로 모든 정에 순차로 들지 않으면서 모든 정에 역차로 초월하여 들어간다는 것이다.[73] 여기서, 문제가 제기된다. 왜 반열반할 당시 현재에 온갖 정려·해탈·등지·등지에 들어가는가?[74] 이 질문에 대한 논사들의 견해는 다음과 같다.

　① 항하의 모래 수보다 더 많으신 여래·응공·정등각의 법이 모두
　　그러했기 때문[75]

　諸定者此事為難 非如順超入已方逆超者."

71) 세존의 위력으로는 순차로 초월하지 않으면서도 역차로 초월할 수 있다. 독각과 성문은 만약 순차로 초월하지 않으면 역차로 초월하면서 모든 선정에 들어갈 수가 없다. T.27, No.1545, pp.956a13~15, "有說 欲顯世尊威力大故 世尊威力乃能不順超而逆超 聲聞獨覺若不順超則不能逆超而入諸定."

72) 붓다는 그때 만약 모든 선정에 순차로 들어가면 멸진정에 들어갈 리가 없다. 왜냐하면, 멸진정은 반드시 점차로 비상비비상처의 마음으로부터 틈도 없이 앞에 나타나게 되기 때문이다. T.27, No.1545, pp.956a15~19, "有說 為欲兼入滅盡定故 謂佛爾時若順超入諸定者則無容入滅盡定 所以者何 以滅盡定要從漸次非想非非想處 心無間現在前故."

73) T.27, No.1545, pp.956a19~22, "如是佛般涅槃時則不應現入一切靜慮解脫等持等至 然佛般涅槃時決定現入一切靜慮解脫等持等至 是故不順超入諸定而逆超入諸定."

74) T.27, No.1545, pp.956a22~23, "問世尊何故臨般涅槃現入一切靜慮解脫等持等至耶."

75) 모든 부처님은 반열반하실 때의 법이 모두 현재에 온갖 정려·해탈·등지·등지에

② 붓다는 모든 선정에서 자재하다는 것을 나타내기 위해[76]

③ 붓다는 뒷날의 모든 중생을 가엾이 여겼기 때문[77]

④ 남겨 둔 사리를 거듭 닦으려 하기 때문[78]

⑤ 대장장이 아들 쭌다의 복전을 더욱 광대하게 하기 위해[79]

⑥ 몸의 파괴로 인해 생기는 몸속의 모든 괴로운 감각을 쉬게 하기 위해[80]

⑦ 큰 부자 상인과 서로 비슷한 법이기 때문[81]

⑧ 세존은 스스로가 물러나지 않는 법을 나타내기 때문[82]

드셨던 것이다. T.27, No.1545, pp.956a23~25, "答過殑伽沙數如來應正覺法皆爾故 謂一切佛臨般涅槃法皆現入一切靜慮等持等至."

76) 모든 정에서 자재하면 반열반할 때 오히려 현재에 들 수 있다. 만약, 모든 선정에서 자재하지 못하면 그 밖의 다른 때조차 오히려 현재에 들 수 없는데 하물며 반열반할 때이겠는가. T.27, No.1545, pp.956a25~29, "有說 欲顯世尊於諸定得自在故 謂若於諸定得自在者臨般涅槃時猶能現入 若於諸定不得自在餘時尚不能現入 況臨般涅槃."

77) 부처님께서 반열반하신 뒤에 어떤 유정들은 '세존께서는 일체지를 완전히 갖추셨으면서도 반열반하실 때 오히려 현재에 온갖 정려·해탈·등지·등지에 드셨다. 하물며 우리들이 그것에 대하여 부지런히 힘쓰면서 가행하지 않을 수 있겠는가.'라고 생각할 것이다. 이로 말미암아 정려·해탈·등지·등지를 부지런히 닦게 된다. T.27, No.1545, pp.956a29~b4, "有說 佛為悲愍後時諸有情故 謂佛般涅槃後有諸有情當作是念 世尊具一切智臨般涅槃尚現入一切靜慮解脫等持等至 況我等於彼不勤修加行耶 由此勤修靜慮解脫等持等至."

78) T.27, No.1545, pp.956b4~5, "有說 為欲重修所留設利羅故."

79) T.27, No.1545, p.956b5, "又為資養羸瘦身故."

80) T.27, No.1545, pp.956b5~7, "又為准陀工巧之子福田增廣故 又為止息因碎身所生身中諸苦受故."

81) 큰 부자인 상인이 목숨을 마치려 할 때, 모든 창고를 열어 재보를 낱낱이 관람하면서 자손들에게 부촉한 뒤에야 목숨을 버리는 것과 같다. 이와 같이 세존께서는 위없는 정법의 상인이므로 열반하실 때 공덕의 창고를 열어 온갖 정려·해탈·등지·등지의 모든 법의 재보를 자세히 관람하면서 제자들에게 부촉한 뒤에야 열반하신다. T.27, No.1545, pp.956b7~12, "有說 與大富商主相似法故 如巨富商主臨命終時 開諸庫藏觀閱財寶付囑子孫然後捨命 如是世尊為無上正法商主 臨涅槃時開功德庫藏 觀閱一切靜慮解脫等持等至 諸法財寶付囑弟子然後涅槃."

82) 묘음 존자의 견해이다. 부처님은 온갖 공덕을 성취하고 일체지의 경계에서 자재

『대비바사론』의 열반관과 불신관, 교단 유지를 위한 견해가 잘 반영되어 있다. 여기서도 일체지(一切智)와 선정에 자유자재한 불타관을 강조하였다. 논사들은 사리를 불신(佛身)으로 인식하였고, 쭌다의 마지막 공양이 붓다의 열반을 성취하게 한 공덕으로 주석하였다. 특히, ③과 ⑧의 견해는 불멸 후 교단 유지에 대한 견해가 잘 나타나 있다. 논사들은 붓다의 입멸을 통한 중생 교화, 정법 부촉과 법에 주목하였다.

붓다는 꾸시나라 시내와 동떨어진 사라수 나무 숲속에서 입멸했다. 붓다의 탄생지와 같은 숲이다. 『대비바사론』은 붓다의 입멸지를 구시성[꾸시나라]으로 결정한 이유[83]에 관해서 논의하였다.

① 구시성의 역사들을 제도하기 위해서[84]
② 외도 쑤밧다를 포섭하기 위해서[85]
③ 대역사 보갈사[86]로 하여금 독각의 보리 종자를 심게 하기 위해서[87]
④ 보갈사의 아내가 위없는 무상정등보리의 종자를 심게 하기 위해서[88]

하셨으므로 반열반하실 때조차도 오히려 온갖 정려·해탈·등지·등지를 나타내고 일으키신다고 말씀하셨다. T.27, No.1545, pp.956b12~15, "尊者妙音說曰 世尊自顯不退法故 謂佛成就一切功德於一切境智得自在臨般涅槃 猶能現起一切靜慮解脫等持等至."

83) T.27, No.1545, pp.956b16~17, "問世尊何故在拘尸城般涅槃耶."
84) T.27, No.1545, pp.956b17~18, "答為欲化度拘尸城中諸力士故."
85) T.27, No.1545, pp.956b18~19, "又為攝化外道蘇跋陀羅故."
86) 보갈사(補羯娑)는 『마하빠리닙바나 숫따』에서 붓다가 말라(末羅, Malla)로 가는 도중에 만난 알라라 깔라마(Ālāra Kālāma)의 제자로 등장하는 뿍꾸사(Pukkusa)이다. 지관 편저(2007), 『가산불교대사림』 No.9, 서울: 가산불교문화연구원, p.917. 『대비바사론』에서 보갈사는 천한 계급으로서 더럽고 악한 업을 짓는다고 하였다. T.27, No.1545, p.885b23, "補羯娑等造穢惡業."
87) T.27, No.1545, pp.956b19~20, "又為令大力士補羯娑 種獨覺菩提種子故."
88) T.27, No.1545, p.956b20, "又令彼妻種無上正等菩提種子故."

⑤ 구시성 역사들이 경멸당하는 일을 중지시키기 위해서이다.[89]

⑥ 붓다의 몸[사리]을 널리 유포시키기 위해서[90]

⑦ 붓다는 비록 입멸하더라도 세간에서 오히려 수승한 부귀한 과보를 받는다는 것을 나타내려 하기 때문[91]

⑧ 붓다는 일찍이 여기서 자주자주 신명을 버렸기 때문[92]

『대비바사론』은 중생 교화를 위하여 입멸 장소를 꾸시나라로 정했

---

89) 부처님께서 만일 그 밖의 다른 큰 성안에서 반열반하시면 이 작은 성안의 모든 역사들은 업신여김을 받아 여래의 남기신 몸의 일부도 얻지 못할 것이므로 부처님은 여기서 반열반하셨다고 한다. T.27, No.1545, pp.956b20~24, "有說 為止拘尸城中諸力士等被輕蔑事故 謂佛若於餘大城中般涅槃者 此小城中諸力士等便被輕蔑 不得如來遺身一分故佛於此而般涅槃."

90) 만약 부처님께서 그 밖의 다른 큰 성안에서 반열반하시면 모든 사람들을 조복하기 어려우므로 부처님의 몸에 혹은 보호해 아끼려 하면서 분포할 수 없다. 만약 구시성에서 반열반하는 것은 모든 역사들의 몸과 마음이 용감하고 건실하고 마음이 용감하고 건실하므로 즐거이 분포한다. 몸이 용감하고 건실하므로 타인에게 굴복되지 않으면서 즐거이 분포하므로 부처님의 몸을 널리 유포시킬 수 있게 한다. T.27, No.1545, p.956b24~29, "有說 為廣流布佛身界故 若佛於餘大城般涅槃者 彼諸人衆難可摧伏 於佛身界或生保悋則不可分布 若拘尸城般涅槃者 諸力士等身心勇健心勇健故 樂為分布 身勇健故 不為他伏樂分布故 令佛身界廣得流布."

91) 부처님께서 만약 그 외 다른 큰 성에서 반열반하시면 받는 공양이 전륜왕보다 더하여 여러 백천 배라 해도 기특한 것이 되지 않는다. 만약 이 극히 작은 변두리에 있는 성에서 입멸했는데 받는 공양이 전륜왕보다 더하여 수 백천 배이면 그야말로 기특한 것이 된다. T.27, No.1545, p.956b29~c5, "有說 欲顯佛雖臨般涅槃 而於世間猶受增上富貴果故 謂佛若於諸餘大城般涅槃者 則所受供養雖過輪王多百千倍未為奇特 若雖於此極小邊城入於涅槃 而所受供養猶過輪王多百千倍乃為奇特."

92) 여기서 여섯 번 전륜왕으로서 신명을 버렸고 지금은 일곱 번째 여래로서 신명을 버렸다. 아난아, 나는 이 땅에서나 혹은 동·남·서·북에서 다시는 여래가 여덟 번째 신명을 버리는 것을 보지 못할 것을 알아야 한다. 왜냐하면, 여래는 모든 유의 길을 끊고 생사를 영원히 다하면서 후유가 없기 때문이다. T.27, No.1545, pp.956c5~13, "有說 佛曾於此數數捨身命故 [중략] 如來於此六返捨轉輪王身命 今第七返捨如來應正等覺身命 阿難當知我不見於此地處 或東或南或西或北 如來更捨第八身命 所以者何 如來諸有道斷生死永盡無後有故."

다는 것이다. 또한, 교화할 대상도 다수로 나타난다. 붓다의 마지막 제자 쑤밧다를 포함하여, 구시성 역사들·뿍꾸사(Pukkusa)와 그의 아내 등이다. 『마하빠리닙바나 숫따』와 『유행경』은 붓다가 입멸하기 위해 병든 몸으로 꾸시나라로 떠났고, 입멸 직전 교화한 제자는 쑤밧다가 유일하다. 초기 『열반경』의 꾸시나라 입멸을 재해석한 것이다. 불멸 후 교단 유지를 염두에 둔 『대비바사론』의 중생 교화에 주목한 견해는 『대승열반경』에 전승되어 교화 대상자가 더욱 다양하게 나타난다.

『대비바사론』은 붓다가 북쪽으로 머리를 두고 평상을 펴고 누운 이유[93])에 관해서도 다음과 같이 주석하였다.

① 그 나라 논사의 법이 반드시 그렇다는 것을 나타내기 위해[94])
② 세간에서 길상하다고 하여 망령되이 고집하는 일을 멀리 여의었다는 것을 나타내기 위해[95])
③ 구시성 역사들의 청정하지 않은 마음을 중지시키기 위해[96])

---

93) T.27, No.1545, pp.956c16~17, "問世尊何故令敷設北首臥床而臥耶."
94) 부처님께서는 모든 논사들을 조복하셨기 때문이고, 위없고 제일가는 논사였기 때문에 그것에 따라 자리를 펴게 하여 누우셨다. T.27, No.1545, pp.17~20, "答欲顯彼國論師法應爾故 謂彼國論師皆敷設北首床而臥 世尊亦爾 以佛能伏諸論師故 即是無上第一 論師故令隨彼敷設而臥."
95) 그 나라에서는 죽은 이라야 북쪽으로 머리를 두고 상 위에 눕혔으므로 부처님께서는 길상하다는 허망한 고집을 파하기 위해서이다. 그러므로 아직 반열반하시기 전, 곧 북쪽으로 머리를 두는 침상을 펴게 하여 누우신 것이다. T.27, No.1545, pp.956c20~23, "有說 欲顯遠離世所妄執吉祥事故 謂彼國死者乃令床上北首而臥 佛為破彼妄吉祥執 是故未般涅槃 則令敷設北首床而臥."
96) 그 나라의 풍속에는 모두 북쪽에 하늘을 위한 사당을 건립했다. 만약, 부처님께서 발을 북쪽에다 두고 누우시면 곧 역사들은 깨끗하지 않은 마음을 내면서 '어떻게 우리가 섬기는 것을 업신여기고 발을 북쪽에다 두고 눕는단 말인가'라고 할 것이기 때문이다. T.27, No.1545, pp.956c23~27, "有說 欲止拘尸城中諸力士等不淨心故 謂彼國俗皆於北方建立天祠 若佛北足而臥者 即諸力士生不淨心 云何欺蔑我等所事北足而臥."

④ 붓다는 정법을 공경한다는 것을 나타내기 위해[97]
⑤ 붓다는 언제나 하는 일이 점차 수승하다는 것을 나타내기 위해[98]
⑥ 붓다는 북방 사람들이 점차 더욱더 광대해진다는 것을 나타내기 위해[99]

　논사들은 당시의 폐습을 초월한 붓다의 중생 교화를 강조하였다. 또한, 붓다의 정법에 대한 공경에 주목한 것이 특징이다. 북쪽은 초기 불교에서도 길상의 방향으로 인식되었다. 사대주(四大洲) 가운데서도 북구로주(北俱盧洲)는 가장 살기 좋은 곳이라고 한다. 그러나 여기서 구체적으로 북쪽이 어디를 말하는지는 논의되어야 한다.
　『대비바사론』은 붓다가 오른쪽 겨드랑이를 대고 누운 이유[100]에 관해서도 다음과 같이 주석하였다.

　① 붓다는 사자왕과 같이 누운 것을 나타내기 위해[101]

---

97) 부처님께서는 반열반 후 위없는 법의 횃불이 북방에서 치성하게 오래도록 꺼지지 않을 것이라고 미리 아셨기 때문에 침상에서 북쪽으로 머리를 두고 누우셨다고 한다. T.27, No.1545, pp.956c27~29, "有說 為欲顯佛恭敬正法故 謂佛預知般涅槃後 無上法炬北方熾然久久不滅故 於床上北首而臥."

98) 부처님께서 3무수겁 동안 일으키신 선근이 점점 증가하고 수승하여 시들어 고갈되지 않게 하고자 하기 때문에 머리를 수승한 방향으로 하여 누우신 것이다. 북방은 수승한 방향이기 때문이다. T.27, No.1545, pp.956c29~957a3, "有說 佛欲顯己於一切時所作漸勝故 謂佛三無數劫來所起善根 漸漸增勝無有萎歇故 令首趣勝方而臥 以北方是勝方故."

99) 부처님은 반열반 후 북방 사람들이 점차로 더욱 늘어난다는 것을 미리 아셨기 때문에, 북쪽으로 머리를 두고 침상을 펴게 하시고 누우셨다고 한다. T.27, No.1545, pp.957a3~6, "有說 佛欲顯北方人衆漸增廣故 謂佛預知般涅槃後 北方人衆漸漸增廣故 令敷設北首床而臥."

100) T.27, No.1545, pp.957a8, "問世尊何故右脇而臥."

101) 경전에서 사자왕은 오른쪽 겨드랑이를 대고 눕고, 천인은 얼굴을 위로 하여 눕고, 귀신은 얼굴을 엎드리고 눕고, 탐욕자가 눕는 것은 왼쪽 겨드랑이를 땅에 댄

② 붓다는 설한 것과 같이 한다는 것을 나타내기 위해[102]

위의 견해는 붓다의 위대함을 나타낸 논사들의 불타관을 볼 수 있다. 사자왕의 비유는 붓다의 위엄을 상징적으로 표현한 것이다.

『대비바사론』은 붓다가 앉아서 열반에 들지 않고 누워서 입멸한 이유[103]에 관해서도 아래와 같은 견해를 제시하였다.

① 대중이 붓다의 일체 신분을 쉽고 분명하게 알도록 하기 위해[104]
② 만약, 붓다가 누워서 열반했다면 몸의 도량이 나타나서 분명히 알고 분별을 기다리지 않는다.[105]
③ 여래는 속임수를 여의었다는 것을 나타내려 했기 때문[106]
④ 미래세의 모든 성자에 대한 비방을 중지시키기 위해[107]

다. 붓다는 이렇게 위없는 사람 가운데 사자이시므로 오른쪽 겨드랑이를 대고 눕는다고 설한 것과 같다. T.27, No.1545, pp.957a9~12, "如契經說臥有四 謂師子王臥天臥鬼臥耽欲者 臥師子王右脇而臥 天則仰面 鬼則伏面 耽欲者臥左脇著地 佛是無上人中師子故右脇而臥."

102) 경전에서 부처님은 아난에게 너희들도 마땅히 사자왕처럼 눕는 것을 배워야 한다고 말씀하셨다. 자신도 그렇게 했다고 설한 것과 같다. T.27, No.1545, pp.957a13~15, "謂契經說 佛告阿難 汝等應學師子王臥 佛是如說而作者既勸人右脇而臥故 自亦為之."

103) T.27, No.1545, pp.957a15~16, "問世尊何故臥般涅槃而不坐耶."

104) T.27, No.1545, pp.957a16~17, "答欲令大衆於佛一切身分易了知故."

105) T.27, No.1545, pp.957a17~18, "有說 若佛臥涅槃者即身度量現可了知不待分別."

106) 만약, 부처님이 앉아서 열반했다면 믿지 않는 이는 마땅히 이 말은 거짓이며, 어떻게 죽은 사람이 단정히 앉을 수 있겠냐고 할 것이다. T.27, No.1545, pp.957a19~20, "有說 若佛坐涅槃者即不信者當作是言 此是矯誑何有死人而能端坐."

107) 만약, 앉아서 반열반하면 요즘 모든 아라한의 신력이 쇠약하고 하열하여 누워서 열반에 들면, 세상 사람들은 비방하면서 아라한이 아니라고 한다. 만약, 아라한이라면 어찌 부처님과 같이 앉아서 열반하지 않는가라고 할 것이다. T.27, No.1545, pp.957a21~24, "若坐般涅槃者 即於今時諸阿羅漢身力羸劣臥入涅槃世 便謗言非阿羅漢 若是者何不同佛坐涅槃耶."

⑤ 힘을 믿는 이의 교만한 마음을 끊게 하기 위해[108]

논사들은 붓다가 앉아서 입멸했을 경우 외도들의 비방을 의식했다는 것을 알 수 있다. 당시는 앉아서 죽기보다 누워서 죽는 것이 당연하다는 견해를 내포하고 있다.

『대비바사론』은 한밤중에 반열반한 이유[109]에 관해서도 다음과 같이 논의하였다.

① 가장 고요하기 때문[110]
② 붓다는 증·감하는 일에서 중간을 잘 조절하여, 잠시도 버리거나 여의는 것이 필요하지 않음을 나타내기 위해[111]
③ 붓다는 대중이 생사의 어둠에서 큰 싫증과 두려움을 일으키게 하려고[112]

---

108) 그들은 부처님께서 누워서 열반하신 것을 보고 모두 함께 세존의 몸 하나하나의 부분에 모두 나라연의 힘을 갖추었음에도 오히려 무상의 핍박에 똑바로 앉지 못했다. 하물며 우리들은 범부이며 하천하고 미약하여 작은 힘을 믿고 교만을 내겠는가라고 한다. T.27, No.1545, pp.957a25~27, "謂彼見佛臥般涅槃 咸作是念世尊一一身分 皆具那羅延力 尚為無常所逼不能正坐 況我等輩凡下微弱而恃少力生憍慢耶."
109) T.27, No.1545, p.957a29, "問世尊何故於中夜分而般涅槃."
110) 그곳의 땅은 몹시 뜨거워서 낮에는 일을 할 수가 없어 대부분 초저녁이나 새벽에 모든 일을 한다. 오로지 한밤중은 모든 것이 고요하다. 여래는 평소 고요한 것을 좋아하고 고요한 것을 찬미했기 때문에 한밤중에 반열반했다. T.27, No.1545, pp.957a29~b4, "答以此時最寂靜故 謂彼土暑熱晝時不堪作務 多於初夜後夜分中 作諸事業 唯中夜分一切寂然 如來恒時愛樂寂靜讚美寂靜故於中夜而般涅槃."
111) 붓다는 초저녁에 명행을 유지하고 새벽에는 수행을 버리고, 다시 한밤중 앞에서는 유지하고 뒤에서는 버리면서 그 중간에 반열반했다. T.27, No.1545, pp.957b5~7, "有說 欲顯佛於增減事善節量中不須臾捨離故 謂佛留初夜分命捨後夜分壽 復於中夜分中留前捨後於其中分而般涅槃."
112) 부처님은 8월 8일 밤중에 반열반하셨다. 그때, 달은 산 정상에서 없어졌다. 이

④ 붓다는 항상 중도행을 좋아했기 때문[113]

붓다의 입멸 자세에 관한 논의에서도 논사들은 붓다의 중생 교화에 주목하여 주석하였다. 결론적으로, 붓다의 입멸 에피소드에 관하여 『대비바사론』은 모든 선정에 자유자재한 붓다, 입멸을 통한 중생 교화를 강조하였다. 여기서, 붓다의 본질·입멸의 진의를 파악할 수 있다.

(2) 붓다의 다비(茶毘)

『대비바사론』은 붓다의 다비(茶毘)에서 일어난 기적에 관한 『비나야잡사』의 두 가지 견해를 논의하였다. 논사들의 주장에서 붓다의 본질과 법신의 불타관을 파악할 수 있다.

우선, 반드시 향유(香乳)로써 여래의 몸을 태운 불을 끄게 된 이유이다.[114] 대가섭이 여래의 몸을 태운 불을 향유로써 꺼야겠다고 생각

와 같이 불·정변지의 달 또한 정려의 대열반산으로 숨은 때, 두 가지의 어둠이 함께 생긴다. 색성의 어둠과 무명의 어둠이다. 그때 모든 대중은 이런 일을 보고 나면 생사에 대하여 큰 싫증과 두려움이 일어나기 때문에 한밤중에 반열반하셨다. T.27, No.1545, pp.957b7~13, "有說 佛欲令大衆於生死黑闇起大厭怖故 謂佛於迦栗底迦月白半八日中夜而般涅槃 爾時月輪沒於山頂 如是佛正遍知月亦隱靜慮大涅槃山則時二種黑闇俱起 謂色性闇及無明闇 時諸大衆覩斯事已 便於生死起大厭怖 故於中夜而般涅槃."

113) 붓다는 옛날 보살이었을 때, 마지막 천상의 생은 중간에 있는 도솔천에 태어났다. 최후의 인생은 중인도의 카필라성에 태어났다. 한밤중에 성을 넘어 출가하여 중도를 닦아, 중생을 이롭게 하기 위해 위없는 깨달음을 증득하였다. 유무를 여읜 중도의 묘법을 설하고, 한밤중에 반열반하였다. T.27, No.1545, pp.957b13~18, 有說 佛一切時樂處中行故 謂佛昔為菩薩時 於最後天生中生處中覩史多天處 於最後人生中生中印度劫比羅筏窣堵城 於中夜分 踰城出家習處中行 證無上覺為益有情說 離有無處中妙法 於夜中分而般涅槃.

114) T.27, No.1545, pp.958c14~15, "問何故必以香乳滅焚如來身火耶."

했을 때, 네 갈래로 뻗친 향유가 공중에서 내려와 그 불을 일시에 꺼지게 했다는 것이다.[115] 저절로 향유가 나와 붓다의 다비 불을 껐다는 기적에 논사들은 아래와 같은 견해를 제시하였다.

① 선인들과 유사한 법을 나타내기 위해[116]
② 붓다의 사리를 청정하게 하려고[117]
③ 붓다의 생신은 젖으로 성장되므로[118]
④ 향유는 성질이 기름지면서도 불을 끌 수 있다.[119]

위 『대비바사론』의 주석에서 당시의 관습을 볼 수 있다. ①의 경우, 그 나라의 풍속에 선인이 죽으면 젖으로 몸을 태우는 불을 껐지만, 욕심이 있는 이가 죽으면 술로 껐다고 한다. 붓다는 선인 중에서도 제일이므로 향유를 사용한 것이라고 주석하였다.[120] 일반적으로, 향유가

---

115) T.27, No.1545, pp.958c11~14, "如說爾時尊者大迦葉波作是念 我當以何滅焚 如來身火 尋作是念 我今應以香乳滅之 則起心時 便有四道香乳 從空而下由 此令焚如來身火一時而滅."
『비나야잡사』는 구시성 역사들이 우유로 불을 끄려고 할 때, 우유를 붓기 전에 불더미 속에서 갑자기 4개의 나무가 생겨나서 각 나무에서 향유가 흘러나와 진화했다고 한다. T.24, No.1451, pp.401b23~26, "時拘尸那城諸壯士等, 欲以牛 乳 注火令滅 未瀉之頃其火積中忽生四樹 一金色乳樹 二赤色乳樹 三菩提樹 四烏曇跋樹 於此樹中乳自流出令火皆滅."
『마하빠리닙바나 숫따』와의 차이점은 붓다의 다비 불의 소화 수단이 향수에서 향유로 바뀌었다. 『유행경』은 사라수신(娑羅樹神)이 진화했다. 日本 『光明寺経 蔵』, 『長部』, 『大篇』, 『大般涅槃経』, p.235-5.; https://komyojikyozo.web.fc2. com/ dnmv/dn16/dn16c35.htm.; T.1, No.1, pp.29a28~29, "時 佛積側有娑 羅樹神篤信佛道 尋以神力滅佛積火."
116) T.27, No.1545, pp.958c15~16, "答欲顯與諸仙人相似法故."
117) T.27, No.1545, pp.958c19~20, "欲令佛設利羅極清淨故以乳灌之."
118) T.27, No.1545, pp.958c20~21, "復次佛生身是乳所長養故 今設利羅亦以乳浴之."
119) T.27, No.1545, pp.958c21~22, "復次乳性肥而能滅火."
120) T.27, No.1545, pp.958c16~19, "謂彼國俗若仙人命終 則以乳滅焚身之火 若受

젖이나 우유 종류라면, ②와 ③의 견해는 이해하기 어렵다. 향유가 깨끗이 하는 용도로는 부적합하기 때문이다. 그러나 위의 4가지 견해를 보면, 향유는 고급스럽고 특별하다는 것을 짐작할 수 있다. 그만큼 불사리를 존귀하게 여겼다고 이해할 수 있다.[121] 특히, ③은 입멸한 불신(佛身)을 생신(生身)이라 표현함으로써, 진정한 불신(佛身)의 개념을 법신에 두고 있음을 알 수 있다.

둘째, 세존의 두 벌의 옷만 타지 않은 이유이다.[122] 불멸 후 천 벌의 옷으로 붓다의 몸을 싸서 밤낮 7일 동안 다비가 진행되었는데, 겉옷과 속옷 오직 두 벌의 옷이 타지 않은 기적이 일어났다는 것이다.[123] 이 내용은 『비나야잡사』[124]와 초기 『열반경』 간의 차이가 있다. 『마하빠리닙바나 숫따』는 다비 후 남은 것은 오직 사리였다고 한다. 『유행경』은 다비 후 남은 것이라는 말 자체가 없이 사리 공양을 언급하는 것으로 볼 때, 의미상으로는 빠알리본과 같다.[125] 『대비바사론』은 『비나야잡사』를 저본으로 하여 사리의 기적에 주목한 것이다. 논사들의 견해는 아래와 같다.

欲者 命終則以 酒滅焚身之火 佛於諸仙中勝則是第一仙人 故今亦以香乳滅火.”
121) 귀한 향유의 사용에서 붓다에 대한 존경심이 드러난 것으로 불타관의 전개 과정과 연관된다는 견해도 있다. 안양규(2009), 『붓다의 입멸에 관한 연구』, 서울: 민족사, p.352.
122) T.27, No.1545, p.959a2, “問何故世尊唯二衣不燒耶.”
123) T.27, No.1545, pp.958c27~959a1, “如說爾時尊者阿難佛涅槃已經七晝夜右遶 焚如來火聚 說伽他言 千衣纏佛葬 唯二衣不燒 謂外及襯身 此爲奇特事.”
124) 『비나야잡사』에 오직 한 쌍의 옷만 남기고 천벌의 옷이 불에 탔다고 되어 있다. T.24, No.1451, p.401b22, “唯留內外一雙全 所有千衣隨火化.”
125) 日本 『光明寺經藏』,『長部』,「大篇」,「大般涅槃経」, p.235-5.
https://komyojikyozo.web.fc2.com/dnmv/dn16/dn16c35.htm

① 모든 천신들이 위력으로 지켰기 때문.[126]
② 붓다의 원력이 지킨 것으로써, 안팎으로 청정하게 했기 때문[127]
③ 여래 정법에 내호·외호가 있음을 표시하기 때문.[128]
④ 여래의 내심·외신의 청정함을 표시하기 때문[129]

　붓다의 몸을 싼 천 벌의 옷 가운데, 7일 동안 속옷과 겉옷이 각각 타지 않았다는 기적 자체에 붓다의 영원성을 상징하고 있다. 위 논사들도 마찬가지이다. 그들은 불멸(不滅)하고 청정한 붓다의 본질에 대한 견해를 밝힌 것이다. ①에 대한 논사의 부연 설명은 없다. 신비 자체로 덮어 두려는 경향이라는 주장도 있다.[130] 천신들의 신력은 붓다의 위신력에 미치지 못한다. 다만, 신력을 다해 붓다를 외호한 증거로서 내외 두 벌의 옷이 남은 셈이다.

　②는 속옷은 여래의 사리를 지켜 흩어지거나 더럽혀지지 않게 하고, 겉옷은 온갖 재가 날리지 않도록 지켰다는 것이다.[131] 그리고 타지 않은 옷은 붓다의 육신을 덮는 것이 아니라, 사리를 위한 옷이라고 주석하였다.[132] 붓다의 본질은 청정하다. 붓다의 본원력으로 청정함이 발현된 것이다.

　③에서 언급한 내호(內護)는 청정 비구·비구니를 뜻하고, 외호는 신

---

126) T.27, No.1545, p.959a3, "諸天神等威力所持令不燒故."
127) T.27, No.1545, pp.59a3~4, "是佛願力所持令內外淨故."
128) T.27, No.1545, p.959a7, "表如來正法有內外二種護故."
129) T.27, No.1545, pp.959a9~10, "此表如來內心外身俱清淨故."
130) 안양규(2009), 『붓다의 입멸에 관한 연구』, 서울: 민족사, p.354.
131) T.27, No.1545, pp.959a4~6, "謂一衣在內持如來馱都令不散染 一衣在外持所有灰令不飄坌."
132) Marshall, John Hubert(1940), *The Monuments of Sanchi*, London·Delhi:Swati publications, p.37.

심이 청정한 국왕과 대신 등을 말한다는 것이다.[133] 여래의 정법은 내호와 외호의 대상으로서, 호법에 주목한 견해이다. 붓다의 본질을 법에 두고, 교단의 구성원인 승가와 재가를 내호와 외호 대중으로 분명하게 구분한 것이다.

④에서 안으로 마음이 청정하다는 것은 영원히 온갖 번뇌와 습기를 여의었기 때문이다. 바깥의 몸이 청정하다는 것은 가장 수승한 상호의 이숙업(異熟業)으로부터 나온 것이기 때문이라는 것이다.[134] 붓다의 본질은 몸과 마음이 모두 청정하다는 것이다.

결론적으로, 『대비바사론』은 생신을 초월한 법신의 불타관을 나타내고 있다. 특히, 다비식에서의 기적을 통하여 붓다의 본질을 청정함으로 나타내고, 붓다의 사후 존속을 암묵적으로 수용하였다.

---

133) T.27, No.1545, pp.959a7~9, "內護者謂清淨苾芻苾芻尼等 外護者謂淨信國王大臣等."
134) T.27, No.1545, pp.959a10~12, "心清淨者謂已永離 一切煩惱幷習氣故 身清淨者 謂從最勝相異熟業所引生故."

3. 대승불교의 견해

대승불교는 초역사적 불타관으로써, 붓다의 입멸과 사후 존속의 문제를 원천적으로 초월하였다. 여기서는 붓다의 입멸 선언, 불입열반·법신상주의 불타관, 상락아정(常樂我淨)의 열반관(涅槃觀), 일체중생실유불성(一切衆生悉有佛性) 사상을 다루고자 한다. 이로써, 붓다·열반의 본질, 붓다의 소재에 관한 대승불교의 견해를 규명하고자 한다.

1) 붓다의 입멸 선언

『대승열반경』은 진정한 열반의 의미를 중생 교화에 두고 있다. 이에 관한 견해를 붓다의 정각 직후 마왕의 입멸 간청을 거절한 이유, 입멸 시기를 3개월 유예한 이유를 통하여 파악하고자 한다.

(1) 정각 직후 마왕의 입멸 간청 거절

『대승열반경』은 정각 직후 마왕(魔王) 파순의 열반 간청과 붓다의 거절 에피소드를 재해석한다. 이로써, 초기불교의 부정적인 열반관을 비판하고 대승불교의 열반상을 나타낸다.

　　선남자여, 그대의 말과 같이 파순이 예전에 나에게 열반에 들라고 청했다면, 선남자여, 이 마왕은 열반의 일정한 모양을 진실하게 알지 못한 것이다. 왜냐하면, 파순의 생각은 중생을 교화하지 않고 잠자코 있는 것을 열반이라고 알기 때문이다.[135]

『대승열반경』에서 말하는 열반의 일정한 모양은 상주(常住) 불변(不變)을 말한다. 중생을 외면하고 가만히 있는 것은 단멸(斷滅)로서 죽음을 의미한다. 열반을 죽음으로 오해하는 부정적인 열반관을 지적하고, 대승불교의 진정한 열반은 중생 교화에 있다고 역설한 것이다. 이러한 관점에서, 붓다의 정각 직후 마라의 입멸 간청을 단호하게 거절하였다. 『대승열반경』의 견해를 살펴보도록 하자.

부처님은 마왕에게 선언하셨다. 나에게는 지금 계율을 잘 수지하고 총명하며 예리한 지혜로 중생을 교화할 수 있는 다문 제자가 없다. 그러므로 열반에 들지 않겠다.[136]

위와 같이, 지혜가 많은 제자가 없으므로 입멸할 수 없다는 것이었다.[137] 정각 후 붓다가 입멸 요청을 거부한 이유는 교화해야 할 제자들이 있었기 때문이다. 이 견해는 『대비바사론』에서 제기되었다. 『대승열반경』은 교화할 대상을 확대하여 구체적으로 다음과 같이 열거한다.

---

135) 『북본』, T.12, No.374, pp.513c14~17.; 『남본』, T.12, No.375, pp.757c16~19, "善男子 如汝所言 波旬往昔啟請於我入涅槃者 善男子 而是魔王真實不知涅槃定相 何以故 波旬意謂不化眾生 默然而住便是涅槃."
136) 『북본』, T.12, No.374, pp.513b22~24.; 『남본』, T.12, No.375, pp.757b24~26, "佛告魔王 我今 未有多聞弟子善持禁戒 聰明利智 能化眾生 是故不入."
137) 『북본』, T.12, No.374, p.514b28.; 『남본』, T.12, No.375, pp.758c1~2, "我今未有多智弟子是故不得入涅槃者."

① 5비구들을 위해 바라나시에서 법륜을 굴리려 했기 때문[138]

② 야사·부나·비마라사·교범바제·수바후 등 5비구를 위해[139]

③ 욱가 장자 등 50인을 위해[140]

④ 마가다국의 빔비사라왕 등 한량없는 인천(人天)을 위해[141]

⑤ 우루빈나 가섭의 제자 5백 비구를 위해[142]

⑥ 나제가섭·가야가섭 형제 두 사람과 그의 5백 제자를 위해[143]

⑦ 사리불과 목건련 등 2백 5십 비구를 위해서 미묘한 법륜을 굴리기 위해[144]

위 경문에 언급된 인물들은 붓다의 초기 제자들이다. ①은 붓다의 성도 후 최초의 승가 구성원이 된 5비구이다.[145] ②에 언급된 부나·비마라사·교범바제·수바후는 야사(耶舍, Yasa)를 따라 출가한 친구들이다.[146]

---

138) 『북본』, T.12, No.374, p.514b28.; 『남본』, T.12, No.375, pp.758c2~3, "我時 欲
爲五比丘等於波羅㮈轉法輪故."
139) 『북본』, T.12, No.374, 514b29~514c1, 『남본』, T.12, No.375, pp.758c3~5, "次
復欲爲五比丘等所謂耶奢 富那 毘摩羅闍 憍梵波提 須婆睺."
140) 『북본』, T.12, No.374, pp.514c1~2.; 『남본』, T.12, No.375, p.758c5, "次復欲爲
郁伽長者等五十人."
141) 『북본』, T.12, No.374, pp.514c2~3.; 『남본』, T.12, No.375, pp.758c5~6, "次復
欲爲摩伽陀國頻婆娑羅王等無量人天."
142) 『북본』, T.12, No.374, pp.514c3~4.; 『남본』, T.12, No.375, pp.758c6~7, "次復
欲爲優樓頻螺迦葉門徒五百比丘."
143) 『북본』, T.12, No.374, pp.514c4~4.; 『남본』, T.12, No.375, pp.758c7~9, "次復
爲那提迦葉 伽耶迦葉兄弟二人及五百弟子.
144) 『북본』, T.12, No.374, pp.514c5~6.; 『남본』, T.12, No.375, pp.758c9~10, "次復
欲爲舍利弗大目犍連等二百五十比丘轉妙法輪."
145) 5비구는 아야교진여(阿若憍陳如, Añña-Koṇḍañña)·아설시(阿說示, Assaji)·마하
남(摩訶男, Mahānāma-Kulikak)·바제(婆提, Bhaddiya)·바부(婆敷, Vappa)이다.
지관 편저(2015), 『가산불교대사림』 Vol.16, 서울: 가산불교문화연구원, p.795.
146) 야사(耶舍)는 중인도 바라나국의 대부호 선각(善覺)장자의 아들로 5비구를 이은
붓다의 여섯 번째 비구 제자이다. 그는 부유한 생활을 하였는데, 어느 날 밤중에
잠들어 있는 기녀의 모습을 보고 세속에 염증을 느껴 집을 나왔다. 녹야원으로

③의 욱가 장자(郁伽長者)[147], ④의 빔비사라왕, ⑤와 ⑥의 가섭 삼형제[148], ⑦의 사리불과 목건련 등 모두 초기 불교 교단을 공고히 한 핵심 인물들이다. 여기서, 욱가 장자와 빔비사라왕을 제외한 비구 대중들은 경전의 첫머리에서 언급되는 상수대중(常隨大衆), 천이백오십(千二百五十) 대비구(大比丘)이다.[149] 붓다는 그들이 도과(道果)를 얻고 전법(傳法)할 수 있게 하고자, 마왕 파순에게 열반에 들지 않겠다고 선언한 것이다. 결론적으로, 대승불교는 붓다의 정각과 열반의 진의는

가서 붓다의 설법을 듣고 출가한 것이다. 그를 찾으러 온 부모와 아내도 부처님께 귀의하면서 최초의 재가 신도가 되었다. 그의 출가 소식을 들은 친구 네 명도 함께 출가하였다. 이들의 이름은 전승에 따라 일정하지 않다. 지관 편저(2014), 『가산불교대사림』Vol.15, 서울:가산불교문화연구원, p.1282.

147) 욱가 장자(郁伽長者)에 관해서는『중아함경』의『욱가장자경』,『대보적경』,『욱가라월문보살행경』에 나타난다. 그가 불제자가 되고, 욱가 장자의 8 공덕을 붓다가 칭찬하는 내용은『욱가장자경』[T.1, No.26, 479c13~481b12]에 설해져 있다.

148) 우루빈나(優樓頻螺, Uruvilvā)·나제(那提, Nadī)·가야(伽耶, Gayā) 가섭(迦葉, kāśyapa) 삼형제는 불을 섬기는 외도(事火外道)의 우두머리였다. 그들과 함께 천명의 제자들이 모두 불제자가 되었다.『장아함경』의『대반열반경』에서 붓다는 처음 성도했을 때, 니련선하 옆에서 우루빈나 가섭을 제도하였다고 아난에게 말했다. T.1, No.7, pp.192a21~23, "阿難 知不 我於往昔 初成道時 度優樓 頻螺迦葉 在尼連禪河側."
『불본행집경』「가섭삼형제품」에는 "이때, 우루빈나 마을에는 세 명의 나계[머리 모양을 소라처럼 한] 바라문 선인이 살고 있었다. 첫째는 우루빈나 가섭인데 맏이로서 5백 명의 나계 제자를 가르치고 선법을 닦으며 수령이자 지도자로서 맨 앞에 선다. 둘째는 나제 가섭인데 다시 3백 명의 나계 제자의 수령이자 지도자였다. 셋째는 가야 가섭인데 또한 2백 명의 나계 제자의 수령이자 지도자였다. 모두 합해 천 명의 제자들이 그 형제들을 따라 선법을 수학하고 있었다."라고 되어 있다. T.3, No.190, pp.840c11~17, "是時優婁頻螺聚落 其中有三螺髻梵志仙人居止 第一所謂優婁頻螺迦葉為首 教授五百螺髻弟子 修學仙法 為匠為導 最在前行 第二名為那提迦葉 復領三百螺髻弟子 為首為導 第三名為伽耶迦葉 復領二百螺髻弟子 為首為導 合有千人 隨彼兄弟 修學仙法."

149) 5비구·야사 비구 등 5비구, 가섭 삼형제와 천 명의 제자, 사리불과 목건련과 2백 5십 명의 제자들을 합하면, 붓다와 동반하는 상수대중은 천 2백 6십 5인이 된다.

중생 교화에 있다는 점을 강조하였다.

(2) 입멸 시기를 3개월 유예한 이유

『대승열반경』은 붓다의 입멸 시기를 3개월 후(後)라고 선언한 이유
를 자세히 밝히고 있다. 『마하빠리닙바나 숫따』는 언급하지 않은 내용
이다. 대승불교는 붓다의 입멸 시기는 불멸 후 교단 유지의 문제가 절
대적으로 반영되었다. 첫째, 악 비구들의 파법과 파계 행각으로 인한
교단의 위기 상황 때문이다. 『대승열반경』의 내용을 살펴보도록 하자.

> 그때 나의 성문 제자들은 다툼을 일으키고, 구섬미국의 악 비구들
> 은 나의 가르침을 어기고 계율을 범하며 부정물을 받아 이양을 구
> 하면서 속인들을 향하여 스스로 "나는 무루를 얻었으니 수다원과
> 또는 아라한과를 얻었다."라고 찬탄한다. 그리고 타인을 헐뜯어 욕
> 하며 불·법·승·계율·화상을 공경하지 않는다. 공공연히 내 면전에
> 서 이러한 물건들은 부처님께서 모으라 허락하신 것이라고 한다. 이
> 러한 물건들은 부처님께서 허락하시지 않았다. 나 또한 그런 것을 내
> 가 허락하지 않았다고 해도 나의 말과 반대로, 이런 물건들을 실로
> 부처님께서 허락하셨다고 한다. 이러한 악인이 내 말을 믿지 않기에
> 이들을 위하여 나는 파순에게 "더디다고 답답해 말라. 3달 후에 반
> 드시 반열반에 들 것이다."라고 알렸다.[150]

---

150) 『북본』, T.12, No.374, pp.513c25~514a5.; 『남본』, T.12, No.375, pp.757c28~
758a8, "爾時我諸聲聞弟子 生於諍訟 如拘睒彌諸惡比丘 違反我教多犯禁戒
受不淨物 貪求利養 向諸白衣而自讚歎我得無漏 謂須陀洹果 乃至我得阿羅漢
果 毀辱於他 於佛 法 僧 戒律 和上 不生恭敬 公於我前言 如是物佛所聽畜 如
是等物 佛不聽畜 我亦語言 如是等物我實不聽 復反我言 如是等物實是佛聽
如是惡人 不信我言 爲是等故我告波旬汝 莫悒遲 却後三月當般涅槃."

위와 같이 붓다는 열반 선언 전에 구섬미(拘睒彌, kośambī)[151] 비구들의 파계 행태와 교단의 위기 상황을 언급하였다. 『대승열반경』은 교단이 처한 위기 때문에 즉시 입멸하지 않고 3개월을 연기했다는 것이다. 『대승열반경』이 성립될 당시의 교단 상황이 반영되었다고 볼 수도 있다.

둘째, 붓다의 입멸에 대한 마군(魔軍)과 이승(二乘)[152]의 오해를 비판하고, 대승불교의 법신상주·영원불멸을 강조하기 위해서이다. 『대

---

151) 구섬미(kośambī, 拘睒彌)는 고대 인도 16대국 가운데 하나로, 갠지스(Ganges)강과 야무나(Yamuna)강이 합류하는 알라하바드 지역에 있던 발사국(拔沙國)의 도읍지다. 현재, 알라하바드(Allahabad) 서남의 꼬샴(Kośam)촌이다. 『시공 불교사전』(2003), https://terms.naver.com/entry.naver?docId=897377&cid=50292&categoryId=50292; 한글대장경, 불교사전, https://kabc.dongguk.edku/content/view?dataId=ABC_IT_K0649_T_016

152) 이승(二乘)에는 성문승(聲聞乘)·연각승(緣覺乘), 성문승·보살승, 별교일승(別敎一乘)·3승(乘), 소승·대승이 있다. 동국역경원, 불교사전, https://abc.dongguk.edu/ebti/c3/sub1.jsp 여기서는 대승에서 소승을 일컫는 성문승과 연각승을 말한다. 『대승의장』은 성문에 관하여 세 가지로 설명한다. 첫째, 부처님의 음성에 의한 가르침을 듣고 깨달음을 얻는 사람이다. 둘째, 부처님의 음성에 의한 가르침을 들은 그대로만 깨닫는 사람이다. 셋째, 불도를 설한 음성을 모든 사람이 들을 수 있도록 교화하는 사람이다. 앞의 둘은 소승의 성문이고 셋째는 대승의 보살을 가리킨다. T.44, No.1851, pp.788c8~14, "聲聞名義汎解有三 一就得道因緣以釋 如來所說言教名聲 湌聲悟解故曰聲聞 故地論言 從他聞聲 而通達故名聲聞矣 二就所觀法門以釋 如地論說 我衆生等但有名故說之爲聲 於聲悟解故曰聲聞 三就化他記說以釋 如法華說 以佛道聲 令一切聞故曰聲聞 三中前二是小聲聞後一菩薩."
『기신론소필삭기』에서 연각승은 12인연 법문을 말한다. 모든 중생으로 하여금 삼계를 넘어 유여열반과 무여열반에 이르러 아라한이나 벽지불을 이루도록 한다. T.44, No.1848, pp.313a20~22, "緣覺乘者 謂十二因緣法門 皆能運載衆生 越於三界 到有餘無餘涅槃 成阿羅漢及辟支佛."
60권본 『화엄경』에서는 성문을 소승(小乘), 연각을 중승(中乘)이라고 하였다. T.9, No.278, pp.435b04~5, "或現聲聞小乘門 或現緣覺中乘門."

승열반경』은 해와 달은 실제로 있는데, 직접적으로 가렸기 때문에 중생이 보지 못한다. 성문들도 마찬가지로, 모든 번뇌가 지혜의 눈을 덮었기 때문에, 여래를 보지 못하고 여래가 멸도에 들었다고 말한다는 것이다.[153] 그래서 3개월 후에 입멸할 것이라고 선언했다는 견해이다.

> 모든 번뇌의 산에 가렸기 때문에 내 몸을 보지 못한다. 보지 못하기 때문에 여래가 멸도한다고 생각한다. 그러나 나는 진실로 영원히 멸도하지 않는다. 그러므로 내가 비사리국에서 파순에게 석 달 뒤에 열반에 든다고 말했다.[154]

경문에서는 법신은 영원히 상주하고, 열반 또한 상주(常住)하여 진정한 불신(佛身)은 입멸하지 않는다고 강조하였다. 이승(二乘)은 붓다의 색신(色身)에 집착해 법신을 보지 못하고, 열반을 단멸로 이해한다는 것이다. 『대승열반경』은 해가 졌을 때, 중생들이 보지 못하는 것은 흑산이 가렸기 때문이다. 해의 성질은 사실 본래 지는 것이 아닌데, 중생들이 보지 못하고 해가 졌다고 생각한다는 것이다.[155] 붓다의 몸도 열반도 항상하다는 견해를 비유한 것이다. 법신의 불입열반(不入涅槃)을 강조하였다.

셋째, 교화해야 할 중생이 있기 때문이다. 붓다는 3개월 후 성도할

---

153) 『북본』, T.12, No.374, pp.514b3~6.; 『남본』, T.12, No.375, pp.758b7~10, "日月實有 直以覆故 衆生不見 聲聞弟子亦復如是 以諸煩惱覆智慧眼 不見如來 便言如來入於滅度."
154) 『북본』, T.12, No.374, pp.514b9~13.; 『남본』, T.12, No.375, pp.758b13~17, "爲諸煩惱山所障故不見我身 以不見故便於如來生滅度想 而我實不畢竟永滅 是故我於毘舍離國告波旬言 却後三月我當涅槃."
155) 『북본』, T.12, No.374, pp.514b7~9.; 『남본』, T.12, No.375, pp.758b11~13, "如閻浮提 日入之時 衆生不見 以黑山障故 而是日性 實無沒入 衆生不見生沒入想."

수 있는 제자들을 미리 알고, 입멸을 3개월 유예했다는 것이다. 『대승열반경』에 나타난 구체적인 사례를 살펴보도록 하자.

① 가섭보살이 석 달 뒤 선근이 성숙할 것을 알았기 때문156)
② 수발타라가 안거를 마치고 올 것을 알았기 때문157)
③ 5백 역사가 석 달 후 아누다라삼먁삼보리심을 낼 것이므로158)
④ 순타 및 5백 명의 리차비와 암라과녀가 3개월 뒤 위 없는 보리심의 선근이 성숙할 것이므로159)
⑤ 수나찰다가 친근한 자이나교도들에게 12년 동안 설법해도 사견으로 불신하고 수용하지 않았다. 그런데, 이들의 사견의 뿌리가 3개월 후에 뽑혀 끊어질 줄 알았기 때문이다.160)

『대승열반경』은 붓다가 3개월 동안 교화시킬 사람들을 만나야 했기 때문에 입멸 선언 즉시 입멸하지 않았다는 것이다. 『마하빠리닙바나숫따』에서 쑤밧다(Subhadda, 수발타라)는 유일한 붓다의 마지막 제자로서, 아라한과를 성취하였다. 『대반열반경후분』에서도 유사하게 언급하였다.161) 그러나 『대승열반경』은 쑤밧다 이외에도, 쭌다[순타]·리

---

156) 『북본』, T.12, No.374, pp.514b13~14, 『남본』, T.12, No.375, pp.758b17~18, "如來玄見迦葉菩薩却後三月 善根當熟."
157) 『북본』, T.12, No.374, pp.514b14~15.; 『남본』, T.12, No.375, pp.758b18~19, "亦見香山須跋陀羅竟安居已當至我所."
158) 『북본』, T.12, No.374, pp.514b16~17.; 『남본』, T.12, No.375, pp.758b20~21, "有諸力士其數五百 終竟三月亦當得發阿耨多羅三藐三菩提心."
159) 『북본』, T.12, No.374, pp.514b19~20.; 『남본』, T.12, No.375, pp.758b23~24, "如純陀等及五百梨車菴羅果女 却後三月無上道心善根成熟."
160) 『북본』, T.12, No.374, pp.514b21~24.; 『남본』, T.12, No.375, pp.758b25~28, "須那利多親近外道尼乾子等 我爲說法滿十二年 彼人邪見 不信不受 我知 是人邪見根栽 却後三月定可拔斷[북본: 却後三月定可斫伐]."
161) 내가 득도하여 아야교진여를 제도한 것부터 최후 열반할 때 수발타라를 제도함

차위[리차비]¹⁶²⁾와 암바빨리[암라과녀]¹⁶³⁾·역사·수나찰다·가섭보살 등을 제도했다는 것이다. 『대승열반경』 대고중(對告衆) 가운데 가섭보살과 붓다의 악(惡) 제자로 전해지는 수나찰다(Sunakkhatta)¹⁶⁴⁾를 제외하면, 모두 『마하빠리닙바나 숫따』에 등장하였다. 대승불교는 그들의 깨달음 성취를 위해 입멸 시기를 3개월 후라고 선언한 것이다. 아난다를 정각으로 인도하기 위해서라는 견해도 있다.¹⁶⁵⁾

결론적으로, 대승불교는 붓다의 입멸 선언을 통하여 중생 교화와 불법의 유통·법신상주와 불입열반에 주목하여 해석하였다. 이것이 바로, 대승불교의 불타관과 열반관이다.

으로써 내 일을 마쳤으니, 다시 베풀어야 할 것은 없다. 설사 내가 오래 머문다 해도 지금과 다를 바 없다. T.12, No.377, pp.900c1~3, “自我得道度阿若憍陳如 最後涅槃度須跋陀羅 吾事究竟 無復施為 設我久住 無異今也.”

162) 리차위(Licchavī, 離車毘)는 중인도 16대국의 하나였던 웨살리(Vesālī)를 중심으로 활약했던 끄샤뜨리야 종족의 이름이다. 지관 편저(2003), 『가산불교대사림』 Vol.5, 서울:가산불교문화연구원, p.634.

163) 『마하빠리닙바나 숫따』에는 암바빨리(Ambapālī) 장(章)이 있다. 암바빨리(庵摩羅女, 菴羅果女)는 웨살리의 기녀로서, 망고숲을 붓다와 승가에 보시하였다고 한다. 日本『光明寺経蔵』, 「長部」, 「大篇」, 「大般涅槃経」, pp.161ff.
https://komyojikyozo.web.fc2.com/dnmv/dn16/dn16c10.htm

164) 수나찰다(須那刹多, Sunakkhatta)는 부처님의 악제자이다. 소소한 인연이 있어서 제자가 되어 부처님께 재물을 모으는 방법을 원하였다. 부처님께서 설하지 않으시자, 파계하고, “나는 불제자가 아니다.”라고 했다. 『대지도론』, T.25, No.159, pp.755a12~15, “佛有惡弟子須那刹多羅等 有少因緣故作弟子 欲於佛 所取射法 佛不為說 於是反戒言 我非佛弟子.”

165) 新井俊一(2011), 「『大般涅槃経』(南伝)における釈尊「三ヶ月後の入滅」の意味」, 『日本仏教学会年報』通号 76, 日本仏教学会西部事務所, 日本仏教学会, pp.175~176.

2) 법신상주(法身常住)와 불입열반(不入涅槃)

(1) 『불소행찬(佛所行讚)』과 『불본행경(佛本行經)』

『불소행찬』과 『불본행경』은 법신상주의 불타관을 강조하였다. 우선, 붓다의 입멸에 관한 『불소행찬』의 견해를 살펴보도록 하자. 역사들은 붓다가 생사의 고통을 여읜 영원한 적멸락을 얻었다고 기뻐하며 축하한다.[166] 반면, 중생들은 붓다가 입멸하면 영원히 붓다를 볼 수 없고 구호 받지 못한다고 슬퍼한다.[167] 붓다의 입멸은 중생과의 단절이라는 부정적인 견해는 여전히 나타난다. 이에, 붓다는 불신(佛身)에 관하여 다음과 같이 설한다.

> ① 불신(佛身)은 생사가 있고, 이 법은 항상하여 끝이 없다.[168]
> ② 나의 이 몸을 무엇에 쓰려는가. 묘법신은 영원하며 나는 나의 적정에 머무니 중요한 것은 오직 여기에 있다.[169]
> ③ 비록 나를 보지 못하더라도 내가 설한 것을 실천하면 모든 고통을 여읜다.[170]

『불소행찬』은 무상한 생신(生身)과 영원불멸한 법신을 대조함으로써, 법(法)·법신(法身)을 강조하였다. 무상한 생신을 붓다의 몸으로 집착하지 말라는 것이다. 진정한 붓다의 몸은 생사를 초월한 항상한 법신이

---

166) T.4, No.192, pp.46c18~19, "佛離生死苦 永之寂滅樂 我等實欣慶."
167) T.4, No.192, pp.46c22~23, "如來既滅後 群生無所覩 永違於救護 是故生憂悲."
168) T.4, No.192, pp.44c3~4, "佛身之存亡 此法常無盡."
169) T.4, No.192, pp.44b12~4, "何用我此身 妙法身長存 我住我寂靜 所要唯在此."
170) T.4, No.192, pp.47a5~6, "非但見我得, 如我所說行, 得離衆苦網."

라는 말이다. 여래 정법을 실천하면 법신을 본다는 역설이다.

『불본행경』도 색신과 법신, 2종 불신관으로써 법신상주를 강조한다.

> 내 몸이 머물러 있거나, 멸도한 후에도 너희들은 부지런히 법을 받들어 나의 색신을 삼아라.[171]
> 마음을 없애고 고요히 선정에 들어 지혜와 자비와 공경의 눈으로 반드시 나의 법신을 통찰하라.[172]
> 나의 정법의 몸을 자세히 보는 자는 내가 현세에 있듯이 항상 나를 보고 떠나지 않을 것이다.[173]

위와 같이, 『불본행경』도 법신의 불타관으로써 법신을 보라고 강조하였다.

(2) 『법화경』

『법화경』은 석가모니불이 구원실성(久遠實成)[174]의 붓다로서 상주 불멸한다고 주장한다. 붓다의 입멸은 중생 교화를 위한 방편이라는 것이다. 「여래수량품」은 불멸(佛滅)에 관하여 다음과 같이 설하고 있다.

---

171) T.4, No.193, pp.97c22~23, "吾身若留住 及度世之後 卿等勤奉法 用吾色身為."
172) T.4, No.193, pp.98a3~4, "滅心令靜定 智慧慈敬眼 卿等必以是 諦視吾法身."
173) T.4, No.193, pp.98a5~6, "其有諦見吾 正法之身者 吾現在於世 常見我不離."
174) 『법화경』은 붓다가 성불한 지는 무량 무변한 백천만억 나유타겁이나 되었다고 하였다. T.9, No.262, pp.42b12~13, "我實成佛已來無量無邊百千萬億那由他劫." 다만, 방편으로써 중생을 교화하여 불도에 들게 하고자 이와 같이 설한 것이고, 부처님이 연설한 경전은 모두 중생을 제도해 해탈시키기 위해서라고 하였다. T.9, No.262, pp.42c9~10, "但以方便 教化衆生 令入佛道 作如是說 諸善男子 如來所演經典 皆為度脫衆生."

나는 성불한 지 매우 오래고 수명은 무량 아승지겁으로서 상주 불멸한다. 모든 선남자여! 내가 본래 보살도를 행하여 이룬 수명은 아직도 끝나지 않았다. 또한, 위에서 말한 수보다 배가 된다. 그러나 지금 여래는 실로 멸도하지 않지만, 반드시 멸도한다고 말한다. 여래는 이러한 방편으로써 중생을 교화한다.[175)]

『법화경』은 이미 오랜 옛적에 붓다는 성불하였고, 수명도 영원하다고 강조하였다. 그러나 현세에 성불과 열반을 나타낸 것은 모두 중생들을 위한 방편이라는 것이다. 영원불멸한 수명을 가진 붓다가 입멸을 보인 이유를 다음과 같이 밝히고 있다.

만약, 부처님이 세상에 오래 머문다면 박덕한 사람은 선근을 심지 않고, 빈궁하고 하천하며 오욕에 탐착하여 기억과 생각이 허망한 견해의 그물 속으로 들어가게 된다. 만약, 여래의 상주불멸을 보면 교만하고 방자한 마음을 일으켜 싫증 내고 게을러서 만나기 어렵다는 생각과 공경하는 마음을 내지 않는다. 그러므로 여래는 방편으로써 설한다.[176)]

붓다와 열반은 생멸의 초월, 불생불멸(不生不滅)이 본질이다. 대승경전에서 붓다의 무량한 수명을 설하는 것은 중생 구제에 대한 붓다의 무량한 자비심을 말한다. 미토모 켄요(三友健容)의 견해와 같이, 『법화

---

175) T.9, No.262, pp.42c19~24, "我成佛已來 甚大久遠 壽命無量阿僧祇劫 常住不滅 諸善男子 我本行菩薩道所成壽命 今猶未盡 復倍上數 然今非實滅度 而便唱言 當取滅度 如來以是方便 教化衆生."

176) T.9, No.262, pp.42c24~29, "所以者何 若佛久住於世 薄德之人 不種善根 貧窮下賤貪著五欲 入於憶想妄見網中 若見如來常在不滅 便起憍恣而懷厭怠 不能生難遭之想恭敬之心 是故如來以方便說."

경』에서 붓다의 무량한 수명은 중생 구제라고 하는 자비의 서원과 연관된다고 할 수 있다.[177] 이러한 주장은 히라카와 아키라(平川彰)와도 상통한다. 석가세존이 구원실성의 수명을 가지고 이 세상에 있는 것은 교화해야 할 중생이 그만큼 많다는 것을 의미한다는 말이다.[178]

위와 같이, 『법화경』은 중생 교화에 주목하여 역사적 붓다의 입멸을 해석하였다. 붓다의 입멸은 색신의 소멸을 보인 것이며, 붓다의 본질은 법신으로서 시방세계에 상주한다는 것이다. 깨달음에 한계가 없는 것과 같이, 구원실성의 붓다도 불멸(不滅)한다는 말이다. 이러한 견해는 『대승열반경』의 불타관과 열반관 성립에 영향을 미친다.

(3) 『대승열반경』

『대승열반경』도 붓다의 불입열반(不入涅槃)을 강조한다. 붓다의 입멸은 진정한 열반이 아니라고 설한다. 우선, 대승불교의 열반상(涅槃相)은 상주(常住)하고 불변(不變)하다는 것이다. 『대승열반경』은 아래와 같이 설한다.

> 선남자여, 여래는 불·법·승 삼보가 차별이 없다고 설하지 않는다. 오직, 상주와 청정 두 법이 차별이 없다고 설할 뿐이다. 선남자여, 부처님께서는 부처·불성·열반이 차별한 모양이 없다고도 설하지 않는다. 오직, 항상하고 변하지 않음이 차별이 없다고 설할 뿐이다. 부처님께서는 열반과 실상이 차별이 없다고도 설하지 않는다. 오직, 상주

---

177) 三友健容(2005), 「『アビダルマディーパ』における無量寿説批判」, 『印度学仏教学研究』 Vol. 53, 印度学仏教学會, pp.146~147.
178) 히라카와 아키라, 석혜능 역(2005), 『법화경의 세계』, 부산: 붓다가야, p.269.

하고 진실하여 불변하는 것이 차별이 없다고 설할 뿐이다.[179]

『대승열반경』은 불(佛)·법(法)·승(僧)·불성(佛性)·열반(涅槃)·실상 (實相)의 본질은 모두 항상하고 변하지 않는다고 강조하였다. 이로써, 붓다의 불입열반(不入涅槃)이 논증되는 것이다. 『대승열반경』은 법신에 주목하여 아래와 같이 불입열반을 설명한다.

> 선남자여, 이러한 나쁜 비구들로 인하여, 성문의 배우는 제자들로 하여금 나의 몸을 보지 못하고 나의 법을 듣지 못하게 하여 여래가 열반에 들었다고 말하게 하였다. 보살들은 내 몸을 보고 내 법을 들 으므로 내가 열반에 들었다고 말하지 않았다. 성문 제자들이 여래 가 열반에 들었다고 말해도 나는 열반에 들지 않았다.[180]

경문에서는 보살과 성문의 불신관과 열반관을 비교하였다. 대승불 교는 법신·열반 상주(常住) 사상으로써, 붓다와 열반의 실재를 주장하 였다. 역사적인 붓다의 입멸은 당시 불교 교단의 위기에서 악비구들을 조복하기 위한 방편으로서 시현했다는 것이다. 대승불교의 불입열반 관(不入涅槃觀)은 성문(聲聞)들의 열반관과 불신관을 통해서도 나타난 다.

---

179) 『북본』, T.12, No.374, pp.513c20~25.; 『남본』, T.12, No.375, pp.757c22~28, "善 男子 如來不說佛法衆僧無差別相 惟說常住淸淨二法無差別耳 善男子 佛亦不 說佛及佛性 涅槃無差別相 惟說常恒不變無差別耳 善男子 佛亦不說涅槃 實 相無差別相 惟說常有 實不變易無差別耳."

180) 『북본』, T.12, No.374, pp.514a5~9.; 『남본』, T.12, No.375, pp.758a8~13, "善男 子 因如是等惡比丘故 令諸聲聞受學弟子不見我身 不聞我法 便言如來入於涅 槃 唯諸菩薩 能見我身 常聞我法 是故不言我入涅槃 聲聞弟子 雖復發言如來 涅槃 而我實不入於涅槃."

성문 제자들이 나를 보지 못하여 여래가 구시나성의 쌍으로 선 사
라나무 사이에서 열반에 들었다고 한다. 그러나 나는 실제로 열반에
들지 않은 것을 성문 제자들이 열반하였다고 생각하는 것이다. 선남
자여, 마치 밝은 등불을 어떤 사람이 가렸을 때, 알지 못하는 사람은
등불이 꺼졌다고 생각한다. 등불은 실제로 꺼진 것이 아니며, 잘 알
지 못해서 꺼졌다고 생각하는 것과 같다. 성문 제자들도 그와 같아
서 비록 혜안이 있으면서도 번뇌에 덮이어서 마음이 뒤바뀌었으므
로, 진정한 몸[眞身]을 보지 못하고 멸도했다는 생각을 한다. 그러나
나는 끝내 멸도한 것이 아니다.[181]

『대승열반경』은 역사적인 붓다의 입멸과 법신의 불입열반을 대조함
으로써, 초기불교의 열반관을 비판하였다. 붓다의 구시나성 입멸, 등
불이 꺼짐의 비유는 진정한 열반이 아니라고 강조하였다. 성문들과 중
생들은 붓다의 생신(生身)에 집착하여 법신은 멸하지 않고 상주한다
는 이치를 모른다는 것이다.

성문 제자도 마찬가지로 번뇌의 산이 가려서 내 몸을 보지 못하고,
보지 못하기 때문에 여래가 멸도한다는 생각을 낸다. 그러나 나는
실로 끝까지 멸도하지 않는다.[182]

---

181) 『북본』, T.12, No.374, pp.514a18~25.; 『남본』, T.12, No.375, pp.758a21~29, "聲
聞弟子亦復如是 不見我故 便謂如來已於拘尸那城娑羅雙樹間而般涅槃而 我
實不般涅槃也 聲聞弟子生涅槃想 善男子 譬如明燈 有人覆之 餘不知者謂燈
已滅而 是明焰實亦不滅 以不知故 生於滅想 聲聞弟子亦復如是 雖有慧眼 以
煩惱覆 令心顛倒 不見眞身而 便妄生滅度之想 而我實不畢竟滅度."
182) 『북본』, T.12, No.374, pp.514b9~11.; 『남본』, T.12, No.375, pp.758b13~15, "聲
聞弟子亦復如是 為諸煩惱山所障故 不見我身 以不見故 便於如來生滅度想
而我實不畢竟永滅."

『대반열반경』은 성문(聲聞)도 상주불멸의 법신을 보지 못하고, 불입열반도 모른다고 비판하였다. 중생들이 붓다의 입멸을 주장하는 것은 어리석어 무상한 생신에 집착하기 때문이라는 말이다. 소멸된 생신을 진정한 붓다인 줄 알기 때문에, 상주불변하는 법신을 보지 못한다고 지적하였다. 또한, 법신의 소재를 모르기 때문에, 중생들은 붓다의 멸도를 죽음으로 착각한다는 것이다.

결론적으로, 『대반열반경』은 법신의 불타관을 확립하였다. 법신은 상주불멸하고, 법신은 열반에 들지 않는다는 것이다. 붓다의 열반은 육신의 소멸을 초월한 법신의 현현(顯現)이다.

(4)『대반열반경후분』

『대반열반경후분』(이하, 『후분』)은 삼보(三寶)의 상주불변을 통하여, 법신과 열반의 상주불변을 역설하였다. 경문을 살펴보도록 하자.

> 부처님이 반열반해도 그대 천인들은 크게 근심하거나 괴로워하지 말라. 왜냐하면, 부처님이 비록 열반에 들지만 항상 사리가 있어 공양할 수 있고, 위 없는 법보인 경장·율장·논장이 있기 때문이다. 이러한 인연으로 삼보와 사성제가 세상에 항상 있어 중생들로 하여금 깊은 마음으로 귀의할 수 있게 하기 때문이다.[183]

『후분』은 붓다의 입멸을 슬퍼하지 말라는 이유로서 불멸 후 중생의

---

183) T.12, No.377, pp.905b21~25, "佛般涅槃 汝等天人莫大愁惱 何以故 佛雖涅槃而有舍利常存供養 復有無上法寶 修多羅藏 毘那耶藏 阿毘達磨藏 以是因緣 三寶 四諦常住於世 能令衆生深心歸依."

귀의처를 구체적으로 밝히고 있다. 특히, 사리(舍利)를 불보(佛寶)에 포함하였다. 불멸 후 중생의 귀의처는 삼보(三寶)와 사성제(四聖諦)라고 강조하였다. 불멸 후 중생의 귀의처는 법(法)이라고 한 초기불교의 견해를 재해석한 것이다.

> 사리에 공양하는 것이 불보이기 때문이다. 부처님을 보는 것은 곧 법신을 보는 것이고, 법신을 보는 것은 곧 현성을 보는 것이며, 현성을 보기 때문에 사성제를 보며, 사성제를 보기 때문에 열반을 본다. 그러므로 삼보는 상주불변하여 세간을 위한 귀의처가 될 수 있다는 것을 반드시 알아야 한다.[184]

붓다의 입멸 후에도 법신은 상주(常住)하므로, 생전 여래와 불멸 후 사리에 공양 올린 그 복덕이 같다는 것이다.[185] 사리를 불보(佛寶)로 함으로써, 사리 공양을 강조하였다. 사리 공양은 곧 불·법·승 삼보·사성제를 보는 것이고, 궁극의 열반을 본다는 것이다. 이러한 삼보의 상주불변으로써 중생의 귀의처가 된다고 강조하였다.

3) 열반(涅槃)의 상락아정(常樂我淨)

붓다의 입멸 선언으로 『대승열반경』은 시작되지만, 경전에서 입멸은

---

184) T.12, No.377, pp.903b25~28, "何以故 供養舍利即是佛寶 見佛即見法身 見法即見賢聖 見賢聖故即見四諦 見四諦故即見涅槃 是故當知三寶常住 無有變易 能為世間作歸依故."

185) T.12, No.377, pp.901c23~24, "雖佛滅後 法身常存 是以深心供養 其福正等."

일어나지 않는다. 이러한 붓다의 불입열반(不入涅槃)은 대승불교의 여래 상주·상주 열반을 상징한다. 특히,『대승열반경』은 열반의 상락아정(常樂我淨)을 강조하였다. 상락아정(常樂我淨)은『대승열반경』에서 처음 소개되는 사상이다. 붓다의 열반 직전에 설한 법문이라는 말이다. 상락아정(常樂我淨)은 초기불교의 무상(無常)·고(苦)·무아(無我)·부정(不淨)을 뜻하는 일체 유위법의 상대적 개념이다. 해탈·열반·법신·허공이 상·낙·아·정이라면, 5온·12처·18계는 무상·고·무아·부정이다. 이러한 상·낙·아·정은 법신과 열반의 상태를 표현한 것이라고 할 수 있다.

『대승열반경』은 열반과 붓다의 본질은 항상하다[常]는 견해로써 초기불교의 열반관을 초월하였다.

> 일체법 가운데 열반은 항상한 것이며, 여래는 그것을 통달했으므로 항상하다고 한다. 또한, 등불이 꺼진다는 말은 아라한이 증득하는 열반이다. 탐애의 번뇌를 소멸하였으므로 등불이 꺼지는 데 비유한 것이다.[186]

위 경문은 열반이 상주(常住)함을 밝히면서, 열반을 등불의 꺼짐에 비유한 단멸(斷滅)에 주목한 부정적 초기불교의 열반관을 비판하였다. 대승불교의 긍정적인 열반의 의미, 열반상주의 이치를 깨달은 붓다의 본질을 강조하였다. 열반관과 불타관에서, 각(覺)이 대두되었다.

『대승열반경』은 열반과 부처의 본질, 즐거움[樂]에 관한 견해를 아래

---

186)『북본』, T.12, No.374, pp.390a27~29.;『남본』, T.12, No.375, pp.630b7~10, “一切法中 涅槃為常 如來體之 故名為常 復次 善男子 言燈滅者 是阿羅漢 所證涅槃 若斷煩惱是涅槃者滅貪愛 諸煩惱故 譬之燈滅.”

와 같이 밝히고 있다.

> 열반은 곧 항상하고 즐겁고 나이고 깨끗함이다. 열반이 즐겁다고 하
> 지만, 우리가 감각하는 즐거움이 아니고, 가장 미묘하고 적멸한 즐거
> 움이다. 부처님에게 두 가지 낙이 있으니, 첫째는 적멸한 즐거움, 둘
> 째는 깨달아 아는 즐거움이다.[187]

위 경문에서는 초기불교의 적멸위락(寂滅爲樂)의 열반을 초월하여,
대승불교는 깨달음의 즐거움[菩提樂]을 붓다의 본질로서 강조하였다.
실상(實相)의 본체도 세 가지 즐거움 가운데, 보리락(菩提樂)을 강조하
였다.[188] 특히, 불성은 오직 깨달음을 얻은 즐거움 하나라고[189] 열반 ·
여래 · 실상보다 주목하였다.
『대승열반경』의 상락아정에서 아(我)는 진아(眞我)를 말한다. 여래가
설한 진실한 나는 불성(佛性)이라고 강조하였다.[190]

> 아(我)는 무아 · 비아 · 비무아를 말한다. 오직 집착만 끊고 나라는 소

---

187) 『북본』, T.12, No.374, pp.513b10~14.;『남본』, T.12, No.375, pp.757b13~17, "涅
　　槃卽是常樂我淨 涅槃雖樂 非是受樂 乃是上妙寂滅之樂 諸佛如來有二種樂
　　一 寂滅樂 二 覺知樂."
188) 실상에는 세 가지 즐거움이 있다. 첫째는 감각하는 즐거움, 둘째는 적멸한 즐거
　　움, 셋째는 깨달아 아는 즐거움이다. 『북본』, T.12, No.374, pp.513b14~15.;『남
　　본』, T.12, No.375, pp.757b17~18, "實相之體有三種樂 一者 受樂 二 寂滅樂
　　三 覺知樂."
189) 불성은 오직 한 가지 즐거움이다. 마땅히 볼 수 있기 때문에, 아누다라삼먁삼보
　　리를 얻은 때를 보리락이라고 한다. 『북본』, T.12, No.374, pp.513b15~17.;『남
　　본』, T.12, No.375, pp.757b18~19, "佛性一樂 以當見故 得阿耨多羅三藐三菩
　　提時 名菩提樂."
190) 『북본』, T.12, No.374, pp.412c25~26.;『남본』, T.12, No.375, pp.653c11~12, "善
　　男子 今日如來所說真我 名曰佛性."

견을 끊지 않는다. 아견은 불성을 말하고, 불성은 참 해탈이며, 참 해
탈이 곧 여래이다.[191]

위 경문에서의 아(我)는 진아(眞我)이다. 상락아정에서의 '아'는 진아
로서, 불성·참 해탈·여래와 동격으로 정의하였다. 『대승열반경』은 외
도들이 말하는 아트만(Ātman)과 구분해야 한다고 강조하였다. 특히,
그들은 상락아정에 대해서 모른다고 일축하고,[192] 외도의 설(說)과 불
설(佛說)의 차이를 설명하였다.

비구들이여, 마땅히 알아야 한다. 외도들이 말하는 아(我)는 벌레가
나뭇잎을 긁어먹어 글자가 만들어진 것과 같다. 그래서 여래가 불법
에는 내가 없다고 했으니, 중생들을 조복하기 위한 것이며, 시기를
알기 때문이다. 그래서 '무아'라고 했지만, 인연이 있어서 '아'라고 하
였다. 저 명의가 우유의 약 되는 일과 약 되지 않는 일을 잘 아는 것
과 같은 것이고, 범부들이 억측하는 '아'라는 것과는 같지 않다.[193]

위 경문에서는 우선, 외도들의 아트만을 불설(佛說)과 혼돈해서는
안 된다고 강조하였다. 외도가 말하는 아(我)는 소리만 같을 뿐, 의미
는 다르다는 말이다. 벌레가 글을 써 놓고 보니, 아(我) 글자가 되었다

---

191) 『북본』, T.12, No.374, pp.395b12~14.; 『남본』, T.12, No.375, pp.635c8~10, "所
謂若我 無我 非我 非無我 唯斷取著 不斷我見 我見者名為佛性 佛性者即真解
脫 真解脫者即是如來."
192) 『북본』, T.12, No.374, pp.447a7~8.; 『남본』, T.12, No.375, pp.88c23~24, "是諸
外道亦復如是 終不能識常樂我淨."
193) 『북본』, T.12, No.374, pp.378c23~27.; 『남본』, T.12, No.375, pp.618b29~c4,
"比丘當知 是諸外道所言我者 如蟲食木偶成字耳 是故 如來於佛法中 唱言無
我為 調眾生故 為知時故 如是無我 有因緣故 亦說有我 如彼良醫 善知於乳是
藥非藥 非如凡夫所計吾我."

는 것이다. 외도들은 모르고 아트만을 설한다는 말이다. 인연화합으로 생기는 것은 무아(無我)이고, 진아(眞我)가 아니라는 것이다. 둘째, 왜 지금 아(我)를 설하는가에 대한 답변이다. 진아를 설하기 위하여, 일체법의 무상(無常)·무아(無我) 등의 유위법을 설했다는 것이다. 초기불교에서는 아(我)가 이해되지 못하여, 대승불교에 와서야 진아(眞我)를 설할 수 있게 되었다는 말이다.

『대승열반경』은 열반의 본체를 상락아정, 열반 4덕(德)으로써 설명하였다. 제불(諸佛)의 열반은 항상함[常]·즐거움[樂]·참나[我]·청정[淨]하기 때문에 일정하고, 출생[生]·늙음[老]·파괴[壞]가 없기 때문에 일정하다는 것이다.194) 대반열반(大般涅槃)을 여덟 가지 맛[八味]으로도 설명하였다. 대반열반은 상(常)·항(恒)·안(安)·청량(淸涼)·불로(不老)·불사(不死)·무구(無垢)·쾌락(快樂), 팔미(八味)를 구족한다는 것이다.195) 이러한 8미(味)를 상·락·아·정에 배대하면, 상·항=상(常), 안·쾌락=락(樂), 불로·불사=아(我), 청정·무구=정(淨)이라고 할 수 있다. 또한,『대승열반경』은 여덟 가지 모양, 8상(相)으로도 열반을 해설하였다. 즉, 다함[盡]·선한 성품[善性]·진실함[實]·참됨[眞]·항상함[常]·즐거움[樂]·나[我]·깨끗함[淨]으로 열반을 표현할 수 있다는 것이다.196)

---

194) 『북본』, T.12, No.374, pp.505a20~21.;『남본』, T.12, No.375, pp.749a4~5, "一切諸佛所有涅槃 常 樂 我 淨 是故位定 無生 老 壞 是故爲定."

195) 『북본』, T.12, No.374, pp.385a23~27.;『남본』, T.12, No.375, pp.625a16~20, "大般涅槃亦復如是 八味具足 云何為八 一者常 二者恒 三者安 四者清涼 五者不老 六者不死 七者無垢 八者快樂 是為八味具足 具是八味 是故名為大般涅槃."

196) 『북본』, T.12, No.374, pp.512c15~17.;『남본』, T.12, No.375, pp.756c18~21, "云何名為知涅槃相 涅槃之相凡有八事 何等為八 一者盡 二善性 三實 四真 五常 六樂 七我 八淨 是名涅槃."

위와 같이, 상락아정은 대열반에 갖춰진 절대적 요소이다. 그런데 『대승열반경』은 대반열반과 상락아정을 불성(佛性)으로써 규명한다.

> 만약, 불성을 보고 번뇌를 끊었으면 대반열반이라고 한다. 불성을 보았으므로 항상하고 즐겁고 나이고 깨끗하다고 하며, 이런 뜻으로 번뇌를 끊은 것도 대반열반이라고 한다.[197]

『대승열반경』은 불성과 대반열반, 상락아정을 동격으로 묘사하였다. 불성을 본 상태가 대열반이고 상락아정이라는 것이다. 불성(佛性, buddha-garbha)은 깨달음의 본질이며, 부처의 본성이다. 또한, 성불의 가능성으로서 부처가 될 태아라고도 한다. 이것이 장차 성장하여 부처가 된다는 점에서 불성은 여래장(如來藏, tathāgata-garbha)과 상통한다. 이러한 불성을 보아야 대반열반은 물론, 상락아정을 얻는다고 『대승열반경』은 강조한 것이다. 이러한 견해는 불성이 대반열반과 상락아정의 상위(上位) 개념으로 논증되는 근거가 되었다. 경문을 살펴보도록 하자.

> 무슨 까닭으로 마음이 탐착하지 않는가? 해탈을 얻기 위해서이다. 무슨 까닭으로 해탈을 얻으려고 하는가? 위없는 대열반을 얻기 위해서이다. 무슨 까닭으로 대반열반을 얻으려고 하는가? 항상하고 즐겁고 나이고 깨끗한 법을 얻기 위해서이다. 무슨 까닭으로 상·락·아·정을 얻으려고 하는가? 불생·불멸을 얻기 위해서이다. 무슨 까닭으로 나지도 않고 없어지지도 않음을 얻으려고 하는가? 불성

---

197) 『북본』, T.12, No.374, pp.514c11~14.; 『남본』, T.12, No.375, pp.758c15~18, "若見佛性能斷煩惱 是則名爲大般涅槃 以見佛性故 得名爲常樂我淨 以是義故 斷除煩惱 亦得稱爲大般涅槃."

을 보기 위해서다.[198]

경문에서는 번뇌의 소멸 → 해탈 → 대반열반 → 상락아정 → 불생불멸 → 견 불성 등의 순서로 궁극적 목표를 설정하였다. 대반열반은 상락아정(常樂我淨)의 하위(下位) 개념으로 설명하였다. 상락아정은 붓다의 완전한 열반 이후의 경계(境界)[199]로서, 불생불멸(不生不滅)을 얻기 위하여 수반되어야 하는 요건이라는 것이다. 그런 다음에야 최후로 불성(佛性)을 본다는 것이다. 불성을 보는 것은 아누다라삼먁삼보리를 얻는 것을 전제한다. 특히, 최상위(最上位) 개념으로서 불성의 존재·깨달음[覺]을 설정하였다. 불멸 후, 불신(佛身)과 대열반의 상태는 상락아정·불생불멸이다. 그러나 열반의 주처(住處)는 없다.[200]

『대승열반경』은 열반과 붓다는 실상(實相)과 동격이라고 주장한다. 『중론』의 견해도 같다. 특히, 열반과 실상은 생사(生死)를 벗어나 있지 않다고 강조한다.[201] 실상은 연기(緣起)로 인하여 발생하므로, 생사와 구별이 없기 때문이다. 생사와 열반이 따로 있지 않다는 말은 중생을

---

198) 『북본』, T.12, No.374, pp.529b11~15.;『남본』, T.12, No.375, pp.774a13~17, "何故為心不貪著 為得解脫故 何故為得解脫 為得無上大涅槃故 何故為得大般涅槃 為得常樂我淨法故 何故為得常樂我淨 為得不生不滅故 何故為得不生不滅 為見佛性故."

199) 경계(境界, viṣaya, gocara)는 내용이나 각자의 능력 등이 분명히 한계지어진 범위·영역 등을 말한다. 부처님과 중생이 인지하는 능력의 범위가 구분되는 것 등을 예로 들 수 있다. 지관 편저(1998), 『가산불교대사림』 Vol.1, 서울:가산불교문화연구원, p.677.

200) 『북본』, T.12, No.374, pp.529b10~11.;『남본』, T.12, No.375, pp.757b13~14, "善男子 涅槃之體亦復如是 無有住處."

201) 모든 법의 실상인 제일의 가운데, 생사를 벗어나 별도로 열반이 있다고 설하지 않는다. 실상도 마찬가지다. 경에서 열반이 생사이고, 생사가 곧 열반이라고 설한 것과 같다. 『중론』, T.30, No.1564, pp.21b17~19, "諸法實相第一義中 不說離生死 別有涅槃 如經說 涅槃即生死 生死即涅槃."

떠나 붓다가 존재하지 않는다는 뜻이기도 하다. 이러한 생사와 열반, 중생과 부처의 연결을 불성(佛性)으로써 논증할 수 있다. 붓다의 사후 존속, 붓다의 소재(所在)를 불성으로써 규명할 수 있는 것이다.

4) 일체중생 실유불성(一切衆生悉有佛性)

부처의 본 성품은 모든 중생 안에 있다.『대승열반경』은 일체중생 실유불성(一切衆生悉有佛性) 사상으로써 붓다의 소재를 밝히고, 부처와 중생을 연결한다. 붓다의 본질은 다른 데 있는 것이 아니라 중생 안에 있고, 모든 중생 안에 붓다가 있다는 논리가 성립된다. 불신(佛身)의 소재(所在)를 불성으로써 설명할 수 있는 것이다.

우선,「가섭보살품」의 문답을 통하여 일체중생 실유불성(一切衆生悉有佛性)의 개념을 살펴보도록 하자.

> 가섭: 어찌하여 모든 중생이 모두 불성이 있다고 하십니까?
> 붓다: 중생의 불성이 현재는 비록 없으나, 없다고 말할 수 없다. 마치 허공의 성품이 비록 현재함이 없지만, 없다고 말할 수 없는 것과 같다. 모든 중생은 비록 무상하지만 불성은 항상 머물러 변함이 없다.[202]

위 경문에서는 중생의 불성을 허공에 비유하여 일체 중생에게 불

---

202)『북본』, T.12, No.374, pp.562c08~11,:『남본』, T.12, No.375, pp.809a 15~18, "何故說言一切衆生悉有佛性 善男子 衆生佛性雖現在無 不可言無 如虛空性 雖無現在 不得言無 一切衆生雖復無常 而是佛性常住無變."

성이 있다고 설명하였다. 특히, 불성의 속성은 상주(常住)하고 불변(不變)이라고 강조하였다. 『대승열반경』은 불성의 본질은 항상함[常]·실다움[實]·참됨[眞]·선함[善]·깨끗함[淨]·볼 수 있음[可見]이라고 정의하였다. 중생의 불성은 중생을 떠나 있지 않다는 말이다.[203] 그러나 중생에게 현재 불성이 없다 해도 실로 없는 것이 아니라고 강조하였다. 이 말은 미래에는 불성이 있다는 뜻을 함축하고 있다.

『대승열반경』은 일체 중생 미래 불성을 다음과 같이 천명하였다.

중생은 미래에 불성을 반드시 볼 수 있으므로, 중생들에게 모두 불성이 있다고 말한다.[204]

위 경문에서는 중생의 미래 불성론을 주장하였다. 여기서, 두 가지점에 주목할 수 있다. 첫째, 중생들은 미래에는 불성을 볼 수 있다. 둘째, 모든 중생은 불성이 있다. 중생이 있는 한 불성은 중생에게 있고, 중생은 반드시 불성을 볼 수 있다는 것이다. 이것이 중생과 불성의 관계이다. 여기서, 현재에 보지 못하는 불성을 미래에는 어떻게 볼 수 있는지 의문이 생긴다.

『대승열반경』은 일체중생 실유불성(一切衆生悉有佛性)에서 '있다, 유(有)'의 시제(時制)에 주목하여 중생의 미래 불성을 주장하였다.

---

203) 나의 제자들은 불성이 갖춘 6가지를 듣고, 부처님께서는 중생의 불성이 중생을 떠나 있다고 말씀하셨다고 잘못 이해한다.『북본』, T.12, No.374, pp.568c15
~17.;『남본』, T.12, No.375, pp.815b26~29, "佛性具有六事 一常 二實 三眞 四善 五淨 六可見 我諸弟子聞是說已 不解我意 唱言 佛說衆生佛性離衆生有."
204) 『북본』, T.12, No.374, pp.562b24~25.;『남본』, T.12, No.375, pp.809a1~2, "佛性未來以當見 故言衆生悉有佛性."

선남자여, '있다'는 것에는 세 가지가 있다. 첫째, 미래에 있을 것이다. 둘째, 현재에 있다. 셋째, 과거에 있었다. 모든 중생이 미래세에 아누다라삼먁삼보리를 얻을 것이니, 이것을 불성이라 한다.[205]

경문에서는 '있다[有]'의 시제(時制)에 주목하였다. 일체중생 실유불성(一切衆生悉有佛性)에서 '유(有)'를 미래형, '있을 것이다'로 해석하였다. 설사 과거나 현재에 불성이 없더라도, 현재의 수행과 공덕으로 미래에는 불성이 생기며, 모든 중생이 미래에는 아누다라삼먁삼보리(阿耨多羅三藐三菩提)[206]를 얻는다는 긍정적인 해석이다.
중생의 불성을 구체적으로 묘사한 견해를 살펴보도록 하자.

중생의 불성은 피 섞인 젖과 같다. 피는 곧 무명·행 등의 모든 번뇌고, 젖은 곧 선의 오음이다. 그러므로 나는 모든 번뇌와 선의 오음으로부터 아누다라삼먁삼보리를 얻는 것이, 마치 중생의 몸이 모두 정기

---

205) 『북본』, T.12, No.374, pp.524b25~27,; 『남본』, T.12, No.375, pp.769a8 ~10, "善男子 有者凡有三種 一未來有 二現在有 三 過去有 一切衆生未來之世 當有阿耨多羅三藐三菩提 是名佛性."

206) 아누다라삼먁삼보리(anuttara-amyak-saṃbodhi, 阿耨多羅三藐三菩提)는 아누보리(阿耨菩提)라고도 하며, 최상의 깨달음을 뜻한다. 『범범어』는 아누다라삼먁삼보리의 '아누다라'는 무상(無上), '삼먁'은 정(正), '삼보리'는 모르는 것이 없는 지혜 또는, 모르는 것이 없는 도(道)라고 한역한다고 설명한다. T.54, No.2130, pp.983a05~6, "阿耨多羅三藐三菩提(譯曰阿耨多羅者无上三藐者正三菩提者無不知智亦云無不知道)."
『일체경음의』는 아누다라삼먁삼보리의 '누'는 '노'와 '욕'을 반절한 음이다. '먁'은 범본에 근거하면 반드시 '미'와 '략'을 반절한 음이어야 한다. '아'는 무이다. '누다라'는 상, '삼먁'은 정, '삼'은 변 또는 등, '보리'는 각이라 한역한다. 종합하여 반드시 무상정등각이라고 말해야 한다."라고 설명한다. T.54, No.2128, pp.438b7~8, "阿耨多羅三藐三菩提(耨奴沃反 藐字案梵本應音云彌略反 阿此云無也 耨多羅上也 三藐正也 三遍也等也 菩提覺也 總應言無上正等覺也."

와 피로 이루어지는 것과 같다고 하였다. 불성도 그렇다.[207]

『대승열반경』은 중생의 불성은 무명 번뇌와 섞여 있다는 것을 피력하였다. 불성과 오음(五陰)의 관계는 이분법적 사고를 벗어나지만, 중생과 분리되어 있지 않다는 말이다. 중생의 불성이 유루(有漏) 오온(五蘊)이라면, 부처의 불성은 무루(無漏) 오온(五蘊)이라고 할 것이다. 현재의 번뇌가 장애이기 때문에 모든 중생은 보지 못한다.[208]

『대승열반경』은 중생의 불성을 중도(中道)라고 강조한다.[209] 중도는 내외(內外)·유무(有無) 등의 이분법(二分法)을 초월한 개념이다. 불성을 시공(時空)으로는 설명할 수 없고, 중생들의 양극단을 막기 위한 견해이다. 또한, 불성은 5음(陰)·6입(入)·18계(界)를 여의지 않는다고 강조하였다.[210] 불성은 중생과 결코 분리되어 있지 않다는 말이다. 중생이 불성이고, 불성이 중생이지만, 시절이 다르므로 깨끗하고 깨끗하지 못할 뿐이다. 시절인연은 다르지만, 그 본체는 하나라는 말이다.[211]

『대승열반경』은 중생과 깨달음의 연결고리로서, 불성의 역할을 강조

---

207) 『북본』, T.12, No.374, pp.571c3~7.; 『남본』, T.12, No.375, pp.818c2~5, "衆生佛性 如雜血乳 血者即是無明行等一切煩惱 乳者即是善五陰也 是故我說 從諸煩惱及善五陰 得阿耨多羅三藐三菩提 如衆生身 皆從精血而得成就 佛性亦爾."

208) 『북본』, T.12, No.374, pp.571c10~11.: 『남본』, T.12, No.375, pp.818c9~10, "善男子! 現在煩惱為作障故 令諸衆生不得覩見."

209) 『북본』, T.12, No.374, pp.,571c26~27.: 『남본』, T.12, No.375, pp.818c 25~26, "我先不說衆生 佛性是中道耶."

210) 『북본』, T.12, No.374, pp.574a1~2.: 『남본』, T.12, No.375, pp.574a1~2, "如來雖說無量諸法以為佛性 然不離於陰入界也."

211) 『북본』, T.12, No.374, pp.572b27~c1.: 『남본』, T.12, No.375, pp.819b 29~c3, "時節有異 其體是一 衆生佛性亦復如是 若言衆生中別有佛性者 是義不然 何以故 衆生即佛性 佛性即衆生 直以時異 有淨不淨."

한다. 경문에 나타난 견해를 살펴보도록 하자.

중생들이 모두 불성이 있으므로, 마땅히 아누다라삼먁삼보리를 얻을 것이다. 마치 자석과 같다.[212]

중생에게 불성이 있으므로 아누다라삼먁삼보리(阿耨多羅三藐三菩提), 최상의 깨달음을 얻을 수 있다고 강조하였다. 불성은 중생을 성불(成佛)로 끌어당기는 역할을 한다는 것이다. 중생을 아누보리(阿耨菩提)로 연결시키는 매개는 불성이며, 불성으로써 깨달음을 얻을 수 있다는 말이다. 불성은 깨달음의 전제조건인 것이다.

일체중생 실유불성(一切衆生悉有佛性)이 일체 중생의 성불(成佛)을 성립한다. 그러나 모든 중생에게 불성이 있다고 하여, 반드시 성불하는 것은 아니다. 중생들이 번뇌 때문에 불성을 볼 수 없기 때문이다. 번뇌를 없애고 미래에 불성의 힘을 갖추게 하는 것이 수행이다. 『대승열반경』은 8성도를 강조하였다.

불성이 모든 중생에게 있지만, 반드시 무루의 8성도를 닦은 후에야 보게 된다.[213]

불성과 아누다라삼먁삼보리는 원천적으로는 결합되어 있지만, 실질적인 연결을 위해서는 수행이 필수적으로 요구된다는 말이다. 왜냐하면, 일체 중생에게 불성이 있지만, 그들이 불성을 볼 수 있는 것은 아

---

212) 『북본』, T.12, No.374, pp.555b7~8.; 『남본』, T.12, No.375, pp.801b4~5, "衆生悉有佛性 應得阿耨多羅三藐三菩提 如磁石."
213) 『북본』, T.12, No.374, pp.555b12~13.; 『남본』, T.12, No.375, pp.801b 10~11, "佛性亦爾 一切衆生雖復有之 要須修習無漏聖道 然後得見."

니기 때문이다. 그 실천적 수행이 팔성도(八聖道)라는 것이다. 결국, 중
생을 떠나서는 아누다라삼먁삼보리를 얻지 못한다는 말이다. 그러므
로 중생이 곧 불성이다.[214] 생사를 떠난 열반, 중생을 여읜 부처는 없
다는 견해가 확립된다. 다만, 바라밀(波羅蜜)이 아닌, 8성도를 강조한
점이 특징이다.

불성은 모든 중생에게 있다. 그러나 불성의 소재는 알 수 없다고
『대승열반경』은 주장한다.

> 항상한 법은 머무름이 없다. 만약 머무는 곳이 있다면, 그것은 무상
> 한 것이다. 12인연이 일정하게 머무는 곳이 없다. 만약 머무는 곳이
> 있다면 항상하다고 말하지 못한다. 여래의 법신·법의 경계[18계]·법
> 의 인식 대상[6입]·법의 요소[오음]·허공도 모두 머무는 곳이 없다.
> 불성도 마찬가지로 머무는 데가 없다.[215]

경문에 나타난 바와 같이, 불성 자체는 불가사의하여 어디 있다고
말할 수 없다. 다른 법이 있으므로 다른 법이 생겨나고, 다른 법이 없
어지므로 다른 법이 괴멸한다. 중생의 불성도 마찬가지로, 아누다라
삼먁삼보리를 빨아들이지 못한다는 것이다.[216] 8성도를 수행하더라

---

214) 『북본』, T.12, No.374, pp.568c29~569a1.; 『남본』, T.12, No.375, pp.
     815c14~15. "衆生者即是佛性 何以故 若離衆生 不得阿耨多羅三藐三菩提."
215) 『북본』, T.12, No.374, pp.555c27~a2.; 『남본』, T.12, No.375, pp.801c
     27~802a2, "善男子 常法無住 若有住處即是無常 善男子 如十二因緣無定住處
     若有住處 十二因緣不得名常 如來法身亦無住處 法界 法入 法陰 虛空悉無住
     處 佛性亦爾都無住處."
216) 『북본』, T.12, No.374, pp.555c21~24.; 『남본』, T.12, No.375, pp.801c 21~23,
     "善男子 磁石吸鐵亦復如是 異法有故異法出生 異法無故異法滅壞 衆生佛性
     亦復如是 不能吸得阿耨多羅三藐三菩提."

도, 시절인연(時節因緣)이 도래해야 중생의 불성은 깨달음과 연결된다는 말이다.

『대승열반경』은 시절인연의 화합을 강조함으로써, 일체중생 실유불성을 강조하였다. 경문에 나타난 견해를 살펴보도록 하자.

불성은 다른 법의 경계이므로 때가 되면 나타난다. 선남자여, 일체중생의 불성은 불퇴전이기 때문에 있다고 한다. 불퇴전이며, 마땅히 있어야 하고, 반드시 얻을 수 있으며, 마땅히 볼 수 있으므로, 모든 중생이 다 불성이 있다고 한다.[217]

시절 인연이 화합하면 불성을 본다고 『대승열반경』은 강조하였다. 젖 속에 타락(酡酪)이 있는 것과 같이, 중생에게도 불성이 있다. 불성을 보고자 한다면, 시절과 인연을 관찰해야 한다는 것이다. 이로써, 모든 중생에게 불성이 있다는 말은 허망하지 않다고 강조하였다.[218]

결론적으로, 『대승열반경』은 모든 중생은 부처의 본성이 존재하는 주처(住處)임을 밝혔다. 중생이 자기 안에 있는 부처의 본질을 본다면, 중생이 바로 부처라는 것이다. 중생을 떠난 깨달음도, 중생을 떠난 부처도 없다는 말이다. 대승불교는 일체중생 실유불성 사상으로써 붓다의 영원불멸과 붓다의 소재(所在)를 논증하였다.

---

217) 『북본』, T.12, No.374, pp.556a5~8.; 『남본』, T.12, No.375, pp.802a5~9, "佛性亦爾 異法界故 時至則現 善男子 一切衆生不退佛性故名之爲有 阿毘跋致故 以當有故 決定得故 定當見故 是故名爲一切衆生悉有佛性."
218) 『북본』, T.12, No.374, pp.532a17~19.; 『남본』, T.12, No.375, pp.777a3~6, "乳中有酪 衆生佛性亦復如是 欲見佛性 應當觀察時節 形色 是故 我說一切衆生悉有佛性 實不虛妄."

4. 요약 및 논의

본론에서 고찰한 붓다의 입멸과 사후 존속에 관한 논의는 불타관과 열반관의 변화 과정을 보여준다. 붓다의 입멸과 열반의 개념, 붓다 사후 존속과 소재에 관한 초기불교·부파불교·대승불교의 견해는 아래의 표와 같다.

〈표4-1〉 붓다의 입멸과 사후 존속에 관한 견해

	초기불교	부파불교	대승불교
붓다의 입멸-열반	단멸-죽음	생신(生身)의 소멸	불입열반(不入涅槃)
	무여열반	열반의 실재	불생불멸, 상락아정
붓다의 사후 존속	무기(無記)	붓다의 소재~법신	모든 중생 안[內]

초기불교는 역사적 불타관으로서, 붓다의 입멸은 죽음으로 인식되었다. 붓다의 사후 존속은 무기로 규정하였지만, 무여열반을 강조하고 붓다의 무량한 수명과 사후 존속의 여지를 남기기도 했다. 붓다의 입멸을 통하여, 오히려 붓다의 영원성·불사(不死)의 열반을 성취한 붓다의 본질을 밝히려는 견해로 보인다.

부파불교는 붓다의 본질과 소재, 붓다의 사후 존속과 열반의 실재에 관하여 교학적으로 해명하였다. 『밀린다팡하』는 감각으로써 식별하는 존재의 방식을 초월한 열반의 실재를 수용하였다. 특히, 붓다의 사후 존속을 수용하고 완전한 열반에 든 붓다는 법신으로 존재한다고 강조하였다. 『슈망갈라윌라시니』는 열반을 불사의 도시에 비유하고 즐겁고 행복하게 표현하여, 실재론적이고 긍정적으로 해석하였다.『대비바사론』은 붓다의 입멸을 생신의 소멸로 보고, 사리를 통하여 영원불멸하고 청정한 붓다의 본질을 역설하였다.

대승불교는 법신의 불입열반(不入涅槃), 법신상주·열반의 상락아정으로서, 붓다의 입멸로 야기된 논쟁거리 자체를 초월하였다. 붓다의 입멸은 중생 교화를 위한 방편으로 시현했을 뿐, 법신은 멸도하지 않는다고 주장하였다. 이러한 상징적인 표현으로서,『대승열반경』에서는 붓다의 입멸이 일어나지 않는다.

그리고 부처의 본질과 실재, 대열반은 불생불멸(不生不滅)·상락아정(常樂我淨)·불성(佛性)이라고 정의하였다. 붓다의 본성[불성]이 모든 중생 안에 있으므로, 붓다의 소재는 바로 중생 안에 있다는 것이다. 불성은 중생과 깨달음을 연결하는 역할이지만, 자기 안의 불성을 보기 위해서는 팔성도(八聖道)와 시절인연(時節因緣)을 전제하였다. 반면, 중생을 외면하고 가만히 있는 것은 죽음이라고 열반을 재해석하였다. 등불이 꺼짐의 비유는 진정한 열반이 아니라고 기존의 열반관을 비판하였다. 대승불교의 진정한 열반은 중생 교화에 있다는 것이다. 성문들과 중생들은 번뇌로 인해 법신과 열반의 상락아정·불생불멸을 모른다고 주장하였다.

제5장
붓다의 교단 유훈

붓다의 입멸은 불교 교단에서 가장 충격적인 사건이다. 붓다의 부재는 불멸 후 교단 유지를 어떻게 해야 할 것인가의 문제와 직결된다. 붓다의 교단 유훈에 관한 논의는 이러한 문제의식을 기반으로 한다.

본 장에서는 불멸 후 교단 존속을 염두에 둔 붓다의 유훈에 관한 초기불교·부파불교·대승불교의 견해를 통시적으로 고찰하고자 한다.[1] 붓다의 교단 유훈에 관한 근거를 『마하빠리닙바나 숫따』에서 찾고, 부파불교의 교학적인 재해석, 초기불전을 초월한 대승불교의 견해를 파악할 것이다. 이로써, 불멸 후 교단 유지와 연관된 붓다의 유훈에 관한 견해가 변화하는 과정에 주목하고자 한다.

1. 초기불교의 견해

초기불교에서 『마하빠리닙바나 숫따』는 붓다의 교단 유훈에 관한 초기불교의 논거이다. 초기불교는 비구들의 수행을 중심으로 한, 승단의 존속에 적극적이었다. 『마하빠리닙바나 숫따, MPS』에서 붓다는 각 장(章, bhāṇavāra)마다 교단 유지와 관련된 견해를 피력하였다. 요약

---

1) 안양규 교수는 『마하빠리닙바나 숫따』와 『슈망갈라윌라시니』, 초기불교와 부파불교 문헌을 중심으로 한, 논문들이 있다. 「불탑 신앙의 기원과 그 본질에 대해」, 「개인의 자율과 승단의 유지 : 붓다의 유훈을 중심으로」, 「불교의 성지순례와 그 종교적 의미」, 「불설과 비불설의 구분:불교 표준 경전의 시도」 등이다. 그리고 『붓다의 입멸에 관한 연구』에서 붓다의 최후 가르침에 관하여 초기 『열반경』과 『대비바사론』을 중심으로 논의하였다. 반면, 사리 공양에 관한 견해는 Gregory Schopen(1991)과 Karel Werner(2009), 『마하빠리닙바나 숫따』의 비구 불퇴법에 관한 연구는 원혜영(2008a)이 있다. 일본 학자들은 일천제 정의에 주목하였다.

하여 정리하면 다음의 표와 같다.

<표5-1> MPS에 나타난 교단 유지에 관한 붓다의 유훈

장	장소	내용
1	라자가하	비구의 7불퇴법, 비구의 6불퇴법
		계·정·혜 닦으면 해탈
	암발랏티까	〃
	빠와리까 망고숲	〃
	빠딸리	계행이 없는 자의 위험, 지계자의 공덕
2	꼬띠가마	계·정·혜 닦으면 해탈
	나디까	
	웨살리 암바빨리숲	계·정·혜 닦으면 해탈
	〃 벨루와가마	승가와 재가를 위해 반열반을 연기하고 수명 연장, 승가의 후계자를 지목하지 않고, 자주(自洲)·법주(法洲)·자귀의(自歸依)·법귀의(自歸依) 당부
3	〃 짜빨리 탑묘	붓다의 열반 선언에서 불멸 후 교단 유지가 고려됨
	〃 중각강당	무상법문, 게으르지 말고 정진하라
	〃 반다가마	계·정·혜 닦으면 해탈
	〃	윤회를 초월하는 4교-계·정·혜·해탈
4	〃 보가나가라	4대교법(Mahāpadesa), 계·정·혜 닦으면 해탈
5	꾸시나라 살라숲	4대성지 순례, 우바새-불사리 수습과 불탑 공경, 탑을 세울 만한 4부류, 외도의 출가에 대한 규정
6	〃	붓다의 마지막 유훈: 불멸 후 법·율이 비구들의 스승, 사소한 계목들은 폐지 가능, 불방일 정진

  승단의 존속·교단의 유지에 관한 붓다의 유훈은 경전의 전반에 걸쳐 구성되어 있다. 특히, 경전의 첫 장(章)과 마지막 장이 불멸 후 교단 유지에 주목하고 있다. 여기서, 붓다의 입멸 후 교단의 존속을 염두에 둔『마하빠리닙바나 숫따』의 성립 의도를 파악할 수 있다.

1) 비구의 불퇴법(不退法)

비구의 불퇴법(不退法)은 불멸 후 비구 개인은 물론 대중의 자율적 수행 강령이다. 특히, 『마하빠리닙바나 숫따』와 『유행경』 서두의 핵심 내용이다. 비구의 불퇴법은 『마하빠리닙바나 숫따』는 다섯 종류의 비구 7불퇴법과 비구의 6불퇴법을 한 차례 설하였다. 반면, 『유행경』은 여섯 종류의 7불퇴법과 두 종류의 6불퇴법을 전하고 있다.

『마하빠리닙바나 숫따』는 아자따삿뚜(Ajātasattu, 아사세왕)의 왓지(Vajjī)국[2] 침공 계획, 왓지국이 쇠망하지 않는 법[不衰退法]에 관한 붓다의 설법으로 시작된다.[3] 그리고 붓다는 라자가하(Rājagaha)에 있는 모든 비구를 모이게 하여, 총 여섯 번에 걸쳐 비구가 쇠퇴하지 않는 법을 설한다. 아사세왕의 왓지국 침공 계획으로 시작된 경문의 구성은 불멸 후의 교단 유지를 위한 비구 불퇴법(不退法)을 설하기 위해 전제된 에피소드에 지나지 않는다.

우선, 첫 번째 비구의 7불퇴법을 살펴보도록 하자.

> ① 비구들이여, 비구들이 자주 모이고, 많이 집회를 가지는 한, 비구들이여, 비구들은 번영만이 기대되며, 쇠퇴하지 않는다.
> ② 비구들이여, 비구들이 화합하여 모이고, 화합하여 일어나고, 화

---

2) 『마하빠리닙바나 숫따』에서 붓다의 주요한 여정지로 언급되는 웨살리(Vesāli)가 수도인 강대한 나라였다.

3) 마가다(Māgadha)의 국왕, 아자따삿뚜 웨데히뿟따(Ajātasattu Vedehīputta, 아사세)가 왓지국 공격을 계획하였다. 왕이 보낸 왓사까라(Vassakāraṃ) 바라문을 통하여, 그 사실을 들은 붓다는 왓지국이 멸망하지 않을 7가지 법을 설하였다.
日本 『光明寺経蔵』, 『長部』, 「大篇」, 「大般涅槃経」, pp.131-1~133-9.
https://komyojikyozo.web.fc2.com/dnmv/dn16/dn16c13.htm

합하여 승가의 임무를 다하는 한, [생략]

③ 비구들이여, 비구들이 제정되지 않은 계법을 새롭게 결정하지 않고, 제정된 계법을 단절하지 않으며 제정된 계법을 그대로 수지하고 있는 한, [생략]

④ 비구들이여, 비구들이 그의 장로이고 경험 있으며 출가한 지 오래되어 승가의 아버지 승가의 지도자인 비구들을 공경하고 존경하며 봉사하고 공양하며 그들의 말을 경청해야 한다고 생각하는 한, [생략]

⑤ 비구들이여, 비구들이 재생을 가져오는 갈애에 지배되지 않는 한, [생략]

⑥ 비구들이여, 비구들이 숲 속의 거처를 바라는 한, [생략]

⑦ 비구들이여, 비구들이 참으로 "아직 오지 않은 것같이 범행을 닦는 수행자들이 찾아올까, 또한, 왔던 동료 범행자들은 편안하게 머무를 수 있을까?"라고 생각을 일으키는 한, [생략][4]

첫 번째 비구의 7불퇴법은 승가의 존속을 염두에 둔 생활 규범들이다. 비구 대중을 대상으로 한, 상호 교류와 화합 승단을 강조하였다. 지계(持戒)하며 욕망을 따르지 않고, 구참(舊參)[5] 비구와 장로 비구들을 스승으로 삼아 공경하며, 숲을 수행처로 하고, 동료 수행자들을 편안히 외호하면 비구들은 퇴보하지 않는다는 것이다. 이 비구의 7불퇴법은 『앙굿따라 니까야』 「왓지 왁가(Vajjī vagga)」의 21경[6]에 동일한 내용이 있다.

---

4) 日本『光明寺経蔵』, 「長部」, 「大篇」, 「大般涅槃経」, pp.136-13~22.
   https://komyojikyozo.web.fc2.com/dnmv/dn16/dn16c03.htm
5) 구참(久參)은 신참(新參)의 상대어로서 고참(古參)과 동의어이다. 오랫동안 참구(參究)하고 수행한, 불법에 귀의한 지 오래된 사람을 말한다. 지관 편저(1998), 『가산불교대사림』Vol.2, 서울:가산불교문화연구원, p.554.
6) AN. IV, 7:21, pp.21~22.

두 번째 비구의 7불퇴법은 비구 개인의 수행에 주목한다.

① 작무[7]를 달가워하지 않고 즐기지 않으며 만족하지 않는 한, 비구
들이여, 비구들은 번영만이 기대되며, 쇠퇴하지 않는다.
② 잡담을 좋아하지 않고 즐기지 않으며 만족하지 않는 한, [생략]
③ 수면을   //
④ 집단생활을   //
⑤ 나쁜 욕구 없이 나쁜 욕구에 지배되지 않는 한, [생략]
⑥ 나쁜 친구·동료·친교가 없는 한, [생략]
⑦ 차안의 수승한 증득에만 의지하여 (피안으로의 수행을) 도중에 끝
내 버리지 않는 한, [생략][8]

위의 비구 7불퇴법은 승가 대중이 아닌, 비구 개인의 자율적 수행에
주목하였다. 특히, 대중적인 생활이나 친교를 지양하기를 강조하였다.
이 비구의 7불퇴법은『앙굿따라 니까야』「왓지 왁가(Vajjī vagga)」의 22
경[9]에 나타난다.

세 번째 비구의 7불퇴법을 살펴보도록 하자.

① 믿음[信]이 있는 한, 비구들이여, 비구들은 번영만이 기대되며, 쇠
퇴하지 않는다.

---

7) 주석서에 의하면, 여기서의 작무는 'kamma[業, 行為, 任事]'로서, 옷을 만드는 것
[cīvarakaraṇaṃ] 등이라고 한다. 수행에 전념해야 할 비구라 하더라도, 생활필
수품의 유지 보수를 하지 않을 수 없지만, 개중에는 거기에 몰두해 버리는 경우
가 있었다는 것이다. 日本『光明寺経蔵』,『長部』,「大篇」,「大般涅槃経」, p.137-4.
https://komyojikyozo.web.fc2.com/dnmv/dn16/dn16c03.htm
8) 日本『光明寺経蔵』,『長部』,「大篇」,「大般涅槃経」, pp.137-4~11.
https://komyojikyozo.web.fc2.com/dnmv/dn16/dn16c03.htm
9) AN. IV, 7:22, p.22.

② 부끄러움[慚]이 있는 한, [생략]

③ 창피함[愧]이 있는 한, [생략]

④ 다문(多聞)이 있는 한, [생략]

⑤ 부지런히 정진[勤精進]하는 한, [생략]

⑥ 알아차림[念]이 현전(現前)하는 한, [생략]

⑦ 지혜[慧]가 있는 한, [생략]¹⁰⁾

위 세 번째 비구의 7불퇴법은 『앙굿따라 니까야』의 「왓지 왁가(Vajjī vagga)」의 23경¹¹⁾에도 나타난다. 붓다고사가 주석한 『쌍윳따 니까야』 「카쟈니야 왁가(khajjaniya vagga)」의 arahanta 1¹²⁾에 있는 일곱 가지 바른 법[sattasaddhammagocara]과 일치한다.¹³⁾

네 번째, 비구의 7불퇴법은 7가지 깨달음의 구성 요소, 칠각지(七覺支, satta-bojjhaṅgaṃ) 수행의 권고이다. 비구 개인의 수행을 더욱 심화한 것이다.

비구들이 ① 마음챙김[念] ② 법을 간택[擇法] ③ 정진(精進) ④ 기쁨[喜] ⑤ 안온[輕安] ⑥ 삼매[定] ⑦ 평정[捨]의 깨달음의 구성 요소[覺支]를 닦는 한, 비구들이여! 비구들은 번영만이 기대되며, 쇠퇴하지 않는다.¹⁴⁾

---

10) 日本『光明寺経蔵』,『長部』,「大篇」,「大般涅槃経」, pp.138-2~9.
https://komyojikyozo.web.fc2.com/dnmv/dn16/dn16c03.htm

11) AN. IV, 7:23, pp.22~23

12) SN. III, 22, 77~1, p.83.

13) 전재성 역주(2014),『쌍윳따 니까야』, 서울: 한국빠알리성전협회, p.808.

14) 日本『光明寺経蔵』,『長部』,「大篇」,「大般涅槃経」, pp.139-4~11.
https://komyojikyozo.web.fc2.com/dnmv/dn16/dn16c03.htm

칠각지(七覺支)는 초기불교의 대표적인 수행법,[15] 37조도품(助道品)[16]의 범주에 있다. 『마하빠리닙바나 숫따』는 청정범행으로써 37조도품 수행을 강조한 것이다.[17] 이 비구의 7불퇴법은 『앙굿따라 니까야』의 「왓지 왁가(Vajjī vagga)」의 24경[18]에도 나타난다. 그리고 칠각지에 관한 내용은 『디가 니까야』의 『상기띠 숫따(Saṅgīti Sutta)』에 있다.[19]

다섯 번째, 비구의 7불퇴법은 다음과 같다.

① 무상의 관찰로 생긴 상(想)[20]을 닦는 한, 비구들이여, 비구들은 번영만이 기대되며, 쇠퇴하지 않는다.

② 무아의 관찰로 생긴 상을 닦는 한, [생략]

③ 부정(不淨)의 관찰로 생긴 상을 닦는 한,

④ 고통의 관찰로 생긴 상을 닦는 한, [생략]

⑤ 버림의 관찰로 생긴 상을 닦는 한, [생략]

⑥ 탐욕을 여읨의 관찰로 생긴 상을 닦는 한, [생략]

⑦ 소멸의 관찰로 생긴 상을 닦는 한, [생략][21]

---

15) 칠각지는 『쌍윳따 니까야』 「Bojjhaṅga Saṃyuttaṃ」, SN. Ⅴ, 46, pp.63~139에 자세하게 설명되어 있다.

16) 37조도품은 초기불교 수행법의 총칭으로서, 삼십칠보리도법(三十七菩提道法)이라고도 한다. 사념처(四念處), 사정단(四正斷, 四正勤), 사신족(四神足), 오근(五根), 오력(五力), 칠각지(七覺支, 七覺分), 팔정도(八正道) 등 총 7종 37가지로 구성되어 있다.

17) DN. Ⅱ, p.120.

18) AN. Ⅳ, 7:24, p.23

19) DN. Ⅲ, 33:2.3, pp.251~252.

20) 무상의 수관(隨觀)과 함께 생기는 상(想)으로 주석하였다.
日本『光明寺経蔵』, 『長部』, 「大篇」, 「大般涅槃経」, p.140-4.
https://komyojikyozo.web.fc2.com/dnmv/dn16/dn16c03.htm

21) 日本『光明寺経蔵』, 『長部』, 「大篇」, 「大般涅槃経」, pp.140-4~11.
https://komyojikyozo.web.fc2.com/dnmv/dn16/dn16c03.htm

위 비구의 7불퇴법은 초기불교의 핵심이 잘 드러나는 수행법이다. 『디가 니까야』의 『상기띠 숫따(Saṅgīti Sutta)』[22]에서도 동일한 내용을 확인할 수 있다. 또한, 『앙굿따라 니까야』의 「왓지 왁가(Vajjī vagga)」의 25경[23]에서도 나타난다.

마지막으로, 비구의 6불퇴법을 살펴보도록 하자.

> ① 자비로운 신업을 ② 구업을 ③ 의업을 범행을 닦는 동료에게 분명히 또는 몰래 일으키는 한, 비구들이여, 비구들은 영원히 기대되며, 쇠퇴하지 않는다.
> ④ 법에 의해 증득한 여법한 이득이 발우에 담긴 것을 나눈 것만으로도 그것의 이득을 가져 평등하게 수용하고, 지계로 범행을 닦는 동료들과 함께 공동으로 수용하는 한, [생략]
> ⑤ 무엇이든지 빠짐이 없고 결점이 없으며 섞이지 않고 오염이 없으며, (갈애로부터) 자재한 지혜로운 사람에게 칭찬받고 집착이 없는 삼매에 이르게 하는 계, 그와 같은 계에 있어서 범행을 닦는 동료들과 함께 계를 동등하게 한 것으로써 분명히 또는 몰래 머무는 한, [생략]
> ⑥ 아주 성스러운 출리를 위하여 그것을 이루는 자가 (귀의하는) 올바른 고의 멸진으로 인도할 수 있는 견해, 그대로의 견해에 의해서, 범행을 닦는 동료들과 함께 견해를 평등하게 한 것으로서, 명확하게 또는 몰래 머무르는 한, [생략][24]

위 비구의 6불퇴법은 비구 대중과 비구 개인의 수행을 함께 주목하

---

22) DN. III, 33:2.3, p.251.
23) AN. IV, 7:24, p.24.
24) 日本『光明寺経蔵』, 『長部』, 「大篇」, 「大般涅槃経」, pp.141-4~10.
   https://komyojikyozo.web.fc2.com/dnmv/dn16/dn16c03.htm

고 있다. 앞의 세 조항은 비구의 개인적 삼업(三業) 수행, 나머지 조항은 비구의 대중적 수행을 강조하였다.

결론적으로, 비구의 불퇴법은 비구 개인의 수행과 화합 승단을 위한 생활 수칙이다. 다섯 가지 비구의 7불퇴법 가운데, 첫 번째 7불퇴법은 승가의 대중적인 실천 경향이 강하다. 반면, 나머지 4종류의 7불퇴법은 비구 개인의 자율적인 수행이 강조되었다. 마지막의 비구 6불퇴법은 비구 대중과 개인의 수행 성향을 함께 갖추고 있다. 경전의 서막에서 이러한 비구의 불퇴법(不退法)을 거듭 강조한 것은 불멸(佛滅) 후 교단의 존속을 염두에 둔 『마하빠리닙바나 숫따』의 성립 의도가 반영된 것이다. 멸망 직전의 왓지국은 붓다의 입멸을 맞게 될 불교 교단에 비유된 것이다. 붓다는 국가 공동체 기능에 관심을 가진 인물로서, 불교의 세간적인 면을 드러낸 것이 아니다.[25] 이어지는 붓다의 유훈을 통해서도 확인할 수 있다.

2) 자주(自洲)·법주(法洲)

자주(自洲)·법주(法洲), 자귀의(自歸依)·법귀의(法歸依)는 유명한 붓다의 유훈이다. 『마하빠리닙바나 숫따』에서 붓다는 마지막 안거에서

---

25) 원혜영(2008a)은 연세대학교 대학원 박사학위 논문, 「초기불교의 공동체 연구: 열반경에 나타난 에피소드를 중심으로」에서 붓다를 국가 공동체 기능에 관심을 가진 인물로 잘못 파악하였다. 또한, 불교를 현실세계를 초월한 출세간적인 면으로만 보지 말아야 한다고 강조하였다. 그 근거를 초기 『열반경』의 첫 도입부라고 주장하였다. 그러나 이러한 견해야말로, 바로 자신이 경계한 불교 교리의 잘못된 이해와 불교사에 대한 통찰적 분석이 미흡함에서 비롯된 명백한 오류이다.

죽음에 이르는 극심한 질병을 극복하고 수명을 유지하였다. 붓다의 수명 연장에 결정적인 이유는 교단에 있었다. 경문을 살펴보도록 하자.

> 붓다는 '내가 신도들에게 말하지도 않고 비구 승가를 보지도 않은 채 반열반에 드는 것은 나에게 적절하지 않다. 나는 이 병을 정진으로써 물리치고 수명 연장을 결의하여 머무르는 것이 어떻겠는가.'라고 생각했다. 그래서 세존은 그 병을 정진으로써 물리치고, 수명 연장을 결심하고 머물렀다.[26]

붓다는 입멸의 위기에서 승가(僧伽)와 재가 신도들을 염두에 두었다. 그들에게 기별 없이 열반에 드는 것은 옳지 못하다고 판단하고, 정념(正念, sammā sati)·정지(正知, sampajāna)로써 수명을 연장했다는 것이다. 여기서도, 불멸 후의 교단을 염려한 붓다의 의중을 강조하였다.

『마하빠리닙바나 숫따』는 아난다를 통하여, 불멸 후 승가 존속을 위한 붓다의 유훈에 관하여 구체적인 기대를 나타내고 있다. 세존이 비구 승가에 대하여 아무것도 말씀하지 않는 한, 그동안은 세존이 반열반에 들지 않을 것이라고 생각했다는 것이다.[27] 『유행경』도 불멸 후 교단 유지를 위한 붓다의 특별한 법령을 기대하는 아난다를 묘사하고 있다.

---

26) 日本『光明寺経蔵』, 『長部』, 「大篇」, 「大般涅槃経」, pp.164~3~6.
   https://komyojikyozo.web.fc2.com/dnmv/dn16/dn16c11.htm
27) 日本『光明寺経蔵』, 『長部』, 「大篇」, 「大般涅槃経」, pp.164~13~6.
   https://komyojikyozo.web.fc2.com/dnmv/dn16/dn16c11.htm

여래께서는 아직 열반에 드시지 않았습니다. 세간의 안목은 아직 소멸되지 않았고, 대법은 아직 손실이 없습니다. 무슨 이유로, 지금 많은 제자들에게 교령(敎令)이 없습니까?[28]

아난다는 붓다의 입멸이 임박했음을 알고 교단을 위한 특별한 당부를 요구한 것이다. 교단을 위한 교주의 유훈을 기대하는 것은 당연하다. 여기서, 교령(敎令)은 붓다를 계승할 후계자를 의미한다. 그러나 붓다의 견해는 전적으로 다르다.

아난다여, 비구 승가는 나에게 무엇을 기대하는가? 아난다여, 나는 안팎의 구별 없이 법을 교시해 왔다. 아난다여, 여래의 교법에는 스승의 주먹[握拳]이 없다. 아난다여, 내가 비구 승가를 후견한다든가, 비구 승가는 나를 스승으로 지정한다는 생각이 있다면, 분명히 그 사람은 비구 승가에 대해서 무슨 말을 하겠지. 그러나 아난다여, 여래는 내가 비구 승가를 후견한다든가, 비구 승가는 나를 스승으로 지정한다는 생각이 없다. 여래가 비구 승가에게 무엇을 말할 것이 있겠는가?[29]

붓다는 교단의 후계자를 지목하지 않았다. '스승의 주먹'은 'ācariya-muṭṭhi'의 직역이다. 붓다의 교법에는 스승의 주먹이 없다는 데 주목해야 한다. 인도의 전통 우빠니샤드(Upanishads)에서는 가르침을 비밀리에 전수하는 것[祕傳]을 중요시하였다. 외도들은 스승의 주먹이 있다는 말이다. 젊었을 때는 설하지 않다가 노년이 되어 마지

---

28) 『遊行經』, T.1, No.1, pp.15a24~26, "如來未即滅度 世眼未滅 大法未損 何故今者不有教令於衆弟子乎."
29) 日本『光明寺経蔵』,『長部』,「大篇」,『大般涅槃経』, pp.165~1~8.
https://komyojikyozo.web.fc2.com/dnmv/dn16/dn16c11.htm

막으로 침상에 누워서 좋아하는 측근 제자에게 말해 주는 것이다.30)
『마하빠리닙바나 숫따』는 권위 의식을 초월한 교단 유지를 강조하였
다. 불멸 전 교단은 조직적으로 잘 성장했다고 볼 수 있다.31) 붓다는
교단의 구심점으로서 그 권위만으로도 문제가 해결되었을 것이다. 붓
다를 대신할 후계자 지목은 당연하게 기대할 수 있다. 『유행경』에 묘
사된 붓다의 견해를 살펴보도록 하자.

> 비구 대중들은 내게 바라는 것이 있는가? 만약, 나는 비구 대중들을
> 거느리고 나는 비구 대중들을 섭수하고 있다고 스스로 말한다면,
> 그 사람은 대중에게 반드시 교명32)이 있을 것이다. 여래는 내가 대
> 중을 거느리고 내가 대중을 섭수한다고 말하지 않는다. 어찌 대중에
> 게 교령이 있겠는가!33)

『유행경』은 붓다의 교주로서의 탈권위, 승단(僧團)이라는 조직의 권
위마저도 초월한 출세간적(出世間的) 견해를 천명하였다. 『마하빠리닙
바나 숫따』와 『유행경』34)은 불멸 후 비구들이 의지해야 할 스승에 대
하여 언급하였다. 『마하빠리닙바나 숫따』를 살펴보도록 하자.

---

30) 각묵 역주(2007), 『부처님의 마지막 발자취: 대반열반경』, 울산:초기불전연구원,
   p.65.
31) Dutt, Sukumar(2007), *Buddhist Monks and Monasteries of India*,
   London: South Asia Books, p.52.
32) 교명(教命)은 산스끄리뜨어 ājñā, 빨리어 āṇā의 번역이다. 가르치고 타이르는
   것을 말한다. 교(教)는 교계(教誡), 명(命)은 명령(命令)의 줄임말이다. 지관 편저
   (1998), 『가산불교대사림』 Vol.2, 서울:가산불교문화연구원, p.285.
33) T.1, No.1, pp.15a27~15b1, "衆僧 於我有所須耶 若有自言 我持衆僧 我攝衆僧
   斯人於衆應有教命 如來不言 我持於衆 我攝於衆 豈當於衆 有教令乎."
34) T.1, No.1, pp.15b6~7, "阿難 當自熾燃 熾燃於法 勿他熾燃 當自歸依 歸依於法
   勿他歸依."

아난다여! 누구든지 지금이나 나의 사후에는 자기를 섬으로 삼고, 자기를 귀의처로 삼으며, 법을 귀의처로 삼고, 다른 것을 귀의처로 여기지 않고 머무는 이들, 누구든지 배우기를 원하는 이들은 우리 최상의 비구들이 될 것이다.[35]

위의 경문은 불교도들에게 너무나 유명한 붓다의 유훈이다. 불멸 후 비구들이 지향해야 할 바를 명시한 것이다. 붓다를 대신할 후계자가 아닌, 자기 자신과 법을 스승으로 삼고 정진하라는 말이다. 귀의처(saraṇaṃ)는 섬(dīpa)의 의미와 마찬가지로, 탐욕·성냄·어리석음이 소멸된 곳을 말한다.[36] 즉, 디빠(dīpa)는 섬(洲)에 해당하는 빠알리어로서, 산스끄리뜨어로는 디위빠(dvīpa, 섬)와 디빠(등불)가 있다. 『쌍윳따니까야』는 "탐욕이 소멸하고 성냄이 소멸하고 어리석음이 소멸되면, 그것을 섬이라고 한다."라고 하였다.[37] 상좌부에서는 『마하빠리닙바나숫따』에 나타나는 디빠를 모두 섬[洲]으로 해석하였다. 그러나 북방에서는 등불[dīpa]로 번역하였다. 그래서 자등명(自燈明)·법등명(法燈明)으로 한역(漢譯)하였다.[38] 외적인 어떠한 권위나 조직의 리더에 의존하지 말라는 것이다. 법·자기 자신을 귀의처로 삼아 수행해 열반을 성취하라는 당부이다. 리차드 곰브리치(Richard Gombrich)[39]와 모리츠 빈

35) 日本『光明寺経蔵』, 『長部』, 「大篇」, 「大般涅槃経」, pp.165-19~20.
   https://komyojikyozo.web.fc2.com/dnmv/dn16/dn16c11.htm
36) 전재성 역주(2014), 『쌍윳따니까야』, 서울: 한국빠알리성전협회, p.1977.
37) 전재성 역주(2014), 위의 책, p.1971.
38) 각묵 옮김(2010), 『대반열반경』, 『디가 니까야』 2, 울산: 초기불전연구원, p.205.
39) Gombrich, Richard(1988), *Theravāda Buddhism: A Social History from Ancient Benares to Modern Colombo*, London: Routledge & Kegan Paul, 1988, p.119.

테르니츠(Maurice Winternitz)[40]는 붓다의 정신·근본사상을 가장 잘 대변한 것이라고 주장하였다.

붓다가 강조한 교단의 리더는 특정인이 아닌, 법·비구 자신이다. 붓다는 승가가 자신을 수장으로 하는 한정된 조직으로 여기지 않았고, 어떠한 규율에 따라 통제되는 종파에 한정시키지도 않았다.[41] 불멸 후에는 법으로써 반열반을 성취하고, 그 주체는 비구 개인이라는 것이다. 법은 조직의 한계를 초월하고 외적인 권위에 의해서가 아닌 수행자 개개인에 의해 교단이 존속되어야 한다고 당부한 것이다.

반면, 승가의 존속 또는 교단의 유지보다 법을 강조한 것[42]으로 단정할 수 없다. 붓다는 법에 의한 교단의 유지를 당부한 것이다. 승가와 법은 유기적인 관계에 있으므로, 법의 유지와 승가의 존속은 필연적이다. 승가는 일차적으로 열반을 증득하려는 이들의 모임이고, 열반이라는 목표를 위한 조건과 환경을 만드는 공동체이다.[43] 법과 승가의 존속은 별개가 아니다. 승가의 존속과 정법의 유지는 필수 불가결하다. 붓다가 당부한 불멸 후 교단의 구심점은 법이어야 한다는 말이다. 자주(自洲)와 법주(法洲), 자귀의(自歸依)와 법귀의(自歸依)의 수행으로서 『마하빠리닙바나 숫따』는 사념처(四念處)[44]를 강조하였다.[45]

---

40) Winternitz, Maurice(1933), Sarma, V. Srinivasa(tr. 1983), *A History of Indian Literature* Vol.2, Delhi:Motilal Banarsidass, p.38.

41) Dutt, Sukumar(2007), *Buddhist Monks and Monasteries of India*, London:South Asia Books, p.51.

42) 안양규(2000a), 「개인의 자율과 승단의 유지:붓다의 유훈을 중심으로」, 『불교문화연구』 Vol.1, 동국대학교 불교사회문화연구원, pp.10~11.

43) Gombrich, Richard(1988b), "How the Mahāyāna Began", 『パ一リ学仏教文化学』 1卷, パ一リ学仏教文化学会, p.35.

44) 사념처(四念處, cattāro sati-paṭṭhānāni)란 몸을 주의 깊게 관찰하는 것이고, 느낌을 주의 깊게 관찰하는 것이며, 마음을 주의 깊게 관찰하는 것이고, 법을 주의 깊

3) 법(法)·율(律)에 관한 유훈(遺訓)

불멸 후 교단 유지를 위한 붓다의 유훈의 핵심은 법(法)·율(律)이다. 여기서는 계(戒)·정(定)·혜(慧) 수행에 의한 해탈, 사대교법(四大敎法)을 중심으로 고찰하고자 한다. 초기불교의 계율관, 법·율의 상관성을 이해하기 위해 〈율장〉에서 밝힌 계율 제정의 목적을 간략히 살펴보고자 한다.

(1) 계율 제정의 열 가지 목적

율장은 처음 율이 제정될 때 그 근거로 제시된 열 가지 목적, 계율의 열 가지 이익을 설명한다. 『위나야(Vinaya)』는 dasa atthavase[46),

---

게 관찰하는 것이다. 사람이 사념처를 닦지 않으면 현성의 법을 멀리 여읜 것이니 성인의 도를 멀리 여의게 된다. 성인의 도를 여의면 감로를 멀리 여의게 되고, 감로를 멀리 여의면, 생·노·병·사·근심·슬픔·고통·괴로움을 면할 수 없게 된다. 이러한 사람은 끝내 일체 모든 고통에서 벗어날 수 없을 것이라고 나는 설한다."로 하였다. 『별역잡아함경』 T.2, No.100, pp.410b14~19, "云何名為四念處耶 觀身念處 觀受念處 觀心念處 觀法念處 若人不修四 念處者 為遠離賢聖之法 遠離聖道 若離聖道 即遠離甘露 若遠離甘露 則不免生老病死 憂悲苦惱 如是等人 我說終不能得離於 一切諸苦."

45) 아난다여, 여기 비구는 열심히 정지와 정념으로써 세상에서의 탐구(貪求)와 괴로움을 조복하고 몸에 대하여 몸을 관찰하는 것으로써 머문다. 모든 느낌에 대하여 느낌을 관찰하는 것으로써 머문다. 마음에 대하여 마음을 관찰하는 것으로써 머문다. 열심히 정지와 정념으로써 세상에서의 탐구와 괴로움을 조복하고 제법에 대하여 법을 관찰하는 것으로써 머물러라. 日本『光明寺経蔵』, 『長部』, 「大篇」, 「大般涅槃経」, pp.165-15~18.
https://komyojikyozo.web.fc2.com/dnmv/dn16/dn16c11.htm
46) Vin. III, p.21.

『십송율』[47)]·『오분율』[48)]·『근본설일체유부비나야』[49)]는 십리(十利)로 나타난다.『사분율』에서는 십구의(十句義)[50)], 『마하승기율』은 십사이익(十事利益)이다.[51)] 빠알리 율장에 나타난 계율을 제정한 열 가지 목적은 아래와 같다.

① 승가의 우수성을 위해, ② 승가의 안락을 위해, ③ 악인의 통제를 위해, ④ 선한 비구의 편의를 위해, ⑤ 현세의 번뇌를 끊게 하기 위해, ⑥ 미래세의 번뇌를 끊게 하기 위해, ⑦ 신심이 없는 자들에게 신심이 생기게 하기 위해, ⑧ 신심이 있는 자들을 더욱 증장시키기 위해, ⑨ 정법을 확립하기 위해, ⑩ 계율을 수순하게 하기 위해서이다.[52)]

승가와 정법의 유지를 위하여 계율이 제정된 것이다. 한역 율장의 내용[53)]도 유사하다.[54)] 정법을 위한 율의 제정이라는 점에서 법·율의

---

47) T.23, No.1435, pp.1c15~19.
48) T.22, No.1421, pp.3b28~c4.
49) T.23, No.1442, pp.629b20~25.
50) T.22, No.1428, pp.570c3~7.
51)『마하승기율』, T.22, No.1425, pp.228c23~29.
52) Vin. III, p.21.; Horner, I.B.(1938:1982), *The Book of the Discipline* (*Vinaya-pitaka*) Vol.1, Oxford: PTS, pp.37~38.
53)『사분율』의 '十句義'는 다음과 같다. ① 승가를 섭수하고, ② 승가를 환희롭게 하고, ③ 승가를 안락하게 하고, ④ 아직 신심이 없는 자에게 신심이 생기도록 하고, ⑤ 이미 신심이 있는 자들은 신심을 더욱 증장하게 하고, ⑥ 다스리기 어려운 자들을 잘 다스려 수순하게 하고, ⑦ 부끄러워하는 자들은 안락을 얻게 하고, ⑧ 현재의 번뇌를 끊게 하고, ⑨ 미래의 번뇌를 끊게 하고, ⑩ 정법이 오랫동안 유지되게 한다. T.22, No.1428, pp.570c3~7, "一攝取於僧 二令僧歡喜 三令僧安樂 四令未信者信 五已信者令增長 六難調者令調順 七慚愧者得安樂 八斷現在有漏 九斷未來有漏 十正法得久住."
54)『사분율』과 빠알리 율장을 비교하면,『사분율』의 ①과 ⑦, 빠알리 율장의 ④와 ⑩은 각각 상대 문헌에 없다. 이에 대한 문헌의 대조는 히라카와 아키라(平川彰)의

상관성을 볼 수 있다. 이러한 견해는 『사분율』의 서두에도 잘 나타나 있다. 즉, 지금 계법(戒法)을 연설하는 것은 정법이 오래도록 머물게 하기 위해서라고 되어 있다.[55] 계율 제정은 호법(護法)을 목적으로 한다는 것을 명시한 것이다.

(2) 계(戒)·정(定)·혜(慧) 수행에 의한 해탈(解脫)

해탈(解脫, vimokkha)은 번뇌의 속박을 벗어나 자유로운 경계에 이른 상태를 뜻하는 열반의 다른 이름이다. 『마하빠리닙바나 숫따』에서 계·정·혜 삼학(三學) 수행에 의한 해탈에 대해서는 1장부터 4장까지 구성되어 있다. 이 설법은 모두 8회에 걸쳐 아래와 같이 반복적으로 설해져 있다.

> 이러한 것이 계(戒)이다. 이러한 것이 정(定)이다. 이러한 것이 혜(慧)이다. 계를 두루 닦아서 생긴 정은 큰 과보, 큰 공덕을 가지는 것이다. 정을 두루 닦아서 생긴 지혜는 큰 과보, 큰 공덕을 가지는 것이다. 혜를 두루 닦아서 생긴 마음은 참으로 바르게 모든 번뇌로부터 해탈한다. 예를 들면, 욕망의 번뇌로부터, 존재의 번뇌로부터, 무명의 번뇌로부터.[56]

『마하빠리닙바나 숫따』에서 삼학(三學) 수행에 의한 해탈 법문은 붓

대조표가 상세하다. 히라카와 아키라, 박용길 역(1995), 『율장 연구』, 서울: 토방, pp.337~338.
55) T.22, No.1428, p.567b2, "今演毘尼法 令正法久住."
56) 日本 『光明寺経蔵』, 「長部」, 「大篇」, 「大般涅槃経」, pp.142-2~6.
https://komyojikyozo.web.fc2.com/dnmv/dn16/dn16c03.htm

다의 이동 경로가 바뀔 때마다 정형구로서 설해져 있다. 각 장에서 비구들에게 설한 장소는 아래와 같이 여덟 곳이다.

〈표5-2〉계·정·혜 수행에 의한 해탈 법문이 설해진 장소

장	장 소
1	라자가하 기사굴산, 암발랏티까, 날란다 빠와리까의 망고숲
2	꼬띠가마, 나디까, 웨살리 암바빨리숲
4	반다가마, 보가나가라

삼학 수행에 의한 해탈 법문은『마하빠리닙바나 숫따』의 제1·2·4장에서 강조되었다. 제4장에서는 윤회를 초월하는 네 가지 교법(四種敎法)으로 설해진다. 비구들은 계·정·혜·해탈을 깨닫지 못해서 윤회하고, 붓다는 이 4법을 깨달아서 재생(再生)하지 않는다고 명시되어 있다.[57]

『마하빠리닙바나 숫따』는 계·정·혜 수행에 의한 해탈 법문은 삼학(三學)을 강조하는 초기불전의 전형을 보여준다. 붓다의 부재에도 해탈을 위한 삼학 수행으로써, 비구 개인의 수행 확립을 당부한 것이다. 초기불교는 불멸 후 교단 유지를 위한 삼학에 의한 비구들의 수행과 해탈을 강조한 것이다.

(3) 사대교법(Catu Mahāpadesa)

『마하빠리닙바나 숫따』는 붓다의 사대교법(四大敎法, Catu Mahāpadesa)을 명시하였다. 이 내용은『앙굿따라 니까야(Aṅguttara Nikāya)』에서

---

57) 日本『光明寺経蔵』,『長部』,「大篇」,「大般涅槃経」, pp.186-14~15.
https://komyojikyozo.web.fc2.com/dnmv/dn16/dn16c19.htm

도 확인할 수 있다.[58] 사대교법(四大教法)에 해당되는 빠알리어, 짜뚜 마하빠데싸(Catu Mahāpadesa)는 『유행경』은 사대교법(四大教法)[59], 『대반열반경』은 사결정설(四決定說)[60]로 한역하였다. 일역(日譯)의 경우, 남전대장경은 사대교법(四大教法), 광명사경장(光明寺經藏)은 사대 강(四大綱)으로 번역하였다.[61]

마하빠데싸(Mahāpadesa)에 대한 학자들의 어휘 정의는 안양규 교수가 자세하게 소개하였다.[62] 카즌(Cousins)은 'mahā+apadesa'의 합성어로 번역하였다. 특히, 'apadesa'는 어떤 가르침에 관하여 누군가를 증인 또는 권위자로 지칭하거나 인용하는 것이라고 주장하였다. 에띠엔 라모뜨(Etienne Lamotte)는 커다란 논쟁, 리즈 데이비드(Rhys David) 부부는 위대한 권위(자)들[63], 시스터 바지라(Sister Vajira)는 위대한 참고자료·근거, 냐나 몰리(Ñāṇamoli) 비구는 권위에 호소하는 주요 원천으로 번역하였다.

『마하빠리닙바나 숫따』에서 붓다는 3개월 후 입열반하겠다고 선언

---

58) AN. II, 4:180(Saṅsetaniya Vagga), pp.167~170.
59) T.1, No.1, p.17c1.
60) T.1, No.7, p.195c5. 본고에서는 『유행경』의 사대교법 표기를 따른다.
61) 日本 『光明寺経蔵』, 「長部」, 「大篇」, 「大般涅槃経」, p.187.
    https://komyojikyozo.web.fc2.com/dnmv/dn16/dn16c20.htm
62) 안양규(2003), 「불설과 비불설의 구분: 불교 표준 경전의 시도」, 『한국불교학』 제34권, 한국불교학회, pp.51~52.
63) 리즈 데이비드 부부는 '4 위대한 권위(자)들'로 번역하면서, 숫자 '4'를 '4개'를 의미하였다. Rhys Davids, T. W. & C.A.F.(1951: 1910), *Dialogues of the Buddha II*, Oxford:Oxford University Press, pp.133~136.
    이에, 리차드 곰브리치(Richard Gombrich)는 4라는 숫자는 4개의 권위를 의미하는 것이 아니라, 권위에 호소하는 네 가지 경우를 말하고 있기 때문에 리즈 데이비드는 오역이라고 주장하였다. Gombrich(1988b), "How the Mahāyāna Began", 『パーリ学仏教文化学』 1卷, パーリ学仏教文化学会, pp.37~38.

한 후, 4대교법(大敎法)을 설하였다. 사대교법은 세 단계로 구성되어 있다. 첫째는 권위자를 내세워 불설(佛說)이라고 주장한다. 자신이 듣고 수지하는 것이 불설(佛說)이라고 주장하는 네 부류의 권위자가 각각 등장한다. 둘째는 첫 단계에서 주장된 인적 권위의 근거가 되는 절대적 권위, 경(經)과 율(律)로써 불설의 진위 파악을 강조한다. 이 내용은 각 대교법 두 번째 단계의 정형구이다. 세 번째는 각 대교법을 명명(命名)하며 강조한다. 첫 번째 대교법을 살펴보도록 하자.[64]

> 비구들이여, 여기 있는 비구가 "벗이여, 나는 세존의 면전에서 이것을 듣고 면전에서 수지했습니다. 이 법을, 이 율을, 이 스승의 교설을"이라고 말했다고 하자.
> 비구들이여, 그 비구가 설한 것은 실로 환희할 만한 것도 아니고 비난받을 것도 아니다. 환희하지 말고, 비난하지도 말고, 그러한 문구를 잘 파악하여 경으로 대조하고, 율로 참조해야 한다. 만약 그것들이 경에 대조되고 율에 참조되었으나, 경에 있지 않고, 율에서도 볼 수 없다면, 그 경우에는 "참으로 이것은 세존의 말씀이 아니다. 이 비구는 잘못 파악하고 있다."라고 결론지어야 한다. 비구들이여, 실로 이렇게 이것을 버려야 한다. 만약 그것들이 경에서 대조되고 율에서 참조되었지만, 경 안에 있고 율 안에서도 볼 수 있다면, 그 경우에는 "확실히 이것은 세존의 말씀이다. 이 비구는 정확하게 파악하고 있다."라고 결론지어야 한다.[65]
> 비구들이여, 이 첫 번째 대교법을 기억해야 한다.

---

64) 日本『光明寺経蔵』, 『長部』, 「大篇」, 「大般涅槃経」, pp.188-1~12.
　　https://komyojikyozo.web.fc2.com/dnmv/dn16/dn16c19.htm
65) 이 문단(文段)의 내용은 사대교법의 정형구이다. 나머지 대교법 인용문에는 생략한다.

첫 번째 대교법에서의 권위자는 세존이다. 붓다의 교설을 직접 듣고 자신이 수지하고 있는 것이 법·율이라고 주장하는 경우이다. 이에 대한 진위 여부를 밝히는 기준이 경·율이라는 것이다. 이 사례는 『쭐라왁가』에 있다. 즉, 뿌라나(Purāna) 비구는 불멸 후 결집에서 합송된 법과 율을 거부하였다. 그 이유는 "비구들이여! 법과 율은 여기 모인 장로들에 의해 잘 합송(合誦)되었다. 그러나 나는 세존의 면전에서 직접 듣고, 세존의 면전에서 수지한 것을 수지할 것이다."라고 밝혔다.[66] 『마하빠리닙바나 숫따』와 일치하는 내용이다. 불전(佛典)에서 붓다의 권위는 절대적이다. 그러나 자신이 주장하는 불설(佛說)의 근거로서 붓다를 언급할 수 있는 경우는 붓다의 직계 제자만이 가능하다. 불멸 후, 붓다의 가르침에 대한 진위 논쟁이 있었다는 것을 짐작할 수 있다. 또한, 뿌라나 비구와 관련된 사대교법은 『마하빠리닙바나 숫따』와 『쭐라왁가』의 상관성을 배제할 수는 없다.[67]

두 번째 대교법(大教法)을 살펴보도록 하자. 정형구 내용은 생략한다.

> 비구들이여, 여기 있는 비구가 "실로, 이러이러한 곳에 장로와 상수인 승가가 머무르고 있습니다. 나는 그 승가의 면전에서 이것을 듣고 면전에서 수지했습니다. 이 법을, 이 율을, 이 스승의 교설을"이라고 말했다고 하자. [중략] 비구들이여, 이 두 번째 대교법을 기억해야 한다.[68]

---

66) Vin.II, 289.; 안양규(2003), 「불설과 비불설의 구분: 불교 표준 경전의 시도」, 『한국불교학』 제34권, 한국불교학회, p.55.
67) 안양규 교수는 『마하빠리닙바나 숫따』의 편집자가 뿌라나의 사건을 알고 있었다는 데 가능성을 부여하였다. 안양규(2003), 위의 논문, p.55, 각주 18.
68) 日本『光明寺経蔵』, 『長部』, 「大篇」, 「大般涅槃経」, pp.188-13~25.
https://komyojikyozo.web.fc2.com/dnmv/dn16/dn16c19.htm

두 번째 대교법에서는 불설(佛說)로 주장할 수 있는 권위자로서, 승가(僧伽)가 언급되었다. 장로(長老)와 상수(上首) 비구가 포함된 승가로부터 듣고 수지하고 있는 것이 법이고 율이라는 것이다. 붓다에 의해 무산되었지만, 승가가 권위자로서의 역할을 했다는 내용은 『마하왁가』에서도 찾을 수 있다. 사위성(Savatthi)의 승가는 우기(雨期)에 아무에게도 출가가 허락되어서는 안 된다는 율을 제정하려고 했다.[69] 점차 승원의 정주(定住) 생활이 시작되면서 하안거(夏安居)에 비구들이 머물렀던 지역에 하나의 승가를 이루게 되었다. 승가가 독립적으로 발전하면서 한 승가에서 제정된 율은 그 지역의 승가에서만 유효하고 다른 승가에서는 그 영향력이 미치지 못하게 되었다.[70] 불멸 후에는 지역의 승가에서도 법과 율에 관한 논쟁이 빈번했다는 예측을 할 수 있다. 대교법의 세 번째 경우를 살펴보도록 하자.

> 비구들이여, 어떤 비구가 "실로 이러이러한 곳에 많이 들어서 아함에 통달하고 법을 호지하며 율을 호지하고 논모를 호지한 장로인 비구들이 머무르고 있습니다. 나는 그 장로들의 면전에서 이것을 듣고 면전에서 이것을 수지했습니다. 이 법을, 이 율을, 이 스승의 가르침을."이라고 말했다고 하자. [중략] 이 세 번째 대교법을 기억해야 한다.[71]

불설이라고 주장하면서 언급한 세 번째 인적 권위자는 장로(長老)

---

69) Vin. I, p.152.; 안양규(2003), 앞의 논문, p.55.
70) Dutt, Sukumar(1960), *Early Buddhist Monachism*, London: Asia Publishing House, pp.20, 103.
71) 日本『光明寺経蔵』,『長部』,「大篇」,「大般涅槃経」, pp.188-26~39.
   https://komyojikyozo.web.fc2.com/dnmv/dn16/dn16c19.htm

비구 대중이다. 여기서는, 경·율과 함께 논모(論母, Mātikā)가 언급되었다. 논모는 경·율의 핵심을 기억하기 좋도록 법수(法數)나 주제별로 요약한 것으로서, 주석 또는 해석의 기초가 되는 것을 가리킨다.[72] 이 사례는 『위나야』의 「니사끼야 빠찟띠야」(Nissaggiya Pācittīya, 니살기파일제, 三十捨墮法)[73] 제15에 나타난다. 사위성의 장로들은 3개월 동안 붓다가 홀로 지내고자 할 때, 세존을 친견하는 비구는 율을 범하는 것으로 제정했다. 우빠쎄나(Upasena) 비구는 이 제정에 반대하여 자신의 제자들과 함께 붓다를 친견했고 붓다도 이들을 맞이하였다. 결국, 그 계율은 지켜지지 못했다.[74] 그들이 제정한 계율이 끝내 완수되지 못했지만, 장로 집단들의 율 제정과 준수가 요구되었다. 장로들의 권위가 절대적이지는 않았지만, 권위자로서의 역할은 행사된 것이다. 사대교법의 마지막을 살펴보도록 하자.

비구들이여, 어떤 비구가 "실로, 이러이러한 곳에 많이 들어서 아함에 통달하고 법을 호지하며 율을 호지하고 논모를 호지한 장로인 비구가 머무르고 있습니다. 나는 그 장로의 면전에서 이것을 듣고 면전에서 이것을 수지했습니다. 이 법을, 이 율을, 이 스승의 가르침을."이

---

72) 지관 편저(2000), 『가산불교대사림』 Vol.3, 서울:가산불교문화연구원, p.568.
73) 니살기바일제[Nissaggiya Pācittīya]는 비구·비구니가 수지하는 구족계의 하나이다. 니살기바일저가(泥薩祈波逸底迦)로 음사하거나, 바일제(波逸提)로 약칭한다. 의역은 사타(捨墮)이다. 모두 30 조항이다. '니살기'는 버린다[捨]는 뜻이고, '바일제'는 떨어진다[墮]는 뜻이다. 그러므로 이 계율을 어기면, 우선 그 물건을 승단에 내놓고 참회해야 한다. 만약 참회하지 않으면 악도에 떨어진다고 한다. 니살기바일제법은 의복, 발우, 보물, 약, 판매에 관계하는 계율로서, 탐욕을 조복하기 위한 계율이다. 지관 편저(2000), 『가산불교대사림』 Vol.3, 서울:가산불교문화연구원, p.750.
74) Vin. III, p.230ff.

라고 말했다고 하자. [중략] 이 네 번째 대교법을 기억해야 한다.[75]

사대교법의 마지막으로 언급된 불설 주장의 인적 권위자는 한 명의 장로이다. 이러한 사례는 『맛지마 니까야』의 『마두삔디까경(Madhupiṇḍika Sutta)』[76]에서도 나타난다. 샤꺄(Śākya)족 비구들은 "사문은 무엇을 설하고 무엇을 논하는 자입니까?"라고 붓다에게 묻는다.[77] 붓다는 간략하게 설명하고 자세한 의미를 해석하지 않은 채 정사로 들어갔다.[78] 붓다의 설법을 이해하지 못한 그들은 마하깟짜나(Mahākaccāna, 가전연)를 찾아가 설명해 주기를 청한다. 마하깟짜나의 설명을 들은 비구들은 그의 해설에 대한 진위 여부를 붓다에게 묻는다. 붓다는 "비구들이여, 마하깟짜나는 현명하다. 비구들이여, 마하깟짜나는 대 지혜인이다. 비구들이여, 만일 내게 그대들이 이에 관하여 물었다면, 나는 마하깟짜나가 답한 그대로 답변했을 것이다. 마하깟짜나의 해석이 바로 내가 설한 의미이다. 그대들은 그대로 그것을 수지하라."[79]고 한다. 이러한 마하깟짜나의 해설은 붓다에 의하여 불설(佛說)로 받아들여졌고, 경전으로 편집되었다는 것이다.

결론적으로, 사대교법은 불설로 주장하는 인격적 권위자 4부류를 언급하였다. 즉, 붓다·승가·장로 대중·장로이다. 붓다의 입멸 전에는

75) 日本 『光明寺経蔵』, 『長部』, 「大篇」, 「大般涅槃経」, pp.188-40~53.
   https://komyojikyozo.web.fc2.com/dnmv/dn16/dn16c19.htm
76) MN. I, 18, p.108ff.
77) 日本 『光明寺経蔵』, 『中部』, 「獅子吼品」, 「蜜玉経」, p.200-12.
   https://komyojikyozo.web.fc2.com/dnmv/dn16/dn16c13.htm
78) 日本 『光明寺経蔵』, 『中部』, 「獅子吼品」, 「蜜玉経」, p.202-2.
   https://komyojikyozo.web.fc2.com/dnmv/dn16/dn16c13.htm
79) 日本 『光明寺経蔵』, 『中部』, 「獅子吼品」, 「蜜玉経」, pp.205-22~26.
   https://komyojikyozo.web.fc2.com/dnmv/dn16/dn16c13.htm

인격적 권위자들은 모두 붓다의 권위 아래 있었으므로, 문제 해결이 쉬웠을 것이다. 그러나 불멸 후에는 붓다의 가르침에 대한 진위(眞僞) 여부를 둘러싼 논쟁이 심각했던 것이다. 사대교법은 경전과 율장이 불설(佛說)의 진위를 판단하는 기준으로서, 결집(結集)과 경전 성립에 있어서 의미가 크다. 특히, 사대교법은 법과 율에 대한 공통된 성전 성립, 불멸 후 정법의 유지와 존속을 염두에 둔 『마하빠리닙바나 숫따』의 성립 의도와도 연관된다.

4) 붓다의 마지막 유훈

붓다의 마지막 유훈은 꾸시나라에서 붓다가 입멸하기 직전, 비구 대중들에게 당부한 유훈들을 모두 포함한다.

(1) 『마하빠리닙바나 숫따』

『마하빠리닙바나 숫따』는 불멸 후 붓다를 대신할 스승에 대하여 다음과 같이 밝히고 있다.

> 아난다여, 그대들에게 "스승의 가르침은 끝나 버렸다. 스승은 존재하지 않는다."는 생각이 일어날지도 모른다. 그러나 아난다여, 이 일은 그렇게 봐서는 안 된다. 아난다여, 그대들을 위해 내가 교시하고 제정한 법과 율이 내가 입멸한 후 그대들의 스승이 될 것이다.[80]

---

80) 日本 『光明寺経蔵』, 『長部』, 「大篇」, 「大般涅槃経」, pp.216-2~5.

붓다는 이미 교단을 위한 후계자 지명을 수용하지 않았다. 그러나 입멸 직전, 법·율이라는 비인격적인 스승으로 도과(道果)를 성취하기를 당부한 것이다. 붓다는 교단의 외형보다 비구 개개인의 내적 수행을 통한 승가의 존속을 원한 것이다. 붓다는 비구 대중들의 생활 규범에 대해서도 아래와 같이 당부하였다.

> 아난다여, 지금 비구들은 서로 도반이라는 말로 부르고 있지만, 내가 입멸한 후에는 그렇게 불러서는 안 된다. 아난다여, 장로 비구는 더 젊은 비구에게 이름이나 성에 따라 혹은, '벗이여'라고 불러야 한다. 아난다여, 젊은 비구는 장로 비구에게 '존자여' 혹은, 귀한 분이라는 말로 불러야 한다.[81]

붓다는 승가에서의 호칭 정리를 명확하게 해 주었다. 불멸 후 신참(新參)[82]은 구참(久參)에게 존자 또는, 존귀한 분이라 부르고, 구참은 신참에게 벗이라고 부르라는 것이다. 화합 승단과 교단의 위계질서를 위한 당부이다. 그리고 계율에 관하여, 다음과 같은 유훈을 남겼다.

> 아난다여, 승가가 원한다면, 내가 입멸한 후에 작고 사소한 계목(戒目)들은 폐지해도 좋다.[83]

붓다는 입멸 직전에 율(律)을 스승 삼으라고 한 데 이어, 대중들의

---

https://komyojikyozo.web.fc2.com/dnmv/dn16/dn16c32.htm
81) 日本『光明寺経蔵』,『長部』,「大篇」,「大般涅槃経」, pp.216-6~8.
　　 https://komyojikyozo.web.fc2.com/dnmv/dn16/dn16c32.htm
82) 신참(新參)은 초학(初學)을 뜻하여, 구참(久參)에 상대된다.
83) 日本『光明寺経蔵』,『長部』,「大篇」,「大般涅槃経」, p.216-9.
　　 https://komyojikyozo.web.fc2.com/dnmv/dn16/dn16c32.htm

동의하에 사소한 계율은 없애도 된다고 설하였다. 대중들이 찬성한다면 사소한 계율을 제정할 수도 있다는 말이다. 그러나 작고 사소한 계목들에 대한 구체적인 언급은 없다. 붓다에게 자세하게 질문하지 않은 것은 아난다의 허물이 된다.

붓다는 찬나(Channa)[84] 비구를 대처하는 방법에 관한 당부도 잊지 않았다. 붓다와 아난다의 문답을 살펴보도록 하자.

> 붓다: 아난다여, 찬나 비구는 내가 입멸한 후에 벌을 주어야 한다.
> 아난다: 어떤 것이 벌입니까?
> 붓다: 아난다여, 찬나 비구는 그가 원했던 것을 말할 수 있다. 그러나 비구들이 그를 설득해서도, 가르치고 훈계해서도 안 된다.[85]

붓다는 불(佛)과 법(法)에 대하여 집착하거나 자만심이 강한 비구를 찬나로 통칭한 것이다. 묵빈(黙擯), 침묵으로 대처하는 것으로써 그들의 사견(邪見)을 견제하고 승가의 화합을 깨지 말라는 조언이다. 그리고 붓다는 비구들에게 마지막으로 질문하기를 다음과 같이 권한다.

> 비구들이여, 비구 한 사람이라도 불(佛)·법(法)·승(僧)·도(道)·행도(行道)에 대하여 의혹이나 의심이 있다면 그대들은 내게 질문하라. 비구들이여, "우리의 면전에 스승님이 계셨다. 그러나 우리는 세존의

---

84) 찬나 비구는 붓다가 출가할 때 마부였다. 『장로게 주석서』에 의하면, 그는 붓다와 법에 대한 집착과 자만심이 너무 강해서 출가의 이익을 체득할 수 없었다고 한다. 각묵 옮김(2007), 『부처님의 마지막 발자취: 대반열반경』, 울산:초기불전연구원, p.165.

85) 日本『光明寺経蔵』, 『長部』, 「大篇」, 「大般涅槃経」, pp.216-10~13.
https://komyojikyozo.web.fc2.com/dnmv/dn16/dn16c32.htm

면전에서 질문할 수 없었다."라고 나중에 후회하는 사람이 되지 않
도록.[86]

붓다는 입멸 직전, 비구들에게 질문하기를 거듭 권하였다. 삼보(三
寶)·도(道)·행도(行道)에 관한 의문 사항으로 한정하였다. 『유행경』도
불·법·승·도에 관한 의심을 질문하라고 하였다.[87] 그러나 두 경전에
서 모두 비구들은 침묵했고, 아난다는 의심을 가진 비구가 아무도 없
다고 고하였다. 그 이유를 붓다는 아래와 같이 설하였다.

> 아난다여, 너는 청정한 믿음에서 말하고 있다. 그러나 아난다여, 이
> 비구 승가에는 단 한 명이라도 부처님에 관해서, 법에 관해서 또는
> 행도에 관해서 의혹 또는 의심이 없다는 여래의 지혜가 있다. 왜냐하
> 면, 이들 5백 명의 비구들 가운데 최하위가 예류(預流), 악도에 떨어
> 지지 않는 법을 가지고, 깨달음을 결정하며, 정각으로 나아가는 자
> 이기 때문이다.[88]

붓다의 질문 권유에 침묵한 이유는 비구 대중들 가운데 최하가 예
류(預流)[89], 수다원(須陀洹)이기 때문이라는 것이다. 대중 가운데 수다

---

86) 日本『光明寺経蔵』,「長部」,「大篇」,「大般涅槃経」, pp.217-2~3.
   https://komyojikyozo.web.fc2.com/dnmv/dn16/dn16c32.htm
87) T.1, No.1, pp.26b04~5, "佛又告曰 汝等若於佛法衆有疑 於道有疑."
88) 日本『光明寺経蔵』,「長部」,「大篇」,「大般涅槃経」, pp.217-16~18.
   https://komyojikyozo.web.fc2.com/dnmv/dn16/dn16c32.htm
89) 예류(預流)는 수다원(sotāpanna)의 신역, 입류(入流)·지류(至流)는 구역이다. 처음
   성스러운 길에 들어간 이, 혹은 그 경지를 말한다. 수다원과를 얻은 성자는 3악취
   에 타락하지 않는다고 한다. 『아비달마구사론』은 다음과 같이 정의한다.
   과위에 머무는 자는 모든 지위에서 수혹(修惑)을 다 끊지 못했을 때를 예류라고
   한다. 생이 최대한 일곱 번 반복된다. [중략] 모든 예류가 모두 7번씩 태어나는 것
   은 아니기 때문에, 경전에서 최대한 7번씩 반복해 태어난다고 설하였다. 이것은

원은 바로 아난다이다. 그를 두고 한 말이다. 수다원은 열반에 이르는 법에 대한 확신이 생긴 상태이기 때문에 의심이 없고, 3악도에 떨어지지 않는다. 붓다는 마지막으로 비구들에게 아래와 같이 당부하였다.

비구들이여, 나는 그대들에게 "형성된 것은 쇠망하는 법이다. 방일하지 말고 부지런히 닦아라."고 당부한다. 이것이 여래의 마지막 유훈이다.[90]

붓다의 최후의 유훈은 제행무상(諸行無常)의 이치를 체득하여, 방일하지 말고 부지런히 닦으라는 당부이다. 방일(放逸)이란, 여러 가지 선(善)을 닦지 않거나,[91] 마땅히 해야 할 일은 돌보지 않고 해서는 안 되는 행위를 지향하는 것이다.[92] 여기서, 불방일(不放逸)로 번역된 빠알리어는 'appamādena'이다. 부정 접두사 app+mada 또는, a(p)+pamāda의 합성어이다. mada와 pamāda에는 취해 있거나 흐리멍덩하다는 의미가 있다.[93] 불방일이란 허망한 것에 집착하거나 미

최대한 7번씩 태어난다는 뜻이다. 모든 무루도를 총칭하여 '류(流)'라고 한다. 이 것으로 인하여 열반에 이르므로, 예류(預流)는 최초로 도달한다는 것을 나타낸다. 그가 최초로 성인의 무리에 도달했기 때문에 예류라고 한다. T.29, No.1558, pp.123a24~123b01, "諸住果者 於一切地修所斷失 都未斷時名為預流 生極七返 [중략] 非諸預流 皆受七返故 契經說極七返生 是彼最多七返生義 諸無漏道 總名為 流由此為因趣涅槃故 預言為顯最初至得 彼預流故說名預流."

90) 日本『光明寺経蔵』, 「長部」, 「大篇」, 「大般涅槃経」, pp.218-2~3. https://komyojikyozo.web.fc2.com/dnmv/dn16/dn16c32.htm

91) 방일은 여러 가지 선을 닦지 않는 것을 말하므로, 여러 가지 선을 닦음으로써 대치되는 법이다.『아비달마구사론』, T.29, No.1558, pp.19c05~6, "逸謂放逸 不修諸善 是修諸善所對治法."

92) 『순정리론』, T.29, No.1562, pp.561b16~17, "言放逸者 不顧應作趣 不應作故名放逸."

93) T. W. Rhys Davids & William Stede(1986), *Pali-English Dictionary*,

혹하지 말고 항상 깨어 있으라는 말이다. 안양규 교수는 불방일의 가르침은 결국 붓다[覺者]라는 말과 상통한다고 해석하였다. 붓다의 최후의 유훈을 불방일로 남겼다는 것은 붓다 자신도 최후 순간까지 깨어 있음을 의미한다는 것이다. 그리고 불방일은 모든 덕목 중에서 가장 포괄적인 것으로서 다른 모든 덕목을 포함한다는 가르침이라고 『쌍윳따 니까야』[94]를 인용하여 주장하였다.[95] 이러한 붓다의 마지막 유훈은 『마하빠리닙바나 숫따』가 붓다의 입멸을 통하여 불교도들에게 전하고자 하는 진의일 것이다.

(2) 『유행경』

『마하빠리닙바나 숫따』와 비교하여, 『유행경』에 나타난 불멸 후 교단 유지에 관한 유훈을 살펴보고자 한다. 우선, 불멸 후 석가족과 외도의 출가와 구족계에 관한 규정이다.

> 내가 반열반한 후, 석가족들이 찾아와 수도자가 되기를 원하면 마땅히 출가를 허락하여 구족계를 주고 난처하게 하지 말라. 이교도들이 찾아와 수도자가 되기를 원해도 출가를 허락하여 구족계를 주되, 4달 동안 시험하지 말라. 왜냐하면, 그들은 다른 논리를 가졌으므로 조금만 계류해도 자기의 견해를 내세울 것이기 때문이다.[96]

Oxford: PTS, pp.949, 1174.
94) SN. V, pp.43~44.
95) 안양규(2009), 『붓다의 입멸에 관한 연구』, 서울: 민족사, pp.287~288.
96) T.1, No.1, pp.26a13~17, "我般涅槃後 諸釋種來 求為道者 當聽出家 授具足戒 勿使留難 諸異學梵志來求為道 亦聽出家受具足戒 勿試四月 所以者何 彼有異論 若小稽留 則生本見."

『유행경』은 모든 석가족과 외도들의 출가와 구족계 수계를 지체하지 말고 주라고 당부하였다. 모든 외도에게는 4개월의 견습기간을 없애라고 명시하였다. 『마하빠리닙바나 숫따』는 붓다의 입멸 직전, 마지막 제자가 된 쑤밧다(Subhadda)의 출가 에피소드만 있을 뿐이다. 이교도(異教徒)가 출가하여 구족계를 받고자 한다면, 4개월간의 견습기간을 거쳐야 한다. 그러나 거기에는 개인차(個人差)가 있다고 하였다. 이교도였던 쑤밧다(Subhadda)의 경우는 견습기간 없이 붓다의 면전에서 출가하고 구족계를 받았다.[97] 『마하빠리닙바나 숫따』는 외도의 4개월 견습 규정에 개인에 따라 차이를 둔 것을 『유행경』은 석가족과 모든 이교도들의 출가를 확대하고 구족계 수계과정을 간소화한 것이다. 불멸 후 승단의 유지에 관한 『유행경』의 견해는 『마하빠리닙바나 숫따』보다 적극적이다. 석가족과 외도의 출가와 수계에 관해서는 『아비달마대비바사론』으로 계승되어 논의된다.

둘째, 불멸 후 여자 무리에서 불법(佛法)을 믿지 못하는 자를 대처하는 법이다. 경문에 나타난 아난다와 붓다의 대화를 살펴보도록 하자.

> 아난: 부처님께서 멸도하신 후, 여러 여자 무리에서 가르침을 아직
> 　　　받아들이지 않은 자는 어떻게 해야 합니까?
> 붓다: 서로 만나지 말게 해라.
> 아난: 서로 만난다면 어떻게 해야 합니까?
> 붓다: 함께 말하지 말게 해라.

---

97) 日本『光明寺経蔵』, 「長部」, 「大篇」, 「大般涅槃経」, pp.215-6~17.
　　https://komyojikyozo.web.fc2.com/dnmv/dn16/dn16c31.htm

아난: 말을 한다면 어떻게 해야 합니까?

붓다: 마땅히 스스로 마음을 점검하게 해야 한다.[98]

『유행경』은 불멸 후 불법을 수지(受持)하지 못한 여자를 대처하는 방법에 관하여 명시하였다. 가르침을 받아들이기 이전은 비불교도의 상태이다. 거기에는 이교도가 포함될 수도 있다. 불자(佛子)가 된 여자는 비불자(非佛子)와의 대면과 대화를 단속하고, 그것마저 불가능할 경우는 자신의 불심(佛心)을 잘 챙기도록 하라는 것이다. 오히려 법을 수지한 여인들이 포섭될 수 있다고 염려한 것 같다. 이러한 내용은 『마하빠리닙바나 숫따』에서는 전혀 언급되지 않았다.

셋째, 비구 제자들이 아라한과를 성취할 것이라는 붓다의 수기(受記)이다. 입멸 직전, 붓다의 마지막 질문 권유에 비구들이 침묵한 이유는 수다원 이상의 경지에 있었기 때문이다. 『마하빠리닙바나 숫따』와 『유행경』의 공통된 내용이다. 그러나 『유행경』은 아래와 같이 붓다의 수기 내용을 첨가하였다.

나도 알고 있다. 지금 여기 있는 대중들 가운데 가장 어린 비구도 모두 도의 자취[道跡][99]를 보고 악도에 떨어지지 않으며 일곱 번을 왕복한 후 반드시 괴로움이 끝날 것이다. 그때 세존께서는 곧 천 이백

---

98) T.1, No.1, pp.26a21~26, "阿難復白佛言 佛滅度後 諸女人輩未受誨者 當如之何 佛告阿難 莫與相見 阿難又白 設相見者 當如之何 佛言 莫與共語 阿難又白 設與語者 當如之何 佛言 當自撿心."

99) 도적(道跡)에 대하여, 『잡아함경』은 "고의 소멸을 여실하게 알고 고를 멸하는 도의 자취를 여실하게 안다. [중략] 고를 멸하는 도의 자취를 여실하게 안다는 것은 무엇인가? 팔성도를 말한다."라고 하였다. T.2, No.99, pp.95a01~9, "苦滅如實知 苦滅道跡如實知 [중략] 云何苦滅道跡如實知 謂八聖道."

명의 제자들에게 그들이 얻게 될 도과를 기별하셨다.[100]

『유행경』은 수다원에 있는 가장 어린 비구와 상수(常隨) 제자 천 이백 명의 비구들에게 기별[수기][101]하였다. 『마하빠리닙바나 숫따』는 언급하지 않은 내용이다. 불멸 직전의 수기 내용은 불멸 후 승단 존속을 염두에 둔 『유행경』의 성립 의도가 반영된 것이다.

넷째, 붓다의 마지막 유훈이다. 『마하빠리닙바나 숫따』와 비교하면, 핵심 내용은 다르지 않다. 경문을 살펴보도록 하자.

> 비구들이여, 방일하지 말라. 나는 방일하지 않았기 때문에, 스스로 정각을 이루었다. 무량한 온갖 선(善)도 방일하지 않았기 때문에 얻었다. 일체 만물이 항상 존재하는 것은 없다. 이것이 여래의 마지막 말이다.[102]

붓다의 마지막 유훈의 핵심은 불방일(不放逸)과 제행무상(諸行無常)이다. 『마하빠리닙바나 숫따』와 마찬가지이다. 다만, 빠알리본에서는

---

100) T.1, No.1, pp.26b11~14, "我亦自知 今此衆中最小比丘皆見道迹 不趣惡道 極七往返 必盡苦際 爾時世尊即記前 千二百弟子所得道果."
101) 기별(記別, 記莂, 記莂)은 산스끄리뜨어 vyākaraṇa, 빠알리어 vyākaraṇa의 한역이다. 수기(授記, 受記)·기설(記說)·수별(受別)이라고도 한다. 본래 교설을 분석하거나 문답 방식으로 교리를 해석하는 것을 가리켰다. 그러나 문답 방식으로 제자가 증득한 것이나 사후의 생처 등을 예언하는 것으로 변하였다. 특히, 미래세의 증과(證果)와 성불 시에 명호를 예언하는 말로 가장 많이 사용되었다. 지관 편저(1998), 『가산불교대사림』 Vol.2, 서울: 가산불교문화연구원, p.1011.
『일체경음의』에서는 "記莂에서 莂은 別이라고도 하는데, 선악을 헤아리는 것을 말한다. 경에서는 莂이라고도 하는데, 풀초머리를 넣어 莂이라고 한 것은 잘못이다."라고 하였다. T.54, No.2128, p.559a20, "記莂(變別反考聲云審其善惡也 亦作莂經從草作莂恐誤也."
102) T.1, No.1, pp.26b19~21, "比丘 無為放逸 我以不放逸故 自致正覺 無量衆善 亦由不放逸得 一切萬物 無常存者 此是如來末後所說."

제행무상 → 불방일, 『유행경』에서는 불방일 → 제행무상 순으로 설한다. 불방일은 불교 수행자의 자세, 제행무상은 불교의 핵심 진리이다. 『마하빠리닙바나 숫따』는 비구들이 제행무상의 이치를 체득하기 위한 불방일을 강조한 것이다. 반면, 『유행경』은 불방일에 의한 깨달음을 강조한 것이다. 『비나야잡사』는 불방일은 제외되고 제행무상에 주목하였다.

(3) 『근본설일체유부비나야잡사』

『근본설일체유부비나야잡사』(이하, 『비나야잡사』)에 나타난 붓다의 마지막 유훈은 삼보·사성제·무상의 이치를 강조한 것이다. 붓다는 입멸 직전, 비구 대중들에게 마지막으로 질문하기를 권하였다.

> 너희들은 이제 의문이 있는 것은 모두 질문하라. 만약 불보, 법보, 승보, 고·집·멸·도 4성제에 의문이 있다면 내가 반드시 답하겠다.[103]

『마하빠리닙바나 숫따』에서는 삼보, 도(道), 행도(行道)에 대하여 질문하라고 권유했다. 여기서는, 도와 행도를 구체적으로 4성제로 명시하였다. 『비나야잡사』는 마지막 유훈을 남기는 장면을 붓다가 상반신을 드러내 비구들에게 무상법문을 하는 것으로 묘사하였다.

> 그때 여래께서 매우 가엾게 여기시기 때문에 드디어 웃옷을 벗어 그몸을 나타내시고 비구들에게 말씀하셨다. 그대들은 이제 부처의 몸

---

103) T.24, No.1451pp.399a18~20, "汝等有疑今悉應問 若於佛法僧寶 苦集滅道四聖諦處 有疑問者我當爲答."

을 관찰하라. 그대들은 지금 부처의 몸을 관찰하라. 왜냐하면, 여래·응공·정등각을 만나기 어렵기가 우담바라 꽃과 같다. 그때, 모든 비구들은 잠자코 있었다.[104]

붓다를 만난다는 것도, 붓다의 몸을 보는 것도 불가능한 일이다. 붓다의 색신(色身)은 3 아승지겁 동안 쌓은 공덕의 결과로 32상 80종호를 구족하였다. 그러므로 붓다를 만나기는 우담바라 꽃을 보는 것보다 더 어렵다는 말이다. 이렇게 위대한 붓다의 육신도 결국 소멸된다는 이치를 체득하도록 입멸 직전, 붓다는 제자들에게 웃옷을 벗어 몸소 보인 것이다. 이러한 묘사는 붓다의 마지막 유훈을 더욱 극대화한다. 『비나야잡사』에서 붓다의 마지막 유훈은 무상(無常) 법문이다.

법은 모두 이와 같다. 모든 것은 무상하다. 이것이 나의 최후의 가르침이다.[105]

불제자들이 이러한 무상의 도리를 체득하기를 바라는 붓다의 마지막 당부이다. 『비나야잡사』는 성스럽고 완전한 붓다의 육신마저도 유위법이며, 형성된 모든 것은 무상하다는 것을 강조하였다. 여기에는 변하지 않는 무위법, 열반을 성취하라는 의미를 함축하고 있다고 볼수 있다.

---

104) T.24, No.1451, pp.399a26~b1, "爾時如來大悲愍故 遂去上衣現其身相 告諸苾芻 汝等今者可觀佛身 汝等今者可觀佛身 何以故 如來 應正等覺難可逢遇如鳥曇跋羅華 時諸苾芻咸皆默然."
105) T.24, No.1451, pp.399b1~2, "法皆如是 諸行無常 是我最後之所教誨."

5) 성지 순례와 사리탑 공양

『마하빠리닙바나 숫따』는 성지순례와 불탑신앙을 언급한 최초의 경전이다. 불멸 후 불교도의 역할로서 붓다는 4대 성지(四大聖地) 순례와 사리탑 건립을 제자들에게 권유하였다. 『마하빠리닙바나 숫따』를 비롯한 초기불전에 특징적으로 나타난 타력(他力) 신앙의 행태이기도 하다. 붓다의 육신 소멸은 제자들과의 소통 불가능을 말한다. 현실적으로 시공을 벗어난 붓다와 불자들이 소통할 방법이 4대 성지 순례와 불탑을 건립하여 예경하는 것이다. 붓다의 흔적을 통하여 시간과 공간을 초월한 붓다를 만날 수 있다. 이러한 신행은 붓다를 시공 속으로 끌어들인 중생들이 할 수 있는 최선의 방법이라고 할 수 있다.

(1) 4대 성지(四大聖地) 순례

불멸 후에는 붓다와 존경하는 비구들을 친견하고 공경하지 못하게 될 것을 아난다는 염려하였다. 붓다는 신심(信心) 있는 선남자(善男子)[106]가 친견하여 '발심(發心)해야 하는[saṃvejanīyā]'[107] 4대 성지를

---

106) 선남자(善男子)는 빠알리어 kula-puttassa의 한역(漢譯)이다. 『법화의소』는 "선남자란 『화엄경』에서는 불자라고 하였고 다른 경전에서는 대부분 선남자라고 하였다. 이어서 계승한다는 뜻이 있기 때문에 '자'라고 했고. 벼리와 줄기가 되는 능력이 있기 때문에 '남'이라고 했으며, 행위 면에서 다른 사람을 이롭게 하고 이치에 부합하며 청정한 경지에 오르고 즐거운 마음으로 감응하는 뜻이 있기 때문에 '선'이라 한다."라고 하였다. T.34, No.1721, pp.625c7~10, "善男子 者 華嚴經 稱為佛子 餘經多云善男子 有紹繼義故名為子 綱幹之能故稱為男 所行有利他符理清昇感樂之義目之為善."

107) saṃvejanīyā의 사전적 의미는 '염리(厭離)의 종교심을 초월해야 하는'이다. 巴利语电子辞典, http://dict.sutta.org/display.php?pali_

강조하였다.[108] 『마하빠리닙바나 숫따』는 아래와 같이 서술하였다.

아난다여, 여기서 여래가 태어났다고 하며, 신심 있는 선남자가 친견하고 발심해야 하는 곳이다. 아난다여, 여기서 여래가 무상정등정각을 성취했다고 하며, 신심 있는 선남자가 친견하고 발심해야 하는 곳이다. 아난다여! 여기서 여래가 위없는 법륜을 굴렸다고 하며, 신심 있는 선남자가 친견하고 발심해야 하는 곳이다. 아난다여! 여기서 여래가 무여열반계로 반열반하셨다고 하며, 신심 있는 선남자가 친견하고 발심해야 하는 곳이다. 아난다여, 이 네 장소는 신심 있는 선남자가 친견하고 발심해야 하는 곳이다. 참으로, 신심 있는 비구·비구니·우바새·우바이들은 방문할 것이다.[109]

4대 성지 순례자는 승가(僧伽)와 재가(在家)의 구분 없이, 사부대중을 대상으로 했다. 특히, 불멸 후 성지 순례를 통하여 붓다에 대한 신앙심을 고취하고 발심(發心, saṃvega)[110]의 계기를 삼도록 하였다. 『마

word=sa%E1%B9%83vejan%C4%AB
『光明寺経蔵』에서는 saṃvejanīyā를 '발심해야 하는'으로 번역했다. 그리고 saṃvejanīyā+ṭhānāni(장소)는 '靈場', 신령한 장소를 뜻하는 영지(靈地)로서, 경외감을 일으킬 수 있는 장소라고 주석하였다. 『南伝』은 '존경해야 하는 곳'으로 번역되었다. 日本『光明寺経蔵』, 『長部』, 「大篇」, 「大般涅槃経」, p.202.https://komyojikyozo.web.fc2.com/dnmv/dn16/dn16c27.htm

108) 日本『光明寺経蔵』, 『長部』, 「大篇」, 「大般涅槃経」, pp.202-1~4.
  https://komyojikyozo.web.fc2.com/dnmv/dn16/dn16c27.htm

109) 日本『光明寺経蔵』, 『長部』, 「大篇」, 「大般涅槃経」, pp.202-6~11.
  https://komyojikyozo.web.fc2.com/dnmv/dn16/dn16c27.htm

110) 발심(發心)으로 번역된 쌍웨가(saṃvega)는 사전적으로는 종교적 정서·감동·종교심 등으로 번역된다. 巴利语电子辞典, http://dict.sutta.org/display.php?pali_word=sa%E1%B9%83vega&submit; 안양규 교수는 종교적인 감정, 각묵 스님은 절박함으로 번역하였다. 본고는 『光明寺経蔵』의 '발심'을 따른다. 안양규(2000b), 「불교의 성지 순례와 그 종교적 의미」, 『종교문화연구』 제2권, 한신대학교 종교와문화연구소, pp.110~111,; 각묵 옮김(2007), 『부처님의 마지막

하빠리닙바나 숫따』의 독창적이면서도 이질적인 타력신앙의 행태이다. 경문에서 강조한 삼학(三學), 법·율, 자주(自洲)·법주(法洲) 등의 자력적인 수행 성향과는 전적으로 대조된다. 그러나 『마하빠리닙바나 숫따』는 불멸 직전 불설(佛說)로서 두 가지 문제에 대한 견해를 밝힌 것이다. 즉, 불멸 후에는 불교도들이 붓다를 면전으로 볼 수 없는 문제를 제기하고, 입멸한 붓다를 추모하는 방법을 권유한 것이다. 붓다의 입멸로 인하여 초기불교에서부터 자연스럽게 타력신앙이 발생한 것이다.

『마하빠리닙바나 숫따』는 붓다의 4대 성지를 일일이 나열하지 않았다. 붓다의 주요한 생애와 직결된 지명으로서 잘 알려져 있었기 때문에 생략했을 것이다. 『유행경』은 붓다의 생처(生處)·득도처(得道處)·전법륜처(轉法輪處)·열반처(涅槃處)로만 언급하였다.[111] 『대반열반경』은 붓다의 4대 성지 지명을 명확하게 밝혔다. 즉, 붓다의 탄생지 가비라국 룸비니·성도지 마갈타국 보리수하(菩提樹下)·초전법륜지 바라나국 녹야원·열반지 구시나국 사라쌍수(沙羅雙樹)이다.[112] 『비나야잡사』는 『유행경』과 유사한 4대 성지[113]를 포함하여, 8대 성지를 다음과 같이 언급하였다.

발자취:대반열반경』, 울산:초기불전연구원, pp.141~142.

111) T.1, No.1, pp.26a04~8, "何等四 一日念佛生處 [중략] 二日念佛初得道處 [중략] 三日念佛轉法輪處 [중략] 四日念佛般泥洹處."

112) 『대반열반경』, T.1, No.7, pp.199c3~9, "何等為四 一者如來為菩薩時 在迦比羅衛兜國藍毘尼園所生之處 二者於摩竭提國 我初坐於菩提樹下 得成阿耨多羅三藐三菩提處 三者波羅㮈國鹿野苑中仙人所住轉法輪處 四者鳩尸那國力士生地熙連河側娑羅林中雙樹之間般涅槃處."

113) T.24, No.1451, pp.399a11~3, "云何為四 一謂佛生處 二成正覺處 三轉法輪處 四入大涅槃處."

여래의 일대 50여 년 거주하시던 곳을 친견할 수 있다. 여덟 곳이 있으니, 첫째는 본생처, 둘째는 성도하신 곳, 셋째는 법륜을 굴리신 곳, 넷째는 취봉산, 다섯째는 광엄성[웨살리], 여섯째는 도솔천에서 내려오신 곳, 일곱째는 기수급고독원, 여덟째는 쌍림열반처이다.[114]

『비나야잡사』가 언급한 8대 성지 가운데, 앞의 넷은 정해진 장소이고, 나머지는 정해진 장소가 아니라고 하였다. 특히, 진실하게 한 번이라도 생각하면 복이 천금보다 수승하다고 설명하였다.[115] 불교도라면 반드시 붓다의 성지를 순례해야 한다고 강조한 것이다.

성지 순례의 공덕에 관한 견해도 밝히고 있다. 『마하빠리닙바나 숫따』의 내용을 살펴보도록 하자.

누구든 청정한 믿음을 가진 채 성지를 순례하다가 죽을 경우, 그들은 모두 육신이 파괴된 사후에 좋은 곳, 천상계에 태어날 것이다.[116]

성지 순례의 공덕의 과보는 천상계에 태어나는 것이다. 『대반열반경』은 사부대중 이외 사람들과 외도(外道)들도 발심하여 성지를 순례하면 천상에 태어난다고 서술되어 있다.[117] 이성적이고 자력적 수행을

---

114) T.24, No.1451, pp.399a15~16, "親見如來一代五十餘年居止之處 有其八所 一本生處 二 成道處 三 轉法輪處 四 鷲峯山處 五 廣嚴城處 六 從天下處 七 祇樹園處 八 雙林涅槃處."

115) T.24, No.1451, pp.399a16~17, "四是定處, 餘皆不定 總攝頌曰 生成法鷲 廣下祇林 虔誠一想 福勝千金."

116) 日本『光明寺経蔵』,『長部』,「大篇」,「大般涅槃経」, p.202-13.
https://komyojikyozo.web.fc2.com/dnmv/dn16/dn16c27.htm

117) T.1, No.7, pp.199c9~11, "若比丘 比丘尼 優婆塞 優婆夷 并及餘人外道徒衆發心 欲往到彼禮拜 所獲功德 悉如上說."

강조하는 초기불전에서는 다분히 이질적이다.[118] 육도(六道)의 천상에 태어나는 것은 불교가 지향하는 바가 아니다. 초기불교에서 출가자는 윤회를 벗어난 해탈과 열반의 성취가 목적이고, 재가자는 천상에 태어나기 위한 보시와 지계가 강조되었다. 그런데 천상락의 과보로 정의한 성지 순례를 재가자에 국한하지 않고 승가마저 포함하는 점은 삼학(三學)을 통한 해탈을 강조한 내용과는 대조적이다. 다만, 출가자의 성지 순례에 대한『마하빠리닙바나 숫따』의 견해는 수행이 깊이 진전되지 못한 수행자에게만 국한시키려 했다고도 볼 수 있다.[119] 결론적으로, 비구들에게 법과 율에 의한 자력(自力) 수행을 강조한 초기불교에서 타력신앙의 행태가 대두된 것이 특징이다.

(2) 사리탑 건립과 공양

인도에서 시신은 부정한 것으로 여겨졌다. 그 당시, 사람이 죽으면 시체를 적당한 곳에 버렸을 것이다. 유골을 모신다는 것은 불교의 독특한 장례법이며, 사리탑은 불교만의 건축물이었다. 여기서, 사리탑 건립과 공양에 관해서는 이견(異見)이 존재한다. 승가(僧伽)의 사리 공양 또는, 사리탑 숭배에 관한 논란이다. 불탑 예경 및 숭배를 비구에게 제한했느냐, 아니냐의 문제가 제기된 것이다.

우선,『마하빠리닙바나 숫따』는 입멸한 붓다의 존체 수습·다비·사

---

118) 안양규(1999),「불탑 신앙의 기원과 그 본질에 대해」,『종교연구』제18권, 한국종교학회, p.229.
119) 안양규(2000b),「불교의 성지 순례와 그 종교적 의미」,『종교문화연구』제2권, 한신대학교 종교와문화연구소, pp.118~119.

리탑 건립은 바라문·끄샤뜨리아·거사 등 우바새의 역할로 명시하였다. 경문에 나타난 아난다와 붓다의 문답을 살펴보도록 하자.

아난다: 세존이시여, 저희들은 여래의 사리에 대하여 어떻게 해야합니까?

붓　다: 아난다여, 그대들은 여래의 사리 공양에 관하여 아무것도 하지 말라. 그대들은 진실의에 관해 힘써야 한다. 진실의에 불방일하고 근면하고 전념하며 머물러야 한다. 여래에 신심이 있는 명한 끄샤뜨리아·바라문·거사가 여래의 사리를 공양할 것이다.[120]

여래의 사리(sarīra)는 붓다 육신의 결정체를 상징한다. 붓다의 사리에 관해서는 재가자들이 담당하고, 승가는 관여하지 말라는 것이다. 비구들의 본분은 아라한과 성취이기 때문이다. 붓다는 진실의(眞實義), 'sāratthe'에 전념할 것을 강조하였다. 'sāratthe'는 sāra[진실]+the[義, 도리, 이익, 의미]로서, '아라한과'를 뜻한다.[121]

반면, 사리 공양으로 번역된 sarīra pūjāya는 '붓다의 장례식'을 뜻한다는 반론이 제기되었다. sarīra pūjāya는 붓다의 사후 다비, 사리 수습과 탑 조성·공양 등 일련의 절차를 말한다는 것이다. 대표적인 학자는 그레고리 쇼펜(Gregory Schopen)과 카렐 베르너(Karel Werner)이다. 쇼펜은 사리 숭배의 금지는 승가 전체에 해당되는 것이 아닌, 아난다에게만 적용된 것이라고 주장하였다. 그는 산스끄리뜨본

---

120) 日本『光明寺経蔵』,『長部』,「大篇」,「大般涅槃経」, pp.204-1~4.
　　　https://komyojikyozo.web.fc2.com/dnmv/dn16/dn16c27.htm
121) 日本『光明寺経蔵』,『長部』,「大篇」,「大般涅槃経」, p.204-3.
　　　https://komyojikyozo.web.fc2.com/dnmv/dn16/dn16c27.htm

『열반경』에서 마하 깟사빠(Mahākassapa, 대가섭)가 붓다의 장례를 집전했다는 근거로 삼았다.[122] 그러나 대가섭이 붓다의 다비식 주관자로 등장하는 것은 『마하승기율』이다. 『유행경』의 경우는 아난다가 다비식 주관자로 등장한다. 이러한 이유 외에도, 쇼펜의 주장은 안양규 교수가 반박하였다.[123]

카렐 베르너(Karel Werner)도 『마하빠리닙바나 숫따』에 나타난 아난다의 질문은 붓다의 육신 수습, 장례식에 관한 것이라고 주장하였다. 아난다는 비구 승가뿐만 아니라 재가자를 포함하여 붓다의 장례식 역할에 대하여 질문한 것이라고 강조하였다. 특히, 이러한 논쟁의 원인은 『마하빠리닙바나 숫따』와 한역 『열반경』의 불분명한 태도 때문이라고 주장하였다.[124] 그러나 『유행경』의 붓다의 장례법에 관한 아난다와 붓다의 대화를 보자.

> 아난: 부처님께서 멸도하신 후, 장례법은 어떻게 됩니까?
> 붓다: 너는 우선 잠자코 네가 할 일만 생각하라. 모든 청신사들이 스스로 좋아서 할 것이다.
> 그 때 아난은 다시 세 차례나 거듭 아뢰었다.

---

122) Schopen, Gregory(1991; 1997), Monks and the Relic Cult in the Mahāparinibbāna Sutta: An Old Misunderstanding in Regard to Monastic Buddhism", *Bones, Stones, and Buddhist Monks: Collected Papers on the Archaeology, Epigraphy, and Texts of Monastic Buddhism in India*, Hawaii:University of Hawaii's Press, p.100.

123) 안양규(1999), 「불탑신앙의 기원과 그 본질에 대해」, 『종교연구』 제18권, 한국종교학회, p.248ff.

124) Werner, Karel(2009), "The Place of Relic Worship in Buddhism: An Unresolved Controversy?", *International Journal of Buddhist Thought and Culture* Vol.12, Seoul: International Association for Buddhist Thought & Culture, p.11ff.

아난: 부처님께서 멸도하신 뒤 장례법은 어떻게 됩니까?
붓다: 장례법을 알고자 하면 마땅히 전륜성왕과 같이 하라.
아난: 전륜성왕의 장례법은 어떻게 됩니까?125)

『유행경』에 나타난 붓다의 장례, 다비(茶毘)는 재가자의 소관인 것처럼 보인다. 그러나 청신사들이 좋아서 한다는 말은 아난다의 전반적인 주도하에서, 육체적인 소임에 해당되는 것이다. 아난다와 붓다는 장례법에 관하여 거듭하여 세 차례나 자세하게 문답하였다. 아난다가 다비식 주관이 아니라면, 붓다는 재가자에게 답변했어야 한다. 『유행경』은 실질적으로도 아난다가 다비식을 주관한 것으로 묘사한다.

대가섭은 붓다의 다비장, 천관사에 도착하여 아난에게 붓다의 사리 친견을 거듭 세 번을 요청하였다. 그러나 아난은 다비 준비가 완료되었다는 이유로 거절하였다.126)

아난다는 다비식 집전자로서 뒤늦게 다비장에 도착한 상수(上首)인 대가섭에게 단호한 면모를 보인다. 이러한 아난다의 역할은 『비나야잡사』에 더욱 극대화되어 나타난다.

대 신: 아난다에게 정중히 물었다. 위 없는 법왕께서 이미 원적으

125) T.1, No,1, pp.20a22~26, "阿難即從座起 前白佛言 佛滅度後 葬法云何 佛告 阿難 汝且默然 思汝所業 諸清信士自樂為之 時 阿難復重三啟 佛滅度後 葬法 云何 佛言 欲知葬法者 當如轉輪聖王 阿難又白 轉輪聖王葬法云何."
126) T.1, No,1, pp.28c18~27, "時 諸比丘聞大迦葉語已 即從座起 侍從迦葉 詣拘 尸城渡 尼連禪河水 到天冠寺 至阿難所 問訊已 一面住 語阿難言 我等欲一面 觀舍利 及未闍維 寧可見不 阿難答言 雖未闍維 難復可見 所以然者 佛身既洗 以香湯纏以劫貝 五百張疊 次如纏之 藏於金棺 置鐵槨中 栴檀香槨重衣其外 以為佛身難復可觀 迦葉請至三 阿難答如初 以為佛身難復得見."

로 돌아가셨으니, 잘 모르겠습니다. 이제 장례는 어떻게 해
야 합니까?

아난다: 그렇습니다. 내가 이미 부처님의 교칙을 받들었습니다. 장례
법은 전륜왕과 같이 하라고 하셨습니다.[127]

위 인용문은 아난다가 붓다의 장례에 관하여 대신들의 질문을 받
았다. 붓다와 아난다의 문답이 아난다와 대신으로 바뀌어 나타난 것
이다. 붓다의 다비식은 아난다에 의해 진행되었음을 분명히 하였다.
이러한 한역 불전의 근거로써, 쇼펜과 베르너의 주장 가운데, 문헌적
근거는 재고되어야 한다.

사리 공양이 비구들에게는 금지사항으로서, 재가자에게 합당하다
는 견해가 주류를 이루어 왔다.[128] 그러나 붓다의 다비식에 관한 재가
의 역할은 다비식 준비에서부터 사리탑 건립까지 소요되는 육체적인
부분이다. 붓다의 존체를 천으로 감고 향유를 바르는 일에서부터 운
반, 사리탑 건립까지의 일련의 노동적인 임무를 말한다. 승가가 관여
하지 말라는 유훈은 우바이들을 두고 수행에 매진하던 상태에서 육

---

127) T.24, No.1451, pp.400b23~25, "白阿難陀曰 無上法王已歸圓寂 不知今者葬
禮如何 尊者告曰 然我先已奉佛教勅 所有葬法如轉輪王."

128) 올덴버그(Oldenberg), 나리나끄샤 듯뜨(Nalinaksha Dutt), 라모뜨(Lamott),
스넬그로브(Snellgrove), 바로(Bareau), 나가오(Nagao), 위자야라트나
(Wijayaratna), 곰브리치(Gombrich) 등은 불탑 숭배가 비구들에게는 금지되었
고, 재가자에게만 해당한다고 주장하였다. 그들의 견해는 트레이너(Trainor), 레
이(Ray), 안양규 등에 의해 계속 강조되었다. Schopen, Gregory(1991; 1997),
"Monks and the Relic Cult in the Mahāparinibbāna Sutta: An Old
Misunderstanding in Regard to Monastic Buddhism", *Bones, Stones,
and Buddhist Monks: Collected Papers on the Archaeology, Epigraphy,
and Texts of Monastic Buddhism in India*, University of Hawai's
Pressp, p.111, 각주 7.; 안양규(2009), 『붓다의 입멸에 관한 연구』, 서울: 민족사,
p.232ff.

체적으로 장례에 관여하지 말라는 뜻으로 볼 수 있다.『마하빠리닙바나 숫따』와『유행경』은 붓다의 다비식에서 실질적으로 승가가 배제되지 않았기 때문이다. 특히, 아누룻다와 아난다, 마하 깟사빠 등 대비구들의 증명 하에 다비식이 거행되었음을 묘사하였다. 그러므로 승가에 사리탑 공양 자체를 금지한 것은 아니다.

『마하빠리닙바나 숫따』는 사리탑 조성을 권장하였다. 이에 관한 자세한 설명도 아난다에게 행해졌다. 탑을 조성할 만한 사람은 네 부류의 사람을 다음과 같이 설명하였다.

> 아라한으로서 정등각인 여래는 탑을 세울 만하다. 독각은 탑을 세울 만하다. 여래의 제자는 탑을 세울 만하다. 전륜왕은 탑을 세울 만하다.[129]

여래·독각·불제자·전륜성왕 등 네 사람은 탑을 세울 만하다고 붓다는 명시하였다. 탑을 조성한 이익에 관해서도 설하고 있다. 아래의 내용은『마하빠리닙바나 숫따』에 나타난 여래의 탑을 조성한 경우이다.

> 아난다여, 이것이 그 아라한으로서 정등각인 세존의 탑이라고 많은 사람들이 마음을 평정하게 된다. 그래서 마음을 평정하게 한 그들은 육신이 소멸된 사후에 좋은 곳, 천상계에 태어난다. 아난다여, 이런 이익이 있기 때문에 아라한으로서 정등각인 여래는 탑을 조성할 만하다.[130]

---

129) 日本『光明寺経蔵』,『長部』,「大篇」,「大般涅槃経」, p.206-3.
　　 https://komyojikyozo.web.fc2.com/dnmv/dn16/dn16c27.htm
130) 日本『光明寺経蔵』,『長部』,「大篇」,「大般涅槃経」, pp.206-5~7.
　　 https://komyojikyozo.web.fc2.com/dnmv/dn16/dn16c27.htm

불탑을 조성한 공덕은 천상에 태어난다는 것이다. 독각·불제자·전륜성왕의 탑을 조성하는 이익도 불탑을 조성한 공덕과 일치한다고 정형구로써 설명하였다. 특히, 불탑 조성과 공양 등의 종교적 행위는 재가자의 신심을 증장시키고 천상락(天上樂)의 과보를 받는다는 것을 확인하고 있다. 조탑(造塔)의 행위도 성지 순례와 마찬가지로, 불교의 궁극적인 목표인 열반 성취의 길은 아니다. 그러나 불자들에게 불사리는 붓다와 동격으로 받아들여졌다. 『마하빠리닙바나 숫따』는 붓다의 다비식 후 8곳에 붓다의 사리탑, 사리함 탑과 붓다의 다비 숯 탑 등 모두 10기(基)의 탑이 건립되었다고 전한다.[131]

결론적으로, 『마하빠리닙바나 숫따』는 초기불전에서 이례적으로 성지 순례와 사리탑 예경을 권장한다. 붓다의 입멸로 인하여 발생할 수밖에 없었던 종교적 행위를 나타낸 것이다. 사리탑 예경의 경우, 승가의 참여 가부의 논란이 제기되었다.

6) 대가섭에 관한 제(諸) 해석

『마하빠리닙바나 숫따』와 『유행경』에 등장한 대가섭은 한역 율장에서 다르게 나타난다. 한역 율장은 대가섭을 교단의 리더, 붓다의 후계자로서 권위를 나타낸다. 불멸 후 교단 존속에 관한 견해가 대가섭[마하 깟사빠]을 통해서 잘 나타난다. 이에 대한 견해를 다섯 가지로 요약할 수 있다.

---

131) 日本『光明寺経蔵』, 『長部』, 「大篇」, 「大般涅槃経」, p.239-11.
　　 https://komyojikyozo.web.fc2.com/dnmv/dn16/dn16c37.htm

첫째,『비나야잡사』와『마하승기율』은 대가섭이 왕사성에서 이미 붓다의 입멸을 알았다고 주장한다.『비나야잡사』의 견해를 살펴보자.

그때 존자 대가섭은 왕사성 까란다까못[132] 죽림원[133]에서 대지의 진동을 보고 곧 마음을 가다듬고 무슨 일인가를 관찰하였다. 곧 여래가 대열반에 드시는 것을 보았다.[134]

대가섭은 죽림정사에서 붓다의 입멸을 곧바로 알았다는 것이다.『마하승기율』도 대가섭이 기사굴산[영취산] 필발라굴[칠엽굴]에서 좌선 중에 붓다는 어디서 수명을 포기하고 입멸할 것인가를 생각했다. 그

---

132) 까란다까(kalandaka, 羯蘭鐸迦, 가란다) 장자가 왕사성의 죽림원에 못을 파서 까란다까 새를 살게 했기 때문에 까란다까못이라고 한다.『법원주림』, T.53, No.2122, pp.366c16~18, "如羯蘭鐸迦長者 於王舍城竹林園中穿一池 以施羯蘭鐸迦鳥 令其游戲 因名施羯蘭鐸迦池."

133) 가란타죽림원(Veḷuvana-kalandaka-nivāpa)은 죽림정사를 말한다. 가란다(kalandaka) 새가 사는 대나무가 많은 공원이라는 뜻이다. 왕사성에서 가장 경치가 좋은 곳으로서 빔비사라왕이 이곳을 부처님께 보시했다고 알려져 있다. 그러나『대당서역기』는 가란타 장자가 보시했다고 하였다. 즉, 당시 부유한 귀족으로 불렸던 대장자 가란타가 처음에는 대나무 동산을 외도에게 보시했다. 그런데 여래의 설법을 듣고 신심을 내고, 이교도에게 동산을 보시해서 부처님은 집이 없다는 것을 애석하게 생각했다. 그때 여러 신들과 귀신들이 그의 진실한 마음에 감동하여 외도들을 쫓아내며 "장자 가란타는 대나무 동산에 부처님의 정사를 세워야 한다. 너희들은 재앙을 면하려면 어서 빨리 이곳에서 떠나라"고 말했다. 외도들은 이 말을 듣고 크게 화를 내며 분노한 채 떠났다. 그 후 장자는 이 자리에 정사를 세우고 공사를 마친 뒤 직접 부처님께 가서 이곳으로 오시기를 청하였다. 여래는 그의 보시를 받으셨다.『대당서역기』, T.51, No.2087, pp.922a24~b2, "此城中有大長者迦蘭陀 時稱豪貴 以大竹園 施諸外道 及見如來 聞法淨信 追昔竹園居彼異衆 今天人師無以館舍 時諸神鬼 感其誠心 斥逐外道 而告之曰 長者迦蘭陀當以竹園起佛精舍 汝宜速去 得免危厄 外道憤恚 含怒而去 長者於此建立精舍 功成事畢 躬往請佛 如來是時遂受其施."

134) T.24, No.1451, pp.399b16~18, "時具壽大迦攝波 在王舍城羯蘭鐸迦池竹林園中見大地動 即便斂念觀察何事 便見如來入大圓寂."

리고 정수삼매(正受三昧)에서 천안통으로 꾸시나라 사라쌍수 사이에서 입멸하시고 천관탑 주변에서 화장(火葬)에도 불에 타지 않은 것을 보았다고 한다.[135] 두 문헌은 붓다의 입멸이라는 사건보다 대가섭의 위신력을 강조하였다. 불멸 후 교단의 상수(上首)로서, 제1차 결집을 단행한 대가섭에 주목한 것이다.

둘째, 『십송율』[136]과 『비나야잡사』는 붓다의 입멸 소식에 기뻐하며 내뱉은 비구의 망언을 천신들이 신력(神力)으로 막았고, 오직 대가섭만 들었다는 것이다.[137] 막가라(莫訶羅) 비구는 "좋다, 좋아! 우리가 이제부터는 모든 계율의 구속을 면하게 되었다. 이것은 해라 저것은 하지 말라고 하는 일은 모두 끝났다. 이제부터는 지키고 안 지키고는 다 나에게 있다. 이제부터는 할 수 있으면 하고 필요하지 않은 것은 버리면 된다."[138]는 말을 듣지 못하도록 천신들이 막았다는 것이다. 그러나 천신들의 신통을 초월한 대가섭은 그들의 망언을 듣고 경율(經律)의 결집을 다짐하게 된 것이다.

셋째, 『십송율』과 『비나야잡사』에서는 네 명의 대장로를 언급한 후

---

135) T.22, No.1425, pp.490a02~490a8, "時尊者大迦葉在耆闍崛山 賓鉢羅山窟中坐禪 時尊者大迦葉作是念 世尊已捨壽 欲何處般泥洹 今在何處 少病少惱安樂住不作 是念已即入正受三昧 以天眼觀一切世界 見世尊在拘尸那竭城熙連河側力士生地 堅固林中雙樹間 天冠塔邊闍維 乃至火不然."

136) 『十誦律』, T.23, No.1435, pp.445c28~446a03, "爾時有一愚癡不善不及老比丘 發此惡言彼長老常言 應當行是 不應行是 我今快得自在 所欲便作 不欲便止 如是麁言 唯迦葉獨聞 餘無知者 是諸天神力所隱蔽故."

137) 『비나야잡사』, T.24, No.1451, pp.401a23~24, "空中諸天聞其非法 即以神力 掩蔽聲響 不令人聞唯迦攝波領知斯語."

138) 『비나야잡사』, T.24, No.1451, pp.401a19~22, "快哉 樂哉 我等從今免被拘 制於諸戒律 云此應作 此不應作 此事皆息 自今已後 能持 不持 皆由 於我 可行者行 不須者棄."

대가섭을 부각시켰다.『십송율』의 내용을 보도록 하자.

염부제에는 장로 아야 교진여가 수석 상좌였고, 장로 균타가 차석
상좌였고, 아난의 화상인 장로 십력가섭이 세 번째 상좌였고, 장로
대가섭이 네 번째 상좌였다. 대가섭은 지식이 많고 식견도 넓어서 사
부대중이 모두 공경하여 그의 말을 믿고 받아들였다.[139]

『비나야잡사』도 마찬가지로, 아야 교진여·난타·십력가섭·대가섭
을 언급한 후, 대가섭을 주목하였다. 즉, "대가섭은 큰 복덕이 있고 많
은 이양을 받아 가사·발우·약이 매사에 여유가 있었다."[140]고 강조한
것이다.

넷째,『십송율』과『비나야잡사』는 붓다의 열반회상으로 오는 대가섭
을 대중들이 영접하는 장면을 묘사하였다.[141] 특히,『십송율』은 대가
섭의 설법까지 묘사한다.

사부대중은 대가섭이 파바성에서 구시성으로 오고 있다는 소식을
전해 듣고 모두 길가로 나와 대가섭을 영접하였다. 대가섭이 사부대
중이 영접하러 나온 것을 보고 길가의 나무 아래 좌복을 깔고 결가

---

139) T.23, No.1435, pp.446a03~7, "爾時閻浮提中 長老阿若憍陳如第一上座 長老
    均陀第二上座 長老十力迦葉阿難和上第三上座 長老摩訶迦葉第四上座 摩訶
    迦葉多知廣識 四部衆盡皆恭敬信受其語."
140) T.24, No. 1451, pp.401b12~15, "於此時中唯有四大耆宿聲聞 謂具壽阿若憍陳
    如 具壽難陀 具壽十力迦攝波 具壽摩訶迦攝波 然摩訶迦攝波有 大福德多獲
    利養 衣鉢藥直觸事有餘."
141) 구시성의 모든 사람들이 멀리서 오고 있는 대가섭을 보고 각자 향과 꽃, 갖가지
    음악으로써 존자에게 가서 머리와 얼굴을 숙여 발에 절하고 수많은 대중이 존
    자를 따라서 세존의 처소로 갔다.『비나야잡사』, T.24, No.1451, pp.401b8~10,
    "拘尸那城諸人 遙見尊者衆來 各持香華種種音樂 詣尊者所頭面禮足 時有無
    量百千大衆 隨從尊者詣世尊所."

부좌하였다. 사부대중은 그곳으로 다가와 머리를 조아려 공경히 예배드리고 한쪽으로 앉아서 그의 설법을 들었다. 그때 대가섭이 갖가지로 법을 교시하여 대중을 이롭고 기쁘게 하였다.[142]

『십송율』은 붓다의 다비식보다 대가섭에 주목하였다. 대중들은 대가섭을 영접하고, 환대받은 그는 붓다의 존체를 친견하기 전, 법문하였다. 율장은 대가섭을 붓다를 대신할 교단의 리더로서, 불멸 후 교단에서의 대가섭이 가지는 위상을 역설한 것이다.

다섯째, 『비나야잡사』에서 대가섭은 불멸 후 붓다를 대신할 세존으로, 여래의 정법을 부촉받은 인물로 등장한다.

성자여, 만약 부처님이 세상에 계신다면 제가 친히 공양을 올릴 것입니다. 그런데 이제는 열반하셨으니 어디에 공경해야 합니까? 어진 이는 바로 제가 존경할 세존입니다. 왜냐하면, 여래의 교법을 모두 부촉받았기 때문입니다.[143]

위 내용은 아사세(阿闍世, Ajātasattu)왕이 대가섭에게 한 말이다. 불멸 후 불교도들에게 대가섭은 세존을 대신하여, 세존과 다름없는 존경의 대상이었다는 것이다. 특히, 대가섭이 여래의 교법을 부촉받았다고 명시함으로써, 불멸 후 교단의 리더임을 분명히 하였다.

결론적으로, 『마하승기율』·『십송율』·『비나야잡사』 등 한역 율장은

---

142) T.23, No.1435, pp.446a7~12, "四部衆聞摩訶迦葉從 波婆城來欲詣拘尸城 四部衆皆出到半道奉迎摩訶迦葉 摩訶迦葉見四部衆來 於道外樹下 敷尼師檀結加趺坐 四衆既到 頭面敬禮 在一面聽其說法 時大迦葉說種種法 示教利喜竟."

143) T.24, No.1451, pp.404a29~b3, "聖者應知 若佛在世我親供養 今既涅槃何處申敬 仁則是我所敬世尊 何以故 如來教法並皆委寄."

『마하빠리닙바나 숫따』와 『유행경』을 초월하여, 대가섭의 위신력과 위상을 강조하였다. 불멸 후 불법과 교단을 유지하기 위한 제1차 결집의 연기에 주목했기 때문이다. 『비나야잡사』에서 여래 교법이 대가섭에게 부촉되었다는 견해는 『대승열반경』으로 계승된다.

2. 부파불교의 견해

부파불교 논사들은 붓다의 교단 유훈 가운데, 사리 공양·성지 순례·사대 교법·붓다의 마지막 유훈 등에 관하여 교학적으로 논의하였다. 『밀린다팡하』·『슈망갈라윌라시니』·『아비달마대비바사론』의 견해를 중심으로 고찰하고자 한다.

1) 『밀린다팡하』

『밀린다팡하』는 불멸 후 교단 유지와 관련된 붓다의 유훈으로서, 사리 공양에 대한 딜레마를 언급하였다.[144] 밀린다왕은 사리 공양에 관한 붓다의 답변에서 두 가지 모순을 제기하였다.

A: 여래의 사리에 공양함으로써 너희들이 방해되어서는 안 된다.

≠

B: 공양받아야 할 여래의 사리를 공양하라. 그러면 천상에 태어난다.

밀린다왕은 위의 두 상반된 명제 가운데 하나는 허위라는 것이다. A와 B는 양립할 수 없는 딜레마이다. 이에, 나가세나는 A와 B의 대고

---

144) Rhys Davids(1890), *The Questions of King Milinda* I, Oxford:PTS, pp.246~248.; Horner, I. B.(1969), *Milinda's Questions* Vol.1, Oxford:PTS, pp.249~254.

중(對告衆)이 다르다고 해명하였다. A의 대상은 비구 제자들이고, B는 출가한 비구가 아닌 신들이나 인간들에게 설한 것이라는 말이다. 왜냐하면, 붓다의 출가 제자들은 사리에 공양하는 일이 그들의 본 임무가 아니기 때문이다.

나가세나는 출가자의 임무와 경문의 진의를 주장하였다. 출가한 비구는 모든 사물의 실체에 대한 파악·사상의 실천·사념처(四念處) 수행·사고의 모든 대상에 대한 진정한 본질을 파악하는 것·번뇌와의 싸움·그들 자신만의 정신적인 선(善)에 대한 헌신이다. 그러므로 붓다는 출가 제자들이 본래 임무가 아닌 것에 힘쓰지 말고, 본래의 임무에 전력하라는 말이라는 것이다. 만약, 붓다의 이러한 당부가 없었다면, 비구들은 자기의 발우와 가사로써 붓다의 사리에 공양했을 것이라고 강조하였다.[145]

결론적으로, 『밀린다팡하』의 사리 공양에 관한 견해는 승가의 본분이 아닌, 신들이나 인간들의 신행으로 규정하였다. 출가한 비구는 열반 성취를 향한 수행에 전념해야 한다는 것이다.

2) 『슈망갈라윌라시니』

붓다고사는 『슈망갈라윌라시니』에서 『마하빠리닙바나 숫따』의 사대교법(四大敎法)·4대 성지 순례와 사리탑 공양에 관하여 주석하였다.

---

145) Horner, I.B.(1969), *Milinda's Questions* Vol.1, Oxford: PTS, pp.250~254.

(1) 마하빠데싸(Mahāpadesa, 四大 敎法)

붓다고사는 마하빠데싸(Mahāpadesa)를 '위대한 경우들[mahā-okāse]', '위대한 언급 대상자들[Mahā-apadesa]'로 번역하였다. 즉, 붓다를 시작으로 하여 여러 위대한 인물들을 언급하여 붓다의 가르침이라고 주장하는 데 대한 큰 이유를 진술한다는 뜻이다. 이러한 붓다고사의 첫 번째 정의는 정황 그 자체를 강조하고, 두 번째는 근거를 중시한 것이다.[146]

붓다고사는 pada-vyañjanāni와 otaretabbāni, 두 용어의 해석으로써, 마하빠데싸의 의미를 밝혔다. 전자는 '단어와 음절'로 정의하고, '단어로 인지되는 음절'로 주석하였다.[147] 후자는 '대조되어야 할 것'으로 번역하고, 반드시 경에서 나와야 하고 율에 맞게 만들어져야 한다고 주석하였다. 이에, 안양규 교수는 'pada-vyañjanāni'는 두 권위로써 경·율이 이미 정착된 문헌으로 보는 것이고, 'otaretabbāni'는 두 권위를 교리적인 측면으로 이해하는 것이라고 주장하였다.[148]

붓다고사는 경·율, 두 절대적 권위를 '문헌'으로 해석하였다. 그는 『슈망갈라윌라시니』에서 경은 삼장(三藏), 율은 도덕적 행위로 정의하였다.[149] 그의 견해로는 붓다의 입멸 전 이미 삼장이 형성되었다는 것

---

146) 안양규(2003), 「불설과 비불설의 구분: 불교 표준 경전의 시도」, 『한국불교학』 제34권, 한국불교학회, p.52.

147) 붓다고사와 달리, 담마빨라(Dhammapāla)는 atthapada[내용어], byañjanapada[문장어]로 해석하였다. An, Yang-Gyu(2003), *The Buddha's Last Days:Buddhaghosa's Commentary on the Mahāparinibbāna Sutta*, Oxford:PTS, p.145.

148) 안양규(2003), 위의 논문, p.53.

149) An, Yang-Gyu(2003), *The Buddha's Last Days:Buddhaghosa's Commentary*

이다. 『십송율』과 『비나야잡사』[150]는 제1차 결집에서 삼장(三藏)의 성
립을 주장하였다. 『십송율』은 아난다가 논(論)과 경(經)을 함께 암송했
고,[151] 『비나야잡사』는 대가섭이 외웠다[152]고 주장하였다.

여기서, 논모(論母, mātikā)[153]와 논(論, abhidamma)에 관한 이해가
필요하다. 안소니 와더(Anthony Warder)는 붓다에 의해 논모가 형성
되어 삼장(Tripitaka) 가운데 세트로 구성되었다고 추정하였다. 논모
가 더욱 정교화되어 아비달마 논서로 발전하게 되었다는 것이다.[154] 그
의 견해는 루퍼트 게틴(Rupert Gethin)에 의해서도 논증되었다.[155] 게

---

on the Mahāparinibbāna Sutta, Oxford:PTS, p.117.

150) 그러므로 마땅히 이것이 경이고, 이것이 율이며, 이것이 논이고, 이것이 부처님
의 참 가르침인 줄 알아야 합니다. 이렇게 결집을 마치니, 그때 지상의 야차가 모
두 큰 소리로 이렇게 말했다. 어진 이들이여, 반드시 성자 대가섭이 상수가 되어
5백명의 아라한과 더불어 함께 여래 삼장의 성교를 결집하였다는 것을 알아야
한다. T.24, No.1451, pp.408b13~18, "是故當知 此是蘇怛羅 此是毘奈耶 此是
阿毘達磨 是佛真教 如是集已 時地上藥叉咸發大聲作如是說 仁等應知 聖者
大迦攝波 為上首與五百阿羅漢 共集如來三藏聖教."

151) 우리는 이 사람에게 경과 논을 명료하게 물어서 결집해야 합니다. [중략] 그
때 마하가섭이 높은 법좌를 펴자 아난이 올라가 앉았다. T.23, No.1435,
pp.448b10~12, "我等從是人了了 問修妬路阿毘曇集 [중략] 爾時摩訶迦葉 敷
好高座 阿難昇高座 坐竟."

152) 이미 율의 결집을 마치고 우바리가 높은 법좌에서 내려오니, 그때 가섭은 '후대
사람들은 지혜가 적고 둔근기여서 글에 의지하여 해석해도 깊은 뜻을 통달하
지 못할 것이다. 내가 지금 마땅히 몸소 논모를 설하여 경·율의 뜻을 잃지 않게
하고자 한다'고 생각했다. T.24, No.1451, pp.408b2~4 "時迦攝波作如是念後
世之人少智鈍根 依文而解不達深義 我今宜可自說摩窒里迦 欲使經律義不失
故."

153) 논모(論母, mātikā)는 마득륵가(摩得勒伽)·마덕륵가(摩德勒伽)·마달리가(摩怛
理迦)·마와려가(摩伍黎伽)·마치리가(摩致履伽) 등으로 음사하고, 본모(本母)·자
모(字母)·행모(行母)·근본지자(根本之字) 등으로 한역되었다. 각주 195 참조.

154) Warder, A. K.(1970), Indian Buddhism, Delhi: Motilal Banarsidass, p.8.

155) 루퍼트 게틴은 마띠까(Mātika)가 아비달마(Abhidhamma)를 지칭하는 초기
용어라고 할 수 없지만, 논모가 아비달마의 기원이며 논서로 발전되었다고 단

틴은 아난다가 경을 외우고, 우빨리(Upāli)는 율을 외우고, 마하깟사빠
는 논모를 외웠다고 주장하였다.[156] 『아육왕전(阿育王傳, Asokavadana)』
과 설일체유부 율장의 한역과 티베트역의 제1차 결집 기사를 근거로
하였다.[157] 『아육왕전』[158]을 비롯한 『아육왕경(阿育王經)』[159]과 『비나야
잡사』[160]에서 대가섭이 논모를 선창하였다. 『비나야잡사』는 아비달마
(abhidamma, 논장)와 논모를 혼용하였지만, 세 문헌 모두 논모와 논장
은 같다고 간주하였다.[161]

정하였다. 그는 마띠까가 4대 주요 니까야와 율장에 나타난다고 주장하였다.
즉, 『디가 니까야』의 『상기띠 숫따(Saṅgiti Sutta)』와 『다숫따라 숫따(Dasuttara
Sutta)』, 『맛지마 니까야』의 『웃데사위방가 숫따(Uddesavibhaṅga Sutta)』, 『앙굿
따라 니까야』와 『쌍윳따 니까야』의 경전에서 논모가 이용되어 있다는 것이다.
Gethin, Rupert(1992), Janet Gyatso(ed), "The Mātikās: Memorization,
Mindfulness, and the List", *In the Mirror of Memory: Reflections on
Mindfulness and Remembrance in Indian and Tibetan Buddhism*,
Albany: State University of New York Press, pp.157~162.
안양규 교수도 와더와 궤틴의 견해를 수용하였다. 「불설과 비불설의 구분: 불교
표준 경전의 시도」, 『한국불교학』 제34권, 한국불교학회, pp.58~59.

156) Gethin, Rupert(1992), 위의 책, p.158.
157) Gethin, Rupert(1992), 위의 책, p.169, Notes 37.
158) 존자 가섭은 '나는 지금 마땅히 스스로 마득륵가장(논모장)을 암송해야겠다.'라
고 생각했다. 그리고 모든 비구들에게 "마득륵가장이란 4념처·4정근 [중략] 정·
혜 등을 기록할 것이다."라고 말하였다." 모든 장로들은 이것을 마득라장(논모장)
이라고 불렀다. T.50, No.2042, pp.113c03~8, "尊者迦葉作是念 我今當自誦摩
得勒伽藏即告諸比丘 摩得勒伽藏者 所謂四念處四正勤 [중략] 定慧等記 諸長
老此名摩得羅藏."
159) 마침내 제2의 법장을 마치고, 마하가섭은 다시 '우리들은 이제 스스로 지모를
설해야겠다.'라고 사유했다. [중략] 무쟁지, 원지를 모두 다 결집하여, 법신을 제
정하고 설하며 적정을 보는 등의 이런 일을 지모라고 말한다. T.50, No.2043,
pp.152a14~18, "乃至第二法藏已竟. 摩訶迦葉復思惟 我等自說智母 [중략] 無
諍智願智悉皆結集 法身制說寂靜見等是說智母."
160) T.24, No.1451, pp.408b2~4.
161) 『아비달마순정리론』은 논모가 논장과 같다고 밝혔다. 즉, '아비달마'는 결정코
바로 불설이니, 부처님께서 삼장의 가르침을 인정하였기 때문이다. [중략] 오로

결론적으로,『슈망갈라윌라시니』는 불멸 전 삼장의 성립을 주장하였다. 사대 교법으로써 불설(佛說)의 문자적 정의를 강조하였다. 불멸 후 붓다를 대신할 절대적 권위가 경·율에 있다는 것을 재확인하고, 진경(眞經)과 위경(僞經)의 기준을 제시한 것이다. 다만, 붓다고사의 주장대로라면, 불멸 후에 성립된 대승경전은 불설로 인정될 수 없게 된다.

(2) 성지 순례에 관한 견해

　　붓다고사는 성지 순례에 대하여 긍정적이지 않다.『슈망갈라윌라시니』에 나타난 견해를 살펴보도록 하자.

> 성지 주변을 여기저기 쓸고 자리를 씻으며, 보리수에 물을 주며 순례하는 사람들은 그 안에서 비판할 것이 아무것도 없다.[162]

　　붓다고사는 성지순례 참가자에 대해서는 구체적으로 주석하지 않았다. 출가자들에게는 합당한 행위가 아니라는 견해를 반영한 것이다. 성지를 청소하고 보리수에 물을 주는 등은 도량을 수호하는 일로서, 재가자의 역할임을 강조하였다.

　　붓다고사는 물질적인 숭배는 불교를 단 하루도 유지할 수 없다고

지 소달람[경], 비나야[율], 마달리가[논]를 수지하였다고 설한 곳이 있다. T.29, No.1562, pp.330b6~10, "阿毘達磨定是佛說 由佛攝受三藏教故 [중략] 唯有處說 持素怛纜及毘柰耶摩怛理迦."

162)　An, Yang-Gyu(2003), *The Buddha's Last Days:Buddhaghosa's Commentary on the Mahāparinibbāna Sutta*, Oxford: PTS, pp.154~155.

강조하였다. 물질적 숭배는 계·정·혜 수행을 적극적으로 장려하지 않는다는 것이다. 마하위하라(Mahāvihāra)와 같은 수천의 커다란 승원, 마하쩨띠야(Mahācetiya)와 같은 수천의 불탑도 불교를 지탱할 수 없다는 것이다. 그리고 성지 순례는 아소까왕으로 인하여 크게 증가되었다고 설명하였다.[163]

위와 같이, 『슈망갈라윌라시니』는 『마하빠리닙바나 숫따』와 달리 성지 순례의 참가자로 출가 대중을 배제하였다. 성지 순례는 열반 성취를 위한 직접적인 수행이 아니며, 천상의 재생을 위한 재가자에 합당한 신행이라는 이유이다.

(3) 사리 공양에 관한 견해

『슈망갈라윌라시니』는 비구들의 사리탑 숭배 또는 사리 공양은 금지한다는 견해이다. 비구들은 최상의 목표, 아라한과 성취를 위해 부지런히 정진하고, 자신을 헌신해야 한다고 강조하였다. 몸이나 생명에 관심을 두지 말고 열반을 위해 전념해야 한다는 것이다.[164] 사리 공양이 수행자의 본분이 아니라는 견해는 『밀린다팡하』의 견해와 같다.

붓다고사는 불멸 후 열 곳에 조성된 10기(基)의 사리탑이 사원으로 이운(移運)된 과정을 자세하게 설명하였다. 마하깟사빠[대가섭]는 기존 사리탑의 사리에 대한 위험한 상황을 아자따삿뚜[아사세]에게 알려

---

163) 안양규(2000b), 「불교의 성지 순례와 그 종교적 의미」, 『종교문화연구』 제2권, 한신대학교 종교와문화연구소, pp.121, 123.
164) An, Yang-Gyu(2003), 앞의 책, p.157.

복원을 건의하였다고 한다. 사리탑이 사원 안에 세워진 것은 아소까(Asoka)왕에 의해서였다. 붓다고사는 아소까왕이 8만 4천 사원에 사리를 안치하였다고 주석하였다.[165] 아소까왕이 사원으로 사리를 옮겨 팔만 사천 사리탑을 조성함으로써,[166] 불탑 신앙은 사부대중에게 대중화되어 발전한 것이다.

그리고 붓다고사는 사리탑 건립에 있어서, 아라한이 되지 못한 비구들에 대한 언급이 없는 이유에 관해서도 주석하였다. 그는 아라한이 되지 못한 스님들의 유골을 모시라고 했다면, 스리랑카 전역이 부도탑(thūpa)으로 덮일 것이라고 설명하였다. 원래 탑의 상징성과 희귀성이 없어지기 때문에, 붓다는 부도탑을 만들라고 말하지 않았다는 것이다. 그러나 제자들이 스님을 기리기 위해 작게 만드는 것을 틀렸다고 말하지는 못하겠다는 견해를 밝혔다.

3) 『아비달마대비바사론』

『아비달마대비바사론』(이하, 『대비바사론』)은 제191권에서 붓다의 마지막 유훈에 관하여 논의하고 있다. 특히, 불멸 후 외도의 출가 문제, 붓다의 입멸 직전의 유훈에 주목하였다. 이에 대한 논거는 『유행경』과

---

165) An, Yang-Gyu(2003), *The Buddha's Last Days:Buddhaghosa's Commentary on the Mahāparinibbāna Sutta*, Oxford: PTS, pp.219~225.

166) 아소까왕의 8만 4천 불탑 건립에 관해서는 『아육왕경』과 스리랑카의 역사서 『디빠왐사(*Dīpavaṃsa*)』·『마하왐사(*Mahāvaṃsa*)』에도 기록되어 있다. 일아(2009), 『아소까: 각문(刻文)과 역사적 연구』, 서울:민족사, pp.263~265.; 『阿育王經』, T.50, No.2043, p.147c19, "金以用布施 阿育大王已起 八萬四千塔."

『비나야잡사』에 두고 있다.

(1) 외도(外道)의 출가와 구족계 수계

『대비바사론』은 외도(外道)의 출가와 구족계 수계(授戒)에 관한 붓다의 당부에 관하여,『유행경』과 같은 견해를 근거로 삼고 있다.

> 지금부터 내가 멸도한 후, 갑자기 외도의 출가와 구족계를 허락하지 않아야 한다. 석가족·사화외도·다발외도는 예외이다. 만약, 석가족 가운데 외도의 의복을 입고 와서 출가를 원하는 이가 있으면, 그대 들은 반드시 출가하게 하고 구족계를 받게 해야 한다. 왜냐하면, 나의 권속은 마땅히 허락해야 하기 때문이다.[167]

『대비바사론』은 불멸 후에는 석가족·사화외도(事火外道)[168]·다발 외도(多髮外道)[169]를 제외한 외도의 출가와 구족계 수계를 제한하였

---

167) T.27, No.1545, pp.957c5~9, “從今以往及我滅度後 不應輒度外道出家與受具足戒 唯除釋種及事火多髮外道 若有釋種作外道服來求出家 汝等即應度令出家與受具足戒 所以者何 我之眷屬應開許故.”

168) 사화외도(aggika)는 붓다의 성도 후 교화한 가섭 삼형제가 대표적이다. 인도 고대에 성행하던 외도 가운데 하나이다. 불이 여러 하늘의 입이기 때문에 곡물·소유(酥油) 등과 같은 공물을 불 속에 집어 넣어 공양하면, 여러 하늘이 이를 통해 음식을 먹고 그 대가로 사람들에게 복을 내려 준다고 주장했다. 붓다 당시 이들의 견해는 세상에 널리 받아들여졌다. 지관 편저(2010),『가산불교대사림』 Vol.12, 서울:가산불교문화연구원, p.926.
새벽에 예경하고, 살생하여 제사를 지내며, 온갖 향을 피우고, 온갖 기름 등을 바친다. 이와 같은 네 가지 일을 행하는 부류를 사화외도라고 한다. 『방편심론 (方便心論)』, T.32, No.1632, pp.24a15~17, “如說晨朝禮敬殺生祭祠 然衆香 木獻諸油燈 如是四種名事火外道.”

169)『법화경』에서 다발(多髮, Keśinī)은 10 나찰녀 중 여섯 번째이다. 그들은 “세존이시여, 저희들도『법화경』을 읽고 외우며 받아 지니는 이를 위하여 옹호하고, 그

다. 『마하빠리닙바나 숫따』는 외도에게 넉 달의 견습기간을 조건으로 출가와 수계를 허락하였다.[170] 그러나 붓다의 마지막 제자 쑤밧다는 견습기간 없이 붓다의 면전에서 출가하여 구족계를 수지하였다.

특히, 『대비바사론』은 붓다의 종족인 석가족(釋迦族)에 주목하여 논의하였다. 그들의 출가와 구족계를 허락해야 하는 이유로서, 세 가지 견해를 제시하였다.

① 석가족으로서 먼저 외도에 귀의하여 아직 붓다에 귀의하지 않은 이가 있어서, 방편으로 받아들여 한 말이다.[171]

② 아직 불법에 들어오지 않은 증상만의 석씨 종족을 유인하여, 불법에 들어오게 하기 위해서이다.[172]

③ 여래는 석씨 종족의 권속으로 하여금 수승한 선근을 쌓아 증장하기 위해 열반하려 하실 때 부촉하셨다.[173]

위의 첫 번째와 두 번째 견해는 아직 붓다와 불법에 귀의하지 못한 석가족의 교화를 위해서라는 말이다. ①의 경우, 나쁜 왕 비유리(毘琉

의 쇠퇴와 환난을 없애 주겠습니다. 만약 어떤 이가 이 법사의 허물을 찾아내려 해도 찾을 수 없을 것입니다."라고 서약하였다. T.9, No.262, pp.59a22~29, "爾時有羅刹女等 一名藍婆 二名毘藍婆 三名曲齒 四名華齒 五名黑齒 六名多髮 七名無厭足 八名持瓔珞 九名睪帝 十名奪一切衆生精氣 是十羅刹女 [중략] 世尊 我等亦欲擁護讀誦受持法華經者 除其衰患 若有伺求法師短者 令不得便."

170) 日本『光明寺経蔵』,「長部」,「大篇」,「大般涅槃経」, pp.215-7~8.
https://komyojikyozo.web.fc2.com/dnmv/dn16/dn16c13.htm

171) T.27, No.1545, pp.957c11~12, "有諸釋種先歸依外道未歸依佛 今方便攝受故發 此言."

172) T.27, No.1545, pp.957c18~19, "爲欲誘引未入佛法增上慢釋種令入佛法故."

173) T.27, No.1545, pp.957c24~25, "尊者世友說曰 如來爲令釋種眷屬 積集增廣殊勝善根 故臨涅槃以爲付囑."

璃, Virūḍhaka)가 가비라(迦毘羅, Kapila-vastu)의 모든 석가족을 죽였다. 그래서 남은 석가 종족은 두려움 때문에 외도를 의지해 출가하여 신명을 은밀히 보존하는 이들이 있었다. 붓다는 그들을 위하여 "너희들은 두려움 때문에 외도에 의지하여 출가했고 그들의 법복을 받았지만, 이제 두려움이 없으니 반드시 돌아와 불법에 귀의해야 한다. 그러므로 나는 조직으로 모든 제자에게 특별히 그들을 제도하게 한다."는 뜻에서 말한 것이다. 이로 인하여 한량없는 석가족의 외도가 와서 불법에 귀의했다는 것이다.[174]

②의 견해는 "석가족에서 증상만(增上慢)[175]에 마음이 얽매인 이가 있었기 때문에 중동분(衆同分)[176]이 다하기까지 붓다를 친견하지 않았다. 여래가 이런 말을 한 후 바로 반열반하면, 그들은 후에 이 말을 듣고 붓다가 어찌 우리를 권속으로 여기지 않으셨겠는가? 그러므로 반열반할 때도 오히려 가엾이 여겼다고 생각할 것이다. 이로 인하여, 순정심을 내고 와서 불법에 귀의하고 출가하여 계율을 받지 않는 이가 없었다는 것이다.[177]

---

174) T.27, No.1545, pp.957c12~18, "謂因惡王毘盧釋迦 誅戮劫比羅筏窣堵城諸釋種故 有餘釋種以怖畏故依外道出家偷存身命 佛為彼義言汝等以怖畏故 依外道出家受彼法服 今無怖畏必應還來歸依佛法 故我勅諸弟子持令度彼 因此無量釋種外道來歸佛法."

175) 훌륭한 교법과 깨달음을 얻지 못하고서 얻었다고 생각하여 잘난 체하는 거만이다. 곧 자기 자신을 가치 이상으로 생각하는 일이다. 한글대장경, 불교사전, https://abc.dongguk.edu/ebti/c3/sub1.jsp

176) 중생들이 똑 같이 비슷한 과보를 얻게 되는 원인을 말한다. 한글대장경, 불교사전, https://abc.dongguk.edu/ebti/c3/sub1.jsp

177) T.27, No.1545, pp.957c19~23, "謂有釋種增上慢纏心故 盡衆同分不來見佛 如來說此語已便般涅槃 彼後聞之當作是念 佛豈不以我為眷屬故臨般涅槃猶垂哀愍 由此無不發淳淨心來歸佛法出家受戒."

③은 세우(世友) 존자[178]의 견해이다. 그는 출가와 구족계를 수지가 수승한 선근 공덕의 증장을 위해서는 최고라고 역설한 것이다.

결론적으로, 『대비바사론』은 특별히 석가족의 출가 허락을 당부한 이유에 주목하였다. 가비라국(迦毗羅國)의 멸망으로 인하여 어쩔 수 없이 외도로 출가한 석가족을 구제하기 위해서라는 것이다. 또한, 석가 종족이 진실하게 불법에 귀의하고, 구족계 수계를 통하여 최상의 공덕을 짓도록 하기 위해서라고 주석하였다.

(2) 붓다의 마지막 유훈

『대비바사론』은 붓다의 입멸 직전의 모습을 통하여 비구들에게 당부한 붓다의 진의에 관하여 주석하였다. 우선, 『비나야잡사』에서 붓다가 웃옷을 벗고 비구들에게 나를 반드시 보고, 나를 반드시 살펴야 한다고 설한 이유[179]에 관한 논사들의 견해이다.

① 가령, 어떤 사람이 사마타를 만 12년 동안 익혀서 생긴 선정이 잠깐 동안 부처님의 상호를 관찰하여 얻는 공덕보다 못하다.[180]

---

178) 세우(世友, Vasumitra)는 설일체유부의 논사로서, 1~2세기경 북인도 간다라국 (Gandharva) 출신이다. 제2차 결집에서 세우는 백 성현의 지도자로서 『아비달마대비바사론』을 편집하여 설일체유부의 이론과 학설을 총결하였다. 이로써, 그는 법구(法救, Dharmatrāta)·묘음(妙音, Ghoṣa)·각천(覺天, Buddhadeva) 등과 함께 설일체유부의 4대 논사로 불린다. 또한, 이부종륜론을 지어 소승의 20부를 서술하였다. 지관 편저(2011), 『가산불교대사림』 Vol.13, 서울:가산불교문화연구원, p.1493.
179) T.27, No.1545, pp.957c28~958a1, "問世尊何故袒上身分告苾芻衆汝應觀我乃至廣說."
180) T.27, No.1545, pp.958a1~3, "答假如有人習奢摩他滿十二歲 所生善品不如於

② 내가 3 무수겁 동안 쌓은 복 무더기가 곧 잿더미로 되기 전에 그 대들은 진실로 우러러 관찰하면서 견고한 법을 구해야 한다.[181]

붓다는 비구들이 무상의 이치를 알도록, 위대한 붓다의 색신(色身)을 관찰하라고 당부했다는 것이다. 붓다의 색신이 구족한 32상 80종 호는 3 아승기겁(阿僧祇劫) 동안 쌓은 공덕의 상징이다. 이러한 붓다의 색신을 관찰하는 공덕은 12년 동안 선정을 닦은 공덕보다 크다는 것이다. 특히, 붓다의 색신을 통한 한순간의 위빠사나(Vipassanā, 觀)가 장기간의 사마타(Samatha, 止)[182] 수행보다 수승하다고 강조하였다.

───────────────

須臾頃 觀察佛相好之身所獲功德."
181) T.27, No.1545, pp.958a3~5, "此中佛語義言我三無數劫所集福聚 乃至未作灰
聚以來 汝等宜應諦仰觀察求堅固法."
182) 『금강삼매경론』은 "사마타(Samatha)는 지(止)라고 한역한다. 마음으로 하여
금 대상에 머물게 하므로 '지'라고 말한다."라고 설명한다. T.34, No.1730,
pp.962b27~28, "奢摩他 此譯云止 令心止境故名為止."
『금강경찬요간정기』는 "사마타는 지라고 한역한다. 지(止)는 곧 정(定)이다. 지혜
는 정에 의지하여 온갖 반연을 쉬고 오로지 마음만 홀로 남기 때문에 지(知)라
고 한다. 위빠사나는 관(觀)이라고 한역한다. 관은 곧 혜이다. 이 혜에 의지하기
때문에 모든 것을 관찰하여 미세한 데까지 추구하여 뚜렷하고 분명해지기 때
문에 견이라고 한다. 이 두 가지, 사마타와 위빠사나를 지와 견이라고 한다"라
고 하였다. T.33, No.1702, pp.2 24c21~25, "奢摩他此云止 止即是定 智依此
定併息萬緣, 唯心獨存 故云知也 毘鉢等者 毘鉢舍那此云觀 觀即是慧 依此
慧故觀察一切 委細推求歷歷分 明故名為見 此二者知見也."
『아비달마대비바사론』은 "사마타 수행은 항상 혼자 조용한 데에 있기를 좋아
하고, 시끄러운 곳이나 견해의 소란스러움이나 번잡스러운 허물을 두려워하
여 한결같이 고요한 방에 있으면서 성도(聖道)에 들어가는 것을 말한다. 위빠사
나 수행은 항상 삼장을 독송하고 사유하기를 좋아하고 온갖 법의 자상과 공상
에 대하여 자주자주 관찰하면서 성도에 들어가는 것을 말한다. 혹은 마음을 하
나의 반연에 매어 두어 법상을 분별하지 않기도 하고, 법상을 분별하면서 마음
을 하나의 연에 매어 두지 않기도 한다. 만일 마음을 하나의 연에 매어 두어 법
상을 분별하지 않는 이가 성도에 들어가는 때를 사마타를 행하는 이라고 한다.
만일 법상을 분별하면서 마음을 하나의 연에 매어 두지 않는 이가 성도에 들어
가는 때를 위빠사나를 행하는 이라 한다. 또, 근기가 예리한 이는 위빠사나를

『대비바사론』은 붓다가 비구들에게 나를 반드시 보고[觀] 반드시 살피라[察]는 당부에서, 관(觀)·찰(察)의 차이[183]를 분석하였다. 논사들은 7가지 견해로써 다음과 같이 구분하였다.

<표5-3> 관(觀)·찰(察)의 7분별

관(觀): 눈으로 보는 것	찰(察): 헤아려서 아는 것
안식(眼識)으로써 하는 것	의식(意識)으로써 하는 것
분별이 없는 마음으로써 하는 것	분별이 있는 마음으로써 하는 것
현재에 대해서	미래에 대해서
생신(生身)에 대해서	법신(法身)에 대해서
쌓인 것을 본다는 것	증득한 것을 살핀다는 것
싫어할 것을 본다는 것	기뻐할 것을 살핀다는 것
상호를 본다는 것	공덕을 살피는 것

관(觀)·찰(察)의 7분별에서는 2종 불신관(佛身觀)이 특징적으로 나타난다. 관(觀)은 눈으로 보는 것이고, 찰(察)은 헤아려서 아는 것을 말한다. 불신(佛身)을 생신(生身)과 법신(法身)으로 구분하여 인식한 것이다. 부파불교에서 2종의 불신 용어가 등장한 것이다.

『대비바사론』은 경에서 잠자코 있어라, 모든 것은 소멸하는 법인 줄

행한다고 하며, 근기가 둔한 이는 사마타를 행한다고 한다."라고 하였다. T.27, No.1545, pp.148a25~1486, "或多修習毘鉢舍那資糧多修習奢摩他資糧者 謂加行時恒樂獨處 閑居寂靜怖畏憒鬧 見誼雜過恒居靜室入聖道時 名奢摩他行者 多修習毘鉢舍那資糧者 謂加行時恒樂讀誦思惟三藏 於一切法自相共相數數觀察入聖道時 名毘鉢舍那行者 復次或有繫心一緣不分別法相 或有分 別法相不繫心一緣 若繫心一緣不分別法相者 入聖道時 名奢摩他行者 若分別法相不繫心一緣者入聖道時 名毘鉢舍那行者 復次若 利根者 名毘鉢舍那行者 若鈍根者 名奢摩他行者."
183) T.27, No.1545, pp.958a5~6, "問汝應觀我汝應察我有何差別."

반드시 관하라. 이것이 나의 마지막 가르침이다."라고 설한 이유184)에 관한 견해를 밝히고 있다. 여기서 언급한 경은 『비나야잡사』이다.

모든 비구들은 부처님께서 곧 열반에 들기 때문에 극도로 사무치게 괴로워하면서 점점 비통하게 부처님을 불렀다. 부처님께서는 그들의 비애를 중지시키고 관행을 내게 하려고 이 말씀을 하셨다.185)

붓다의 입멸에 대한 비구들의 슬픔을 완화시키고, 그들이 관법(觀法) 수행을 하도록 하기 위해서라는 것이다. 관행(觀行)은 위빠사나 수행이다. 붓다의 색신을 관찰하라고 당부한 것이다. 그리고 논사들은 "잠자코 있어라, 모든 것은 소멸하는 법인 줄 반드시 관하라."를 구분 하였다.

〈표5-4〉 붓다의 색신을 관찰하는 두 가지 방법 비교

잠자코 있어라[裁黙]	모든 것은 소멸하는 법인 줄 반드시 관하라
정념을 유지하라	정지(正知)를 일으켜라
사마타를 닦게 하는 것	위빠사나를 닦게 하는 것
근심과 슬픔을 그치게 하는 것	관행(觀行)을 일으키게 하는 것
타인의 비애를 중지시키려는 것	망실이 없는 법의 성취를 나타냄

『대비바사론』은 비구들이 붓다의 입멸을 슬퍼하지 말고, 정지(正知) 를 체득하여 깨달음을 성취하라고 강조하였다. 특히, 붓다의 색신을

---

184) T.27, No.1545, pp.958a15~17, "如契經說 汝等苾芻且可裁黙應觀諸行 是盡滅法 此是世尊最後教誨 問世尊何故說此語耶."
185) T.27, No.1545, pp.958a17~19, "答諸苾芻等 以佛將涅槃 故極懷愁惱 展轉悲號佛 欲止其悲哀 令生觀行 故說是語."

관찰하는 방법으로서 사마타(奢摩他)·위빠사나(毘鉢舍那)[186], 정념과 정지, 중지(中止)와 생기(生起) 등으로 대조적인 개념으로 배대하여 설명였다. 논사들은 사마타와 위빠사나를 함께 언급하지만, 성불을 위한 수행법으로서 위빠사나를 강조하였다. 위빠사나는 초기불전에서 나타나지 않은 개념이다.

『대비바사론』은 '모든 것은 소멸하는 법이다'라는 말은 "모든 것은 무상하여, 생멸이 없는 법이니, 일어남에 다함이 있으므로, 적멸을 즐거움으로 삼는다"는 사구게(四句偈)에 의거한다고 주석하였다. 이것이 붓다가 성취한 망실(忘失)이 없는 법[187] 곧, 깨달음의 요체라는 말이다.

---

186) 사마타라는 자량은 여래의 삼매를 증득하는 법문이고 위빠사나라는 자량은 혜안을 획득하는 법문이다. 『방광대장엄경』, T.3, No.187, pp.545a15~17, "奢摩他資糧是法門 證得如來三昧故 毘鉢舍那資糧是法門 獲得慧眼故."
선정만 있고 지혜가 없는 것도 아니고, 지혜만 있고 선정이 없는 것도 아니다. 마땅히 선정도 있고 지혜도 있어야 비로소 열반을 증득한다. 『아비달마집이문족론』, T.26, No.1536, pp.375b24~25, "非有定無慧 非有慧無定 要有定有慧 方證於涅槃."

187) T.27, No.1545, pp.958a25~b1, "此中佛語義言我成佛未久已作是說 諸行無常 有生滅法 以起盡故 彼寂為樂 今復依彼說言諸行是盡滅法 豈非我成就無忘失法耶."

3. 대승불교의 견해

『대승열반경』을 비롯한 대승불교 문헌을 의지하여, 대승불교의 불멸 후 교단 유지를 위한 붓다의 유훈을 고찰하고자 한다. 우선, 대승불교에서 인식한 교단의 위기 상황을 살펴볼 것이다. 그리고 법(法)·율(律)에 관한 개념, 붓다의 마지막 유훈, 호법(護法)을 위한 대승계율 제정, 사리 공양과 사리탑 건립, 일천제성불론(一闡提成佛論)으로 세분하여 연구하고자 한다.

1) 불멸 후 교단의 위기 상황

대승불교 문헌은 당시 교단이 처한 상황을 적극적으로 반영하고 있다. 『대승열반경』[188]에서는 불멸 후 승단의 위기, 기아와 약탈이 횡행한 사회 상황을 자세하게 전한다.

> 내가 열반한 뒤 혼란스럽고 악한 시대에 국토가 어지럽고 서로 침략하며 사람들이 굶주린다. 그때 다분히 배고픔 때문에 발심하여 출가한다. 이러한 사람들은 모두 독인[189]이라고 한다. 이 독인 무리는 계

---

188) 『북본』과 『남본』을 말한다.
189) 독인(禿人)은 수행과 계행이 없는 막행승을 비방하는 말로서, 독거사(禿居士)·독노(禿奴)·독자(禿子) 등의 용어가 있다. 지관 편저(2003), 『가산불교대사림』 Vol.5, 서울:가산불교문화연구원, p.81.

행을 지키고 위의를 구족한 청정 비구들이 정법을 호지하는 것을 보면 쫓아내고 죽이거나 해칠 것이다.[190]

교단의 위기 상황은 『대승열반경』의 성립 배경으로도 볼 수 있다. 사회 전반적인 분위기가 불교 교단이 처한 위기와 같이, 국토의 황폐함과 기아·약탈이 자행되었음을 짐작할 수 있다. 승단의 위기 상황은 그 당시의 사회적 반영이다.[191] 개인과 사회, 종교는 연기적 관계에 있다. 사회와 종교 공동체도 상호 간 밀접하게 영향을 미치기 때문이다. 사회의 낙오자나 생활고의 탈출구로써, 진정한 발심 없는 출가(出家)가 성행한 것이다. 속인 거사와 같은 그들이 삭발하고 승복을 걸치고 비구가 되어 무위도식(無爲徒食)한 것이다. 사욕에 눈먼 그들은 오히려 정법을 추구하는 청정 비구들을 살상하는 상황을 초래하였다.

반면, 교단의 타락과 훼법 행위를 자행하는 파계승들은 인정받지는 못했을 것이다. 그들은 정식으로 수계 받지 않은 비구, 비구를 가장한 머리만 깎은 거사에 지나지 않았기 때문이다. 『대승열반경』은 비구들의 행태를 3종승(種僧)으로 구분하여 자세히 설하고 있다.

어떤 비구가 이양을 위하여 타인에게 법을 설하고 그의 무리들도 스승을 본받아 이양을 탐한다면, 그 사람은 이렇게 스스로 대중을 깨

---

190) 『북본』, T.12, No.374, pp.384a29~b5, 『남본』, No.375, pp.624a21~25, "善男子 我涅槃後濁惡之世 國土荒亂 互相抄掠 人民飢餓 爾時多有爲飢餓 故發心出家 如是之人 名爲禿人 是禿人輩 見有持戒 威儀具足 淸淨比丘 護持正法 驅逐令出 若殺若害."

191) 水谷幸正(1960~1), 「仏教における危機意識の一考察: 特に大乗涅槃經典群の成立を繞って」, 『印度学仏教学研究』通卷 16, 印度学仏教学會, p.198.; 水谷幸正(1960~2), 大乗涅槃經典群にあらわれたる危機思想」, 『仏教大学研究紀要』37号, 仏教大学會, p.21.

뜨리는 것이다. 가섭이여, 대중에는 세 부류가 있다. 첫째는 계를 범하는 잡승, 둘째는 어리석은 승, 셋째는 청정승이다. 파계하는 잡승은 무너뜨리기 쉽고, 계를 지키는 청정승은 이양하는 인연으로는 파괴할 수 없다.[192]

『대승열반경』은 교단의 비구를 파계잡승(破戒雜僧)·우치승(愚癡僧)·청정승(淸淨僧)으로 구분하여 설명하였다. 파계잡승(破戒雜僧)은 비록 비구가 금계(禁戒)를 가지면서도 이양을 위하기 때문에, 파계자와 함께 다니며 그 사업에 동조하는 이들을 말한다.[193]

우치승(愚癡僧)은 비구가 고요한 도량에 있으면서도 총명하지 못하고 멍청하여 욕심이 적고 걸식한다. 그들은 계를 설하는 날이나 자자(自恣)할 때, 모든 제자가 청정하게 참회하도록 가르친다. 그러나 그릇된 제자가 다분히 파계하는 것을 보고도 청정하게 참회하도록 가르칠 수 없다. 그들과 함께 계율을 설하며 자자하는 이를 우치승이라고 한다.[194]

청정승(淸淨僧)은 백 천 억 마군(魔軍)들이 파괴할 수 없다. 이 보살 대중은 성품이 청정하며 파계승과 우치승들을 조복하여 모두 청정한

---

192) 『북본』, T.12, No.374, pp.384b17~22.; 『남본』, T.12, No.375, pp.624b9~14, "迦葉 若有比丘以利養故爲他說法 是人所有徒爲眷屬 亦效是師貪求利養 是人如是 便自壞衆 迦葉 衆有三種 一者犯戒雜僧 二者愚癡僧 三者淸淨僧 破戒雜僧則易可壞 持戒淨僧 利養因緣所不能壞."

193) 『북본』, T.12, No.374, pp.384b22~24.; 『남본』, T.12, No.375, pp.624b14~17, "云何破戒雜僧 若有比丘雖持禁戒 爲利養故 與破戒者坐起行來 共相親附 同其事業 是名破戒亦名雜僧."

194) 『북본』, T.12, No.374, pp.384b24~28.; 『남본』, T.12, No.375, pp.624b18~21, "云何愚癡僧 若有比丘 在阿蘭若處諸根 不利闇鈍夢夕登曹少欲乞食 於說戒日及自恣 時教諸弟子淸淨懺悔 見非弟子多犯禁戒 不能教令淸淨懺悔 而便與共說戒自恣 是名愚癡僧."

대중 속에서 안주하게 한다. 그들을 법을 수호하는 위 없는 큰 스승이라고 한다.[195]

『대승열반경』은 불멸 후 정법이 없어진 상법(像法)시대[196]의 겉과 속이 다른 비구들의 행태를 상세하게 묘사하였다. 겉으로는 계율을 수지하는 체하면서 경전을 읽지 않고 음식과 옷으로 호사를 누리며, 아라한과를 얻었다고 망언(妄言)한다. 사문이 아니면서 사문 행세를 하며, 정법을 비방하고 계율과 위의를 파괴하며 여래의 교법을 깨뜨린다. 경(經)·율(律)을 어기면서 자기가 만든 이야기를 불설(佛說)이라고 서로 다투면서 불제자(佛弟子)라는 것이다.[197]

『대승열반경』은 교단 내 문제로 인하여, 붓다는 입멸 시기를 3개월

---

195) 『북본』, T.12, No.374, pp.384b28~c3.; 『남본』, T.12, No.375, pp.624b21~24, "云何名淸淨僧 有比丘僧百千億魔所不能壞 是菩薩衆 本性淸淨 能調如上 二部之衆 悉令安住淸淨衆中 是名護法無上大師."

196) 불멸 후 법의 유통 형태를 정법·상법·말법, 세 시기로 구별할 수 있다. 교법·수행·증과, 세 가지를 모두 구족하면 정법시대, 교법과 수행만 갖추고 있으면 상법시대, 교법만 있고 나머지가 없으면 말법시대이다, 『대승법원의림장』, T.45, No.1861, pp.344b3~5, "佛滅度後法有三時 謂正 像 末 具教 行 證三名為正法 但有教行 名為像法 有教無餘名為末法."
상법(像法, saddharma-pratirūpaka)에 관하여 『중론』은 다음과 같이 설명한다. 불멸 이후 5백 년이 지난 상법시대에는 사람의 근기가 점차 둔해져서 모든 법에 깊이 집착한다. 12연기·5온·12입·18계 등 정해진 상(相)을 구하고, 부처님의 뜻은 모르고 문자에만 집착한다. 대승법의 필경공을 듣고도 무슨 인연 때문에 공인지 알지 못한다. 그리고 '만약, 모두 필경공이라면 죄·복·보응 등은 어떻게 분별하는가'라는 의심을 일으킨다. 이렇게 되면 세제와 제일의제가 없이 공상(空相)을 취하여 탐착을 일으키게 되고, 필경공 가운데 갖가지 허물을 일으킨다. 용수보살은 이러한 오류를 막기 위하여 이 『중론』을 지었다. T.30, No.1564, pp.1b29~c7, "佛滅度後五百歲 像法中 人根轉鈍 深著諸法 求十二因緣五陰 十二入十八界等決定相 不知 佛意但著文字 聞大乘法中說畢竟空 不知何因緣 故空 即生疑見 若都畢竟空 云何分別 有罪福報應等 如是則無世諦第一義諦 取是空相而起貪著 於畢竟空中生種種過 龍樹菩薩為是等故 造此中論."

197) 『북본』, T.12, No.374, pp.386b14~26.; 『남본』, T.12, No.375, pp.626b10~23.

후로 정했다는 견해이다. 「광명변조고귀덕왕보살품」의 내용을 살펴보기로 하자.

그때, 나의 성문 제자들이 분쟁을 만들고, 구섬미국의 악비구들은 나의 가르침을 위반하고 다분히 금계를 범한다. 부정한 물건을 받아 이양을 탐해 구하고 모든 재가자들에게 "나는 무루를 얻었다. 나는 수다원과 내지 아라한과를 얻었다."라고 자찬한다. 타인을 헐뜯어 욕하며 불·법·승·계율·화상에게 공경심을 내지 않고, 공연히 내 앞에서 이런 물건은 부처님이 모으라 허락한 것이라고 말한다. 이와 같은 물건을 부처님은 축적하라고 허락하지 않았다. 나 또한 이런 것들을 진실로 허락하지 않았다 해도, 그들은 나와 반대로 부처님이 허락하셨다고 말한다. 이런 악인들이 나의 말을 믿지 않기 때문에, 나는 파순에게 "너는 궁금하게 기다리지 말라. 석 달 뒤에 곧바로 열반에 들겠다."라고 하였다.198)

초기 『열반경』의 에피소드와 『대비바사론』의 견해를 재해석한 것이다. 경문에서는 구섬미(拘睒彌, 꼬삼비) 악비구들의 행태를 묘사하였다. 그들은 계행이 청정하지 못하고, 대망어를 일삼으며 삼보에 귀의하지 않고, 붓다를 빙자하여 부정한 물건을 축적했다. 더구나, 그들은 서로 다툼도 심했다. 이러한 내용은 『대장엄론경』 제9권[51]199), 『중아함

---

198) 『북본』, T.12, No.374, pp.513c25~514a5.; 『남본』, T.12, No.375, pp.757c28~758a8, "爾時我諸聲聞弟子生於諍訟 如拘睒彌諸惡比丘 違反我教多犯禁戒 受不淨物 貪求利養 向諸白衣而自讚歎 我得無漏 謂須陀洹果 乃至我得阿羅漢果 毀辱他人 於佛法僧戒律和上不生恭敬 公於我前言如是物佛所聽畜 如是等物佛不聽畜 我亦語言如是等物我實不聽 復反我言如是等實是佛聽 如是惡人 不信我言 為是等故 我告波旬 汝莫悒遲 却後三月當般涅槃."

199) T.4, No.201, pp.304a27~305b22.

경』제17권 「장수왕본기경」200), 『사분율』제43권 구섬미건도(拘睒彌犍度)201) 등에서도 확인할 수 있다. 『6권본』에서도 당시의 교단 위기 양상을 묘사하고 있다. 특징적으로, 불법쇠퇴설을 포함하고 있다. 구체적으로, 살펴보도록 하자.

> 선남자여, 내가 입멸한 지 7백년 후, 여래의 교법은 지금으로부터 점차 멸한다. 마군 비구가 있어 정법을 어지럽힌다. 사냥꾼의 상을 스스로 복장하며 비구상·비구니상·우바새상·우바이상·수다원상·사다함상·아나함상·아라한상을 만들고 불상을 만든다. 이 마왕 파순은 세속을 여읜 상을 만들어 세속법으로써 나의 가르침을 어지럽힌다.202)

불멸 후 7백 년은 『대승열반경』이 성립된 시기로 볼 수 있다. 당시 교단은 법과 율이 파괴되었고, 청정승 대신 마군들이 승려로 가장하여 교단을 유린하고 불법(佛法)을 파괴하였다. 불멸 7백 년 후의 교단의 위기, '불법쇠퇴설'은 대승열반부 경전에서도 나타난다. 『마하마야경』은 불멸 후 7백 년까지는 불법이 융성하지만, 8백 년 이후는 쇠퇴한다고 하였다.203) 또한, 『불입열반기법주경』은 불멸 후 7백 년의 타락한 승가를 묘사하였다. 즉, 붓다의 제자들은 이양·공경·명예에 집착하고,

---

200) T.1, No.26, p.532c9ff.
201) T.22, No.1428, p.879b23ff.
202) 『6권본』, T.12, No.376, pp.880a23~28, "善男子 我般泥洹七百歲後 如來教法 從此漸滅魔作比丘 壞亂正法 爲獵師相 而自覆藏 作比丘像 比丘尼像 優婆塞 像 優婆夷像 須陀洹像 斯陀含像 阿那含像 阿羅漢像 及作佛像 是魔波旬 作離 俗相 而行俗法壞亂我教."
203) T.12, No.383, pp.1013c9~1014a3, "八百歲後 諸比丘等樂好衣服縱逸嬉戲 [중략] 於是佛法 而滅盡也."

증상만(增上慢)을 가지고 삼학(三學)을 배워 부지런히 닦고 익히지 않는다. 교단의 타락과 비행은 점점 심각하게 되어 불멸 후 천년이 되면, 정법은 멸한다는 것이다.[204] 『대비경』은 말법(末法)시대[205] 교단의 양상을 다음과 같이 묘사하였다.

> 내가 멸도한 뒤 미래의 세상에서 법이 사라지려고 할 최후의 5백 년 동안, 지계하는 무리들과 정법을 따르는 무리들은 멸하게 될 것이다. 계율을 파괴하고 법답지 않은 무리들이 치성하여 정법을 비방하고 수명을 단축시키게 될 것이다. 중생이 무너지는 때이고 법이 멸하여 무너지는 때이고 비구승이 무너지게 될 때이다.[206]

『대비경』은 말법시대를 계율과 정법은 사라지고 파계자와 비법자들이 치성하며, 중생·법·비구승이 파멸되는 때라고 설하였다. 타락한 교단 비구들의 행태를 『대비경』은 아래와 같이 상세하게 설명한다.

> 그때, 놀라고 두려워하고 공포에 떨며 모든 비구들은 몸·마음·계율·지혜를 닦지 않을 것이다. 그들은 몸·마음·계율·지혜를 닦지 않

---

204) T.12, No.390, pp.1113b11~1113c2, "我涅槃後第七百年 吾聖教中利養堅固 天龍藥又阿素洛等 於佛法僧供養恭敬尊重讚歎 我諸弟子多著利養恭敬名譽 於增上學戒定慧等不勤修習 [중략] 令諸沙門婆羅門等輕毀退失我之聖教."
205) 정법·상법·말법이 도래하는 구체적인 시기에 대해서 다양한 설이 있다. 『남악사대선사입서원문(南嶽思大禪師立誓願文)』의 견해는 다음과 같다. 불멸 후 정법이 오백 년 동안 세상에 물렀고, 정법이 멸한 후 상법이 일천 년간 세상에 머물렀으며, 상법이 멸한 후 말법이 일만 년간 세상에 머물 것이다. T.46, No.1933, pp.787a2~4, "滅度之後正法住世逕五百歲 正法滅已像法住世逕一千歲 像法滅已末法住世逕一萬年."
206) T.12, No.380, pp.972a20~23, "我滅度後於未來世法欲盡時最後五百年 持戒朋黨正法 朋黨將欲盡滅 破戒 非法 朋黨熾盛 誹謗正法 壽命短促 衆生壞時 法滅壞時 比丘僧壞時."

고, 여섯 가지[六處], 발우·의복·음식·좌구·방사·탕약에 탐착할 것
이다.[207]

말법시대 비구들은 탐착으로 인하여, 서로 싸우며 번갈아 송사를
제기하여 관청에 가서 날카로운 말로 서로를 헐뜯고 증오한다는 것이
다.[208]

결론적으로, 대승불교는 불멸 후 교단의 위기 상황과 법·율을 상실
한 시대를 여실하게 인식하였다. 법과 율을 스승으로 삼고 부지런히
정진하라는 붓다의 마지막 유훈이 외면당하는 현실을 대승불전은 직
시한 것이다. 대승불교는 불멸 후 교단의 유지를 위하여, 대승의 법·
율이 최우선으로 요구된다는 것을 강조한다.

2) 법·율에 관한 견해

(1) 법·율에 대한 견해

대승불교에서 말하는 법(法)은 대승(大乘)이다. 『대승열반경』에서 강
조하는 대승법은 붓다의 불입열반(佛入涅槃)·법신상주(法身常住)·열반
과 법신의 상락아정(常樂我淨)·일체중생 실유불성(一切衆生悉有佛性)·

---

207) T.12, No.380, pp.972a23~28, "阿難 當於爾時驚畏恐懼 有諸比丘 不修身 不
修心 不修戒 不修慧 彼等不修身戒心慧者貪著六處 何等爲六 一者貪著鉢 二
者貪著衣 三者貪著食 四者貪著床座 五者貪著房舍 六者病瘦因緣貪著湯藥."
208) T.12, No.380, pp.972a29~972b1, "更共鬪諍 迭相言訟 上至官司 口如刀劍互
相誹謗 迭共憎嫉."

제5장 붓다의 교단 유훈 409

일천제(一闡提) 실유불성(悉有佛性)과 성불(成佛) 등을 말한다. 이러한 법을 수호하기 위해 계율이 필수적으로 수반되어야 한다는 것이다. 『마하빠리닙바나 숫따』와 마찬가지로, 붓다는 대중들에게 질문을 권한다.[209] 특히, 법·율에 관하여 다양한 견해를 밝혔다.

우선, 붓다의 장수하는 업에 관한 가섭보살과 붓다의 대화를 살펴보도록 하자. 가섭보살은 불법(佛法)에서 파계하고 역적죄를 범하며 불법을 훼방하는 이들을 아들과 같이 생각할 수 없다고 반문하였다.[210] 이에 대한 붓다의 답변은 다음과 같이 나타난다.

> 가섭이여, 정법을 훼방하거나 일천제거나 혹 살생하고 나쁜 소견으로 일부러 계율을 범하는 이라도 나는 그들에게 자비한 마음을 내어 아들로 생각하여 라훌라처럼 여긴다.[211]

붓다는 당시 불교도들의 교단 상황에 대한 인식과 극복의 의지를 일깨우고 있다. 비법(非法)과 외도·일천제·파계자가 난무하는 교단이 처한 위기에서 호법과 지계에 주목하고, 자비(慈悲)를 강조하였다. 『대승열반경』은 대승불교의 파법(破法)과 파계(破戒)에 관한 견해를 다음과 같이 밝히고 있다.

---

209) 붓다는 비구들에게 계율에 대하여 의심이 있으면 마음대로 질문하라고 한다. 『북본』, T.12, No.374, pp.379a13~14.;『남본』, T.12, No.375, pp.618c19~20, "佛復告諸比丘 汝於戒律 有所疑者 今恣汝問."

210) 『북본』, T.12, No.374, pp.380c6~8.;『남본』, T.12, No.375, pp.620b15~17, "於佛法中 有破戒者 作逆罪者毀正法者 云何當於如是 等人同子想耶."

211) 『북본』, T.12, No.374, pp.380c17~20.;『남본』, T.12, No.375, pp.620b 27~29, "迦葉 毀謗正法及一闡提 或有殺生乃至邪見及故犯禁 我於是等 悉生悲心 同於子想 如羅睺羅."

선남자여, 여래는 법을 파괴한 이를 외아들처럼 평등하게 본다. 여래가 지금 위 없는 정법을 왕과 대신과 재상과 비구·비구니·우바새·우바이에게 부촉했으니, 왕이나 사부대중이 마땅히 모든 학인에게 부지런히 닦도록 권하여 계·정·혜로 점점 나아가게 해야 한다. 만약 삼학을 닦지 않고 게으르고 계를 범하고 정법을 파괴하는 이가 있다면, 임금과 대신·사부대중들이 마땅히 엄하게 다스려야 한다. 선남자여, 그렇다면 그 임금과 사부대중이 죄가 있겠는가? 세존이시여, 그렇지 않습니다.[212)]

대승불교는 개인만이 아니라 모두가 함께 정법을 수호하고 성불의 길로 나아가기를 지향한다. 『대승열반경』에서도 초기불교에서 강조한 삼학(三學)의 수행을 강조하였다. 붓다는 삼학 수행을 게을리하고 정법을 훼손하는 이는 불교 교단은 물론 정부에서도 엄중히 다스려야 한다고 주장하였다. 특히, 파계하는 비구를 우바새나 우바이가 벌을 주어도 죄가 되지 않는다는 것이다. 수행하지 않으면서 파계를 일삼고 비법을 따르는 행태는 승가는 물론, 당시의 혼탁한 사회 상황도 반영한 것이다.

『대승열반경』은 계율 수지에 관한 견해를 명시하고 있다. 계율을 잘 수지하는 것은 중생을 조복하여 이롭게 하는 데 있고, 4가지 사항을 준수한다. 우선, 중생을 조복시켜 이롭게 한다는 것은 보살이 모든 중생을 교화하기 위하여 항상 마을에 들어감에 있어서, 시기를 가리지

---

212) 『북본』, T.12, No.374, pp.381a27~b5.; 『남본』, T.12, No.375, pp.621a9~15, "善男子 如來亦爾 視壞法者等如一子 如來今以無上正法付囑諸王 大臣宰相 比丘比丘尼 優婆塞 優婆夷 是諸國王及四部衆 應當勸勵諸學人等 令得增上戒定智慧 若有不學是三品法 懈怠破戒毀正法者 國王大臣四部之衆應當苦治 善男子 是諸國王及四部衆 當有罪不 不也世尊."

않아야 한다. 혹은 과부나 음녀의 집에 가서 여러 해를 함께 있는 일은 성문으로서는 하지 않아야 한다는 것이다.[213] 그리고 다음 4가지 사항을 다음과 같이 설하고 있다.

계율의 중함을 안다는 것은 붓다가 사실로써 계를 제정한 것을 보고 "너는 오늘부터 조심하여 다시 범하지 말라. 네 가지 중대한 계율을 출가인은 행하지 말아야 한다. 만약 범하면 사문이 아니며 석가의 제자가 아니다."라고 한다면, 이것을 중함을 아는 것이라고 한다. 계율의 가벼움을 안다는 것은, 가벼운 일을 범한 이에게 세 번 제지하여 버리게 할 수 있으면 이를 가벼움을 아는 것이라고 한다. 계율이 아닌 것을 증명하지 않는 것은 어떤 이가 청정하지 않은 물건을 수용하는 자를 칭찬하면 함께 머물지 않는다. 계율을 반드시 증명한다는 것은 계율을 잘 배우고 파계한 이는 가까이하지 않으며, 행하는 일이 계율에 수순하는 이를 보면 환희심을 낸다.[214]

계율을 잘 수지하는 사람으로 하여금 중생을 조복하고 이롭게 하기 위하여 네 가지가 필요하다. 첫째, 계율의 중함을 아는 것이다. 즉, 4중금(四重禁)[215]을 범한 비구·비구니는 사문(沙門)이 아니며 불제자

---

213) 『북본』, T.12, No.374, pp.384c4~8.;『남본』, T.12, No.375, pp.624b27~624c1, "云何調重生故 若諸菩薩爲化衆生 常入聚落 不擇時節 或至寡婦及姪女舍 與同住止經歷多年 若是聲聞所不應爲 是名調伏利益衆生."

214) 『북본』, T.12, No.374, pp.384c8~15.;『남본』, T.12, No.375, pp.624c1~8, "云何知重 若見如來因 事制戒 汝從今日 愼莫更犯 如四重禁 出家之人所不應作 而故作者 非是沙門 非釋種子 是名爲重 云何爲輕 若犯輕事 如是三諫 若能捨者 是名爲輕 非律不證者 若有讚說 不淸淨物應受用者 不共同止 是律應證者 善學戒律 不近破戒 見有所行 隨順戒律 心生歡喜."

215) 여기서, 거짓말은 깨닫지 못하고서 깨달았다고 하는 대망어(大妄語)를 말한다. 사전적으로 4중금(四重禁)은 사바라이(四波羅夷)를 가리키는 말이다. 이 계를 어기는 것이 가장 무거운 죄에 해당하기 때문에 중금(重禁)으로 한역하였다. 즉,

가 아니다. 둘째, 계율의 가벼움을 아는 것이다. 즉, 가벼운 계를 범한 이를 3번 제지하여 다시 범하지 않게 한다. 셋째, 옳은 계율이 아닌 것은 증명하지 않는다. 즉, 부정한 물건을 수용하는 이를 칭찬하는 사람과는 함께하지 않는다. 넷째, 옳은 계율을 증명한다는 것이다. 즉, 파계자는 멀리하고, 지계자를 보면 환희심을 내어야 한다는 말이다. 이러한 사항에서 대승불교의 계율관을 알 수 있다.

『대승열반경』의 율은 중생 구호라는 적극적인 대승의 보살정신을 기반으로 한다. 우선, 경문에 나타난 율사(律師)에 대한 정의를 살펴보도록 하자.

> 불법에서 하는 일을 잘 알고 잘 해설하는 이를 율사라고 한다. 한 글자를 잘 알고 경전을 잘 수지하는 일도 또한, 이와 같다.[216]

『대승열반경』은 율사(律師)의 정의를 통하여, 법과 율의 상관성을 나타낸다. 율사는 계율의 범위 안에만 국한된 것이 아니다. 법사(法師)와 다름없이, 법에 박학하여 잘 해석하고 경전을 여법하게 수지해야 한다.

결론적으로, 『대승열반경』의 계율 사상은 개인의 지계(持戒)에 국한된 것이 아니다. 상대방의 계행에 대한 탁마와 간언(諫言)을 중요시하였다. 또한, 『대승열반경』의 율과 지계는 호법과 중생 교화를 강조하였다. 중생에 대한 자비심과 대승의 보살 정신을 기반으로 한다는 것이

살생을 하지 말 것·도둑질을 하지 말 것·음란한 행위를 하지 말 것·거짓말을 하지 말 것 등 네 조항이다. 지관 편저(2010), 『가산불교대사림』 Vol.12, 서울:가산불교문화연구원, p.818.

216) 『북본』, T.12, No.374, pp.384c15~16.; 『남본』, T.12, No.375, pp.624c8~10, "如是能知 佛法所作 善能解說 是名律師 善解一字 善持契經 亦復如是."

특징이다.

(2) 대가섭과 대승보살에게 정법 부촉

『대승열반경』에서는 대가섭을 비롯한 대승보살에게 정법 부촉이 이루어진다. 또한, 불멸 후 비구들의 의지처로서 대가섭을 지목하였다. 경문을 살펴보도록 하자.

> 내가 가진 위 없는 정법을 모두 대가섭에게 부촉했으니, 가섭은 너희들의 큰 의지처가 될 것이다. 마치 여래가 모든 중생의 의지처가 되듯이, 대가섭도 너희들의 의지처가 될 것이다.[217]

『대승열반경』은 대가섭의 정법 부촉으로써 붓다의 후계자 지정을 거부한 초기『열반경』의 견해를 재해석하였다. 또한, 초기『열반경』은 불멸 후 붓다를 대신할 스승은 '법'과 '율'이라고 강조하였다. 교단의 후계자를 지목하지 않고, 자신을 의지처로 삼고 법을 의지처로 삼으라고 주장하였다. 그러나『대승열반경』은 대가섭에게 정법을 부촉하고, 불멸 후 교단의 스승으로 삼으라고 공언하였다. 대승불교는 대가섭을 붓다의 상수제자로서, 불멸 후 교단의 리더로서의 역할을 수행한 그의 위상을 반영한 것이다. 이러한 견해는『대비경』에도 잘 나타난다. 경문을 살펴보도록 하자.

---

217) 『북본』, T.12, No.374, pp.377c23~26, 『남본』, T.12, No.375, pp.617b 25~29. "我今所有無上正法 悉以付囑摩訶迦葉 是迦葉者當爲 汝等作大依止 猶如如來 爲諸衆生 作依止處 摩訶迦葉亦復如是 當爲汝等 作依止處."

불멸 후 대중들은 법과 율의 결집을 상세하게 설하고, 대가섭이 상수가 될 것이다.[218]

『대비경』은 불멸 후 대가섭이 제1차 결집을 단행한 사실을 반영한 것이다. 대승불교는 붓다를 대신할 교단의 리더로 대가섭을 인정하였다. 그러나 대승불교에서 대가섭을 비롯한 성문 제자들은 이승(二乘)으로서 비판의 대상이다. 이를 반영한 견해는 『대승열반경』에서 가섭보살이 제기한다.

아난과 비구 또는, 성문 및 대가섭에게 부촉하면 오래가지 않을 것입니다. 보살들에게 부촉해야 오랫동안 더욱 치성하고 중생에게 이롭고 편안할 것입니다.[219]

대승보살에게 대승법을 부촉해야 한다고 강조하였다. 『대승열반경』은 정법 소멸론으로써 성문승(聲聞乘)을 부정하고, 대승불교의 지지기반인 보살에게 부촉해야 한다는 견해이다. 그러나 『대승열반경』은 문수사리·가섭보살·순타에 수기를 주고, 가섭과 아난에게도 부촉할 것을 예고한다. 경문을 살펴보도록 하자.

그때, 세존께서는 문수사리보살·가섭보살·순타에게 수기하셨다. [중략] 문수사리여, 그대들은 사부대중을 위하여 대승법을 널리 말

---

218) T.12, No.380, pp.971b14~16, "我滅度後 有諸大德諸比丘衆集法毘尼時 彼大德摩訶迦葉最爲上首."
219) 『북본』, T.12, No.374, pp.379b13~17.; 『남본』, T.12, No.375, pp.619a 20~25, "若以法寶付囑阿難及諸比丘 不得久住 何以故 一切聲聞及大迦葉悉當無常 如彼老人受他寄物 是故應以無上佛法 付諸菩薩 以諸菩薩善能問答如是法寶 則得久住無量千世 增益熾盛 利安衆生."

하라. 이제 이러한 법으로써 그대들에게 부촉한다. 가섭과 아난이 오더라도 다시 이와 같은 정법을 부촉할 것이다.[220]

『대승열반경』은 대승보살에게 수기함은 물론, 대가섭과 아난 등 성문에게도 대승법 부촉을 긍정하였다. 결국, 성문까지도 섭수한 대승을 나타낸 것이다. 『마하빠리닙바나 숫따』에서 붓다의 입멸 원인 제공자로 지목되었던 쭌다[순타]도 대승의 십지(十地) 보살로 재해석하여 정법을 부촉하였다.[221] 초기불교에서 제기된 논란을 모두 초월한 것이다.

결론적으로, 『대승열반경』은 정법 부촉과 교단의 후계자를 지목한 것으로 재해석하였다. 초기불전의 붓다의 유훈에 관한 견해에 만족하지 못했던 대승불교의 견해가 반영된 『대승열반경』의 편집의도라고 하겠다.

3) 붓다의 마지막 유훈

붓다의 마지막 유훈에 관한 대승불교의 견해는 『불소행찬』과 『불본행경』, 『대반열반경후분』(이하, 『후분』)에 수록되어 있다. 특히, 『후분』은

---

220) 『북본』, T.12, No.374, pp.428b4~10.; 『남본』, T.12, No.375, pp.669c8 ~14, "爾時 世尊與文殊師利 迦葉菩薩及與純陀而受記莂 [중략] 汝等文殊 當爲 四部廣說大法 今以此法付囑於汝 乃至迦葉 阿難等至 復當囑付如是正法."
221) 순타여, 너는 지금 이미 보살행을 성취하여 10지에 머물렀으며, 보살이 행할 것을 구족해 성취하였다. 『북본』, T.12, No.374, pp.425a16~17.; 『남본』, T.12, No.375, pp.666b13~15, "純陀 汝今皆已成就菩薩摩訶薩行 得住十地菩薩 所行具足成辦."

416 붓다의 입멸 에피소드 연구

불멸 직전 아난의 네 가지 질문222)에 대한 붓다의 답변을 통하여, 초
기불교의 견해를 재해석하였다.

　우선,『후분』은 불멸 후 육군 비구(六群比丘)223)와 찬나[차닉] 비구에
대한 대처법을 다음과 같이 설하고 있다.

　　붓다가 설한 교법에 의지하여 바르게 관하고, 육군 비구와 찬나 비
　　구를 가르쳐 보여야 한다.224)

　경문에서 뜻하는 붓다의 교법은 12연기(十二緣起)이다.225)『마하빠

---

222) 슬픔에 잠긴 아난에게 아나율이 위로하며, 붓다에게 4가지 질문을 하도록 권
　　하였다. T.12, No.377, pp.901a14~17, "阿泥樓逗安慰阿難 輕其愁心 而語之言
　　[중략] 汝依我語 諮啓如來 如是四問."
223) 육군비구(六群比丘, chabbaggiyā)는 일반적으로 부처님께서 계실 때 무리를 지
　　어 악행을 일삼던 6인의 악한 비구를 말한다. 육군비구와 함께 나쁜 짓을 일삼
　　던 육군 비구니도 있다. 흔히, 이들로 말미암아 계율이 제정되었다고 한다.『불
　　설대승보살장정법경(佛說大乘菩薩藏正法經)』은 선견(善見)·사리(妙利)·작희(作
　　喜)·현길(賢吉)·명칭(名稱)·리아(利牙)를 육군비구라고 한다. 그러나『살바다비
　　니비바사(薩婆多毘尼毘婆沙)』는 난도(難途, Nanda)·발난타(跋難陀, Upananda)·
　　가류타이(迦留陀夷, Kāludāyin)·천나(闡那, Chinna)·마숙(馬宿, Assaji)·만숙(滿
　　宿, Punabbasu) 등이라고 한다. 반면,『자타카』와『사만타파사디카』를 근거로
　　육군 비구는 앗싸지(Assaji)·뿌나바수(Punabbasu)·빤두까(Paṇḍuka)·로히따까
　　(Lohitaka)·멧띠야(Mettiya)·붐마자(Bhummaja) 등 6인으로 이루어진 비구의 명
　　칭이라기보다는 이들을 중심으로 형성된 비구 승가를 의미한다는 견해도 있
　　다.『불설대승보살장정법경』, T.11, No.316, pp.847c3-4, "彼佛法中有六群苾
　　芻 一名善見 二名妙利 三名作喜 四名賢吉 五名名稱 六名利牙.";『살바다비니
　　비바사』, T23, No.1440, pp.525c29-526a1, "六群比丘者 一難途 二跋難陀 三
　　迦留陀夷 四闡那 五馬宿 六滿宿."; 안필섭(2010),「Mahāvagga에 나타난 육
　　군비구의 재검토」,『불교문화연구』Vol.11 No.1, 동국대학교 불교문화연구원,
　　pp.134~136.
224) T.12, No.377, pp.901b14~15, "我涅槃後 汝當依我教法正觀 教示六群車匿比
　　丘."
225) T.12, No.377, pp.901b03~14, "以波若慧為說十二因緣 所謂無明緣行 行緣識
　　乃至老死憂悲苦惱 [중략] 阿難 爾時難陀比丘 深生信心 依教法 勤心修習 不

리닙바나 숫따』는 찬나 비구에 대하여 침묵으로 대처[묵빈대처]하라고 당부하였다. 초기불전에서 악성(惡性) 비구의 상징으로 찬나 비구 단독으로 명시하였다면, 『대승열반경』은 육군(六群) 비구로 대상을 확대하였다. 이러한 견해는 『후분』이 성립될 당시 교단 내 비구들의 타락상을 대변한 것으로 볼 수 있다. 그리고 초기불교에서 묵빈대처하라는 붓다의 당부를 대승불교는 12연기로써 교화시키라고 재해석하였다. 대승불교도 초기불교 교설을 전승하여 열반과 깨달음을 성취하는 수행법으로서 강조한다. 『불본행경』은 삼학(三學)[226] · 삼법인(三法印) · 4성제와 8정도[227] · 37조도품[228] 등이다. 특히, 4성제를 해탈결정법[229]으로 설하였다.

둘째, 『후분』은 불멸 후의 큰 스승은 지계바라밀(持戒波羅蜜)이라고 명시하였다.[230] 바라밀(波羅蜜)[231]은 대승보살의 실천수행이다. 대승불

久即得阿羅漢果."

226) 이로부터 선정과 지혜를 일으켜 금계가 구족되어 조화를 이뤄 수호하여 모두 갖추며 지혜가 증장하여 모든 번뇌를 소멸해 없앤 인연으로 열반에 이르라, T.4, No.193, pp.107b11~13, "從是起定慧 禁戒具諧偶 守護能備悉 智慧增長益 除滅諸塵勞 緣是致泥洹."

227) 4성제는 끝까지 다르지 않다. 고성제의 괴로움이 핍박함은 애착으로 인해 괴로움이 있다. 모든 부처님께서 설하신 것은 멸성제로써 애착을 없앤다. 감로의 8정도는 적멸로써 열반을 삼는다. 이것을 깨달은 사문들은 불멸 후 말세에도 액난을 건넌다. T.4, No.193, pp.108b27~c2, "是四諦真正 終不可違故 苦諦苦所逼 終愛則有苦 諸佛之所說 滅盡諦滅愛 甘露八正道 寂滅為泥洹 覺是沙門衆 佛後末度厄."

228) T.4, No.193, p.97c26, "道品所修行 凡有三十七."

229) T.4, No.193, p.103a5, "四諦之甘露 解脫決定法."

230) T.12, No.377, p.901b28, "尸波羅蜜戒是汝大師."

231) 『해심밀경』은 바라밀의 뜻을 5가지로 설명하였다. 첫째, 물들거나 집착함이 없다. 둘째, 뒤돌아보며 연연하지 않는다. 셋째, 죄와 허물이 없다. 넷째, 분별심이 없다. 다섯째, 바르게 회향한다. T.16, No.676, pp.705c25~28, "何因緣故 波羅蜜多說名波羅蜜多 佛告觀自在菩薩曰 善男子 五因緣故 一者 無染著故 二者

교가 지향하는 이타적이고 분별없는 사상이 적극적으로 반영된 것이다. 『불소행찬』도 불멸 후에는 바라제목차(婆羅提木叉)를 큰 스승으로 삼고 여래와 같이 수순하고 섬기라[232]는 유훈을 강조하고 있다. 『불본행경』도 사문으로서 금계(禁戒)를 지킬 것을 강조한다.[233] 부지런히 법을 받들어 붓다의 색신을 삼고 부지런히 정진하여 끝까지 금계를 받들라고 당부하고 있다.[234] 특히, 구족계와 삼업(三業)에 주목하였다. 불멸 후에도 반드시 구족계를 공경하고, 삼업을 청정하게 하여 이익 버리고 대 안락을 추구하라고 당부하였다.[235]

셋째, 불멸 후 4념처(念處)를 의지하여 머물러라.[236] 『마하빠리닙바나 숫따』에서 강조된 사념처(四念處)는 『후분』에서도 전승하여 중요시하였다.

넷째, 『후분』은 불멸 후의 결집(結集)에 관한 유훈이다. 경문을 살펴보도록 하자.

불멸 후 법장을 결집할 때 일체 경전의 첫머리에는 반드시 "나는 이와 같이 들었다. 어느 때 붓다는 어떤 곳에 머물면서 모든 사부대중에게 이 경을 설했다."라고 써야 한다.[237]

無顧戀故 三者 無罪過故 四者 無分別故 五者 正迴向故."
232) T.4, No.192, pp.47c28~48a3, "吾般涅槃後 汝等當恭敬 波羅提木叉 即是汝 大師 巨夜之明燈 貧人之大寶 當所教誡者 汝等當隨順 如事我無異."
233) 금계를 지킴이 없으면 그것은 사문이 아니다. T.4,No.193, p.107b17, "無有禁 戒者 彼則無沙門."
234) T.4, No.193, pp.97c23~24, "卿等勤奉法 用吾色身為 但當力精進 盡形奉禁戒."
235) T.4, No.193, p.107a25~28, "佛告諸弟子 卿等敬具戒 如尊師炬燿 吾去世之後 順從莫違犯 淨攝身口心 捨利求大安."
236) T.12, No.377, pp.901c1~2, "依四念處嚴心而住."
237) T.12, No.377, pp.901c6~9, "如來滅後 結集法藏 一切經初 安何等語者 阿難 如來滅後 結集法藏 一切經初 當安如是我聞 一時佛住某方 某處 與諸四衆 而

『후분』은 모든 경전의 첫머리 문구는 육성취(六成就)[238]로 시작된다는 것을 붓다의 유훈으로써 강조하였다. 결집에 관한 견해는『불소행찬』도 언급하고 있다. 5백 나한들이 기사굴산(耆闍崛山)의 제석바위에서 만장일치로 아난다를 추대하여 경장을 결집했다는 것이다.[239] 이러한 결집에 관한 견해는『마하빠리닙바나 숫따』를 비롯한 초기『열반경』에는 언급되지 않았다.

결론적으로, 대승불교는 불멸 후 교단 유지에 주목하여 붓다의 마지막 유훈을 재해석하였다. 초기불전에서 불멸 후 스승으로 삼으라고 당부한 법·율에 대하여 구체적으로 설명하였다. 그리고 초기불교의 교설을 전승하여 강조한 것이 특징이다.

4) 호법(護法)을 위한 대승 계율 제정

『대승열반경』은 호법을 위한 계율을 제정한 것이 특징이다. 붓다의 입멸 후 작고 사소한 계목(戒目)들은 폐지해도 좋다는 초기불교의 견해를 불멸 후 교단 유지를 위한 대승 계율 제정으로써 재해석한 것이라고 할 수 있다.

說是經."
238) 여시(如是)는 신성취(信成就), 아문(我聞)은 문성취(聞成就), 일시(一時)는 시성취(時成就), 불(佛)은 주성취(主成就), 재모처(在某處)는 처성취(處成就), 여대비구중모모구(與大比丘衆某某俱)는 중성취(衆成就)이다. 이 6사(事)가 합하여 부처님의 설법이 성립하므로 6성취(成就)라고 한다. 한글대장경, 불교사전, https://abc.dongguk.edu/ebti/c3/sub1.jsp
239) T.4, No.192, pp.54a17~20, "時五百羅漢 [중략] 還耆闍崛山 集彼帝釋巖 結集諸經藏 一切皆共推 長老阿難陀."

(1) 파법승(破法僧)에 대한 구견(驅遣)과 가책(呵責)

불멸 후 정법의 수호를 위하여, 파법(破法)하는 비구에게는 구견(驅遣, 쫓아냄)과 가책(呵責, 꾸짖음)으로써 다스리라는 계율이 제정되었다. 『대승열반경』의 견해를 살펴보도록 하자.

내가 열반에 든 후, 어디서든지 지계 비구로서 위의를 갖추고 정법을 수호하는 이가 정법을 파괴하는 이를 보면 곧 구견이나 가책으로 다스려야 한다. 이 사람은 무량하고 헤아릴 수 없는 복을 받게 되리라는 것을 알아야 한다.[240]

『대승열반경』은 불멸 후 정법을 파괴하는 악비구에 대한 징계를 제정하였다. 호법을 위해서, 파법승(破法僧)은 반드시 대중에서 쫓아내거나 꾸짖음으로써 다스리라는 것이다. 그들을 다스리는 사람의 복덕은 무량하다고 강조하였다. 『사분율』과 같은 율장에 나타난 구견[241]과 가책[242]의 경우는 남의 집을 더럽히는 악행이나 서로 다툼이 생겼을

---

240) 『북본』, T.12, No.374, pp.381a1~3.; 『남본』, T.12, No.375, pp.620c11~13, "我涅槃後隨其方面 有持戒比丘威儀 具足護持正法 見壞法者 即能驅遣 呵責糺治 當知是人 得福無量不可稱計."

241) 구견(驅遣)은 빈(擯)과 같은 말로서, 쫓아내는 벌을 말한다. 『사분율』 제5권, 「13 승잔법(僧殘法)-4」에 자세히 설해져 있다. 비구 아습바(阿濕婆)와 부나바사(富那婆娑)는 남의 집을 더럽히고 악행을 했으며, 남의 집을 더럽히는 것을 보기도 하고 듣기도 하였으며, 악행을 행하는 것을 보기도 하고 듣기도 하며, 내지 삶을 받고 희롱과 웃음을 지었다. 이에, 붓다는 그들에게 남의 집을 더럽혔으니 여기에 있지 말고 떠나라는 갈마를 행하였다. T.22, No.1428, pp.596c17~597b14.

242) 가책(呵責)은 꾸짖는 벌을 말한다. 가책에 대해서는 『사분율』 제44권 「가책건도(呵責犍度)」에 자세하게 있다. 비구 지혜(智慧)와 노혜나(盧醯那)가 항상 싸우기를 좋아하여 서로 꾸짖기를 입에서 칼 뽑듯이 하면서 시비를 가렸다. 그들은 서로 싸우고 비방하다가 다른 비구들의 싸움까지 권장하여, 대중 사이에는 싸움이

때의 징계이다. 대승불교의 경책 사유와는 판이하다. 『대승열반경』은 파법승과 파계승을 보면, 반드시 경책해야 한다고 거듭 강조하고 있다.

> 법을 수호하는 비구가 계율을 범하거나 정법을 파괴하는 이를 보면 곧 구견·가책의 거처[243]를 내리지 않으면 이런 사람은 원수이다. 만약, 구견·가책의 처분을 내리면 이들은 나의 제자이며 진실한 성문이다.[244]

『대승열반경』은 개인의 수행을 초월하여 비구들의 파계와 훼법에 대하여 적극적으로 징계해야 한다고 주장하였다. 그들을 보고 방관하지 않고, 추방하거나 꾸짖고 규탄해 다스려야 진정한 불제자라는 것이다. 정법을 수호하는 비구라면 파계승과 파법승을 보고도 모른 척하지 말라고 경고한 것이다. 이러한 견해는 대승불교 교단의 비구상을 나타낸다.

결론적으로, 『대승열반경』에서 제정된 파법승과 파계승에 대한 구견과 가책 징계는 대승불교의 보살사상을 표방한다. 개인의 호법과 지계 수행을 초월하여, 대중이 함께 정법과 지계를 수호하는 대승불교의 비구상을 제시한 것이다.

끊어지지 않았다. 붓다가 지혜와 노혜나의 소행을 알고, 두 비구를 꾸짖은 뒤 대중들이 네 차례 구책 갈마를 하도록 했다. 또한, 가책 갈마를 받은 후 하지 말아야 할 5사(事), 구책갈마가 성립되게 하는 3사(事)·5사(事), 참회, 구책갈마 해제 요구·승인 등에 관한 내용도 있다. T.22, No.1428, pp.889a13~890b21.

243) 거처(擧處)는 지은 죄에 대한 합당한 처분을 내리는 것을 말한다.
244) 『북본』, T.12, No.374, pp.381a11~14.; 『남본』T.12, No.375, pp.620c11~25, "持法比丘亦復如是 見有破戒壞正法者 即應驅遣呵責擧處 若善比丘見壞法者 置不驅遣呵責擧處 當知是人佛法中怨 若能驅遣呵責擧處 是我弟子眞聲聞也."

(2) 우바새의 무기 소지

『대승열반경』은 정법 수호를 위하여 우바새의 무기 소지와 사용을 허용하였다. 「금강신품」에 나타난 견해를 살펴보도록 하자.

> 선남자여, 그러한 인연으로 비구·비구니·우바새·우바이들은 마땅히 부지런히 정법을 호지할 것이니, 호법의 과보는 광대하기 한량이 없다. 선남자여, 그러므로 호법하려는 우바새들은 칼과 몽둥이를 잡고 법을 수지하는 비구를 옹호해야 한다. 설사, 5계를 구족해 수지해도 대승인이라고 말할 수 없고, 5계를 수지하지 않더라도 정법을 수호하면 대승인이라고 한다. 정법을 수호하는 이는 칼과 병장기를 잡고 법사를 호위해야 한다.[245]

『대승열반경』은 호법을 위한 우바새의 무기 소지를 허용하였다. 법사와 지법자(持法者)의 경호를 위하여 우바새의 무기 소지를 수용한 것이다. 특히, 5계(五戒)를 초월하여 정법을 수호하는 사람을 대승인(大乘人)이라고 정의하였다. 『대승열반경』은 5계의 수지 여부와 무관하게 호법(護法)을 최우선으로 강조한 것이다.

5계를 수지한 우바새의 무기 소지는 부파불교에서도 금지되었다. 『십송율』의 주석서, 『살바다비니비바사(薩婆多毘尼毘婆沙)』는 "5계를 수지한 우바새는 무기를 파는 직업에 종사하면 안 된다. 만약, 수계 이

---

245) 『북본』, T.12, No.374, pp.384a20~26.; 『남본』, T.12, No.375, pp.624a 11~17. "善男子 以是因緣故 比丘 比丘尼 優婆塞 優婆夷 應當勤加護持正法 護法 果報廣大無量 善男子 是故 護法優婆塞等 應執刀杖擁護如是持法比丘 若有受持五戒具者 不得名爲大乘人也 不受五戒 爲護正法 乃名大乘 護正法者 應當執持刀劍器仗侍衛法師."

전부터 소지하던 무기를 정리하기 위해 파는 경우는 예외로 인정된다."[246]고 규정하였다. 5계를 수지한 불자에게 무기 판매업이 허용되지 않은 것이다. 무기 소지가 엄격하게 금지되었음을 알 수 있다.

우바새의 무기 소지에 대한 엄정했던 계율이 『대승열반경』에서 호법에 주목하여 재해석된 것이다. 5계에 대한 지범개차(持犯開遮)의 유연성을 교단의 위기 상황에서 무기 소지의 허용으로써 나타낸 것이다. 시모다 마사히로(下田正弘)는 『대승열반경』에서 5계는 모순되게 나타난다고 지적하였다. 「금강신품」에서는 재가자의 5계 수지는 권장되지 않고 무기에 의한 호위가 찬양되다가, 「장수품」에서는 5계를 긍정한다는 것이다.[247] 그러나 「장수품」에서 언급된 5계는 보살이 장수를 얻기 위한 수행으로서, 4무량심(無量心)·5계(戒)·10선(善)이 강조되었다.[248] 반면, 「금강신품」에서는 호법을 강조한 대승의 입장에서 5계를 초월한 것이다. 5계의 수지를 권장하지 않은 것이 아니라, 호법을 더욱 중요시한 것이다.

우바새의 무기 소지 허용은 『대승열반경』의 호법을 위한 계율관을 잘 나타낸다. 무기를 사용해서라도 청정한 법사를 보호해야 대승이라고 규정하였다. 이러한 주장을 위해서는 무기 소지가 계율에 위배 되는지, 아닌지에 관한 문제가 해명되어야 한다. 「장수품」의 내용을 살펴보도록 하자.

---

246) T.23, No.1440, pp.508c14~18, "五戒優婆塞得販賣不 答曰 得聽販賣 但不得作五業 [중략] 二者不得販賣弓箭刀杖以此爲業 若自有者直聽賣."

247) 下田正弘(1997), 『涅槃經の硏究: 大乘經典の硏究方法試論』, 東京: 春秋社, p.186.

248) T.12, No.375, pp.620b03~6, "菩薩亦爾 欲得長壽 應當護念一切衆生同於子想 生大慈 大悲 大喜 大捨 授不殺戒 教修善法 亦當安止一切衆生於五戒十善."

가섭보살: 세존이시여, 만약 비구가 칼과 작대기를 가진 우바새들과 벗이 된다면, 스승이 있다고 하겠습니까? 스승이 없다고 하겠습니까? 지계라고 하겠습니까? 파계라고 하겠습니까?

붓   다: 그들을 파계한 사람이라고 말하지 말라.[249]
      선남자여, 그래서 내가 지금 계행을 지니는 사람이 칼과 몽둥이를 가진 사람들과 벗이 되라고 허락한 것이다. 왕·대신·장자·우바새들이 호법을 위해 칼이나 몽둥이를 소지하더라도 지계라고 한다.[250]

경문에서는 정법 수호의 명분으로써, 우바새의 무기 소지는 계율에 저촉되지 않는다는 것을 명시하였다. 비록, 칼과 몽둥이 등의 무기를 가지더라도 계체(戒體)에는 아무런 문제가 없다는 것이다. 법을 위해서는 파계(破戒)할 수 있고, 그것이 지계(持戒)라는 말이다. 그리고 지계자(持戒者)는 무기를 소지한 사람들과 함께 다니는 것을 용인하였다.

대승불교는 법(法)을 계(戒)보다 우위에 놓고 있다. 계율을 수지한 사람은 법을 수지한 사람을 호위해야 한다는 견해이다. 호법을 위한 무기 소지에 대한 구체적인 이유를 「장수품」에서 밝히고 있다.

세존이시여, 그렇게 계행을 갖는 사람으로서 정법을 수호하려는 이가 어떻게 시골이나 도시로 다니면서 교화할 수 있겠습니까?[251]

---

249) 『북본』, T.12, No.374, pp.384a26~29,;『남본』, T.12, No.375, pp.624a 18~21, "世尊 若諸比丘與如是等諸優婆塞 持刀杖者共爲伴侶 爲有師耶 爲無師乎 爲是持戒 爲是破戒 佛告迦葉 莫謂是等爲破戒人."

250) 『북본』, T.12, No.374, pp.384b8~9.;『남본』, T.12, No.375, pp.624a27~624b1, "善男子 是故 我今聽持戒人依諸白衣持刀杖者以爲伴侶 若諸國王大臣長者優婆塞等爲護法故雖持刀杖 我說是等 名爲持戒.

251) 『북본』, T.12, No.374, pp.384b5~6.;『남본』, T.12, No.375, pp.624a26~27, "世尊 是持戒人護正法者 云何當得遊行村落 城邑教化."

경문에 나타난 바와 같이, 지계자(持戒者)는 지법자(持法者)를 경호해야 하는 당위성을 명시하였다. 법사나 지법자가 시골과 도시를 막론한 우범지역에서 교화할 때, 위험과 해악(害惡)에 그대로 노출될 수밖에 없다. 법사의 원만한 교화를 위해 우바새는 무기를 소지하고 경호해야 한다는 것이다. 또한, 법사가 무기를 소지한 우바새와 벗 삼고 동행해야 하는 이유를 밝힌 것이다.

『대승열반경』은 무기를 사용하는 데 있어서, 그 범위를 다음과 같이 한정하였다.

> 비록, 칼과 몽둥이를 소지해도 반드시 불살생해야 한다. 만약, 이렇게 할 수 있다면, 제일 지계자라고 할 것이다.[252]

『대승열반경』은 세 가지 사항에 주목하였다. 첫째, 경호상의 도구로써 무기 소지를 수용했다. 호법을 위한 외부로부터의 위협을 방어하는 경호의 수단으로써 무기 소지를 허용한 것이다. 둘째, 무기 소지는 폭력을 용인하였다. 정법 수호를 위한 폭력은 용인된 것이다. 셋째, 살생을 엄격하게 금지함으로써, 불교의 자비사상을 계승하였다. 정법을 위한 폭력을 수용했지만, 폭력의 수위가 살생의 결과를 초래할 수 없다고 강조한 것이다. 호법을 위한 무기 사용에서도 불살생을 제일의 덕목으로 삼았다. 5계의 첫 번째가 불살생이다. 5계를 초월하여 호법을 강조한 대승불교도 불살생계(不殺生戒)는 엄중하게 강조한 것이다.

결론적으로, 『대승열반경』에서 제정된 우바새의 무기 소지는 우범

---

252) 『북본』, T.12, No.374, pp.384b10~11.; 『남본』, T.12, No.375, pp.624b1~3, 雖持刀杖 不應斷命 若能如是卽得 名爲第一持戒.”

지역에서 전법하는 법사를 경호하기 위한 방편이다. 5계를 초월한 호법, 호법을 위한 무기 사용을 지계·대승으로 규정했다. 그러나 불살생계를 최우선으로 강조하였다.

(3) 보살의 육식 금지

보살의 육식 금지도 『대승열반경』에서 제정된 특징적인 계율이다. 보살은 대승을 수지하는 사부대중을 말한다. 우선, 육식에 관한 교단 내 인식을 「사상품(四相品)」을 통하여 살펴보도록 하자.

> 세존이시여, 고기를 먹는 사람에게도 고기를 보시하지 말아야 할 것입니다. 왜냐하면, 제가 보기에는 육식을 하지 않는 이가 큰 공덕이 있습니다.[253]

위 경문에서는 육식이 금지되기 이전의 상황을 알 수 있다. 육식하는 사람에게는 고기를 보시하지 말아야 하며, 육식하지 않는 사람에게 더 큰 공덕이 있다는 것이다. 그러나 승가의 육식 금지는 다음과 같이 『대승열반경』이 단호하게 규정하였다.

> 선남자여, 오늘부터 성문 제자의 육식을 허락하지 않겠다. 만약 단월의 보시를 받게 되거든, 그 음식을 볼 때는 아들의 살과 같이 생각해야 하느니라.[254]

---

253) 『북본』, T.12, No.374, pp.386a9~11.;『남본』, T.12, No.375, pp.626a4~5, "世尊 食肉之人不應施肉 何以故 我見不食肉者 有大功德."
254) 『북본』, T.12, No.374, pp.386a12~14.;『남본』, T.12, No.375, pp.626a7~9, "善 男子 從今日始 不聽聲聞弟子食肉 若受檀越信施之時 應觀是食如子肉想."

『대승열반경』2 대본(大本)에서 비구·비구니의 육식 금지 계목(戒目)
이 제정된 것이다. 『6권본』은 이미 오래 전부터 붓다는 육식하지 않았
다고 명시하였다.[255] 그러나 성문 제자들의 육식 금지는 『북본』에서 제
정된 것이다. 이후, 『대승열반경』은 『북본』과 『남본』을 말한다.

광율 가운데서 『마하승기율』이 유일하게 생육(生肉)을 금지하였
다.[256] 다른 율장은 어육(魚肉)을 기본적으로 허용하였다. 『마하승기율』
을 제외한 율장은 생선과 고기를 미식(美食, 좋은 음식)으로 설명하였다.
특히, 『위나야(Vinaya)』[257]·『오분율』제14권[258]·『사분율』제15권[259]·
『십송율』제13권[260]·『근본설일체유부비나야』제37권[261]에서 생선과
고기(魚肉)의 섭취는 병에 걸린 경우에만 허용되었다. 고기는 약으로 인
식되었던 것이다.

『대승열반경』은 율장을 재해석하여, 생선과 고기가 미식(美食)이 아
닌 이유를 다음과 같이 설명하고 있다.

　　선남자여, 나는 생선이나 고기가 좋은 음식이라고 말하지 않았다.
　　사탕수수·멥쌀·석밀·보리·모든 곡식·검은 석밀·타락·젖과 기름
　　을 좋은 음식이라고 하였다. 비록, 갖가지 의복을 축적하라고 했지
　　만, 저축하는 것은 모두 색을 없애라 했거늘, 하물며 어육을 탐해서

---

255) 불·세존은 일찍이 고기를 먹지 않고, 평등하게 일체를 보기를 라후라와 같이
　　하였다. T.12, No.376, pp.898b28~29, "佛世尊未曾食肉 等視一切如羅睺羅."
256) T.22, No.1425, pp.478a2~8.
257) Vin.IV, 88.6~89.7.
258) T.22, No.1421, pp.100a16~100b16.
259) T.22, No.1428, pp.664a19~664b18.
260) T.23, No.1435, pp.96c2~97a22.
261) T.23, No.1442, pp.827b20~828b11.

야 되겠는가!262)

　『대승열반경』은 생선과 고기가 좋은음식[美食]이 될 수 없는 이유를 설명하였다. 어육(魚肉)을 축적하지도 말아야 한다고 강조하였다. 음식의 문제는 사회 환경과 밀접한 관계가 있다. 육식에 대한 사회 환경의 연관성은 시모다 마사히로(下田正弘)가 자세하게 논의하였다.263) 그는 승가의 분열까지도 육식이 사회·문화적 중요한 가치로서,『대승열반경』의 육식 금지와도 밀접하게 연결되었다고 주장하였다.264)

　『대승열반경』은 육식에 대한 보살의 대처법으로서, 고기를 보면 아들의 살과 같이 생각하라고 강조하였다. 대승불교의 육식 금지는 보살의 자비사상을 근거한다는 것을 알 수 있다.『대승열반경』은 육식을 허락하지 않는 구체적인 이유를 다음과 같이 단언하고 있다.

　　선남자여, 고기를 먹으면 대자비의 종자가 끊어진다.265)

　『대승열반경』의 육식 금지는 보살의 자비와 직결되어 있다. 율장은 과거 삼정육(三淨肉)266)을 허용한 이유를 당시 상황에 따라 점차로 제

---

262)『북본』, T.12, No.374, pp.386a22~25.;『남본』, T.12, No.375, pp.626a 15~20, "善男子 我亦不說魚肉之屬爲美食也 我說甘蔗 粳米 石蜜 一切穀麥及黑 石蜜乳酪蘇 油 以爲美食 雖說應畜種種衣服 所應畜者要是壞色 何況貪著是魚肉味."

263) 下田正弘(1997),『涅槃經の硏究: 大乘經典の硏究方法試論』, 東京: 春秋社, pp. 388~419.

264) 下田正弘(1997), 위의 책, pp.417~418.

265)『북본』, T.12, No.374, pp.386a15~16.;『남본』, T.12, No.375, p.626a 10, "善男子 夫食肉者 斷大慈種."

266) 3정육은 나를 위해 죽이는 것을 보지 않고, 나를 위해 죽었다는 말을 듣지 않으며, 나를 위해 죽었으리라고 의심이 없는 고기를 말한다. 이러한 세 가지 깨끗한 고기는 먹어도 좋다.『사분율』제42권, T.22, No.1428, pp.872b11~15, "有三

정한 것이라고 설명하였다.[267] 열 가지 부정한 고기[十種不淨肉][268]와 아홉 가지 깨끗한 고기[九種淨肉][269]를 금지하는 이유는『대승열반경』이 다음과 같이 명시하였다.

> 가섭이여, 그것도 상황에 따라 제정한 것이다. 이는 곧 고기를 먹지 말라는 뜻을 나타내는 것이다. [중략] 저절로 죽은 고기까지도 금한다. 가섭이여, 나는 오늘부터 나를 따르는 모든 제자는 일체의 고기를 먹을 수 없다.[270]

『대승열반경』은 계율의 점차 제정에 의한 육식 금지와 일체의 육식

種淨肉應食 若不故見 不故聞 不故疑應食 若不見爲我故殺 不聞爲我故殺 若不見家中有頭脚皮毛血 又彼人非是殺者 乃至持十善 彼終不爲我故斷衆生命 如是三種淨肉應食." 이러한 내용은 다음의 율장에도 있다.『십송율』제26권, T.23, No.1435, pp.190b9~20.;『오분율』제22권, T.22, No.1421, pp.149c19~22.

267)『북본』, T.12, No.374, p.386a17.;『남본』, T.12, No.375, p.626a12, "是三種淨肉 隨事漸制."

268) 열 가지 부정한 고기는 사람, 뱀, 코끼리, 말, 돼지, 개, 닭, 여우, 사자, 원숭이로 설명되고 있다.『대반열반경소』, T.38, No.1767, pp.88b9~10, "番明十種不淨肉者 下梵行云 人蛇象馬猪狗鷄狐獅子獼猴.

269) 9정육은 수행 중인 비구가 병을 치료하거나 부득이한 경우에 허가를 받고 먹을 수 있는 아홉 가지 고기를 말한다. 5종정육에 4가지를 더한 것이다. 3정육에 목숨이 다하여 죽은 새와 짐승의 고기, 새와 짐승이 먹다 남긴 고기를 합하여 5정육이라고 한다. 여기에, 죽은 지 오래되어 저절로 마른 고기, 약속하지 않고 우연히 먹게 된 고기, 지금 나를 위해 죽인 것도 아니고 이전에 이미 죽인 것도 아닌 고기, 나를 위하여 죽이지 않은 고기 등이다. 지관 편저(1998),『가산불교대사림』Vol.1, 서울:가산불교문화연구원, p.524.
『천태삼대부보주』에는 아홉 가지 청정한 고기란 3정육에 각각 근본, 전후, 방편이 있어서 9가 된다고 설명하였다. X.28, No.586, pp.233a13~14, "九種淨肉者 於前三中 各有根本 前後方便 而爲九也."

270)『북본』, T.12, No.374, pp.386a19~b3.;『남본』, T.12, No.375, pp.626a 14~28, "亦是因事漸次而制 當知即是現斷肉義 [중략] 一切悉斷及自死者 迦葉我 從今日制 諸弟子 不得復食一切肉也 ."

금지를 분명히 하였다. 자연사한 고기까지도 예외를 두지 않았다. 『주대승입능가경(注大乘入楞伽經)』 「단육식품(斷食肉品)」에는 "구하려는 생각이 없는 이상, 삼정육(三淨肉)도 없다. 어떤 종류의 고기든 모두 산 것을 죽인 것이거늘 어떻게 먹을 수 있겠는가"[271]라고 육식을 강하게 부정하였다. 『대승열반경』은 모든 고기 섭취를 반대한 이유를 아래와 같이 설명하였다.

> 고기를 먹는 이는 행·주·좌·와에 일체 중생들이 고기 냄새를 맡고는 모두 두려워한다. [중략] 죽을 줄 생각하며, 물에 살고 육지에 살고 허공에 사는 중생들이 모두 달아나면서 "저 사람은 우리의 원수다"라고 한다. 그러므로 보살은 고기를 먹지 않아야 한다.[272]

위와 같이, 『대승열반경』은 육식을 하면 모든 중생들이 두려워한다고 강조하였다. 고기 냄새를 맡으면 죽음의 공포를 느끼며 원수로 생각하고 도망간다는 것이다. 이로써, 육식 자체만으로 자비심이 상실되고, 상대방은 살기를 느끼므로, 보살에게 금기사항으로 규정했다는 것이다. 『대승열반경』은 중생 교화를 위한 육식에 관한 견해도 아래와 같이 밝히고 있다.

> 중생을 제도하기 위하여 고기 먹는 것을 시현한다. 비록, 육식하는

---

271) T.39, No.1791, pp.497c16~18, "為利殺衆生以財取諸肉(至)食者我訶責 既無想教求 則三淨肉非有 凡諸肉者皆殺命而得 如何可食."
272) 『북본』, T.12, No.374, pp.386b4~11.; 『남본』, T.12, No.375, pp.626a28~b8, "其食肉者 若行 若住 若坐 若臥 一切衆生聞其肉氣 悉生恐怖 [중략] 生畏死想 水陸空行有命之類 悉捨之走 咸言此人 是我等怨 是故菩薩不習食肉."

것으로 보이지만, 실제로는 먹지 않는다.²⁷³⁾

『대승열반경』은 중생 교화를 위한 보살의 방편으로서 보살의 육식을 시현하는 경우도 있다는 것이다. 그러나 겉으로는 육식하는 것 같지만 실제로는 먹지 않는다고 강조하였다.

대승불교의 육식 금지는 승가에만 국한되지 않는다. 『대승열반경』은 사부대중을 모두 포함하고 있다. 비구·비구니·우바새·우바이가 걸식할 경우, 고기가 섞인 음식을 청정하게 먹는 법²⁷⁴⁾에 관하여 설명한다.

> 가섭이여, 물로 씻어서 고기와 구별한 후에 먹어야 한다. 혹시 그 식기에 고기가 묻었더라도, 거기에 맛이 배지 않았으면 사용해도 죄가 없다. 만약 음식에 고기가 많이 섞인 것을 보면 받지 말아야 하고, 고기가 드러난 음식은 모두 먹지 말아야 한다. 먹으면 죄가 된다. 나는 지금 육식을 단절하는 제도를 말했다. 자세하게 설하려고 하면 끝이 없다. 열반에 들 때가 되어 간략하게 설한다.²⁷⁵⁾

승가뿐만 아니라, 재가 불자도 걸식에서조차, 육식은 금지한다고 강조하였다. 음식에 고기가 적게 섞였을 경우, 씻어서 고기를 골라내고

---

273) 『북본』, T.12, No.374, pp.386b11~12.; 『남본』, T.12, No.375, pp.626b8~9, "爲度衆生示現食肉 雖現食之 其實不食."

274) 『북본』, T.12, No.374, pp.386c6~8.; 『남본』, T.12, No.375, pp.626c3~5, "世尊諸比丘 比丘尼 優婆塞 優婆夷 因他而活 若乞食時 得雜肉食 云何得食 應淸淨法."

275) 『북본』, T.12, No.374, pp.386c8~13.; 『남본』, T.12, No.375, pp.626c5~10, "迦葉 當以水洗 令與肉別 然後乃食 若其食器 爲肉所污 但使無味 聽用無罪 若見食中多有肉者 則不應受 一切現肉 悉不應食 食者得罪 我今唱是斷肉之制 若廣說者 卽不可盡 涅槃時到 是故略說."

먹어야 한다. 반면, 고기가 많이 섞였을 경우는 음식 자체를 받지 말거나, 먹지 말아야 한다는 것이다. 어떤 상황에서도 고기 섭취는 허용되지 않는다는 말이다.

결론적으로, 보살의 육식 금지는『대승열반경』의 독창적인 계율로서, 대승불교의 자비사상과 보살정신을 현실적으로 구체화한 것이다. 이러한 대승계율을『대승열반경』은 붓다의 유훈으로서 권위를 부여하였다.

5) 사리 공양과 사리탑 건립

대승불교의 사리 공양과 사리탑 건립에 관한 내용은『후분』에 자세하게 나타나 있다. 경문에 나타난 사리에 관한 견해를 살펴보도록 하자.

> 만약, 여래의 사리를 보면 이것은 곧 부처님을 보는 것이다. 부처님을 보면 곧 법을 보는 것이며, 법을 보는 것은 승가를 보는 것이다. 승가를 보는 것이 곧 열반을 보는 것이다. 아난아, 이러한 인연으로써, 삼보는 상주불변하여 중생을 위한 귀의처가 된다는 것을 반드시 알아야 한다.[276)]

『후분』은 사리를 삼보·열반과 동격으로서, 불멸 후 중생의 의지처로서 강조하였다. 또한, 사리로써 삼보와 열반의 상주불변을 역설하였다.
『후분』은 사리탑 건립에 관한 구체적인 견해를 밝히고 있다. 우선,

---

276) T.12, No.377, pp.902a17~20, "若見如來舍利即是見佛 見佛即是見法 見法即是見僧 見僧即見涅槃 阿難 當知以是因緣 三寶常住 無有變易 能為衆生作歸依處."

붓다·벽지불·아라한 사리탑 건립의 준수사항을 설명하였다. 불사리 칠보탑은 13층으로, 도성 안 사거리에 건립해야 한다는 것이다.[277] 벽지불은 11층, 아라한은 4층, 전륜왕 탑은 무층(無層)으로 건립해야 한다고 강조하였다.[278] 『후분』은 불사리 분배에 관한 견해도 다음과 같이 밝히고 있다.

> 이때, 부처님께서 아누룻다[아나율]에게 말씀하셨다. "내가 반열반하면, 너희와 천인들이 사리를 수습하여 평등한 마음으로 삼계 육도 세간에 나누어 공양하도록 하라."[279]

『후분』은 불사리 분배를 아누룻다(Anuruddha, 아나율)를 비롯한 승가와 천인들에게 분담시키고 있다. 사리 분배의 범위는 삼계 육도의 일체 세간이다. 『마하빠리닙바나 숫따』에는 말라(Malla)족에 의해 8등분으로 배분되었다. 대승불교는 붓다의 장례와 사리 수습과 분배까지 분명하게 승가에 책임 지운 것이다.

불사리탑의 수에서도 초기불교와 대승불교의 견해 차이는 나타난다. 『후분』에서 밝힌 붓다의 사리탑에 관한 견해는 다음과 같다.

① 제석은 오른쪽 윗턱의 어금니 치아 사리를 수습해 천상에 사리탑

---

277) T.12, No.377, pp.903a29~b1, "當於拘尸那伽城內四衢道中起七寶塔——高十三層."
278) T.12, No.377, pp.903b7~9, "阿難 其辟支佛塔應十一層 亦以衆寶而嚴飾之 阿難 其阿羅漢塔成以四層 亦以衆寶而嚴飾之 阿難 其轉輪王塔 亦七寶成 無復層級."
279) T.12, No.377, pp.903b12~14, "爾時 佛告阿泥樓逗 我般涅槃 汝等天人取佛舍利 以平等心分布三界 一切六道 世間供養."

건립하고 공양 올림[280]

② 나찰이 제석을 따라 숨어 있다가 어금니 치아를 훔침[281]

③ 타지 않은 흰 천과 도라면 천을 잘게 찢어 대중들에게 분배하여 보탑 건립해 공양 올림[282]

④ 나머지 재는 나눌 수가 없어 각자 취한 몫으로 탑 건립 후 공양 올림[283]

⑤ 사리를 수습하여 사자좌의 7보로 된 8개 금단지를 채우자 사리가 남은 것이 없었다.[284]

사리탑 건립에 관한 『후분』의 견해는 『마하빠리닙바나 숫따』·『유행경』과 현격히 차이 난다. 초기 『열반경』에서는 8 불사리탑·병탑·탄탑 등 모두 10기의 불탑이 건립되었다. 그러나 『후분』에서는 붓다의 치아 사리가 천상에 건립되었다. 사천왕과 해신은 불을 끄고 사리를 수습해 가려 하였다. 그러나 천궁(天宮)에 불사리가 모셔지면 지상 사람들이 공양할 수 없다는 아나율의 말을 듣고 참회 후 돌아갔다는 내용도 부가되었다.[285] 사리 분배 후 도착한 까삘라(Kapila, 가비라)국과 아사세[아자따삿뚜]왕[286] 등은 금강사리만 친견하고 사리는 분배받지 못했

---

280) T.12, No.377, pp.910a22~23, "帝釋說是語已 即開寶棺 於佛口中右畔上頜取 牙舍利 即還天上起塔供養."

281) T.12, No.377, pp.910a24~25, "有二捷疾羅刹隱身隨釋 衆皆不見 盜取一雙佛 牙舍利."

282) T.12, No.377, pp.910c3~5, "樓逗取此白氈及兜羅綿細破分之 與諸大衆 令起 寶塔 而供養之 樓逗復取氀灰亦細分衆 令起寶塔而供養之."

283) T.12, No.377, pp.910c5~6, "其餘爐灰無復得分 衆各自取 起塔供養."

284) T.12, No.377, pp.911a1~2, "收取舍利 著師子座七寶壜中 滿八金壜 舍利便盡.

285) T.12, No.377, pp.910a3~15.

286) 아사세를 어진 사람[仁]으로 표현하고 있다. 즉, "사리는 이미 모두 각각 청한 곳이 있어 어진 이의 몫은 없습니다. 어진 분께서는 환궁하십시오."로 되어 있다. T.12, No.377, pp.911c13~14, "舍利皆已各有所請 無有仁分 仁可還宮."

다. 『마하빠리닙바나 숫따』에서는 까삘라왓투(Kapilavatthu, 가비라성)의 사까(Sakkā, 석가)족과 아자따삿뚜는 모두 사리를 분배받았다고 하였다.

『후분』은 사리 공양에 관해서도 아래와 같이 견해를 밝히고 있다.

> 부처님이 반열반해도 천인과 사람들은 크게 근심하거나 괴로워하지 말라. 왜냐하면, 부처님이 비록 열반하지만 사리가 있어 항상 공양 올릴 수 있다. 또, 위가 없는 법보, 경·율·논장이 있다. 이러한 인연으로 삼보와 4성제가 상주하여 중생들로 하여금 깊이 마음으로 귀의할 수 있게 하기 때문이다. 사리에 공양하면 이것이 곧 불보이기 때문이다. 부처님을 보는 것은 곧 법신을 보는 것이고, 법신을 보는 것은 곧 현성을 보는 것이다. 현성을 보기 때문에 4성제를 보며, 4성제를 보기 때문에 열반을 본다는 것을 반드시 알아야 한다. 삼보는 상주불변하여 세간을 위한 귀의처가 될 수 있기 때문이다.[287]

『후분』은 사리가 삼보의 상주불변과 세간의 귀의처임을 강조하였다. 특히, "불멸 후에도 법신은 항상 존재한다."[288]는 것을 사리로써 설명하였다. 초기불교의 사리 공양은 천상에 태어나기 위한 재가자의 공덕행이며, 출가자의 본분이 아니라고 금하였다. 그러나 대승불교는 사리 공양은 법신·사성제·열반을 보는 사부대중의 수행법으로 강조하였다. 다만, 대승불교의 실천 덕목인 6바라밀이 아닌, 초기불교에서

---

287) T.12, No.377, pp.903b21~28, "佛般涅槃 汝等天人莫大愁惱 何以故 佛雖涅槃 而有舍利常存供養 復有無上法寶──修多羅藏 毘那耶藏 阿毘達磨藏── 以是因緣三寶 四諦常住於世 能令衆生深心歸依 何以故 供養舍利即是佛寶 見佛即見法身 見法即見賢聖 見賢聖故即見四諦 見四諦故即見涅槃 是故當知 三寶常住 無有變易 能為世間作歸依故."
288) T.12, No.377, pp.901c23~24, "雖佛滅後 法身常存."

강조한 사성제를 언급한 점도 특징이다.

결론적으로, 『후분』은 붓다의 다비와 사리 수습 등 장례 전반에 걸친 책임을 승가와 천인이라고 명확하게 하였다. 또한, 불사리를 상주불변의 삼보·열반·법신·사성제·중생의 의지처와 동격으로 규정하여, 사부대중의 수행으로서 강조하였다. 이로써, 초기불교에서 제기되었던 불사리와 불탑 공양을 둘러싼 논쟁의 여지를 해소한 것이다.

6) 일천제(一闡提)의 성불(成佛)

『대승열반경』에 나타난 붓다의 교단 유지에 관한 특징적인 유훈은 일천제(一闡提, icchantika)의 성불(成佛)이다. 일천제에 관해서는 사상적인 주제로 인식되어 온 측면이 강하다.[289] 그러나 일천제는 불성(佛性) 사상으로부터 분리되어 명확해지는 교단적 모습을 가지는 것도 아니고, 교단적 모습과 무관한 사상을 표명한 것도 아니다.[290] 일천제는 사상과 교단의 입장이 양립되어 있다.

일천제(icchantika)에 해당되는 말이 문헌상으로는 『마하빠리닙바나 숫따』·『쫄라왁가』에서 시작되었다. 두 문헌은 'icchissāma'로 표기하였다.[291] 이시카와 카와죠우(石川海淨)는 붓다의 입멸에 대한 쑤밧다

---

289) 교단사적 입장에서 일천제에 관한 연구는 모치즈키 료코(望月良晃, 1988)의 『大乘涅槃經の硏究: 敎團史的考察』을 꼽을 수 있다.

290) 下田正弘(1997), 『涅槃經の硏究: 大乘經典の硏究方法試論』, 東京: 春秋社, pp.356~357.

291) DN.Ⅱ, 162.; Vin.Ⅱ, Cv.ⅩⅠ, p.285.

(Subhadda)의 도리에 어긋난 망언에서 시작되었다고 주장하였다.[292] 일천제, 이찬띠까(icchantika)의 사전적 의미는 '열망을 품는'이다. 심욕(甚欲)·대욕(大欲)으로 한역(漢譯)되었고, 음사(音寫)하여 천제(闡提)·일천제(一闡提)라고 한다.[293] 일천제는 『대승열반경』에서 여러 차례에 걸쳐 재해석됨으로써, 일체중생 실유불성 사상이 성립된 것이다.

여기서는 불멸 후 승가의 위기 상황에서 대승불교는 일천제를 섭수하여 교단의 존속을 도모했다고 본다. 『대승열반경』에 나타난 일천제의 개념 변화, 불성을 전제로 한 일천제 성불에 관하여 고찰하고자 한다.

(1) 구제 불능으로서의 일천제

『대승열반경』에서 일천제(一闡提, icchantika)는 순차적으로 의미 변화가 전개되었다. 전반부에서는 일천제는 단선근(斷善根)·파계자(破戒者)로서, 일체중생 실유불성의 범주에서 제외하였다. 그들은 성불할 수 없다는 것이다. 「일체대중소문품」[294]의 견해를 살펴보도록 하자.

---

292) 이시카와 카와죠우는 문헌상의 근거로서 「유행경」도 포함하였다. 石川海淨 (1959), 「一闡提思想に就いて」, 『大崎学報』109号, 立正大学仏教学会, pp.4~5.

293) 『漢譯對照 梵和大辭典』의 정의이다. 荻原雲來 編(1979), 『漢譯對照 梵和大辭典』, 東京:鈴木學術財團, p.225.
   A Sanskrit-English Dictionary는 icchantika의 어간 'icchā'와 'icchaka' 에 대하여, 전자는 '욕구·열망·의향', 후자는 '~을 열망하는'으로 설명한다. Williamas, Monier(1960; 2002), A Sanskrit-English Dictionary, Delhi:Motilal Banarsidass Publishing House, p.169.

294) 이하, 언급되는 품명(品名)은 『남본』에 의거한다.

일천제는 선근을 불살라 버렸으니 죄를 없앨 수 없다. 만약 선한 마음을 낼 수 있다면 일천제라고 하지 않는다.[295]

경문에서는 일천제를 선근이 끊어졌다[斷善根]고 정의하였다. 선근(善根)을 회복할 수 없는 일천제는 성불할 수 없다는 인식의 근거이다. 토키와 다이죠(常盤大定)는 단선근자(斷善根者)로 규정된 일천제는 세간의 악인을 말한다고 주장하였다.[296] 오가와 이치죠(小川一乘)는 윤회에 애착하여 불법(佛法)을 믿지 않는 자로서, 단선근으로 인하여 반열반에 들 수 없는 자(者)로 해석하였다.[297] 이러한 견해로는 일천제는 불교교단 밖의 사람이라고 할 수 있다.

일천제의 정의는 같은 품(品), 「일체대중소문품」 안에서 파계자(破戒者)라는 개념으로 새롭게 나타난다. 일천제를 단선근(斷善根)으로 단정할 수 있는 이유이기도 하다. 경문의 내용을 살펴보도록 하자.

계율을 파한 것은 일천제니라. 그를 제외한 일체의 보시는 모두 찬탄할 일이며 큰 과보를 얻을 것이다.[298]

위 경문에서는 일천제를 파계자로 정의하고, 그들을 위한 선행은 부정하였고, 보시의 공덕도 없다고 명시하였다. 여기서 언급된 파계는

---

295) 『북본』, T.12, No.374, pp.425c28~426a1.; 『남본』, T.12, No.375, pp. 667a28~b1, "彼一闡提亦復如是 燒滅善根 當於何所而得除罪 善男子 若生善心 是則不名 一闡提也."

296) 常盤大定(1930), 『国譯一切經 · 涅槃部 一』, 東京: 大東出版社, pp.4~5.

297) 中村瑞隆(1970), 「小川一乘 著: インド大乘仏教に おける如来蔵 · 仏性の研究」, 『佛教学セミナー』通号 12, 大谷大学佛教学会, pp.75~76.

298) 『북본』, T.12, No.374, pp.425b1~2.; 『남본』, T.12, No.375, pp.666b27 ~28, "言破戒者 謂一闡提 其餘在所一切布施 皆可讚歎 獲大果報."

4중금(重禁)을 범하거나 5역죄(五逆罪)²⁹⁹⁾를 지으며 정법을 비방하는 것을 말한다.³⁰⁰⁾ 일천제는 붓다의 가르침에 대한 믿음이 없는 중죄인을 뜻한다는 것이다. 그러한 일천제는 비불교도(非佛敎徒)를 의미한다.

반면, 「월유품」은 파계자보다 못한 존재라고 일천제를 정의한다.

> 이 『대반열반경』을 듣기만 하면, 비록 4중금과 5무간죄를 범하였더라도 오히려 보리의 인연이 생긴다. 그러나 일천제 무리들은 그렇지 못하여, 설사 이 미묘한 경전을 듣고 수지하더라도 보리도의 인연을 내지 못한다.³⁰¹⁾

위 경문과 같이, 일천제는 4중금과 5무간죄를 범한 무리에도 들지 못하는 성불 불가(成佛不可)·구제 불능(救濟不能)으로 단정하였다. 중죄를 범한 파계자라 하더라도 깨달을 수 있다는 것이다. 그러나 일천

---

299) 『선견율비바사(善見律毘婆沙)』에는 "부친을 살해하는 것, 모친을 살해하는 것, 아라한을 살해하는 것, 부처님의 몸에 피를 내는 것, 승가를 파괴하는 것 등 다섯 가지 엄중한 죄는 5역죄이며, 천상계에 태어나거나 깨달음을 얻는 데 장애가 된다."라고 되어 있다. T.24, No.1462, pp.759b8~10, "殺父殺母 殺阿羅漢 出佛身血 破和合僧 此五重罪 此是五逆罪 天道 道果悉障."
『불설관보현보살행법경(佛說觀普賢菩薩行法經)』에는 다음과 같이 설명되어 있다. 즉, "만약, 왕자·대신·바라문·거사·장자·재관 등등 이 모든 사람들이 탐내어 갈구하고 만족하지 않으며 5역죄를 짓고 대승경전[방등경]을 비방하며 십악업을 짓는다면, 이로 인하여 매우 나쁜 과보로 반드시 악도에 떨어지게 되니, 폭우보다 빨리 아비지옥에 떨어지게 될 것이다."라고 하였다. T.9, No.277, pp.394a19~23, "若王者 大臣 婆羅門 居士 長者 宰官 是諸人等 貪求無厭 作五逆罪 謗方等經 具十惡業 是大惡報應墮惡道 過於暴雨必定當墮阿鼻地獄."
300) 『북본』, T.12, No.374, pp.425b13~14.; 『남본』, T.12, No.375, pp.666c 11~12, "若犯四重及五逆罪 誹謗正法 如是等人名爲破戒."
301) 『북본』, T.12, No.374, pp.418b15~18.; 『남본』, T.12, No.375, pp.659b 21~24, "若得聞是大涅槃經 雖犯四禁及五無間 猶故能生菩提因緣 一闡提輩則不如是 雖得聽受是妙經典 而不能生菩提道因."

제는 그들보다 미천하고, 깨달을 수도 없다고 단언하였다. 나아가, 「범행품」은 일천제를 살해하더라도 죄가 성립되지 않는다고 강조하였다.[302] 또한, 일천제는 불성(佛性)이 있더라도 무량한 죄업에 얽혀서 벗어나지 못한다고 주장하였다.[303]

위와 같이, 일천제는 교단 밖의 존재로서 해석되었다. 그들은 선근(善根)이 생기지 않음으로써 성불할 수도 없고, 구제받을 수도 없다는 논리가 성립된 것이다.

(2) 교단 내 파괴자로서의 일천제

일천제는 교단과 무관한 존재가 아닌, 교단 내 구성원이라는 견해가 새롭게 대두된다. 일천제는 교단 또는, 승가의 화합을 파괴하는 비구의 상징으로 재해석된다. 우선, 「월유품」의 견해를 살펴보도록 하자.

> 선남자여, 어떤 일천제가 아라한처럼 꾸미고 고요한 곳에 있으면서 방등 대승경전을 비방하는 것을 범부들이 보고 '모두 참 아라한이다', '대보살마하살이다.'라고 말한다. 이는 일천제인 악비구가 아란야에 있으면서 아란야의 법을 파괴하는 것이다. 타인이 이양 받는 것을 보고 질투심이 생겨, '방등 대승경전은 모두 천마 파순이 설한 것

---

302) 비유하면, 땅을 파고 풀을 베고 나무를 찍거나 시체를 자르고 욕하고 매질하는 것이 죄보가 없는 것과 같다. 일천제를 죽이는 것도 마찬가지로, 죄보가 없다. 「북본」, T.12, No.374, pp.460b17~19.; 「남본」, T.12, No.375, pp.702c22~24, "譬如掘地刈草斫樹 斬截死屍罵詈鞭撻 無有罪報 殺一闡提亦復如是 無有 罪報."

303) 「북본」, T.12, No.374, pp.419b5~6.; 「남본」, T.12, No.375, pp.660b13~14, "彼一闡提雖有佛性 而爲無量罪垢所纏 不能得出."

이다. 또한, 여래는 무상법이다'라고 설한다. 정법을 비방하고 승가를 깨뜨린다.[304]

경문에서 묘사한 일천제는 대승을 부정하고, 승가를 파괴하는 악비구(惡比丘)이다. 수행도 없이 아라한·대보살이라 대망어(大妄語)를 범하고, 타인의 이양(利養)에 질투한다는 것이다. 대승경전은 마설(魔說)이라 하고, 불설(佛說)은 무상법이라고 주장하며 교단의 혼란을 야기한다는 것이다. 이러한 관점에서는 붓다의 입멸에 대해 망언한 쑤밧다(Subhadda), 붓다의 암살을 시도했고 승단의 화합을 파괴한 데바닷따(Devadatta)도 일천제에 해당한다.[305]

위 경문을 근거로 하여, 모치즈키 료코(望月良晃)는 교단사적 관점에서 일천제(icchantika)를 이양(利養)을 탐착하는 자(者)로 규정하였다. 이찬띠까(icchantika)는 무엇을 탐착하고자 하는지, 목적어는 명확하지 않다. 그러나 모치즈키 료코는 이양을 목적어로 보았다.[306] 경의 문맥상 일천제는 이양을 탐착하여 교단을 파괴함으로써, 5역죄를 범하게 된다. 그리고 깨달음에 이르지 못했으면서 깨달았다는 대망어계(大妄語戒)와 4중금을 범하게 된다는 것이다.[307] 그의 견해는 히라카와 아키

---

304) 『북본』, T.12, No.374, pp.419a19~25.; 『남본』, T.12, No.375, pp.660a 27~b4, "善男子 有一闡提作羅漢像 住於空處誹謗方等大乘經典 諸凡夫人見已皆 謂真阿羅漢 是大菩薩摩訶薩 是一闡提惡比丘輩住阿蘭若處壞阿蘭若法 見他得利心生嫉妬 作如是言 所有方等大乘經典 悉是天魔波旬所說 亦說 如來是無常法 毀滅正法 破壞眾僧."

305) 石川海淨(1959),「一闡提思想に就いて」,『大崎学報』109号, 立正大学仏教学会, p.5.

306) 望月良晃(1969),「一闡提とは何か」,『印度學佛教學研究』17卷 2号, 印度学仏教学會, pp.557~558.

307) 望月良晃(1988),『大乘涅槃經の研究 : 敎團史的考察』, 東京: 春秋社, p.14.

라(平川彰)[308]와 시모다 마사히로(下田正弘)[309]에도 영향을 미쳤다.

교단의 파괴자로서, 일천제는 악비구에서 사부대중으로 확대된다. 「일체대중소문품」의 내용을 살펴보도록 하자.

> 만약, 어떤 비구·비구니·우바새·우바이가 추악한 말로 정법을 비방하는 무거운 업을 짓고 영원히 뉘우치지 않고 부끄러움이 없다면, 이러한 사람들은 일천제가 된다고 한다. 만약, 4중금을 범하거나 5역죄를 짓고 스스로 이러한 중대한 일을 범한 줄 알면서도, 처음부터 두려움과 부끄러움이 없어 기꺼이 발로하지 않고, 부처님의 정법에 있어서 영원히 호지하여 건립할 마음이 없고 훼방하며 천대하여 말에 허물이 많다면, 이러한 사람들도 일천제가 되는 것이다. 또한, 불·법·승이 없다고 말하는 사람들도 일천제가 된다고 말한다.[310]

위 경문에서는 일천제를 세 부류로 정의하였다. 정법을 비방하고 참회(懺悔)를 모르는 사부대중·발로참회(發露懺悔)하지 않는 파계자와 신심이 없는 자, 삼보를 믿지 않는 비불교도 등이다. 첫째, 악한 말로써 정법을 비방하는 중죄를 짓고도 참회하지 않는 비구·비구니·우바

---

308) 모치즈키 료코의 견해는 은사, 히라카와 아키라(1979)의 『インド仏教史』에 소개되었다. 즉, icchantika[일천제]는 탐욕스러운 사람, 이양을 탐함, 세간에 집착하는 사람을 의미한다는 것이다. 望月良晃(1988), 『大乘涅槃經の硏究: 敎團史的考察』, 東京: 春秋社, pp.13~14.; 히라카와 아키라, 이호근 옮김(1991:1994), 『인도불교의 역사』하, 서울: 민족사, p.65.

309) 욕구해 가는 자, 탐착자(貪著者)로 정의하였다. 下田正弘(1997), 『涅槃經の硏究: 大乘經典の硏究方法試論』, 東京: 春秋社, p.368.

310) 『북본』, T.12, No.374, pp.425b3~10.; 『남본』, T.12, No.375, pp.666b29~c8, "若有比丘及比丘尼 優婆塞 優婆夷 發麤惡言誹謗正法 造是重業 永不改悔心 無慚愧 如是等人名爲趣向一闡提道 若犯四重 作五逆罪 自知定犯如是重事 而心初無怖畏慚愧 不肯發露 於佛正法永無護惜 建立之心 毁呰 輕賤 言多過咎 如是等人亦名趣向一闡提道 若復說言 無佛 法 僧 如是等人亦名趣向一闡提道."

새·우바이이다. 경에서 의미하는 정법은 대승이다. 이러한 일천제는 비대승(非大乘) 불교도 또는, 대승비불설론자(大乘非佛說論者), 사부대중 가운데 신심이 없는 자라고 할 수 있다.

둘째, 중죄를 범한 파계자로서 불교에 신심(信心)이 없는 사람이다. 4중금과 5역죄를 범하고도 끝까지 발로참회하지 않는 자로서, 불교를 수지할 뜻이 없고 훼법(毁法)하며 믿음이 없는 자를 말한다. 그들은 신심이 없고, 현세의 욕망이 강하여 인과의 이치를 부정하며, 불법(佛法)을 비방하고 계율을 파하는 극악인(極惡人)이다.[311] 마츠모토 분자부로(松本文三郎)는 일천제를 유욕자(有欲者)·다욕(多欲)의 뜻으로, 현세의 욕락(欲樂)에 집착한다고 정의하였다. 그는 위 경문의 신심이 없는 파계자는 현세의 욕락을 집착하지 않고 그것을 근절하려는 불교를 비방하여, 파계하는 결과를 가져온다는 것이다. 그러므로 믿음이 없이 파계하는 것은 현세의 욕락에 집착한 당연한 결과이며, 그들을 비불교도와 같다고 주장하였다.[312] 「월유품」은 4중금과 5역죄를 범한 죄인과 일천제를 구분하였다. 전자는 보리심 발현의 가능성을 인정했지만, 후자는 그들만도 못한 구제 불능으로 규정되었다. 그러나 여기서는 4중금과 5역죄를 지은 죄인까지도 일천제에 포함하였다. 이러한 의미 변화는 일천제의 선근 회복과 함께 일천제에서 벗어날 수 있다는 가능성을 인정하는 것이라고 할 수 있다.[313]

셋째, 삼보를 부정하는 비불교도(非佛教徒)이다. 그들은 모두 교단 밖

---

311) 水谷幸正(1961),「一闡提攷」,『仏教大学研究紀要』, 37号, 仏教大学會, p.64.
312) 모치즈키 료코(望月良晃)는 마츠모토 분자부로(松本文三郎)의 '믿음이 없는 파괴자'라는 일천제에 대한 견해를 비불교도와 같이 생각한다고 논평하였다. 望月良晃(1988),『大乘涅槃經の研究 : 教團史的考察』, 東京: 春秋社, pp.3~4.
313) 橫超慧日(1991),『涅槃經:如來常住と悉有佛性』, 京都: 平楽寺書店, p.149.

에서 불교를 비방하는 사람들이다. 이시카와 카와죠우(石川海淨)는 그들을 바라문교도 내지, 육사외도 등 모든 외도(外道)들을 지칭한다고 주장하였다. 그는 일천제를 다욕(多欲)·변욕(辺欲)·극욕(極欲), 뜻대로 행동하는 자라고 정의하였다. 그리고 순세외도(順世外道, Lokāyata)[314]를 그 첫째로 꼽았다.[315] 오기하라 운라이(荻原雲來) 또한, 일천제의 근본 의미는 순세외도라고 주장하였다.[316]

미즈타니 고쇼(水谷幸正)는 일천제는 유(有)를 구하는 사람으로서, 세간의 일천제와 불법(佛法) 중의 일천제가 있다고 주장하였다. 전자는 생사윤회를 좋아하여 열반을 구하지 않고, 후자는 불법 문중에 있으면서도 대승법을 증오하고 비방한다는 것이다. 그는 이들을 모두 정법을 비방하는 자로서, 사정취(邪定聚)[317]로 규정하였다.[318] 교단 내외의 비대승불교도와 비불교도를 말한다.

---

314) 육사외도 가운데 아지따 께사깜바린(Ajita Kesakambalin)이다. 그의 사상은 유물론(唯物論, materialism)·감각론(感覺論, sensationalism)·쾌락주의(快樂主義, hedonism)에 해당된다.

315) 石川海淨(1959),「一闡提思想に就いて」,『大崎学報』109号, 立正大学仏教学会, p.6.

316) 미즈타니 고쇼(水谷幸正)는「一闡提攷」에서 오기하라 운라이(荻原雲來)의 견해를 소개했다. 오기하라 운라이는 일천제의 근본 의미는 순세외도와 같고, 유물론·쾌락주의자·현세주의자를 지칭한다고 주장했다. 水谷幸正(1961),「一闡提攷」,『仏教大学研究紀要』, 37号, 仏教大学會, pp.66~67.

317) 사정취(邪定聚)는 중생의 세 부류 가운데, 지옥에 떨어질 것이 결정된 중생을 말한다.『아비달마구사론』에서는 "무엇을 사성(邪性)이라 하는가? 지옥·축생·아귀를 가리켜 사성이라고 말한다. 정(定)이란 무간(無間)을 말한다. 무간업을 지은 자는 반드시 지옥에 떨어지기 때문에 사정(邪定)이라고 한다."라고 되어 있다. T.29, No.1558, pp.56c19~21, "何名邪性 謂諸地獄 傍生餓鬼 是名邪性 定謂無間 造無間者 必墮地獄 故名邪定."
『성실론』에서는 "사정(邪定)에 해당하는 자는 결코 열반에 들어갈 수 없다."고 하였다. T.32, No.1646, pp.250a13~14, "邪定者必不入泥洹."

318) 水谷幸正(1961),「一闡提攷」,『仏教大学研究紀要』, 37号, 仏教大学會, pp.98~99.

결론적으로, 『대승열반경』이 정의한 일천제는 대승을 부정하고, 정법과 계율을 파괴하며, 교단 안팎의 신심 없는 악인을 통칭하였다. 교단 내의 비대승 불교도와 교단 밖의 비불교도까지 일천제로 명명되었다. 이러한 『대승열반경』의 일천제 범위 확대로써, 불멸 후 교단의 위기 상황을 더욱 극명하게 드러난다. 교단의 유지와 존속을 위하여, 일천제는 대승불교에서 해결해야 하는 당면의 문제가 아닐 수 없게 된다.

(3) 일천제 실유불성(悉有佛性)과 성불(成佛)

불멸 후 교단의 파괴자로서, 구제 불능으로 정의된 일천제는 『대승열반경』 중반부에서부터 재논의된다. 그리고 일천제의 실유불성(悉有佛性)과 성불(成佛)을 논증함으로써, 그들을 교단의 구성원으로 섭수하였다. 우선, 「범행품」에서 일천제의 의미 변화가 나타난다.

> 일천제 무리를 둘로 구분한다. 첫째는 현재에 선근을 얻고, 둘째는 후세의 선근을 얻는다. [중략] 지금은 이익이 없어도 후세의 인을 짓도록 여래께서는 일천제에게도 법요를 설하셨다. 일천제는 또 두 가지가 있다. 영리한 근기와 중품 근기이다. 영리한 사람은 현재 선근을 얻을 것이고, 중품 사람은 후세에 얻을 것이므로, 제불 세존의 설법은 헛되지 않다.[319]

---

319) 『북본』, T.12, No.374, pp.482b6~12.; 『남본』, T.12, No.375, pp.725b17~23, "一闡提輩分別有二 一者 得現在善根 二者 得後世善根 [중략] 後世得者亦爲說法 今雖無益作後世因 是故 如來爲一闡提說法要 一闡提者復有二種 一者利根 二者中根 利根之人於現在世能得善根 中根之人後世則得 諸佛世尊不空說法."

일천제는 단선근(斷善根)이라는 종전의 정의와는 대조적으로서, 일천제도 선근을 얻는다고 재해석하였다. 영리한 근성의 일천제는 현재, 중품(中品) 근성은 후세에 선근을 얻는다는 것이다. 일체중생 실유불성(一切衆生悉有佛性)에서 중생의 미래불성(未來佛性)과도 연관된다. 선근이 생긴다는 것은 일천제의 성불 가능성을 암시한다.

「광명변조고귀덕왕보살품」에서는 앞서 「월유품」과 「일체대중소문품」에서 정의한 일천제에 대한 견해가 변화하여 나타난다.

> 모든 부처님은 결정된 모양이 없다고 하셨다. 선남자여, 그러므로 4중금을 범하거나 방등경[320]을 비방하거나 일천제들은 모두 결정된 것이 아니다.[321]

위와 같이, 4중금을 범한 극악인·비대승불교도·일천제는 결정된 것이 아니라고 재해석하였다. 일천제의 구제 가능성을 의미한다. 「사자후보살품」도 모든 업은 결정되기도 하고, 결정되지 않기도 한다고 하였다.[322] 즉, 결정된 과보도 없다는 말이다. 만약 모든 업이 결정된

---

320) 방등경(方等經)은 대승경전의 총칭이다. 『대승열반경』에는 "만약 어떤 사람이 부처님께서는 중생을 제도하기 위하여 방등경을 설하셨다고 말한다면, 마땅히 이 사람은 침된 나의 제자인 줄 알라. 만약, 방등경을 받아들이지 않는다면 이 사람은 나의 제자가 아닌 줄 알라."고 하였다. 『북본』, T.12, No.374, pp.404a24~26,; 『남본』, T.12, No.375, pp.644c29~645a02, "若有說言 如來為欲度衆生故 說方等經 當知是人真我弟子 若有不受方等經者 當知是人 非我弟子."

321) 『북본』, T.12, No.374, pp.502a8~10.; 『남본』, T.12, No.375, pp.745c17~19, "諸佛如來無有定相 善男子 是故 犯四重禁 謗方等經及一闡提悉皆不定."

322) 일체 업은 가벼운 것과 무거운 것이 있다. 가벼운 업과 무거운 업에는 각각 두 가지가 있다. 첫째는 결정된 것이고, 둘쩨는 결정되지 않은 것이다. 『북본』, T.12, No.374, pp.550a2~3.; 『남본』, T.12, No.375, pp.795c2~3, "一切作業有輕有重 輕重二業復各有二 一者決定 二者不決定."

과보를 얻는다면 범행과 해탈을 구하지 않을 것이다. 그러나 결정되지 않았으므로 범행과 해탈의 과보를 닦는다고 강조하였다.[323] 수행을 통하여 파계자와 극악인·비대승 불교도·일천제도 범행과 해탈을 얻을 수 있다는 것이다.

『대승열반경』은 일체 법이 일정한 모양이 없다고 강조하여, 일천제의 구제 가능성을 나타낸다. 「가섭보살품」의 내용을 살펴보도록 하자.

> 중생들의 근성은 결정이 없는 줄 알라. 결정이 없으므로 선근을 끊더라도 다시 난다. 만약 중생들의 근성이 결정되었다면, 마침내 먼저 끊으면 다시 생겨나지 못할 것이다. 또한, 일천제들이 지옥에 떨어져서 수명이 일 겁이라고 말하지 못할 것이다. 선남자여, 그러므로 여래는 모든 법이 일정한 모양이 없다고 설한다.[324]

위 경문에서는 중생의 근성도 결정이 없다고 단언하였다. 그러므로 선근이 끊어진 일천제도 선근이 다시 생긴다는 것이다. 이러한 근거는 모든 법이 일정한 모양이 없기 때문이라고 주장하였다. 반면, 일체 법이 일정한 경우를 「광명변조고귀덕왕보살품」은 다음과 같이 밝히고 있다.

> 일천제가 4중금을 범하거나. 방등경을 비방하고 5역죄를 범해도 본

---

323) 『북본』, T.12, No.374, pp.550a15~17.; 『남본』, T.12, No.375, pp.795c 16~18, "佛言 善男子 若一切業定得果者 則不應求梵行解脫 以不定故 則修梵行 及解脫果."

324) 『북본』, T.12, No.374, pp.562c24~28.; 『남본』, T.12, No.375, pp.809b2~6, "是故當知 衆生根性無有決定 以無定故 或斷善根 斷已還生 若諸衆生根性 定者 終不先斷 斷已復生 亦不應說一闡提輩墮於地獄 壽命一劫 善男子 是故如來 說 一切法無有定相."

심만 버리면, 반드시 일정하게 된다. 그러므로 일정하다고 한다.[325]

일천제가 4중금·5역죄를 범하거나 대승경전을 비방했더라도 본심만 버린다면, 반드시 열반을 얻을 수 있다는 말이다. 일체법은 일정하지 않고, 열반은 일정하다. 중생의 근성은 결정이 없으므로, 일천제의 본심도 일정하지 않다. 그들은 결정된 업·과보가 없으므로, 본심을 버릴 수 있는 것이다. 일천제의 성불(成佛)을 인정한 것이다.

『대승열반경』은 깨달음 성취의 전제로 불성을 보는 것을 강조한다. 일천제의 성불은 일천제의 실유불성(悉有佛性)을 뜻한다. 「광명변조고귀덕왕보살품」의 견해에 나타나 있다.

> 모든 중생은 다 불성이 있는 줄 알아야 한다. 불성이 있음으로써, 일천제들도 본심만 버리면 모두 아누다라삼먁삼보리를 이룰 수 있다.[326]

위 경문에서는 모든 중생은 불성이 있고, 일천제도 불성이 있으므로 성불할 수 있다고 명시하였다. 다만, 일천제는 본심을 버려야 한다는 조건을 전제하였다. 본심을 버린다는 것은 불성이 있다고 믿는 것이며, 불성이 있는 줄 아는 것이고, 불성을 보는 것이다.

반면, 일천제의 깨달음 성취에 관해서는 「광명변조고귀덕왕보살품」의 문제 제기를 통하여 해명하고 있다.

---

325) 『북본』, T.12, No.374, pp.505a21~23.; 『남본』, T.12, No.375, pp.749a5~7, "一闡提等 犯四重禁 誹謗方等 作五逆罪 捨除本心 必定得故 是故爲定."
326) 『북본』, T.12, No.374, pp.505c14~16.; 『남본』, T.12, No.375, pp.749c2~4, "知諸衆生皆有佛性 以佛性故 一闡提等捨離本心 悉當得成阿耨多羅三藐三菩提."

일천제들도 아누다라삼먁삼보리를 얻는 까닭은 무엇인가? 만약, 보리심을 낸다면 일천제라고 말하지 않는다. 선남자여, 무슨 이유로 일천제가 아누다라삼먁삼보리를 얻는다고 하는가? 그들은 진실로 아누다라삼먁삼보리를 얻지 못한다.[327]

경문에서는 일천제가 깨달음을 얻을 수 있는 이유는 보리심을 내는 것이라고 주장하였다. 동일한 품(品) 안에서 제기된 일천제 성불론의 모순이 결코 아니다. 일천제의 성불은 보리심을 내느냐, 마느냐에 결정된다는 것을 강조하였다. 이로써, 일천제의 명명(命名)도 좌우된다는 것이다. 보리심을 낸다면, 일천제도 아니고 깨달음도 얻는다는 말이다. 영리한 근기의 일천제는 본성을 버릴 수 있고, 보리의 인(因)이 생겨 깨달음을 얻을 수 있는 것이다. 결국, 보리심을 내지 않으면 영원히 일천제로서 성불할 수 없다는 주장이다.

『대승열반경』은 일천제가 불성이 있다고 믿는 과보에 관한 견해도 밝히고 있다. 「광명변조고귀덕왕보살품」의 경문을 살펴보도록 하자.

선남자여, 만약 일천제가 불성이 있다고 믿는다면 마땅히 삼악도에 떨어지지 않는 줄 알아야 한다. 또한, 일천제라고 부르지도 않는다. 불성이 있는 줄 스스로 믿지 않으므로 3악도에 떨어지고, 3악도에 떨어지므로 일천제라고 한다.[328]

---

327) 『북본』, T.12, No.374, pp.519a7~12.; 『남본』, T.12, No.375, pp.763a23~27, "一闡提輩亦得阿耨多羅三藐三菩提 所以者何 若能發於菩提之心則不復名一闡提也 善男子 以何緣故說一闡提得阿耨多羅三藐三菩提 一闡提輩實不能得阿耨多羅三藐三菩提."

328) 『북본』, T.12, No.374, pp.519b18~21.; 『남본』, T.12, No.375, pp.763c7~10, "善男子 若一闡提信有佛性 當知是人不至三趣 是亦不名一闡提也 以不自信 有佛性故 即墮三趣 墮三趣故 名一闡提."

일천제가 불성이 있다고 믿느냐 마느냐에 따라, 삼악도 타락과 일천제 명명(命名)의 여부가 결정된다는 것이다. 일천제 스스로 불성이 있다고 믿으면, 그들은 삼악도에 떨어지지 않고 일천제도 아니라는 말이다. 반면, 자신에게 불성이 있는 줄 모르면, 일천제로서 영원히 3악도에 출몰한다는 것이다.

반면, 『대승열반경』은 일천제 불성론에 대한 문제 제기를 통하여, 일천제의 실유불성을 강조한다. 「가섭보살품」의 견해를 살펴보자.

　　만약, 일천제에게 불성이 있다면, 어떻게 지옥의 죄보를 막지 못하는가? 그러므로 일천제에게 불성이 없다.[329]

위 경문은 일천제 불성론과 모순된 견해가 아니다. 일천제의 실유불성을 강조하기 위한 반문일 뿐이다. 아래 경문의 견해를 살펴보도록 하자.

　　비록, 미래세에 선근이 있을지라도 지옥의 고통을 구제할 수 없고, 미래세에 구할 수 있다 하더라도 현세에는 어떻게 할 수 없다. 그러므로 구제할 수 없다고 말한다. 불성의 인연으로써 구할 수 있지만, 불성은 과거도 아니고 미래도 아니고 현재도 아니다. 그러므로 불성은 끊을 수 없다. 마치, 썩은 종자는 싹이 날 수 없는 것처럼 일천제들도 이와 같다.[330]

---

329) 『북본』, T.12, No.374, pp.519b4~5.; 『남본』, T.12, No.375, pp.763b20~22, " 若一闡提有佛性者 云何不遮地獄之罪 善男子 一闡提中無有佛性."

330) 『북본』, T.12, No.374, pp.562b15~20.; 『남본』, T.12, No.375, pp.808c 20~26, "雖未來世當有善根而不能救地獄之苦 未來之世雖可救拔 現在之世無如之何 是故名為不可救濟 以佛性因緣則可得救 佛性者 非過去非未來 非現在 是故佛性 不可得斷 如朽敗子不能生牙 一闡提輩亦復如是."

위 경문에서는 불성이 과거·현재·미래에 속박되지 않고, 항상 존재하는 본질을 강조하였다. 상주불멸하는 불성이기 때문에, 삼세(三世)에 속박되는 일천제도 불성이 있는 것이다. 일천제는 과거의 죄보로 현재에 불성을 볼 수 없으므로, 현재 지옥의 죄보를 면할 수는 없다. 그러나 『대승열반경』은 선근을 끊은 사람이 선근이 다시 생겨나는 때가 지옥에 들어갈 때와 나올 때라는 것이다.[331]

일천제가 불성을 보지 못하고, 보는 문제에 관한 견해는 「가섭보살품」에 나타난다.

> 만약 번뇌가 없다면, 모든 중생들이 마땅히 현재에 불성을 분명하게 볼 것이다. 그러므로 선근을 끊은 사람은 현세의 번뇌 인연으로써 선근을 끊고, 미래세 불성의 힘 인연으로써 선근을 다시 낸다.[332]

중생들이 현재에 불성을 보지 못하는 이유는 번뇌로서, 번뇌를 끊으면 불성이 드러난다는 것이다. 또한, 선근을 끊은 일천제가 불성의 힘으로써 미래세에 선근을 다시 회복한다고 강조하였다. 『대승열반경』은 미래에 어떻게 선근을 낼 수 있는지 논의하였다. 마치 등불이나 해가 비록 나오지 않더라도 능히 어둠을 깨뜨릴 수 있는 것처럼, 중생이 미래에 불성을 내는 것도 이와 같다는 것이다.[333]

---

331) 『북본』, T.12, No.374, pp.570c19~20.; 『남본』, T.12, No.375, pp.817c 13~14, "佛言 善男子 是人二時還生善根 初入地獄 出地獄時."

332) 『북본』, T.12, No.374, pp.571c17~20.; 『남본』, T.12, No.375, pp.818c 16~19, "若無煩惱 一切衆生應當了現見佛性 是故斷善根人 以現在世煩惱因緣 能斷善根 未來佛性力因緣故 還生善根."

333) 『북본』, T.12, No.374, pp.571c20~23,; 『남본』, T.12, No.375, pp.818c 19~22, "迦葉言 世尊 未來云何能生善根 善男子 猶如燈日 雖復未生 亦能破闇 未來之生 能生衆生未來佛性 亦復如是."

일체중생 실유불성(一切衆生悉有佛性)에서 '유(有)'를 미래형, '있을 것이다'로 해석하였다. 일천제의 미래 불성도 마찬가지이다. 미래형으로써 일천제 실유불성(一闡提悉有佛性)이 성립된다. 일천제의 미래 불성과 성불에 관한 견해는 「사자후보살품」에 나타난다.

　　일천제들은 선법이 없다. 불성도 선법이라, 미래에 있을 것이므로 일천제도 모두 불성이 있다. 왜냐하면, 일천제들도 결정코 아누다라삼먁삼보리를 이룰 수 있기 때문이다.[334]

　　경문에서는 불성을 선법(善法)이라고 명시하였다. 일천제도 미래에는 선법이 있고 불성이 있다는 것이다. 그러므로 일천제도 반드시 아누다라삼먁삼보리(阿耨多羅三藐三菩提)를 얻을 수 있다고 강조하였다. 특히, 불성과 성불의 연관을 직시하였다. 불성은 성불의 절대적 조건이며, 깨달음의 근거임을 나타내고 있다.

　　일천제는 선법이 없고, 선법을 내지 못한다면 깨달음을 얻지 못한다. 반면, 일천제가 선법을 내고 깨달음을 얻을 수 있는 법에 관한 견해는 「가섭보살품」에 나타난다.

　　선남자여, 만약 어떤 이가 일천제들이 선법을 내지 못하고도 아누다라삼먁삼보리를 얻는다고 설한다면, 이 사람은 불·법·승을 비방하는 것이다. 또한, 일천제가 이 일천제를 버리고 다른 몸으로 아누다라삼먁삼보리를 얻는다고 말한다면, 이 사람도 불·법·승을 비방하는 것이다. 만약 일천제가 능히 선근을 내고, 선근을 낸 후에는 상속

334) 『북본』, T.12, No.374, pp.524c2~5.; 『남본』, T.12, No.375, pp.769a15~17, "一闡提等無有善法 佛性亦爾 以未來有故 一闡提等悉有佛性 何以故 一闡提等定 當得成阿耨多羅三藐三菩提故."

하여 끊임없으면 아누다라삼먁삼보리를 얻는다. 그러므로 일천제가 아누다라삼먁삼보리를 얻는다고 말한다면, 이 사람은 마땅히 삼보를 비방하지 않는 줄 알라.[335]

경문에서는 일천제로서 기꺼이 선법을 내고, 끊임없이 상속한다면 성불할 수 있다고 주장하였다. 일천제가 삼보를 비방하지 않는다면, 선근을 내고 깨달음을 얻는다는 말이다. 대승불교에서도 삼보의 귀의를 강조하였다. 결국, 일천제의 깨달음 성취는 불(佛)·법(法)·승(僧)에 대한 믿음에서 시작된다는 것이다. 이러한 일천제 성불론으로써, 『대승열반경』은 일천제를 교화하여 섭수하고자 하였다.

결론적으로, 『대승열반경』은 전반부의 일천제에 관한 부정적인 견해를 「광명변조고귀덕왕보살품」에서부터 전적으로 재논의하였다. 구제불능·교단의 파괴자로 정의한 일천제를 재고하고, 일천제 실유불성·성불론으로써 일체중생 실유불성 사상을 확립하였다. 또한, 삼보의 귀의에 주목하여 일천제를 섭수하여 불멸 후 교단의 위기를 극복하고, 교단의 안정을 도모하고자 하였다.

---

335) 『북본』, T.12, No.374, pp.580b24~c2.;『남본』, T.12, No.375, pp.828a4~11, "善男子 若有說言 一闡提等 未生善法便得阿耨多羅三藐三菩提 是人亦名謗佛法僧 若復有言 一闡提人捨一闡提 於異身中得阿耨多羅三藐三菩提 是人亦名謗佛法僧 若復說言 一闡提人能生善根 生善根已 相續不斷 得阿耨多羅三藐三菩提 故言一闡提得阿耨多羅三藐三菩提 當知是人不謗三寶."

4. 요약 및 논의

불멸 후 교단 유지에 관한 붓다의 유훈은 법(法)과 율(律)을 중심으로 초기불교·부파불교·대승불교에서 논의되었다. 초기불교는 비구들의 삼학 수행과 지계로써 불멸 후의 교단이 유지되기를 강조하였다. 『마하빠리닙바나 숫따』에서 붓다가 지향한 교단 유지는 법과 율에 의한 불방일의 수행과 도과(道果)의 성취에 두었다. 이러한 자력(自力) 수행과 대조적인 성지 순례와 사리 숭배 등의 신행이 권유되기도 하였다. 타력신앙의 행태가 초기불교에서부터 시작된 것이다.

부파불교는 법에 주목한 교학적인 주석으로서, 깨달음의 성취를 강조하였다. 『밀린다팡하』와 『슈망갈라윌라시니』는 사리 공양과 성지순례는 재가자만의 본분이라고 주장하였다. 승가의 본분은 사념처(四念處) 수행에 힘써 도과(道果)를 이루는 것이라고 강조하였다. 『대비바사론』은 입멸 직전 붓다 생신(生身)의 소멸을 관찰하여 제행무상의 이치를 체득해 깨달음을 성취하기를 강조하였다. 선정에 자유자재한 불타관을 나타낸 반면, 비구들에게 위빠사나 수행을 권고한 것이 특징이다.

대승불교는 법을 우위에 두고 교단에 관한 붓다의 유훈을 재해석하였다. 주요 내용에 관한 『마하빠리닙바나 숫따』와 『대승열반경』·『후분』의 견해를 간략히 비교하면 아래와 같다. 불멸 후 교단 유지는 어떻게 할 것인가에 대한 초기불교와 대승불교의 답변이다.

〈표5-5〉 불멸 후 교단 유지에 관한 붓다의 유훈 비교

	『마하빠리닙바나숫따』	『대승열반경』, 『후분』
법	37조도품, 3학, 4성제, 8성도	대승, 법신·열반상주, 상락아정
불멸 후의 스승 귀의처	법·율, 자주·법주, 자귀의·법귀의	정법 부촉-대가섭 대가섭, 지계바라밀, 사리
대승법 부촉		대가섭, 문수사리, 쭌다, 가섭보살
악성 비구	찬나 비구	찬나 비구 + 육군(六群) 비구 일천제-실유불성, 성불 가능
찬나 비구 대처	묵빈대처	12연기로 교화
불멸 후 계율	소소한 계율 폐지 가능	호법을 위한 계율 제정
사리 공양	논쟁의 소지-승가 금지	사부대중의 수행

대승불교에서의 법은 대승이다. 법신상주와 열반의 상락아정, 일체 중생 실유불성과 일천제 성불 등 대승불교의 사상을 말한다. 그러나 12연기·37조도품·삼보·사념처·사성제·팔정도 등 초기불교 교설을 중요시한 것도 특징이다. 또한, 정법 부촉과 호법을 위한 계율 제정, 일천제의 성불을 주장하였다. 이에 관한 『마하빠리닙바나 숫따(MPS)』 와 『대승열반경』의 견해를 비교하면 다음과 같다.

(1) 법·율 → 정법 부촉
    MPS: 붓다가 교시하고 제정한 법과 율을 스승으로 삼으라.
                        ↓
    『대승열반경』: 정법 부촉
    대가섭에게 정법을 부촉 - 중생들의 의지처가 될 것이다.
    문수사리·가섭보살·쭌다에게 대승법 부촉
    [대가섭과 아난은 열반회상에 도착하면 부촉 예정]

(2) 소소한 계율 폐지 가능 → 호법을 위한 계율 제정

MPS: 승가가 원하면, 내가 입멸한 후에 작고 사소한 계율들은 폐지해도 좋다.

↓

『대승열반경』: 호법을 위한 계율 제정
① 파법승(破法僧)은 쫓아 보내거나 꾸짖음으로 다스려라.
② 우바새는 무기를 소지하여 지법승·지계승을 경호하라.
③ 대승의 보살은 일체의 육식을 금지한다.

불멸 후 교단 유지는 어떻게 할 것인가에 대한 초기불교와 대승불교의 답변이다. 여기서, 초기불교의 견해에 만족하지 못했던 대승불교에서 동명(同名)의『열반경』을 성립한 의도가 잘 드러난다.

특히, 대승불교는 일체 중생을 대열반·깨달음[覺]으로 인도하는 데 주목하였다. 『대승열반경』은 일천제(一闡提)의 불성(佛性)과 성불(成佛)을 수용하여 일체중생 실유불성(一切衆生悉有佛性) 사상을 확립하였다. 모든 중생에게 깨달음의 가능성과 희망을 부여함으로써, 일체 중생에게 깨달음에 대한 적극적인 참여를 유도하게 되었다. 불방일로써 깨달음을 성취하라는 붓다의 마지막 유훈을 그 누구도 차별없이, 실천할 수 있는 사상적 계기를 마련한 것이다.

DN: *Dīgha Nikāya*

MN: *Majjhima Nikāya*

SN: *Saṃmyutta Nikāya*

AN: *Aṅguttara Nikāya*

Vin: *Vinaya Piṭakaṃ*

Cv: *Cullavagga*

Mv: *Mahavagga*

Th: *Theragāthā*

UD: *Udāna*

PTS: Pali Text Society

T: Taishō Shinshū Daizōkyō, 大正新脩大藏經

X: Xuzangjing, 卍新纂續藏經

P: Yongle Beizang, 永樂北藏大藏經

Z: Zokuzokyo, 卍續藏經

R: Reprint, 卍續藏經(台灣新文豐影印本)

F: Fangshan shijing, 『房山石經』

참고문헌

1. 원전(原典)

Dīgha Nikāya Ⅰ·Ⅱ·Ⅲ, PTS.

Majjhima Nikāya Ⅰ·Ⅱ, PTS.

Saṃmyutta Nikāya Ⅰ·Ⅱ·Ⅲ·Ⅳ·Ⅴ, PTS.

Aṅguttara Nikāya Ⅱ·Ⅳ, PTS.

Vinaya Piṭakaṃ Ⅰ·Ⅱ·Ⅲ, PTS.

Theragāthā, PTS.

Udāna Ⅵ·Ⅷ, PTS.

Nettippakaraṇa, PTS.

Kathāvatthu, PTS.

『長阿含經』,『遊行經』, T.1, No.1

『大般涅槃經』, T.1, No.7

『佛般泥洹經』, T.1, No.5

『般泥洹經』, T.1, No.6

『中阿含經』,「習相應品」 T.1, No.26,

『雜阿含經』, T.2, No.99

『別譯雜阿含經』, T.2, No.100

『增壹阿含經』,「八難品」·「慚愧品」, T.2, No.125

『佛說力士移山經』, T.2, No.135

『佛說大愛道般泥洹經』, T.2, No.144

『佛母般泥洹經』, T.2, No.145

『悲華經』, T.3, No.157

『方廣大莊嚴經』, T.3, No.187

『佛所行讚』, T.4, No.192

『佛本行經』, T.4, No.193

『撰集百緣經』, T.4, No.200

『妙法蓮華經』, T.9, No.262

『佛說觀普賢菩薩行法經』, T.9, No.277

『大方廣佛華嚴經』60권, T.9, No.278

『大方廣佛華嚴經』80권, T.10, No.279

『大寶積經』, T.11, No.310

『佛說大乘菩薩藏正法經』, T.11, No.316

『佛說阿彌陀經』, T.12, No.366

『稱讚淨土佛攝受經』, T.12, No.367

『大般涅槃經』[「북본」], T.12, No.374

『남본』, T.12, No.375

『佛說大般泥洹經』[「6권본」], T.12, No.376

『大般涅槃經後分』[「후분」], T.12, No.377

『方等般泥洹經』, T.12, No.378

『四童子三昧經』, T.12, No.379

『大悲經』, T.12, No.380

『佛臨涅槃記法住經』, T.12, No.390

『等集衆德三昧經』, T.12, No.381

『集一切福德三昧經』, T.12, No.382

『摩訶摩耶經』, T.12, No.383

『菩薩從兜術天降神母胎說廣普經』, T.12, No.384

『中陰經』, T.12, No.385

『蓮華面經』, T.12, No.386

『大方等無想經』, T.12, No.387

『大雲無想經』, T.12, No.388

『佛垂般涅槃略說教誡經』, T.12, No.389

『佛臨涅槃記法住經』, T.12, No.390

『般泥洹後灌臘經』, T.12, No.391

『佛滅度後棺斂葬送經』, T.12, No.392

『迦葉赴佛般涅槃經』, T.12, No.393

『佛入涅槃密迹金剛力士哀戀經』, T.12, No.394

『佛說當來變經』, T.12, No.395

『佛說法滅盡經』, T.12, No.396

『維摩詰所說經』, T.14, No. 475

『解深密經』, T.16, No.676

『五分律』, T.22, No.1421

『摩訶僧祇律』, T.22, No.1425

『四分律』, T.22, No.1428

『十誦律』, T.23, No.1435

『薩婆多毘尼毘婆沙』, T23, No.1440

『根本說一切有部毘奈耶』, T.23, No.1442

『根本說一切有部毘奈耶雜事』[『毘奈耶雜事』] , T.24, No.1451

『善見律毘婆娑』, T.24, No.1462

『毗尼母經』, T.24, No.1463

『大智度論』, T.25, No. 1509

『阿毘達磨集異門足論』, T.26, No.1536

『阿毘達磨發智論』, T.26, No.1544

『阿毘達磨大毘婆沙論』[『大毘婆沙論』], T.27, No.1545

『阿毘曇毘婆沙論』, T.27, No.1546

『阿毘達磨俱舍論』, T.29, No.1558

『阿毘達磨順正理論』, T.29, No.1562

『中論』, T.30, No.1564

『方便心論』, T.32, No.1632

『成實論』, T.32, No.1646

『大乘起信論』, T.32, No.1667

『那先比丘經』, T.32, No.1670

『金剛經纂要刊定記』, T.33, No.1702

『妙法蓮華經玄義』, T.33, No.1716

『法華玄論』, T.34, No.1720

『法華義疏』, T.34, No.1721

『金剛三昧經論』, T.34, No.1730

『華嚴經探玄記』, T.35, No.1733

『觀無量壽佛經疏』, T.37, No.1750

『阿彌陀經了解』, T.37, No.1762

『大般涅槃經集解』, T.37, No.1763

『大般涅槃經疏』, T.38, No.1767

『注大乘入楞伽經』, T.39, No.1791

『法華論疏』, T.40, No.1818

『俱舍論疏』, T.41, No.1822

『起信論疏筆削記』, T.44, No.1848

『大乘義章』, T.44, No.1851

『三論玄義』, T.45, No.1852

『大乘法苑義林章』, T.45, No.1861

『南嶽思大禪師立誓願文』, T.46, No.1933

『宗鏡錄』, T.48, No.2016

『緇門警訓』, T.48, No.2023

『異部宗輪論』, T.49, No.2031

『歷代三寶記』, T.49, No.2034

『阿育王經』, T.50, No.2043

『高僧傳』, T.50, No.2059

『續高僧傳』, T.50, No.2060

『宋高僧傳』, T.50, No.2061

『大唐西域求法高僧傳』, T.51, No.2066

『大唐西域記』, T.51, No.2087

『法苑珠林』, T.53, No.2122

『一切經音義』, T.54, No.2128

『翻梵語』, T.54, No.2130

『出三藏記集』, T.55, No.2145

『衆經目錄』:『法經錄』, T.55, No.2146

『彦琮錄』, T.55, No.2147

『靜泰錄』, T.55, No.2148

『大周刊定衆經目錄』, T.55, No.2153

『開元釋教錄』, T.55, No.2154

『開元釋教錄略出』, T.55, No.2155

『貞元新定釋教目錄』, T.55, No.2157

『東域傳燈目錄』, T.55, No.2183

『佛說護身命經』, T.85, No.2865

『護身命經』, T.85, No.2866

『天台三大部補注』, X.28, No.586

『涅槃經治定疏科』, X.36, No.657

『南本大般涅槃經會疏解』, X.37, No.664

『異部宗輪論述記』, X.53, No.844

『佛說救護身命經』, F.3, No.248

『房山石經』, 中國佛教圖書文物館 編(2000), 北京 : 華夏出版社.

「太古和尙語錄」,『韓國佛敎全書』 제6권

2. 산스끄리뜨 사본·판본 자료

松田和信(1988),『インド省図書館所蔵 中央アジア出土大乗涅槃経梵文断簡
　　集: スタイン・ヘルンレ・コレクション』, 東京: 東洋文庫.

Matsuda Kazunobu(1988), *Sanskrit Fragments of the Mahāyāna
　　Mahāparinirvāṇasūtra in the Stein-Hoernle Collection*, Tokyo:

Toyo Bunko.

Akira Yuyama(湯山昭, 1981), "Sanskrit Fragments of the Mahāyāna Mahāparinirvāṇasūtra: Koyasan Manuscript", *Studia Philologica Buddhica* Vol. 1(4), Reiyukai Library.

Allon, Mark & Salomon, Richard(2000), "Kharoṣṭhī Fragments of a Gāndhārī Version of the Mahāparinirvāṇasūtra", (In: Jens Braarvig) *Buddhist Manuscripts 1.*

Aśvaghoṣa, Edward B. Cowell(ed, 1893: 1997), *The Sanskrit Text of Buddha-carita, Anecdota Oxoniensia Part VII*, Oxford University Press. [republished] New Delhi: Cosmo Publications.

Bongard-Levin G. M.(1975a), "Sanskrit Manuscripts from Central Asia(A fragment of the Mahayana Mahāparivana-sutra)", *Journal of Ancient History* No.4, Moscow: Nauka.

———— (1975b), "New Indian Texts from Central Asia(An unknown fragment of Mahāyana Mahāparinirvāṇa-sūtra)", *PeopUs of Asia and Africa* No.6.

———— (1977), "A New Fragment of Mahāyana Mahāparinirvaṇa-sūtra", *Acta Antiqua Academiae Scientiarum Hungariae* XXV, fasc. 1-4. Budapest.

———— (1981), "New Buddhist Sanskrit Texts from Central Asia: An Unknown fragment of the Mahāyana Mahāparinirvāṇasūtra", *The journal of the International Association of Buddhist Studies*, Vol.4(2), Madison: University of Wisconsin.

———— (1986), *New Sanskrit Fragments of the Mahāyāna Mahāparinivāṇa-Sūtra: Central Asian Manuscript Collection*, Kyoto: The International Institute for Buddhist Studies.

Bongard-Levin G. M. & Vorobyova Desyatovskaya(1985), *M. I. Pamjatniki Indijskoj Pis'mennosti iz Central'noj Azii*, 1, Moscow: The Russian Academy of Sciences.

Braarvig, Jens(ed. 2000), *Manuscripts in the Schøyen Collection: Buddhist Manuscripts*, Vol. 1, Oslo: Hermes Publishing.

────── (ed. 2016), *Manuscripts in the Schøyen Collection: Buddhist Manuscripts* Vol. 4, Oslo: Hermes Publishing.

Cowell, Edward B.(ed. 1893), *The Sanskrit Text of Buddha Carita by Aśvaghoṣa*, Oxford: Oxford University Press.

Hiromi Habata(幅田裕美, 2009a), *The Mahāparinirvāṇa-mahāsūtra Manuscripts in the Stein and 551 Hoernle Collection(1), Vol. II(1) Texts*, Tokyo: The International Research Institute for Advanced Buddhology, Soka University.

────── (2009b), *Fragments of the Mahāparinirvāṇa-mahāsūtra Vol. II(2) Facsimiles(382 plates)*, Tokyo: The International Research Institute for Advanced Buddhology, Soka University.

Hoernle, A.F.R.(1916: 2010), *Manuscript Remains of Buddhist Literature Found in Eastern Turkestan*, Vol.1, Oxford.

Matsuda Kazunobu(松田和信, 2020), *Sanskrit Text of Aśvaghoṣa's Buddhacarita Canto 15 with Appendix: Fifteen Stanzas from Canto 16*, Kyoto: Bukkyo University.

Trenckner, V.(ed. 1880), *The Milindapañhā*, Oxford: PTS.

Waldschmidt, Ernst(1950~1), *Das Mahapārinirvāṇasūtra*, Berlin: Akademie Verlag.

3. 원전 번역 자료

각묵 옮김(2007), 『부처님의 마지막 발자취: 대반열반경』, 울산: 초기불전연구원.

────── (2009), 『상윳따니까야』 제5권, 울산: 초기불전연구원.

────── (2010), 「대반열반경」, 『디가 니까야』 2, 울산: 초기불전연구원.

김달진 역(2008), 『붓다차리타』, 서울: 문학동네.

대림 스님 옮김(2004), 『청정도론』 제3권, 서울: 초기불전연구원.

동봉 역(1997: 2011), 『밀린다왕문경』 1, 서울: 민족사.

월운 옮김(2006), 『장아함경』 1, 서울: 동국역경원, 2006.

이운허 옮김(1965: 2004), 『열반경』 I·II, 서울: 동국역경원.

전재성 편저(2012), 『빠알리어사전』, 서울: 한국빠알리성전협회.

────── (2003), 『쌍윳따 니까야』 3, 서울: 한국빠알리성전협회.

────── (2014a), 『쌍윳따 니까야』, 서울: 한국빠알리성전협회.

────── (2014b), 『마하박가-율장대품』, 서울: 한국빠알리성전협회.

────── (2014c), 『쫄라박가-율장소품』, 서울: 한국빠알리성전협회.

정태혁 역(1998), 『부처님, 이렇게 오셔서, 이렇게 사시다, 이렇게 가셨네』, 서울: 여시아문.

중앙승가대학교 불전국역연구원(2007), 『藏本대조 梵·漢本 아미타경 역주해』, 김포: 중앙승가대학교 불전국역연구원.

최봉수 옮김(1998), 『마하박가』 1, 서울: 시공사.

하유진 역주, 『대반열반경집해 여래성품 역주 열반사들의 불성에 대한 논쟁』, 씨아이알, 2013.

나카무라 하지메(中村元 譯, 1980: 1994), 『ブッダ最後の旅: 大パリニッバーナ経』, 東京: 岩波文庫.

토키와 다이죠(常盤大定 譯, 1930), 『国譯一切經·涅槃部 一』, 東京: 大東出版社.

大南龍昇(Ōminami, R., 2002), 『太子瑞応本起経. 仏所行讃: Taishizuiōhongikyō. Busshogyōsan』, Tōkyō: 大蔵出版(Daizō Shuppan), pp.125~426.

An, Yang Gyu(2003), *The Buddha's Last Days: Buddhaghosa's Commentary on the Mahāparinibbāna Sutta*, Oxford: PTS.

Bhikkhu Pesala(2001), *The Debate of King Milinda*, Middlesex: Association for Insight Meditation.

Cowell, Edward B.(1894: 2018), *The Buddha Carita or the Life of the Buddha*, Oxford: Clarendon Press.

Horner, I.B.(1938:1982), *The Book of the Discipline(Vinaya-Pitaka)* Vol.1, Oxford: PTS.

——— (1969), *Milinda's Questions* Vol.1, Oxford: PTS.

Jaini, Padmanabh(1961), *Questions of King Milinda: Milindatika*, Oxford: PTS.

Johnston, E. H.(1936: 2015), *The Buddhacarita or Acts of the Buddha*, Delhi: Motilal Banarsidass Publishing House.

——— (1937), *The Buddha's Mission and last Journey: Buddhacarita, xv to xxviii*, Calcutta: Panjab University Oriental Publications.

Piya, Tan(2004), *SD 9: Mahā Parinibbāna*, Singapore: Pali House.

Rhys Davids, T. W.(1890), *The Questions of King Milinda* I, Oxford: PTS.

——— (1894), The Questions of King Milinda, Part II, Oxford: PTS.

Rhys Davids, T. W. & C.A.F.(1910; 1951), *Dialogues of the Buddha* II, Oxford: Oxford University Press.

——— (1903, 1911), *Buddhist India*, London: T. Fisher Unwin.

Rockhill, William Woodville(1885: 2019), *The Life of Buddha: Derived from Tibetan Works in the Bkah-Hg*, London: Kegan Paul International.

Salomon, Richard(2018), *The Buddhist Literature of Ancient Gandhara: An Introduction With Selected Translations*, Massachusetts: Wisdom Publications.

Walshe, Maurice(1987: 1995), *The Long Discourses of the Buddha*, Boston: Wisdom Publication.

Willemen, Charles(2009), *Buddhacarita: In Praise of Buddha's Acts*, Berkeley: Numata Center for Buddhist Translation and Research.

4. 사전

국어국문학회(2002),『새로나온 국어대사전』, 서울: 민중서관.

이철교·일지·신규탁(1995),『선학사전』, 서울: 불지사.

지관 편저(1998~2015),『가산불교대사림』Vol.1~16, 서울: 가산불교문화연구원.

철학사전 편찬위원회(1987: 2012),『철학사전』, 서울: 중원문화.

한국불교대사전편찬위원회(1982),『한국불교대사전』Vol.7, 서울: 보련각.

한국학중앙연구원(1991),『한국민족문화대백과사전』Vol.6, Vol.12, 성남: 한국학중앙연구원.

佛光大辭典編修委員會 編(1988),『佛光大辭典』第五卷, 台北: 佛光文化事業.

카마타 시게오(鎌田茂雄, 1981),『中國佛教史辭典』東京: 東京堂出版.

하기와라 운라이(荻原雲來) 編(1979),『漢譯對照 梵和大辭典』, 東京: 鈴木學術財團.

Geiger, Wilhelm(1916), (tr.) Batakrishna Ghosh(1943, 2005), *A Pāli Grammar*, Oxford: PTS.

Masaharu Anesaki(1911), Hastings, James(ed. 1908~27), "Docetism (Buddhist)," *Encyclopaedia of Religion and Ethics* Vol.4, New York: Charles Scribner's Sons.

Paul, Edward(1975), *Encyclopedia of philosophy*, New York; Macmillan Company& Free Press.

Silk, J.(ed.), Shimoda M.(2015), "Mahāparinirvāṇa-mahāsūtra", *Brill's Encyclopedia of Buddhism* Vol. 1, Leiden: Brill Academic Publishers.

T. W. Rhys Davids & William Stede(1986), *Pali-English Dictionary*, Oxford: PTS.

Ven. Nyanatiloka(1980), *Buddhist Dictionary*: , Kandy: Buddhist Publication Society.

Williamas, M. Monier(1851: 2002), *A Sanskrit-English Dictionary*, Delhi: Motilal Banarsidass Publishing House.

5. 국내 문헌

1) 단행본

김영배 외(1997), 『아미타경언해의 국어학적 연구』, 서울: 법보신문사.
나카무라 하지메·나라 야스아키·사토 료오준, 김지견 역(1984), 『불타의 세계』, 파주: 김영사.
나라 야스아키, 정호영 옮김(1994), 『인도불교』, 서울: 민족사.
다치바나 준도(立花俊道), 석도수·홍완기 옮김(1981), 『考證佛陀傳』, 서울: 시인사.
동국대학교 불교문화연구소 편(1976), 『한국불교찬술문헌목록』, 서울: 동국대학교출판부.
밍군 사야도, 최봉수 역주(2009), 『대불전경』IX, 서울: 한언출판사.
박경숙(2022 연수교육), 『인도의 전통신화와 초기불교』, 서울:대한불교조계종.
서정형(2003), 『밀린다팡하』, 『철학사상』 별책 제2권 제2호, 서울: 서울대학교 철학사상 연구소.
쓰보이 순에이, 이태원 역(1995), 『정토삼부경개설』, 서울: 운주사.
시모다 마사히로, 이자랑 역(2018), 『열반경연구: 대승경전의 연구방법시론』, 서울: 씨아이알.
시즈타니 마사오·스구로 신조, 문을식 역(1995), 『대승불교』, 서울: 여래.
안양규(2009), 『붓다의 입멸에 관한 연구』, 서울: 민족사.
에띠엔 라모뜨, 호진 역(2006), 『인도불교사』 1·2, 서울: 시공사.
이기영(1978), 『불전해설』, 서울: 한국불교연구원.
일아(2009), 『아소까: 각문(刻文)과 역사적 연구』, 서울: 민족사.

장휘옥(1997), 『정토불교의 세계』, 서울: 불교시대사.

페르디낭 드 소쉬르, 김현권·최용호 옮김(2007), 『일반언어학 노트』, 고양: 인간사랑.

히라카와 아키라, 박용길 역(1995), 『율장 연구』, 서울: 토방.

─── 이호근 옮김(1994: 2004), 『인도불교의 역사』 하, 서울: 민족사.

─── 석혜능 역(2005), 『법화경의 세계』, 부산: 붓다가야.

호진(2015), 『무아·윤회 문제의 연구』, 서울: 불광출판사.

2) 논문

김지영(2018), 「대반열반경후분(大般涅槃經後分) 연구」, 『인도철학』 제53권, 인도철학회.

박지영(2012), 「붓다의 마지막 공양에 대한 재해석: 이종시식(二種施食)의 평등과보를 중심으로」, 『동아시아불교문화』 제12권, 동아시아불교문화학회.

─── (2014), 「붓다의 수명에 대한 제(諸) 해석」, 『동아시아불교문화』 제20권, 동아시아불교문화학회.

신성현(1995), 「涅槃經의 戒律思想 硏究」, 동국대학교 대학원 박사논문.

─── (2001), 「涅槃經 成立에 관한 諸問題」, 한국불교학 제21집, 한국불교학회.

안양규(1999), 「불탑 신앙의 기원과 그 본질에 대해」, 『종교연구』 제18권, 한국종교학회.

─── (2000a), 「개인의 자율과 승단의 유지 : 붓다의 유훈을 중심으로」, 『불교문화연구』 Vol.1, 동국대학교 불교사회문화연구원.

─── (2000b), 「불교의 성지 순례와 그 종교적 의미」, 『종교문화연구』 제2권, 한신대학교 종교와문화연구소.

─── (2000c), 「붓다의 수명 포기의 원인에 관하여」, 『한국불교학』 제26권, 한국불교학회.

─── (2000d), 「붓다의 반열반 (parinibbana)에 관한 고찰」, 『인도철학』 10권, 인도철학회.

────── (2000e), 「붓다의 신격화와 반신격화: 그의 수명과 수명 연장 능력에 관한 이견을 중심으로」, 『종교와 문화』 제6권, 서울대학교 종교문제연구소.

────── (2001a), 「붓다의 수명 연장과 수명 포기」, 『한국불교학』 제29권, 한국불교학회.

────── (2001b), 「붓다의 입멸 과정과 그 해석: 설일체유부를 중심으로」, 『인도철학』 제11권 1호, 인도철학회.

────── (2002), 「붓다의 입멸 자세, 장소, 그리고 최후의 가르침」, 『종교와 문화』 제8권, 서울대학교 종교문제연구소.

────── (2003), 「불설과 비불설의 구분: 불교 표준 경전의 시도」, 『한국불교학』 제34권, 한국불교학회.

────── (2005), 「궁극적 실재(Ultimate Reality)로서의 열반」, 『종교연구』 제40권, 한국종교학회.

안필섭(2010), 「Mahāvagga에 나타난 육군비구의 재검토」, 『불교문화연구』 Vol.11 No.1, 동국대학교 불교문화연구원.

────── (2008b), 「붓다가 설한 왓지국의 7불쇠법」, 『인도철학』 제24권, 인도철학회.

원혜영(2008a), 「초기불교의 공동체 연구: 『열반경』에 나타난 에피소드를 중심으로」, 연세대학교 대학원 박사논문.

이자랑(2013), 「율장의 근본 이념에 입각한 조계종 청규 제정의 방향: 제계십리(制戒十利)를 중심으로」, 『대각사상』 19호, 대각사상연구원.

이케다 마사노리(池田將則, 2016), 「혜원(慧遠) 『대반열반경의기(大般涅槃經義記)』의 성립 과정에 대하여: 현행본 『대반열반경의기(大般涅槃經義記)』 권7과 돈황사본 『열반의소(涅槃義疏)』 제7권(第七卷)(P2164)의 비교를 중심으로」, 『동아시아불교문화』 제26권, 동아시아불교문화학회.

정덕 스님(2006), 「테라바다의 붓다관」, 『불교학연구』 제15호, 불교학연구회.

황순일(2010), 「초기부파불교에서의 비유와 열반: upādi 또는 upadhi 개념을 중심으로」, 『인도철학』 제28권, 인도철학회.

────── (2010), 「구원학적 측면에서 본 초기인도불교의 열반」, 『남아시아연구』 제16권 1호, 한국외국어대학교 인도연구소.

6. 동양 문헌

1) 단행본

오오쿄오 에니치(橫超慧日, 1986),『涅槃経: 如來常住と悉有仏性』, 京都: 平
　楽寺書店.
───── (1986), 涅槃經と淨土經, 京都.
───── (1991, 1981),『涅槃經: 如來常住と悉有佛性』, 京都: 平楽寺書店.
시모다 마사히로(下田正弘, 1997),『涅槃經の研究: 大乘經典の研究方法試
　論』, 東京: 春秋社.
스구로 신조(勝呂信靜, 1993),『法華經の 成立と 思想』, 東京: 大東出版社.
다카사키 지키도(高崎直道, 1974), 「如來藏思想の形成」 1,『高崎直道著作集』,
　東京: 春秋社.
다무라 요시로(田村芳朗, 1975),『人間性の発見: 涅槃経, 現代人の仏教7』, 東
　京: 筑摩書房.
日本仏教学会 編(1988),『仏陀觀』, 京都: 平樂寺書店.
───── (1988, 早島鏡正), 「佛陀觀展開の基調」,『仏陀觀』, 京都: 平樂寺書店.
히라이 슌에이(平井俊榮, 1976),『中國般若思想史研究』, 東京: 春秋社.
히라카와 아키라(平川彰, 1993),『二百五十戒の研究』 I, 東京: 春秋社.
후세 고가쿠(布施浩岳, 1942),『涅槃宗の研究』 I·II, 東京: 叢文閣.
후나야마 도루(船山徹(2013),『佛典(ぶってん)はどう漢譯(かんやく)されたの
　か: ス-トラが經典(きょうてん)になるとき』. 東京: 岩波書店.
마츠모토 시로(松本史朗, 1991), 「涅槃經とア-トマン」,『我の思想』, 東京: 春秋
　社.
미야모토 쇼손(宮本正尊, 1972),『大乘佛教の成立史的研究』, 東京: 三省堂.
모치즈키 신코(望月信亨, 1977),『淨土教の起原及發達』, 東京: 山喜房佛書林.
모치즈키 료코(望月良晃, 1988),『大乘涅槃經の研究: 敎團史的考察』, 東京:
　春秋社.
야부키 게이키(矢吹慶輝, 1943),『阿彌陀佛の研究』, 東京: 明治書院.

2) 논문

아사이 엔도오(浅井円道, 1993), 「大般涅槃経における「持戒と護法」, 『日蓮教学とその周辺』通号16, 立正大学日蓮教学研究所.

아라이 슌이치(新井俊一, 2011), 「『大般涅槃経』(南伝) における釈尊「三ヶ月後の入滅」の意味」, 『日本仏教学会年報』通号76, 日本仏教学会西部事務所, 日本仏教学会.

이시카와 카와죠우(石川海淨, 1959), 「一闡提思想に就いて」, 『大崎学報』109号, 立正大学仏教学会.

이노우에 히로후미(井上博文, 2007), 「『毘尼母経』結集記事について」, 『印度学仏教学』55巻 2号, 印度学仏教学会.

오카모도 잇페이(岡本一平, 2016), 「淨影寺慧遠における初期の識論」, 〈지론종 국제학술대회 자료집〉, 금강대학교 교문화연구소.

카타야마 카즈요시(片山一良), 「四大教法(Cattāro Mahāpadesā)について」, 『パーリ学仏教文化学』Vol.2, パーリ学仏教文化学会.

카나쿠라 엔쇼(金倉圓照, 1960), 「毘尼母經と雪山部」, 『日本仏教学會年報』Vol.25, 日本仏教学會.

카네코 요시오(金子芳夫, 1986), 「チベット文大般涅槃經テキス(1~1)」, 『中央学術研究所紀要』通号15, 中央学術研究所.

――― (1987) 「チベット文大般涅槃経テキスト(I−2)」, 『中央学術研究所紀要』通号16, 中央学術研究所.

――― (1988), 「チベット文大般涅槃経テキスト(I−3)」, 『中央学術研究所紀要』通号17, 中央学術研究所.

카와무라 코쇼(河村孝照, 1967), 「大乘涅槃經における仏身觀の一考察」, 『宗教研究』40巻 3輯(190號), 東京大学文学部 宗教学研究室內 日本宗教学會.

――― (1969), 「大乘涅槃經における法身思想の一考察」, 『東洋學研究』3卷, 東洋大学研究学會.

――― (1970), 「大乘涅槃經と法華經」, 『宗教研究』43卷 3輯(202號),

東京大学文学部 宗教学研究室內 日本宗教学會.

——— (1981), 「大乗涅槃經と婆沙論：二種施食の果報無差別をめぐって」, 『印度学仏教学研究』29卷 2號. 印度学仏教学會.

키무라 요시타카(木村宣影, 1978), 「法寶における涅槃經解釋の特質」, 『大谷学報』58卷 第1号, 大谷学會.

구보 츠구나리(久保繼成, 1964), 「大般涅槃經にあらわれた菩薩集團の性格」, 『印度学仏教学研究』13~1号, 印度学仏教学會.

사카모토 코와바쿠(坂本廣博, 1978), 「『涅槃經義記』について」, 『印度學佛教學研究』26~2号, 印度学仏教学會.

사토 나오자네(佐藤直実, 2012), 「大乗『大般涅槃経』重訳チベット語訳の有用性」, 『日本仏教学会年報』通号77, 日本仏教学会.

——— (2013), 「『大般涅槃経』における仏弟子チュンダとその供養」, 『日本仏教学会年報』通号78, 日本仏教学会.

다카사키 지키도(高崎直道, 1987), 「大乗の大般涅槃経梵文断簡について」, 『仏教学』通号22, 仏教思想学会.

나가사와 엔(長沢円, 1992), 「『大般涅槃経』に於ける如来常住と悉有仏性試考」, 『大谷大学大学院研究紀要』通号9, 大谷学会·

——— (2003), 「中国南朝における『大般涅槃経』受容の一考察」, 『真宗教学研究』通号24, 真宗教学学会.

나카무라 즈이류우(中村瑞隆, 1970), 「小川一乗 著：インド大乗仏教における如来蔵·仏性の研究」, 『佛教学セミナー』通号12, 大谷大学佛教学会.

하바타 히로미(幅田裕美, 1996), 「大乗〈涅槃経〉における阿含の引用について」, 『印度哲学仏教学研究』通号11, 印度学仏教学会.

하유진(河由眞, 2013), 「『大般涅槃経集解』「如来性品」の仏性義について」, 『印度学仏教学研究』第61卷 第2号, 印度学仏教学会.

후쿠하라 렌게츠(福原蓮月, 1974), 「大般涅槃経の譬喩について」, 『印度学仏教学研究』通号45, 印度学仏教学会.

후지이 쿄코(藤井教公, 1994), 「中國における小本大乗涅槃經の伝訳について」, 『大倉山論集』通号35, 大倉山精神文化研究所.

후지타니 노부미치(藤谷信道, 1985), 「六卷泥洹經の研究: 四十卷涅槃經との
  比較」, 『大谷大学大学院研究紀要』 通号2, 大谷学会·

후지모토 아키라(藤本晃, 2005), 「パーリ経典 に説 かれる「九次第定」の成立と
  構造」, 『印度學佛教學研究』 第53巻 第2号, 印度学仏教学会.

후지모토 켄이치(藤本賢一, 1972), 「大般涅槃経集解の編者について」, 『天台
  学報』 通号14, 天台学会.

후루타 카즈히로(古田和弘, 1985), 「大般涅槃経における釈尊観」, 『日本仏教
  会年報』 通号50, 日本仏教学會.

───── (1986), 「涅槃経の護法思想」, 『大谷學報』 第65巻 第3号, 大谷学會.

마츠모토 분자부로(松本文三郎, 1917), 「涅槃經論」, 『宗敎研究』 2巻 6号, 東京
  大学文学部 宗敎学研究室内 日本宗敎学會.

───── (1918), 涅槃經論, 宗敎研究, 2巻 7号, 東京大学文学部 宗敎学研究
  室内 日本宗敎学會.

미토모 켄요(三友健容, 2005), 「『アビダルマディーパ』における無量寿説批判」,
  『印度学仏教学研究』 Vol. 53, 印度学仏教学會.

미즈타니 고쇼(水谷幸正, 1960~1), 「仏教における危機意識の一考察: 特に大
  乗涅槃經典群の成立を繞って」, 『印度学仏教学研究』 通巻16, 印度学仏
  教学會.

───── (1960~2), 「大乗涅槃經典群にあらわれたる危機思想」, 『仏敎大学研
  究紀要』 37号, 仏敎大学會.

───── (1961), 「一闡提攷」, 『仏敎大学研究紀要』, 37号, 仏敎大学會.

모치즈키 료코(望月良晃, 1969), 「一闡提とは何か」, 『印度學佛教學研究』 17巻
  2号, 印度学仏教学會.

───── (1989), 「一闡提再考: 分別邪正品を中心に」, 『印度学仏教学研究』 37
  巻 2号, 印度学仏教学會.

모로 시게키(師茂樹, 2004), 「法宝『大般涅槃経疏』逸文とその分析」, 『花園大
  学文学部研究紀要』 第36号, 花園大学文学部.

7. 구미(歐美) 문헌

1) 단행본

Deegalle, Mahinda(2006), *Buddhism, Conflict and Violence in Modern Sri Lanka*, London & New York: Routledge.

Dutt, Nalinaksha(1977), *Buddhist Sects in India*, Calcutta: Firma KLM.

Dutt, Sukumar(1960), *Early Buddhist Monachism*, London: Asia Publishing House.

────── (2007), *Buddhist Monks and Monasteries of India*, London: South Asia Books.

Ebert. Jorinde(1980), "Parinirvana and Stupa: was a stupa only a symbolical depiction of Parinirvana?" *The Stupa: Its religious, historical and architectural significance*, Wiesbaden: Franz Steiner Verlag.

Eliade Mircea(1982), (tr.) Willard R. Trask(1985), *A History of Religious Ideas vol. II: From Gautama Buddha to the Triumph of Christianity*, University of Chicago Press.

Etienne Lamotte(1958), (tr.)Sara Webb-Boin(1988), *History of Indian Buddhism: From the Origins to the Śaka Era*, Louvain: Institut Orientaliste.

Gethin, Rupert(1992: 2003), *The Buddhist Path to Awakening*, Oxford: One World.

────── (1992), Janet Gyatso(ed), "The Mātikās: Memorization, Mindfulness, and the List", *Mirror of Memory: Reflections on Mindfulness and Remembrance in Indian and Tibetan Buddhism*, Albany: State University of New York Press.

Gnanarama, Pategama(1997), *The Mission Accomplished: A*

Historical Analysis of the Mahāparinibbāna Sutta of the Dīgha Nikāya of the Pāli Canon, Singapore: Ti-Sarana Buddhist Association.

Gombrich, Richard(1988a), *Theravāda Buddhism: A Social History from Ancient Benares to Modern Colombo*, London: Routledge & Kegan Paul.

Johansson, Rune(1969), *The Psychology of Nirvana*, London: George Allen and Unwin LTD.

Marshal, John Hubert(1940), *The Monuments of Sanchi*, London·Delhi: Swati publications.

Nakamura Hajime(1987), *Indian Buddhism: A Survey with Biblio graphical Notes*, Delhi: Motilal Banarsidass Publishers.

Norman, K. R.(1993), Colleted Papers IV, OXford: PTS.

Przyluski, Jean(1926), *Le concile de Rājagṛha; introduction l'histoire des canans et des sectes bouddhiques*, Paris.

Pye, Michael(1979), *The Buddha*, London: Duckworth.

Radich, Michael(2015), *The Mahāparinirvāṇa-mahāsūtra and theEmergence of Tathāgatagarbha Doctrine*, Hamburg: Hamburg University Press.

Ray, Reginald A.(1994), *Buddhist Saints in India: A Study in Buddhist Values and Orientations*, Oxford University Press.

Rockhill, William Woodville(1885), *The Life of the Buddha and the Early History of His Order derived from Tibetan works in the Bkah-Hgyur and Bstan-Hgyur(Kegan Paul Library of Religion and Mysticism)*, London: Kegan Paul International.

Schopen, Gregory(2004), *Buddhist monks and business matters: still more papers on monastic Buddhism in India*, University of Hawaii Press.

Waldschmidt, Ernst(1939), *Beiträge zur Textgeschichte des*

Mahāparinirvāṇasūtra, Göttingen: Vandenhoeck und Ruprecht, S.55~94.

――― (1944), *Die Überlieferung vom Lebensende des Buddha: Eine vergleichende Analyse des Mahāparinirvāṇasūtra und seiner Textentsprechungen*, Erster Teil, Göttingen: Vandenhoeck & Ruprecht.

――― (1948), *Die Überlieferung vom Lebensende des Buddha: Eine vergleichende Analyse des Mahāparinirvāṇasūtra und seiner Textentsprechungen*, Zweiter Teil, Göttingen: Vandenhoeck & Ruprecht.

――― (1950~1), D*as Mahāparinirvāṇasūtra, Text in Sanskrit und Tibetische, Verglichen mit dem Pāli nebst einer Übersetzung der Chinesischen Entsprichung im Vinaya der Mūlasarvastivādins*, Teil 1~3, Berlin: Akademie-Verlag.

Schopen, Gregory(1991; 1997), "Monks and the Relic Cult in the Mahāparinibbāna Sutta: An Old Misunderstanding in Regard to Monastic Buddhism", *Bones, Stones, and Buddhist Monks: Collected Papers on the Archaeology, Epigraphy, and Texts of Monastic Buddhism in India*, University of Hawai's Press.

Visittha(2016), *Mahaparinibbana Sutta: A Critical Study*, University of Calcutta.

Warder, A. K.(1970: 2004), *Indian Buddhism*, Delhi: Motilal Banarsidass.

Winternitz, Maurice(1933), Sarma, V. Srinivasa(tr. 1983), *A History of Indian Literature* Vol.2, Delhi: Motilal Banarsidass.

Zimmermann, Michael(2002), *A Buddha Within: The Tathāgatagarbhasūtra, The Earliest Exposition of the Buddha-Nature Teaching in India*, Tokyo: The International Research Institute for Advanced Buddhology, Soka University.

2) 논문

An, Yang-Gyu(1998), "Buddhology in the Mahāparinibbāna-Suttanta and its commentary: with an annotated translation of Buddhaghosa's commentary", PhD dissertation, University of Oxford.

———— (2001), "The date and the origin of the Mahāparinibbāna -suttanta", *Buddhist Studies(Bukkyō-Kenkyū)* Vol.30, International Buddhist Association (Kokusai-Bukkyō-To-Kyōkai).

Bareau, André(1979), "La composition et les étapes de la formation progressive du *Mahāparinirvānasūtra* ancien", *Bulletin de l'Ecole francaise d'Extréme-Orient*, Tome 66, Paris.

Burrow, T.(1952), Das Mahāparinirvāṇasūtra: Text in Sanskrit und Tibetisch, verglichen mit dem Pali, nebst einer Übersetzung der Chinesischen Entsprechung ⋯ herausgege ben und bearbeitet von Ernst Waldschmidt. Berlin, 1950~1951(Abhandlungen der Deutschen Akademie der Wissenschaften zu Berlin), *Journal of the Roual Asiatic Society* Vol.84, Issue 3~4.

Chow, Fa(1942). "Sūkara-maddava and the Buddha's Death." *Anals of the Bhandarkar Oriental Research Institute* Vol.XXIII, Bhandarkar Oriental Research Institute.

Cousins, L. S.(1983), "Pāli Oral Literature", *Buddhist Studies Ancient and Modern*, London: Curzon.

De Jong, J. W.(1962), Padmanabh S. Jaini(ed.): Milindaṭīkā xvi, 76 pp. London: PTS, 1961, *Bulletin of the School of Oriental and African Studies*, Vol.25, Issue 2.

Finot, Louis(1932), "Mahāparinibbāna-sutta and Cullavagga," *Indian Historical Quarterly* VIII: 2.

Fleet, J. F.(1906), "The Trandition about the Corporeal Relics of

Buddha," *Journal of the Roual Asiatic Society* Vol.38.

───── (1906), The Traditional Date of Kanishka," *Journal of the Roual Asiatic Society* Vol.38(4).

───── (1909), "The Day on which Buddha Died", *Journal of the Royal Asiatic Society of Great Britain and Ireland* Vol.1

Freedman, Michael(1977), "The Characterization of Ananda in the Pali Canon of the Theravada: A Hagiographic Study", PhD dissertation, McMaster University.

Gombrich, R. F.(1988b), "How the Mahāyāna Began", 『パーリ学仏教文化学』1巻, パーリ学仏教文化学会.

───── (1987~1988), "Recovering the Buddha's Message", *The Buddhist Forum* Vol.I, Seminar Papers(1990, *Earliest Buddhism and Madhyamaka* Vol. 2.)

Gunaratna, V. F.(1964), "The Last Days of the Buddha: The Mahā-parinibbāna sutta", *World Buddhism* Vol.12, No.12.

MacQueen, G.(1981), "Inspired Speech in Early Mahāyāna Buddhism 1", *Religion* Vol.11, Issue 4.

───── (1982), "Inspired Speech in Early Mahāyāna Buddhism 2", *Religion*, Vol.12, Issue 1.

Matsuda Kazunobu(松田和信, 1987), "New Sanskrit Fragments of the Mahāyāna Mahāparinirvāṇa-sūtra in the Stein/Hoernle Collection: A Preliminary Report", *Eastern Buddhist* Vol. 20, No. 2.

Mrinalini(2019), "The Buddha's Last Meal: A Case Study of the Mahāparinibbāna Sutta", *UGC Approval* No:40934.

Przyluski, Jean(1920), "Le Parinirvāṇa et les funérailles du buddha", *Extrait du Journal Asiatique* Vol.1.

Shimoda Masahiro(1999), "The Mahāpārinirvāṇa Sūtra and the Origins of Mahāyāna Buddhism", *Japanese Journal of Religious Studies* Vol.26, Nanzan University.

Suzuki Takayasu(2001), "The Recompilation of the Mahāparinirvāṇasūtra under the Influence of the Mahāmeghasūtra." *Journal of Indian and Buddhist Studies* 39, No.2.

Vorobyova Desyatovskaya, M. I.(1999), "Sanskrit Manuscripts From The N. F. Petrovsky Collection In The St. Petersburg Branch Of The Institute Of Oriental Studies", *Manuscripta Orientalia* Vol. 5, No. 4.

Waley, Arthur(1932), "Did Buddha Die of Eating Pork? with a Note on Buddha's Image", *Melanges Chinois et Bouddhiques*, Vol.1931~1932.

Wasson, R. Gordon(1982), "The Last Meal of the Buddha", *Journal of the American Oriental Society* Vol.102, No.4.

Werner, Karel(2009), "The Place of Relic Worship in Buddhism: an Unresolved Controversy?", *International Journal of Buddhist Thought and Culture* Vol.12.

8. 웹 사이트

국립국어원(2020), 『표준국어대사전』, https://stdict.korean.go.kr/main/main.do

불교기록문화유산아카이브, 통합대장경, http://kabc.dongguk.edu/index

이재형, "불교사본 연구의 세계적 권위자 옌스 브라빅 교수" 법보신문 1074호, 2010.12.1, https://www.beopbo.com/news/articleView.html?idxno=63647

천태종 연구회(2014), 『천태종 소개』, 서울: 아울프레스.; https://books.google.co.kr/books?id=d8_cBAAAQBAJ&pg=PT81&lpg=#v=onepage&q&f=false

한글대장경, 불교사전, http://abc.dongguk.edu/ebti/c3/sub1.jsp

한국민족문화대백과사전, http://encykorea.aks.ac.kr/Contents/Item/
E0051308

日本『光明寺経蔵』,『大般涅槃経』, https://komyojikyozo.web.fc2.com/
dnmv/dn16/dn16c00.html

巴利语电子辞典, http://dict.sutta.org/

Malalasekera, G. P.(1937~8), Dictionary of Pāli Proper Names, PTS,
http://www.aimwell.org/DPPN/index.html

Wikipedia, https://en.wikipedia.org

찾아보기

민족사 학술총서 75

붓다의 입멸 에피소드 연구

초판 1쇄 인쇄 | 2022년 5월 10일
초판 1쇄 발행 | 2022년 5월 17일

지은이 | 명오

펴낸이 | 윤재승
펴낸곳 | 민족사

주간 | 사기순
기획편집팀 | 사기순, 최윤영
영업관리팀 | 김세정

출판등록 | 1980년 5월 9일 제1-149호
주소 | 서울 종로구 삼봉로 81 두산위브파빌리온 1131호
전화 | 02)732-2403, 2404 팩스 | 02)739-7565
홈페이지 | www.minjoksa.org
페이스북 | www.facebook.com/minjoksa
이메일 | minjoksabook@naver.com

ⓒ 명오 2022

ISBN 979-11-6869-003-5 94220